Standop

Hausaufgaben in der Schule

Jutta Standop

Hausaufgaben in der Schule

Theorie, Forschung, didaktische Konsequenzen

VERLAG JULIUS KLINKHARDT
BAD HEILBRUNN 2013

Dieser Titel wurde in das Programm des Verlages mittels eines Peer-Review-Verfahrens aufgenommen. Für weitere Informationen siehe www.klinkhardt.de.

Bibliografische Information der Deutschen Nationalbibliothek
Die Deutsche Nationalbibliothek verzeichnet diese Publikation
in der Deutschen Nationalbibliografie; detaillierte bibliografische Daten
sind im Internet abrufbar über http://dnb.d-nb.de.

Bildnachweis Umschlagfoto: © iStockphoto.com/Andrew Rich.
Druck und Bindung: AZ Druck und Datentechnik GmbH, Kempten.
Printed in Germany 2013.
Gedruckt auf chlorfrei gebleichtem alterungsbeständigem Papier.

ISBN 978-3-7815-1912-1

Inhalt

Vorwort

Hausaufgaben rufen erst allmählich (wieder) vermehrtes Interesse in der Schulpädagogik oder – zeitgemäßer – den Bildungswissenschaften hervor. Dabei gehören Hausaufgaben nach wie vor traditionell zum Schülerleben – wie Pausen und Klassenausflug. Und wie bei vielen anderen Fragestellungen der Schulpädagogik und der Allgemeinen Didaktik geht es bei Hausaufgaben nicht in erster Linie um die oftmals so emotional geführte Frage, *ob* Schülerinnen und Schüler Hausaufgaben anfertigen sollten oder nicht. Vielmehr geht es darum, *was* für Aufgaben die Heranwachsenden in der schulfreien Zeit bearbeiten sollten, in welcher Menge und auf welche Weise. Im Kern dreht sich alles um die Qualität und damit um die Frage der Lernwirksamkeit. Gerade hinsichtlich der zuletzt genannten Aspekte bemüht sich die Schul- und Unterrichtsforschung seit einigen Jahren verstärkt um eine wissenschaftliche empirische Aufarbeitung, die mittlerweile viele wichtige Hinweise für die Hausaufgabenpraxis liefert. Ein Desiderat bleibt bislang die theoriebasierte Einordnung der Forschungserkenntnisse in einen allgemeindidaktischen Rahmen. Mit dem vorliegenden Buch wird ein Argumentationszusammenhang entfaltet, der diese Lücke schließen helfen soll.

Ausgangspunkt der wissenschaftlichen Auseinandersetzung war das Projekt „Sinnvolles Erteilen, selbstgesteuertes Anfertigen und konstruktives Begleiten von Hausaufgaben in der OGGS (offene Ganztagsgrundschule)“, das von der Volkshochschule Reckenberg-Ems initiiert und finanziell unterstützt wurde. Für diese „Grundsteinlegung“ meiner sich anschließenden umfassenden wissenschaftlichen Auseinandersetzung mit dem Thema Hausaufgaben möchte ich an dieser Stelle besonders dem Leiter der Volkshochschule Reckenberg-Ems, Herrn Dr. Rüdiger Krüger, danken. Die unkomplizierte, produktive und vertrauenswolle Zusammenarbeit – organsiert und kommuniziert vor allem durch den stellvertretenden Leiter, Herrn Arnulf Bergmann – hat wesentlich zum Gelingen der empirischen Studie beigetragen, die schließlich viele wichtige Daten und Erkenntnisse geliefert hat.

Danken möchte ich auch den vielen Schülerinnen und Schülern, Eltern, Lehrkräften und Mitarbeitern der Hausaufgabenbegleitung, die uns durch ihre bereitwillige und zahlreiche Auskunft Einblick in ihre Einstellungen und Erwartungen zu Hausaufgaben gegeben haben. Ebenso wie den Schulleiterinnen der Projektschulen, die sich mit uns auf den Weg zu einer veränderten Hausaufgabenpraxis gemacht haben, allen voran Frau Bärbel Hilgenkamp gemeinsam mit dem Kollegium und dem OGGS-Team der Rudolf-Bracht-Grundschule Rietberg-Mastholte. Und schließlich gilt mein Dank den Zentren für schulpraktische Lehrerausbil-

dung (ZfsL) des Landes Nordrhein-Westfalen, die uns über ihre Seminarkonzepte zum Thema Hausaufgaben ebenfalls bereitwillig Auskunft gegeben haben.
Die ersten Grundlagen für diese Publikation wurden bereits 2008 geschaffen. Nun hat es viereinhalb Jahre bis zu ihrer Vollendung gebraucht. Berufliche und persönliche Veränderungen haben die kontinuierliche Arbeit gedehnt, im Laufe der Zeit sind immer wieder neue wichtige Aspekte hinzugekommen. Hierdurch hat das gesamte Vorhaben eine eigene, sehr produktive Dynamik entwickelt.

Widmen möchte ich dieses Buch meinen Töchtern Pauline und Amkea. In eurem Leben werdet ihr noch viele Hausaufgaben anfertigen. Euch und allen anderen Schulkindern wünsche ich sinnvolle, anforderungsgerechte und motivierende Hausaufgaben!

Jutta Standop — Bielefeld, März 2013

Einführung

In den sechziger bis zu den Beginn der achtziger Jahren des vergangenen Jahrhunderts standen Hausaufgaben verstärkt im Aufmerksamkeitsfokus der Schul- und Unterrichtsforschung (z.B. Wittmann 1972, Kamm/Müller 1977, Eigler/Krumm 1972, Dietz/Kuhrt 1960) rückten dann aber etwas in den Hintergrund zugunsten von Fragestellungen, die sich stärker am konkreten Unterricht (z.B. Unterrichtstechniken, reformorientierte Unterrichtsmethoden), an den Schülerinnen und Schülern (u.a. die Vermittlung von Schlüsselkompetenzen, Genderforschung) oder an die Person der Lehrkraft (Kompetenzorientierung bzw. Professionalisierung bei Lehrerinnen und Lehrern u.a.m.) orientierten. Seit einiger Zeit erfährt das Thema Hausaufgaben wieder vermehrt Interesse in der Forschung, u.a. im Zusammenhang mit elterlicher Unterstützung (Wild 2004, Niggli u.a. 2007), der Lernwirksamkeit (Trautwein 2007, Haag 1991), dem Arbeitsverhalten von Heranwachsenden (Haag 1991) sowie unter dem Aspekt der Lehrerkompetenz[1] (Hascher/Hofmann 2008). Bis auf Ausnahmen (u.a. Hascher/Bischof 2000, Kamm/Müller 1977, Nilshon 1999, Petersen u.a. 1990) werden Hausaufgaben in dem überwiegenden Teil der Studien weitgehend losgelöst von den unterrichtsdidaktischen und fachdidaktischen Aspekten[2] des Unterrichts, aus dem die Hausaufgaben erwachsen, betrachtet und untersucht.

In der pädagogischen Praxis der allgemeinbildenden Schulen sind Hausaufgaben seit jeher elementarer Bestandteil der Schulkultur (Geissler/Schneider 1982; Petersen u.a. 1990) und gehören wie selbstverständlich zum Alltag der Schülerschaft, des Lehrerkollegiums und der Eltern. Hausaufgaben sind „fest in der Schulwirklichkeit verankert und werden in der Regel unkritisch, sowohl von Lehrern als auch von Schülern und Eltern, als wesentlicher Bestandteil der Unterrichtsarbeit gesehen“ (Hoos 1998). Dabei haben sich ihr Kernbereich und ihre Funktion im Verständnis der an Schule Beteiligten in den letzten Jahrzehnten kaum verändert. Hausaufgaben sollen auf den Unterricht vorbereiten, ihn vertiefen und nachbereiten. Sie sollen sich sowohl inhaltlich als auch didaktisch-methodisch an den Unterricht anschließen und sind bereits bei der Unterrichtsplanung mit besonderer Sorgfalt zu berücksichtigen, um sicherzustellen, dass sie die unterrichtlichen

1 Die jeweils gewählte grammatische Form schließt in den Ausführungen dieses Textes stets beide Geschlechter ein.

2 Zu unterscheiden ist zwischen fachspezifischen Aspekten des Unterrichts, wie sie sich z.B. durch den Charakter des jeweiligen Faches ergeben und den fachdidaktischen Aspekten, die sich auf den fachbezogenen Vermittlungszusammenhang beziehen (die Herausarbeitung der grundlegenden Begriffe des zu vermittelnden Faches, die Ermittlung der Lernziele sowie die wissenschaftliche Überprüfung derselben u.a.m.; vgl. Kron 2008).

Inhalte zielorientiert fördern bzw. einführen. Hierfür müssen sie allerdings didaktisch aufbereitet und in den Unterricht einbezogen werden. Zugleich stellt sich seit einigen Jahren in stärker werdendem Maße die Frage nach der Bedeutung und der Qualität von Hausaufgaben (sowohl die Aufgabenstellung als auch die Erledigung betreffend) vor dem Hintergrund ganztägiger Bildung und Betreuung von Schülerinnen und Schülern in der Primarstufe. Der zunehmende Bedarf an ganztägiger Betreuung in Verbindung mit dem Wunsch nach einem qualitativ hochwertigen, für die Kinder sowohl inhaltlich als auch psychosozial bereichernden Angebot führte in den vergangenen Jahren zu einem anhaltenden Ausbau an offenen Ganztagsgrundschulen in Nordrhein-Westfalen (vgl die Übersicht über die Anzahl der zum 1.8.2004, 1.8.2005, 1.8.2006, 1.8.2007, 1.8.2008 und 1.8.2009 teilnehmenden OGS Schulen und Schüler nach Schulträgern in NRW[3]). Damit stellt sich auch die Frage nach der Hausaufgabenbetreuung aus neuer Perspektive. Durch den Ausbau und die Konzeption von Ganztagsgrundschulen wird das Anfertigen von Hausaufgaben wieder zurück in den Schulalltag geführt. Hausaufgaben in diesem Sinne verstanden als „Schulaufgaben", werden von Schülerinnen und Schülern nicht mehr allein oder mit Hilfe ihrer Eltern, sondern im Ganztag angefertigt, zumeist beaufsichtigt und häufig auch unterstützt durch so genannte „Hausaufgabenbetreuer" oder „-begleiter". Gehörte das Erledigen der Hausaufgaben früher fast ausschließlich in die Privatsphäre der Familie, erfährt es durch die Hausaufgabenbegleitung im offenen Ganztag gegenwärtig eine erheblich größere Transparenz. Für viele Eltern ist es – bei der Entscheidung für oder gegen die offene Ganztagsschule – eine grundlegende Frage, ob ihre Kinder die ihnen erteilten Hausaufgaben dort räumlich angemessen und in einer lernförderlichen Atmosphäre sowie mit eventuell notwendiger Unterstützung erledigen können. (Beher u.a. 2005) Auf der anderen Seite stellt sich für die offene Ganztagsschule zunehmend die Aufgabe, gerade auch jene Kinder in ihren Schularbeiten optimal zu begleiten, die einen erhöhten Förderbedarf haben und/oder zu Hause auf keine Unterstützung zurückgreifen können.

Die zeitliche Organisation der Hausaufgabenbetreuung und die Form der Unterstützung orientieren sich grundsätzlich am Hausaufgabenerlass des Landes Nordrhein-Westfalen[4]. Die Schüler der ersten und zweiten Klasse erhalten hiernach im Allgemeinen 30 Minuten Zeit für die Fertigstellung ihrer Hausaufgaben, die Schüler der dritten und vierten Klassen 60 Minuten. Ergeben sich Diskrepanzen zwischen den Aussagen des Erlasses und der Aufgabenbewältigung durch einen Schüler insofern, als dieser seine Hausaufgaben nicht in der vorgegebenen Betreuungszeit fertig stellen kann (z.B. aufgrund seines Leistungsvermögens, seiner Kon-

---

3 http://www.schulministerium.nrw.de/BP/Schulsystem/Ganztagsbetreuung/InfoGTGS/beteiligte-Schulen/ Schuelerzahlen.pdf, 03.11.2009.

4 RdErl. d. Kultusministeriums v. 2.3.1974, eingearbeitet RdErl. v. 24.6.1991; RdErl. v. 1.7.2012.

zentrationsfähigkeit, seiner Fähigkeit zum selbständigen Arbeiten), führt dies jedoch häufig über die bereits bestehende zu einer weiteren zeitlichen, körperlichen und psychischen Anstrengung des Kindes, wenn es seine Aufgaben im Anschluss an den offenen Ganztag z.B. gemeinsam mit einem Eltern- oder Geschwisterteil zu Hause fertig stellen muss. Diese zusätzliche Belastung, deren Verhinderung wegen der offene Ganztag unter anderem von den Familien gewählt wird, führt häufig zur Unzufriedenheit der Eltern mit der Konzeption des Ganztags an der Schule (a.a.O.). Um eine für alle Beteiligten zufrieden stellende und insbesondere für die Kinder eine Nutzen, im Sinne der Lernwirksamkeit sowie weiterer Bildungswirksamkeit, bringende Lösung zu finden, ist es wichtig, die unterschiedlichen Erwartungen und Einstellungen gegenüber Hausaufgaben und gegenüber einer Hausaufgabenbetreuung im offenen Ganztag überhaupt zu ermitteln. Erst die Erfassung der vielfältigen Sichtweisen der unterschiedlichen beteiligten Personengruppen über Hausaufgaben und ihre Dokumentation ermöglicht eine Diskussion und eine Annäherung als Grundlage für die Entwicklung gemeinsamer Konzepte. Die Erhebung des Status Quo der Hausaufgabenbetreuung wiederum ist ein notwendiger Ausgangspunkt für die Implementation neuer organisatorischer sowie pädagogisch-didaktischer Modelle.

Warum ist eine Didaktik der Hausaufgaben notwendig?
Werden Hausaufgaben als Komplement schulischen Unterrichts betrachtet, mit dem Unterricht nachbereitet und vorbereitet werden soll, können sie durchaus der Didaktik als Theorie und Wissenschaft vom Unterricht zugeordnet werden (Kron 2008). Als gesellschaftlich legitimierte und organisierte Lehr- und Lernprozesse beeinflussen sie zumindest den nachfolgenden Unterricht auch wenn sie nicht auf professionalisierte Weise durch den Heranwachsenden realisiert werden sollten. Darüber hinaus liegt den Hausaufgaben das übergeordnete Ziel zugrunde, Lernprozesse zu steuern und zu optimieren. Dieses Bestimmungsmoment weist ihnen ebenfalls eine konkrete didaktische Verortung zu (a.a.O.).
Insbesondere vor dem Hintergrund des Diskurses über das Verhältnis von Allgemeiner Didaktik und Lehr-Lernforschung ist in jüngster Vergangenheit wiederholt die Notwendigkeit betont worden, die Vielfalt der Lehr-Lern-Erklärungen (Treiber/Weinert 1982, 216) in die didaktische Theoriebildung aufzunehmen, im Sinne der reflexiven Bildungsforschung (Blömeke 2009, 16). Wird die unterrichtliche Lehr-Lern-Forschung nach Arnold (2009) überwiegend „auf den zentralen Zweck des Fachunterrichts“ und damit – aufgrund einer fehlenden Normgebundenheit – zu einer „Vermittlungstechnologie“ (a.a.O., 28) reduziert, stellt sich für die Allgemeine Didaktik die Aufgabe, „notwendige Inhaltsentscheidungen für Unterricht (zu) liefern“ und die „erzieherischen, allgemeinbildenden und fachlich qualifizierenden Prozesse des Unterrichts in einem übergreifenden Modell ab(zu)

bilden" (a.a.O.). Auch Lipowsky u.a. (2004) kommen auf der Grundlage ihrer Forschung zu dem Ergebnis, dass sich „die künftige Hausaufgabenforschung verstärkt mit didaktischen Fragestellungen auseinandersetzen sollte" (a.a.O., 263), da inhaltliche und didaktische Aspekte der Hausaufgabenpraxis einen größeren Einfluss auf die Lernwirksamkeit im Gegensatz zu formalen und organisatorischen zu haben scheinen. Dies ist nach Ansicht von Haag/Jäger (2010) aber noch immer ein Desiderat der Hausaufgabenforschung.

Warum ist eine schüleraktive Hausaufgabendidaktik notwendig?
Hausaufgaben schließen sich an den Unterricht an und führen wieder zu diesem zurück. Diese Aussage impliziert, dass eine Didaktik der Hausaufgaben dieselben Grundsätze befolgen sollte, wie die dem betreffenden Unterricht zugrundeliegende allgemeine Didaktik. Ein Unterricht, der die Leitideen der Schüleraktivität und den Zusammenhang von Konstruktion und Instruktion auf der Grundlage der aktuellen Erkenntnisse der Lehr-Lern-Forschung, der Unterrichtsforschung aber auch der Neurobiologie angemessen berücksichtigen soll, gründet sich auf einer entsprechenden schüleraktiven Didaktik. Kontraproduktiv für den Lernerfolg von Schülerinnen und Schülern muss es dann sein, einen durch schüleraktive Prinzipien (z.B. Differenzierung, Selbstregulation) geprägten Unterricht durch eher geschlossene, traditionelle Formen von Hausaufgaben (gleiche Aufgaben für alle Schüler, durchgängig fremdbestimmte Aufgaben) fortführen zu wollen.
Die aufgeworfenen Fragestellungen sind u.a. Gegenstand des empirischen, drittmittelgestützten Forschungsprojekts, das als „HOfGanS-Studie: Hausaufgaben in der Offenen Ganztagsgrundschule" von 2008 bis 2011 an verschiedenen nordrhein-westfälischen Grundschulen mit offenem Ganztagsbetrieb durchgeführt wurde. Es gliederte sich in mehrere verschiedene Teilbereiche: Zunächst erfolgte die Erforschung des Status Quo über die Ermittlung der Erwartungen, Einstellungen und subjektiven Theorien zum Thema Hausaufgaben. Im weiteren Verlauf ging es um die gegenwärtige Praxis der Hausaufgabenbegleitung, die über nichtteilnehmende Beobachtung erfasst und analysiert wurde. Auf der Grundlage der gewonnenen Daten wurden anschließend Konzepte zur schüleraktiven Hausausaufgabenerteilung und -begleitung auf der Grundlage aktueller Ergebnisse der Lehr-Lern-Forschung entwickelt und in verschiedenen Projektschulen erprobt. Parallel erfolgten Untersuchungen zu den subjektiven Theorien von Lehrerinnen und Lehren über eine Didaktik der Hausaufgaben, die durch eine schriftliche Befragung sowie narrative Interviews erhoben wurden.

Überblick über das Forschungsprojekt

Der für die vorliegende Arbeit maßgebliche Teil der Untersuchung besteht aus einer quantitativen (Querschnitts-)Erhebung der Erwartungen und Einstellungen der beteiligten Personengruppen hinsichtlich der Funktionen und Zielsetzungen von Hausaufgaben in der (offenen Ganztags-)Grundschule. Als Instrument wurde ein Fragebogen mit geschlossenen und offenen Fragen eingesetzt, deren inhaltliche Gültigkeit durch einen Pretest gesichert wurde. Befragt wurden Lehrkräfte, Schülerinnen und Schüler, Eltern sowie das Personal der Hausaufgabenbetreuung des offenen Ganztags an Grundschulen. Im Anschluss an die quantitative Erhebung wurden durch die gezielte Beobachtung von Phasen der Hausaufgabenbetreuung in unterschiedlichen Gruppen an vier Schulen die gegenwärtigen Verfahren und Vorgehensweisen zur Begleitung der Hausaufgaben bei Heranwachsenden durch das Personal des Ganztags ermittelt. Angewendet wurden halbstandardisierte, standardisierte wie auch offene Instrumente zur Beobachtung. Die Auswertung dieser Daten bildete die Grundlage zur Erprobung von Verfahren im Rahmen der Aktionsforschung (z.B. Altrichter/Posch 2007). Gemeinsam mit Lehrkräften und dem Personal des Ganztags wurden Konzepte und Modelle zum sinnvollen Erteilen und konstruktiven Begleiten von Hausaufgaben unter wissenschaftlicher Begleitung entwickelt und in der Hausaufgabenbetreuung erprobt.

Teil I: Fragebogenerhebung sowie Gruppeninterviews mit Schülerinnen und Schülern der 1. und 2. Klassen
- Indikatorenbildung und Entwurf der Befragungsinstrumente (Lehrerinnen und Lehrer, Schülerinnen und Schüler, Personal des Ganztags, Eltern)
- Pretests und Überarbeitung der Frageinstrumente
- Durchführung und Auswertung der Erhebung
- Darstellung der Befunde

Teil Ia: Qualitative Erhebung der subjektiven didaktischen Theorien von Lehrkräften über Hausaufgaben. Aufgrund sich ergebender zusätzlicher Fragen hinsichtlich des pädagogisch-didaktischen Umgangs mit Hausaufgaben wurden insgesamt 14 problemzentrierte Interviews mit Lehrkräften der teilnehmenden Grundschulen durchgeführt.

Teil II: Erhebung der gegenwärtigen Umsetzung der Hausaufgabenbetreuung in ausgewählten Projekt- und Vergleichsschulen durch nicht-teilnehmende Beobachtung
- Entwicklung von Beobachtungsinstrumenten
- Erprobung und Überarbeitung der Beobachtungsinstrumente
- Durchführung und Auswertung der Erhebung
- Darstellung der Befunde

Teil IIa: Entwicklung des Konzepts: Lehrkräfte und das Personal der offenen Ganztagsschule erproben schüleraktive Hausaufgaben- und Förderkonzepte. Gemeinsame Entwicklung von Modellen zur Hausaufgabenbetreuung und deren Umsetzungsmöglichkeiten in konkreter zeitlicher Ablaufplanung

Teil III: Erprobung von Verfahren im Rahmen der Aktionsforschung an ausgewählten Projektschulen. Lehrkräfte und das Personal des Ganztags erproben gemeinsam das HOfGanS-Konzept
- Abschlussbericht

Einen Schwerpunkt der vorliegenden Arbeit bildet die Entwicklung einer hausaufgabendidaktischen Konzeption orientiert an der Perspektive des schüleraktiven Unterrichts. Vor dem Hintergrund der bereits angesprochenen aktuellen Forschungserkenntnisse zeichnet sich eine Vorrangstellung schüleraktiver Unterrichtsformen ab, die sich entsprechend in einer adäquaten Hausaufgabenpraxis widerspiegeln sollte. Insbesondere die offene Ganztagsgrundschule bietet vielfältige Möglichkeiten, Schüleraktivität im Rahmen der Hausaufgabenbetreuung zu erproben und zu konkretisieren. Zugleich soll die Perspektive aufrechterhalten werden, die offene Ganztagsgrundschule gegebenenfalls als einen Zwischenschritt auf dem Weg zur gebundenen Ganztagsgrundschule zu betrachten. Hier würden Hausaufgaben als „Schulaufgaben" (s.v.) für alle Schüler gleichermaßen vielfältige schüleraktive Formen auch im Wege des gemeinsamen Arbeitens bieten können. Der Erfolg einer offenen Ganztagsschule bemisst sich in hohem Maß an der grundsätzlichen Bereitschaft der Lehrkräfte und der pädagogischen Mitarbeiter zur dauerhaften, kreativen und flexiblen Kooperation. Die Zusammenarbeit hinsichtlich der Hausaufgabenbetreuung erfordert darüber insbesondere von den Lehrkräften, ihre eigene Hausaufgaben- und Unterrichtspraxis zu reflektieren, sich über die pädagogisch-didaktische und lehr-lerntheoretische Bedeutung einzelner Hausaufgaben Rechenschaft zu geben und ihre Bereitschaft, den eigenen Unterricht transparent, also „öffentlich" für das Personal des Ganztags zu machen.

1 Eine Hausaufgabendidaktik schüleraktiven Unterrichts und ihre Bedeutung für den Unterricht sowie die Hausaufgabenbetreuung in der offenen Ganztagsschule

Die Bestimmungen und Orientierungshilfen verschiedener Bundesländer (vgl. z.B. Brandenburg, Niedersachsen, Sachsen-Anhalt, Sachsen) weisen darauf hin, dass Schülerinnen und Schüler ihre Hausaufgaben selbständig, d.h. ohne Hilfe erledigen können sollen. Die Frage ist, ob dieser Selbständigkeitsanspruch von den Lehrern in der Konzeption der Hausaufgaben angemessen berücksichtigt wird und wie im Elternhaus und/oder in der Hausaufgabenbetreuung der Ganztagsschulen diesbezüglich verfahren wird (Niggli u.a. 2007). Damit einhergehend ist die Qualität des Kommunikationsverlaufs über die Erledigung der Hausaufgaben zwischen allen Gruppen zu klären. Zugleich scheint die Feedbackkultur einer Klasse eine hohe Bedeutung zu haben hinsichtlich der Rückmeldung von Lehrern auf die jeweiligen Hausaufgaben ihrer Schüler. Die effektive und konsequente Erledigung der Hausaufgaben ist in Anlehnung an Haag und Mischo (2002) „umso wahrscheinlicher, je höher motivationale Faktoren (bei den Schülern – J. S.) ausgeprägt sind." So ist zu vermuten, dass „bei Schülern mit einer geringeren Motivation größere Schwankungen im Zeitmanagement (bei der Erledigung der Hausaufgaben – J. S.) zu erwarten" sind (vgl. Trautwein 2007). Aussagekräftige Untersuchungen zur Hausaufgabenpraxis speziell in der Grundschule sind selten und geben wenige „empirisch abgesicherte Antworten auf Fragen" (Roßbach 1995, 103) wichtiger Funktionen von Hausaufgaben. Nach Roßbach liegt die Bedeutung einer professionellen und didaktisch abwechslungsreichen Hausaufgabenpraxis in der Grundschule darin, dass im Grundschulbereich „auf Schülerseite Handlungsmuster im Umgang mit Hausaufgaben" (a.a.O.) entwickelt werden.
Um Hausaufgaben letztlich aus ihrer unklaren Position im Zusammenhang mit dem Unterricht zu befreien und ihnen einen konkreten, bedeutungsvollen, nachvollziehbaren und planvollen Stellenwert in der gesamten Unterrichtsvorbereitung, -durchführung und auch -nachbereitung zu verleihen, ist es notwendig, ihre Bestimmungsmomente offenzulegen. Sollen Hausaufgaben nicht weiterhin überwiegend eine Sache der Lehrerhandbücher bleiben und in der täglichen kritiklosen Übernahme durch die Lehrkraft dieser ihre Unprofessionalität widerspiegeln, müssen sie letztlich im Rahmen sowohl der ersten wie der zweiten Ausbildungsphase einen entsprechenden Platz zugewiesen bekommen.

Kamm/Müller haben bereits in den siebziger Jahren „angesichts der offenkundigen Vernachlässigung der Hausaufgaben in Theorie und Praxis des Unterrichts" (1977, 12) die vielfältige Kritik an der gängigen Hausaufgabenpraxis aufgegriffen und unter der Fragestellung, „inwieweit Hausaufgaben dazu beizutragen vermögen, autonomes Lernen des Schülers zu fördern und die Kluft zwischen Lernen in der Schule und außerschulischer Lebenswelt zu verringern" (a.a.O., 60) versucht, didaktisch fundierte Ansätze zu entwickeln auf der theoretischen Grundlage des Berliner Modells nach Heimann (1970) und Schulz (1976). Neben vielen von ihnen aufgezeigten richtungweisenden Perspektiven (beispielsweise zu geschlossenen und offenen Aufgabenstellungen sowie zur Differenzierung) bleibt ihr Entwurf jedoch aufgrund seiner zeitgebundenen unterrichtstheoretischen Orientierung an dem Berliner Modell auf dessen didaktischen Implikationen beschränkt. Auch andere Autoren (z.B. Komorok/Bruder 2007, Petersen u.a. 1990, Keck 1978, Feiks 1981/1989, Kleinschmidt-Bräutigam 2006) haben sich mit didaktischen Grundsätzen der Hausaufgabenplanung, -vergabe, -erstellung und -kontrolle auseinandergesetzt. Allerdings wurden die Überlegungen allesamt weder in eine umfangreichere didaktische Konzeption integriert noch eine eigene neue entwickelt. Aktuelle didaktische Weiterentwicklungen (u.a. kritisch-konstruktive Didaktik, systemisch-konstruktivistische Ansätze, schüleraktive Unterrichtsformen) konnten so beispielsweise nicht berücksichtigt werden. Dies zeigt sich aber vor dem Hintergrund vorliegender interdisziplinärer (fach-)wissenschaftlicher Erkenntnisse als dringend erforderlich, wenn Hausaufgaben wie Unterricht insgesamt den Lernerfolg von Schülerinnen und Schülern konstruktiv unterstützen und erhöhen sollen.

1.1 Hausaufgaben und ihre didaktische Konkretisierung auf der Grundlage von Konzepten zum schüleraktiven Unterricht

Der überwiegenden Zahl an Klärungen zum Begriff Hausaufgaben gemeinsam ist die Feststellung, dass es sich bei Hausaufgaben

(1) um Lerntätigkeiten von Schülerinnen und Schülern handelt (Aebli 1987, Keck 2004, Aschersleben/Hohmann 1979, Kamm/Müller 1977),
(2) die durch Aufgaben bzw. didaktische Zielsetzungen im Unterricht (Aneignung, Erweiterung, Festigung, Wiederholung, Anwendung und Übertragung von Wissen und Können) veranlasst sind (Keck 2004, Dietz/Kurth 1960) und somit einen unmittelbaren Unterrichtsbezug (Dühlmeier 2009, Pakulla 1967, Kamm/Müller 1977) haben.
(3) Sie werden von der Lehrkraft gestellt (Trautwein 2008),

(4) außerhalb der eigentlichen Unterrichtszeit als Fortsetzung des Unterrichts bearbeitet (Pakulla 1967, Keck 2004, Eigler/Krumm 1972, Cooper 1989, Dietz/Kurth 1960, Hallam 2004, Trautwein 2008) und stellen insofern
(5) ein wesentliches, selbst organisiertes Element des Lernprozesses (ohne Betreuung des Lehrers) dar (Keck 2004, Aebli 1987, Trautwein/Köller 2003).
(6) Es handelt sich sowohl um mündliche als auch schriftliche Aufgaben (Dühlmeier 2009, Dietz/Kurth 1960) und ihre Funktionen bestehen vor allem in der
(7) Nachbereitung des vorangegangenen und der Vorbereitung des folgenden Unterrichts (Schaub/Zenke 2007, Dühlmeier 2009).
(8) Darüber hinaus sollen Hausaufgaben erzieherische Aufgaben übernehmen, z.B. die Förderung des selbständigen, eigenverantwortlichen und autonomen Lernverhaltens der Schülerinnen und Schüler (Kamm/Müller 1977, Dühlmeier 2009, Tenorth/Tippelt 2007, Schaub/Zenk 2007).
(9) Betont wird, dass es sich um nicht vom Lehrer unmittelbar gelenkte Lerntätigkeiten handelt (Keck 2004), sondern Hausaufgaben von der Zielsetzung her eine eigenständige Stillarbeit des Schülers darstellen (Aschersleben/Hohmann 1979, Aebli 1987).
(10) Daher unterliegen nur Aufgabenstellung und Kontrolle der Hilfe durch die Lehrkraft, nicht die Anfertigung der Hausaufgaben selbst (Aschersleben/Hohmann 1979, Trauwein/Köller 2003).
(11) Hausaufgaben sollten *nach Möglichkeit* (Hervorh. J.S.) im Unterricht überprüft werden (Keck 2004, Aebli 1987).
(12) Sie sind insofern ein Bindeglied zwischen unterrichtlichem (Schule) und außerunterrichtlichem (Elternhaus, Hort) Lernen (Keck 2004, Schaub/Zenke 2007) und
(13) an deutschen Schulen mit Halbtagsunterricht fest etabliert (Tenorth/Tippelt 2007).

Für Kamm/Müller (1977, 61) bilden Hausaufgaben einen integrierten Bestandteil des Unterrichts, deren Funktion darin besteht, den Lernprozess der Schülerinnen und Schüler anzuregen, zu stützen und zu fördern. Unterschieden werden können vorbereitende Recherche-, Übungs-, Wiederholungs- und Anwendungsaufgaben sowie Aufgaben zum Einüben von Lern- und Arbeitstechniken (Dühlmeier 2009). Dabei gibt es zwischen den Aufgaben in der Unterrichtsstunde und den Hausaufgaben scheinbar keine wesentlichen inhaltlichen Differenzen. „Wenn Unterschiede auftreten, so beziehen sie sich allein auf die zeitökonomischen und ausstattungsmäßigen Besonderheiten“ (Pakulla 1967, 10). Da Hausaufgaben im Allgemeinen von Lehrpersonen erteilt, kontrolliert und besprochen werden, enthalten sie „Elemente der Fremdbestimmung und externen Handlungsregulation“

(Trautwein/Köller 2003, 200). Diese Sichtweise wird von Dietz/Kurth gestützt, die Hausaufgaben dem Inhalt nach „als eine Aufforderung an die Schüler zu einer bestimmten Arbeit mit dem Stoff" betrachten und feststellen, „sie verkörpern sehr gut die dialektische Einheit von pädagogischer Führung und Selbsttätigkeit und sind ein Teil des didaktischen Geschehens, da sie eine typische Lehrer-Schüler-Stoff-Beziehung ausdrücken" (1960, 264).
Im Wörterbuch der Schulpädagogik findet sich die eher kritische Beschreibung von Hausaufgaben als „eine mit der Halbtagsschule verbundene, aber bis heute umstrittene und erziehungswissenschaftlich nicht ausreichend untersuchte Maßnahme zur Unterstützung, Ergänzung und Steigerung der Schulleistungen" (Böhm 2005, 275). Ein weiterer Kritikpunkt findet sich im Lexikon Pädagogik, demgemäß Hausaufgaben zur Steigerung der Lernleistungen und zur Förderung des selbständigen Lernens beitragen sollen, dabei aber Kinder aus bildungsfernen Milieus benachteiligen (Tenorth/Tippelt 2007, S.310). Aebli schließlich kommt resümierend in seiner Auseinandersetzung über den Umgang mit Hausaufgaben zu dem Schluss: „Wenn man diese Situation überblickt, ist man versucht, Hausaufgaben als ein didaktisches Stiefkind unserer Schulen zu bezeichnen. Das ist schade, denn so werden Lernchancen verpasst" (1987, 209).
Wird die Hausaufgabenerledigung als eine Situation betrachtet, in der eine Schülerin oder ein Schüler möglichst selbständig das Lernziel erreichen soll, stellt die Erledigung der Aufgaben eine wichtige Form selbstregulierten Lernens dar (Corno 1994, Trautwein & Köller 2003). Bedeutsam ist hierbei jedoch, dass die Hausaufgabe in die Abläufe des schulischen Lernens integriert wird und die Schüler die spezifischen Lernziele einer gestellten Hausaufgabe und die Verfahren zu ihrer Erreichung kennen und akzeptieren (Aebli 1987). So erwerben die Schüler gesicherte Kenntnisse, ausgeprägte Fähigkeiten und Fertigkeiten nur, wenn sie in einem hohen Maße selbsttätig werden. Darüber hinaus ist für das erfolgreiche langfristige Lernen die Einsicht in den „Sinn des Lernens" bzw. in den persönlichen Gewinn grundlegend (Jürgens 2006, 2010). Dazu können qualitativ gute Hausaufgaben beitragen (Dietz/Kuhrt 1959). Allerdings weist Nilshon darauf hin, „dass die oft fraglos übernommene Gleichsetzung von Hausaufgabenerledigung und Entwicklung selbständigen Lernens nicht nur nicht zwingend ist, sondern dass Hausaufgabenpraxis und selbständiges Lernen in der Regel einander widersprechen" (1999, 3). Sollen Hausaufgaben die hierfür erforderlichen Lernkompetenzen fördern, ist ein entsprechend gestalteter Unterricht notwendig, aus dem in logischer Konsequenz die jeweiligen Hausaufgaben erwachsen, um die begonnenen Lernprozesse außerunterrichtlich in produktiver Weise weiter- und wieder in den Unterricht zurückzuführen. „Denn es ist eine Illusion zu glauben, dass mangelnde Möglichkeiten für selbständiges Handeln der Schülerinnen und Schüler im Unterricht einfach durch Vergabe von Hausaufgaben kompensiert

werden können. Vielmehr bedarf es zunächst und vor allem der Entwicklung einer anderen Lernkultur in der Schule, bei der Selbständigkeit und Eigenverantwortung der Kinder und Jugendlichen bei der Gestaltung des Unterrichts selbst zum Tragen kommen" (a.a.O., vgl. Weinert 1999, Jürgens 2006). Zusammenfassend kann daher festgehalten werden, dass von Lehrerinnen und Lehrern „sinnvoll" erteilte Hausaufgaben – verstanden als von der Lehrkraft zielführend geplante, für das Lernen der Schülerinnen und Schüler inhalts- und beziehungsreiche sowie dem jeweiligen Lernstand der Heranwachsenden angemessene Aufgaben – insbesondere die folgenden Kriterien erfüllen sollten:

– sie sind „wertvoll", d.h. sie leisten einen wesentlichen Beitrag für den Lernfortschritt der Schüler;
– sie sind „überzeugend", d.h. sie motivieren die Schüler durch Form und Inhalt, sich mit ihnen auseinander zu setzen;
– sie sind „planvoll", d.h. in der fachlichen und didaktischen Vorbereitung (der Lehrerin bzw. des Lehrers) sind sie logisch und nachvollziehbar eingeordnet;
– sie sind „zielgerichtet", d.h. sie führen die Schülerin bzw. den Schüler bei der konstruktiven Auseinandersetzung mit den fachlichen und pädagogischen Absichten und Inhalten der Unterrichtseinheit weiter in Richtung auf ein vorab bestimmtes Ziel (vgl. Aebli 1987).

Diese Zielvorstellungen verweisen auf einen Unterricht, der die genannten Kriterien in gleichem Maße berücksichtigt. Unter der pädagogisch-didaktischen Prämisse, das die Hausaufgaben aus dem ihnen vorangehenden Unterricht erwachsen und wieder in den Unterricht zurückführen sollen (Kamm/Müller 1977, Schmidt 1984, Susteck 1992, Wenger 1994, Petersen u.a. 1990), ergibt sich die Notwendigkeit, beiden – sowohl dem Unterricht als auch den ihn ergänzenden und weitertragenden Hausaufgaben – dieselben didaktischen Prinzipien und Grundsätze zugrunde zu legen. Nur auf diese Weise lässt sich eine relative didaktisch-methodische Kontinuität zwischen dem innerschulischen und dem außerschulischen Lernen erreichen und eine stabilere und stärker fundierte Aneignung von Lernmethoden und -strategien möglich werden. Im Folgenden werden neben einer Begründung für das gegenwärtige Primat des schüleraktiven Unterrichts als Voraussetzung erfolgreichen Lernens die sich daraus ergebenden Konsequenzen für das Stellen (schüleraktiver) Hausaufgaben dargelegt.

1.2 Grundlegende Prinzipien schüleraktiven Unterrichts

Ziel der vorliegenden Arbeit ist es, eine Didaktik der Hausaufgaben als eigenständiges Theoriesegment der Allgemeinen Didaktik zu entwickeln bzw. grundlegende didaktische Prinzipien herzuleiten, die einen produktiven Umgang mit Hausaufgaben befördern. So lässt sich zu Beginn der Auseinandersetzung mit diesem Thema nicht endgültig beurteilen, ob eine eigenständige Hausaufgabendidaktik erforderlich oder es letztendlich angemessener und in höherem Maße zielführend ist, Hausaufgaben über grundlegende Prinzipien mit einer entsprechenden Unterrichtsdidaktik zu verknüpfen. Aktuelle Erkenntnisse der Lehr-Lern-Forschung, der Unterrichtsforschung und der Neurobiologie (z.B. Roth 2004, Goschke 1996, Beggs u.a. 1999, Helmke 2005, Spitzer 2006, Beck/Guldimann 2008) verweisen auf die erhebliche Bedeutung schüleraktiver Unterrichtsformen für den Lernerfolg von Schülerinnen und Schüler. Eine aktuelle Didaktik der Hausaufgaben sollte sich im Wesentlichen an den Elementen einer Unterrichtsdidaktik orientieren, die diesen Erkenntnissen angemessen Rechnung trägt und diese auf die Hausaufgabenthematik übertragen.
Aus der Gehirnforschung ist heute bekannt, dass alle nachhaltigen Lernprozesse des Menschen grundsätzlich induktiv ablaufen (Roth 2010, Spitzer 2006). Neurobiologisch gut belegt sind insbesondere die folgenden Erkenntnisse:

1. „Wissen kann nicht übertragen werden; es muss im Gehirn eines jeden Lernenden neu geschaffen werden.
2. Wissensentstehung findet unter Rahmenbedingungen statt und wird durch Faktoren gesteuert, die zum großen Teil unbewusst ablaufen und deshalb nur indirekt beeinflussbar sind.
3. Die wichtigsten dieser Faktoren sind Motivation und Emotionalität auf Seiten des Lehrenden wie des Lernenden“ (Roth 2010, 235).

Eine Entsprechung finden diese Erkenntnisse in den Ansätzen zum schüleraktiven Unterricht. Dieser lässt sich allgemein durch folgende übergreifende bildungstheoretische Grundsätze charakterisieren:
- „Einem erziehungs- und bildungsnormativen Zielbild des selbstbestimmten, „seine Menschlichkeit entfaltenden“ Individuums und seiner Verantwortlichkeit für die Gemeinschaft.
- Einem lerntheoretischen Zielbild des selbstgesteuerten, eigenaktiven und entdeckend-problemlösenden Kindes und Jugendlichen.

Dahinter steht […] die Bildungsidee vom freien (freiheitlichen) und mündigen Bürger, der zur Selbständigkeit fähig ist bzw. befähigt werden kann. Mündigkeit als ständige schulische Erziehungs- und Bildungsaufgabe ist ohne selbständige Handlungsfähigkeit schlechterdings unmöglich“ (Jürgens 2006, 11). Schülerak-

tive Lehr- und Lernformen zielen auf das „selbstregulierte Lernen“, d.h. die Lernenden sind in der Lage, „sich selbständig Lernziele zu setzen, dem Inhalt und Ziel angemessene Techniken und Strategien auszuwählen und sie auch einzusetzen. Ferner halten sie ihre Motivation aufrecht, bewerten die Zielereichung während und nach Abschluss des Lernprozesses und korrigieren – wenn notwendig Lernstrategien. [...]. Im Unterschied zu fachbezogenen kognitiven Kompetenzen beruht selbstreguliertes Lernen auf einer Handlungskompetenz, bei der die insgesamt notwendigen und /oder verfügbaren kognitiven, motivationalen und sozialen Voraussetzungen für erfolgreiches Handeln und Leisten zusammenwirken“ (vgl. Simons 1992 u. Weinert 1999, zit. nach Artelt u.a. 2001, 271). Lehr- und Lernarrangements erhalten unterschiedliche Freiräume, sprich „Öffnungsgrade“, die didaktisch gewollt und sinnvoll sind. Die „öffnenden“ Elemente auf der methodisch-organisatorischen, didaktisch-inhaltlichen und pädagogisch-politischen Ebene (vgl. Brügelmann 1999) wiederum erweitern den eigenverantwortlichen Erfahrungsraum der Heranwachsenden. „Kein Kind kann lernen, eigene Motive zu entwickeln, wenn es stets vorgeschrieben bekommt, was zu geschehen hat. Wie soll sich ein Mensch für eine Aufgabe entscheiden, der keine Wahl hat?“ (Schiefele 1993, 185).
Unter Berücksichtigung der zugrunde gelegten Bestimmungsmomente von Hausaufgaben, nach denen diese Lerntätigkeiten von Schülerinnen und Schülern darstellen, die durch Aufgaben bzw. didaktische Zielsetzungen im Unterricht veranlasst sind, einen unmittelbaren Unterrichtsbezug haben und als ein wesentlich selbst organisiertes Element des Lernprozesses auch erzieherische Aufgaben übernehmen, gilt es ebenso bei der Planung und Erteilung von Hausaufgaben „auf der methodisch-organisatorischen, didaktisch-inhaltlichen und pädagogisch-politischen Ebene“ den eigenverantwortlichen Handlungsspielraum der Heranwachsenden zu erweitern.

1.3 Die Bedeutung einer Hausaufgabendidaktik schüleraktiven Unterrichts für die offene Ganztagsschule

Mit der Implementierung des Investitionsprogramms „Zukunft Bildung und Betreuung“ (IZBB) vom Bundesministerium für Bildung und Forschung in den Jahren 2003 bis 2009 und den sich anschließenden Programmen in den verschiedenen Bundesländern[5] wurde der Ausbau und die andauernde qualitative Wei-

5 Zum Beispiel „QUIGS - Qualitätsentwicklung im Ganztag“, gefördert durch das Ministerium für Schule und Weiterbildung NRW, das „Ausbauprogramm für neue Ganztagsschulen in Angebotsform“ in Rheinland-Pfalz oder der „Modellversuch Sächsische Schule mit Ganztagsangeboten“ in Sachsen.

terentwicklung der offenen Ganztagsschule in den vergangenen Jahren erheblich vorangetrieben. Die Überlegungen und Auseinandersetzungen um die Organisation und Gestaltung der offenen Ganztagsschule haben auch das Thema Hausaufgaben wieder verstärkt in den Aufmerksamkeitsfokus der Wissenschaft gerückt und mit der Hausaufgabenbetreuung bzw. -begleitung in (Ganztags-)Schulen ein neues Forschungsfeld zur Hausaufgabenpraxis an Schulen eröffnet.

Aufgrund ihres Alters und ihrer gesamten psycho-sozialen Entwicklung benötigen Schülerinnen und Schüler der Grundschule anfänglich zumeist eine noch eher kleinschrittige, z.T. intensivere Anleitung bzw. Begleitung bei der Anfertigung und Durchführung ihrer Hausaufgaben. Da die Entwicklung einer eigenständigen, selbstverantwortlichen Lernerpersönlichkeit innerhalb der „Bildungsinstitution Schule" für Grundschüler erst begonnen hat, ist für viele die Orientierung an (erwachsenen) Bezugspersonen zur erfolgreichen Erledigung der Hausaufgaben wichtig. Die Hausaufgabenbetreuung in der offenen Ganztagsgrundschule erhält somit einen besonderen Stellenwert.

Die offene Ganztagsschule im Primarbereich soll zu einem attraktiven und qualitativ hochwertigen Angebot weiterentwickelt werden und in Nordrhein-Westfalen laut Runderlass[6] „durch die Zusammenarbeit von Schule, Kinder- und Jugendhilfe, gemeinwohlorientierten Institutionen und Organisationen aus Kultur und Sport sowie weiteren außerschulischen Partnern eine Lernkultur entwickeln, die die Schülerinnen und Schüler in ihren Begabungen und Fähigkeiten unterstützt, fördert und fordert. Sie bietet mehr Zeit für Bildung und Erziehung, eine bessere Rhythmisierung des Schultages sowie umfassende Angebote zur individuellen Förderung, zur musisch-künstlerischen Bildung, zu Bewegung, Spiel und Sport und zur sozialen Bildung. Sie sorgt für ein umfassendes Bildungs- und Erziehungsangebot, das sich an dem jeweiligen Bedarf der Kinder und der Eltern orientiert, sowie eine Stärkung der Erziehungskompetenz der Familie". Durch die gezielte und individuelle Förderung der schulischen, sozialen und persönlichen Entwicklung von Kindern sollen diese systematisch gestärkt werden. Sichergestellt werden soll dies durch die Beschäftigung pädagogisch qualifizierten Personals und eine enge Zusammenarbeit von Schule, Kinder- und Jugendhilfe, Kultur, Sport und weiteren Partnern, die stetig fortgeführt und intensiviert werden sollen (vgl. Standop 2008). Zu den außerunterrichtlichen Angeboten der offenen Ganztagsschule sollte ursprünglich zugleich „je nach Bedarf" die qualifizierte Hausaufgabenbetreuung und -hilfe (MfSW 2008) gehören. Im Laufe des Untersuchungszeitraums der vorliegenden Studie wurde diese Passage gestrichen und ersetzt durch „Anregungen und Unterstützung beim Lösen von Aufgaben aus dem Unterricht und Eröffnung von Möglichkeiten zur Vertiefung und Erprobung

6 RdErl. d. Ministeriums für Schule und Weiterbildung v. 21.12.2006 (ABl. NRW. 2/07), vgl. RdErl. d. Ministeriums für Schule und Weiterbildung v. 31.7.2008 (ABl. NRW. 8/08).

des Gelernten sowie zur Entwicklung der Fähigkeit zum selbstständigen Lernen und Gestalten" (MfSW 2012).
Vor dem Hintergrund des andauernden Diskurses über den Sinn und Nutzen von Hausaufgaben, deren Lernerfolg für die Heranwachsenden bislang nicht eineindeutig wissenschaftlich erbracht werden konnte (u.a. Wittmann 1972, Trautwein 2007, Haag 1991), ergeben sich durch die Hausaufgabenbetreuung im offenen Ganztag Chancen für eine veränderte Hausaufgabenkultur in verschiedener Hinsicht. Neben der bisher am Weitesten verbreiteten Art der Betreuung in Form der Bereitstellung eines Raumes und der Anwesenheit einer Aufsichtsperson finden sich zunehmend Betreuungssituationen, in denen individuelle Hilfestellungen gegeben werden, in denen konkrete Förderungen stattfinden und/oder in denen Lehrpersonen anwesend sind (u.a. Beher et al. 2005; Jäger et al. 2005). Diese sehr unterschiedliche Ausgestaltung der Hausaufgabenbetreuung rückt die Frage in den Vordergrund, welche Aufgaben und Funktionen sich mit den Hausaufgaben vor dem Hintergrund einer zur Ganztagsschule veränderten Schulform verbinden und welche Erwartungen von Lehrpersonen, Eltern und Schülern an die Hausaufgabenbetreuung gestellt werden. Darüber hinaus ist zu klären, wie eine „angemessene Hausaufgabenbetreuung" auszusehen hat, welche didaktisch-methodische Konzeptionen einer solchen zugrunde liegen bzw. inwieweit schüleraktive Prinzipien berücksichtigt werden. Damit einher geht wiederum die Frage danach, welche Anforderungen an die Aus- und Fortbildung der pädagogischen Mitarbeiter des offenen Ganztags als „Hausaufgabenbetreuer" gestellt werden müssen. Nicht zuletzt sollte geprüft werden, inwieweit die durch den schulischen Bildungs- und Erziehungsauftrag bzw. durch die ministerielle Erlasslage formulierten Ansprüche an die (Stellung, Durchführung und Kontrolle von) Hausaufgaben letztlich mit der tatsächlichen Umsetzung in den Schulen korrespondieren.

Zusammenfassend geht es in der vorliegenden Arbeit darum, die folgenden Zielsetzungen und Fragestellungen bezüglich des Themas Hausaufgaben zu klären:
- Die maßgeblichen Bestimmungsmomente von Hausaufgaben werden spezifiziert, um auf dieser Grundlage zu klären, inwieweit eine eigenständige, von der allgemeinen/fachbezogenen Unterrichtsdidaktik unabhängige, eigenständige Hausaufgabendidaktik notwendig und pädagogisch-didaktisch sinnvoll ist.
- Diese Bestimmungsmomente stellen die grundlegenden Elemente einer Hausaufgabendidaktik bzw. grundständiger didaktischer Prinzipien von Hausaufgaben dar, aufbauend auf den Konzepten zum schüleraktiven Unterricht, d.h. auf der Erweiterung des eigenverantwortlichen Handlungsspielraum der Schülerinnen und Schüler hinsichtlich der methodisch-organisatorischen, didaktisch-inhaltlichen und pädagogisch-politischen Ebene.

- Auf dem Fundament einer umfangreichen empirischen Studie soll geklärt werden,
  - welche Aufgaben und Funktionen sich mit den Hausaufgaben für die betroffenen Personengruppen (Lehrkräfte, Schülerinnen und Schüler, Eltern, Personal des Ganztags) verbinden,
  - nach welchen didaktischen Prinzipien Lehrkräfte die Erteilung von Hausaufgaben und deren Integration in den Unterricht planen, erteilen und kontrollieren,
  - welche Erwartungen von Lehrpersonen, Eltern und Schülern an die Hausaufgabenbetreuung gestellt werden,
  - ob der bislang durchgeführten Hausaufgabenbetreuung an ausgewählten Ganztagsgrundschulen eine didaktisch-methodische Konzeption zugrunde liegt und wie eine solche mit den Zielvorstellungen der vorab entwickelten Hausaufgaben-Didaktik korrespondiert.
- Damit wiederum wird die Fragestellung evident, welche pädagogisch-didaktischen Anforderungen sich demzufolge an die pädagogischen Mitarbeiter des offenen Ganztags stellen und welche qualifikatorischen Voraussetzungen geschaffen sein müssen, damit die pädagogischen Mitarbeiter diesen Anforderungen gerecht werden können.
- Schließlich ist anhand der vorliegenden Auswertungen zu prüfen, inwieweit die durch den schulischen Bildungs- und Erziehungsauftrag bzw. durch die ministerielle Erlasslage formulierten Ansprüche an die (Stellung, Durchführung und Kontrolle von) Hausaufgaben letztlich der tatsächlichen Umsetzung in den Schulen entsprechen.

2 Die historische Entwicklung der Hausaufgaben im allgemeinbildenden Schulwesen

Bislang ist nicht eindeutig geklärt, wann Hausaufgaben als ein systematisch zur Schule gehörendes Segment entstanden sind (Boßmann 1979). Bereits 1464 finden Hausaufgaben jedoch Erwähnung in der Ordnung für die Lateinschule zu Bayreuth

> „Alle nacht sollen die kinder scripturas schreiben, iren latein den elttern anheim sagen. vnd an dem morgen die schriefft in der schule weysen vnd ire latein wider aufsagen" (Müller 1886, 82; vgl. Komorek/Bruder 2007).

Auch andere um das Jahr 1500 verfasste Schulordnungen erwähnen sie, z.B. die „LXVI. Ordnung der vier lateinischen Schulen und der armen Schüler" zu Nürnberg um 1505

> ... vnnd alle tag so sie die schul besuchen dreymal vor tisch vnnd dreymal nach tisch, irer lection, buchstabens oder lesens nach gestalt eins jeden lernung verhoret vnnd ine darzu gein der nacht ein latein nemlich zway lateinische gemayne wort mit irer vertewtschung vnnd beüelhe, die ihren eltern anzusagen, gegeben, vnnd sie des morgens in der schul derseleben altein widervmb erfragt vnd verhoret werden, auf das sie sollich latein dester vleißsiglicher mercken, in sich pilden vnnd behalten" (Müller 1886, 146f.; vgl. Geißler/Schneider 1982, 10ff; Schmidt 1984).

Als eine der ersten schreibt die Nördlinger Schulordnung 1512 das Erteilen von Hausaufgaben vor (Müller 1886, 169f., vgl. Schönbrunn 1989). Die Einrichtung der Schule als „öffentliche Anstalt" löste Hauslehrerverhältnisse sowie Klosterschulen ab und beendete das Lehr- Lernverhältnis als Lebensgemeinschaft.
Vielmehr entließ die öffentliche Schule die Schüler nach dem Unterricht in das Elternhaus zunehmend mit der Vergabe von Hausaufgaben (Michael 1961, 374, Boßmann 1979). Da in den Lateinschulen der damaligen Zeit noch keine Jahrgangsklassen eingerichtet waren und ein Lehrer viele Schüler unterschiedlichen Alters gleichzeitig unterrichtete, hatten Hausaufgaben die Funktion, den schulischen Unterricht zu ergänzen und die Schularbeit auch als Mittel der Differenzierung zu Hause gezielt fortzusetzen (Boßmann 1979, 13). Nachdem im 17. bzw. 18. Jahrhundert der Klassenunterricht eingeführt wurde, blieben die Hausaufgaben erhalten, um „einen gleichmäßigen Lernfortschritt aller (Schüler, J. S.) gewährleisten (zu) helfen" (a.a.O.), zugleich sollte durch Hausaufgaben der Unterrichtsstoff gefestigt, eingeübt und vertieft werden (Boßmann 1979; Komorek/Bruder 2007). Die dergestalt zu fördernden Kenntnisse sollten identisch mit den in der Schule vermittelten sein. Hausaufgaben hatten somit in unmittelbarer

Beziehung zum Unterricht zu stehen, diesen vorzubereiten oder – vorwiegend – seine Inhalte zu wiederholen (Schmid 1859, 283, nach Geißler/Schneider 1982, 10ff.; Schmidt 1984)[7].

Stand im ersten Drittel des 19. Jahrhunderts noch die Notwendigkeit einer Vereinheitlichung des Umgangs mit Hausaufgaben im Vordergrund der öffentlichen Diskussion, wurden in den vierziger Jahren zunehmend Stimmen von Eltern, Ärzten und Erziehern laut, die auf Missstände durch überladene Unterrichtspläne und eine Überlastung der Schüler durch Hausaufgaben hinwiesen. „Mag man darüber lächeln, es ist dennoch wahr, dass die Schulen von ihrem Einflusse und ihrer Anerkennung sehr verloren und an Missliebigkeit beim Publicum sehr zugenommen haben, seit sie gar viel Gewicht auf häusliche Aufgaben gegeben und so ihr Lehrgeschäft fast ganz und gar in das elterliche Haus gelegt haben" (Scheibert 1849, 61). In einer Ministerialverfügung für das preußische Schulwesen vom 29.3.1829 wird auf das Problem der übermäßigen häuslichen Arbeiten für Schüler hingewiesen und eine obere Grenzen hierfür festgelegt (Wiese 1875, vgl. Geissler/Schneider 1982, 11). Kontroversen bezüglich der Funktion von Hausaufgaben gab es ebenfalls hinsichtlich ihres Einsatzes als Instrument zur Disziplinierung (Komorek/Bruder 2007). Auch in der „Encyklopädie des gesamten Erziehungs- und Unterrichtswesens" von 1859 (Schmid 1859) wurden noch Missstände in der Hausaufgabenpraxis beanstandet. Das preußische Unterrichtsministerium griff die Kritik an den Hausaufgaben auf und trat Bestrebungen entgegen, diese gänzlich abzuschaffen und stattdessen in den Schulunterricht zu integrieren. Vielmehr sei es unerlässlich, das selbständige Arbeiten zu fördern, das im Unterricht „der damaligen Schule in der Tat kaum stattfinden konnte" (Schmidt 1984, 12). Der „leider nur zu häufig hervortretende Mangel an Unabhängigkeit im Denken und Urteilen (sei) vorzugsweise der geringen Übung in eigener Thätigkeit zuzuschreiben" (Schiller 1891, 6, zit. nach Schmidt 1984, 12).

In der zweiten Hälfte des 19. Jahrhunderts rückten zugleich erzieherische Aspekte in den Vordergrund (Geißler/Schneider 1982, 12; Schönbrunn 1989), der Zweck von Hausaufgaben wurde zunehmend auch im Lernen des Arbeitens und in der Förderung von Kenntnissen gesehen. „Das Arbeitenlernen ist der erste und die Förderung in Kenntnissen der zweite Zweck der Hausaufgaben" (Roth 1859,

7 Während in den mittelalterlichen Schriften auch das Dokument einer Mädchenschule (z.B. „Verleihung der Mädchenschule zu Memmingen vom 23. August 1400", Isreal/Müller 1973, 269) aufgelistet ist, ist allgemein von „Schülern" die Rede. Eine Rezeption der unterschiedlichen Beschulung und Versorgung mit Hausaufgaben in Abhängigkeit vom Geschlecht im Laufe der verschiedenen Jahrhunderte wäre eine spannende und aufschlussreiche Forschungsfrage (beispielsweise kam es auf der Allgemeinen Deutschen Lehrerversammlung in Frankfurt am Main 1857 zu dem Antrag, die Hausaufgaben für Mädchen in den Elementarschulen und Sekundarschulen abzuschaffen, weil die Mädchen dem Familienleben entfremdet würden; Michael 1961, 380), die aber hier nicht weiter verfolgt werden kann bzw. soll.

283). Bis in die Mitte der siebziger Jahre des Jahrhunderts wurden letztlich keine nennenswerte Versuche unternommen, theoretische oder praktische Lösungen für die übermäßigen Belastungen der Schüler durch häusliche Arbeiten zu finden (Geißler/Schneider 1982, 13). Erst ab 1875 entwickelten sich zwei Positionen hinsichtlich der Priorität von Hausaufgaben und Unterricht:

- Die eine Gruppierung wollte Hausaufgaben eine Vorrangstellung vor dem Unterricht einräumen. Das angestrebte Ziel lag für die Vertreter dieser Position in „der Anforderung der Selbstthätigkeit ... Der Zögling muss sich selbst helfen, für sich selbst denken und handeln lernen, muss dies so früh und in so ausgedehnter Uebung als möglich lernen" (Beneke 1864, 460f.), daher wurde gefordert, „die häuslichen Arbeiten als einen wesentlichen Theil des Unterrichts zu betrachten, für welchen wir einen bedeutenden Raum innerhalb desselben in Anspruch nehmen müssen" (a.a.O.).
- Vertreter der zweiten Position wollten mit Hilfe der häuslichen Aufgaben den Unterricht um die Übungs- und Einprägungsfunktion verlängern. Als Ergänzung von Unterricht betrachteten Anhänger des Herbartianismus (u.a. Ziller, Stoy, Rein, Dörpfeld, Willmann) Hausaufgaben, die im Rahmen der Reinschen Formalstufen von Unterricht – Vorbereitung, Darbietung, Verknüpfung, Zusammenfassung, Anwendung – insbesondere der Verlängerung und Weiterführung des Unterrichts dienen sollten. Das „mechanische Üben und Einprägen des im Unterricht behandelten Stoffes" wurde hierdurch zum eigentlichen Ziel (Geißler/Schneider 1982, 14), die Hausaufgaben an sich wurden nicht in Frage gestellt (Schönbrunn 1989).

In den folgenden drei Jahrzehnten verstärkte sich wiederum die Auseinandersetzung um das rechte Zeitmaß für Hausaufgaben und um die Jahrhundertwende wurde für die tägliche Hausaufgabenpraxis der Schüler ein zeitlicher Umfang von durchschnittlich 2-3 Stunden gefordert (vgl. Dittes 1892/93, zit. nach Geißler/Schneider 1982, 16f.). In den Erlassen für das preußische Schulwesen wurden für unterschiedliche Klassenstufen differierende Zeitspannen gefordert, die selbst eine Kritik der gängigen Hausaufgabenpraxis offenbarten (a.a.O.). Zwar wurden diese Vorgaben von Eltern und Ärzten allgemein akzeptiert, in der Schulpraxis fanden sie aber keine Anwendung. Daher war das Maß an häuslicher Arbeit immer wieder umstritten, wiederholt wurden medizinische Gründe gegen zu viele Hausaufgaben angeführt. Zum Ende des Jahrhunderts, um 1890, brachten Hausaufgabengegner in Leipzig, Hamburg, Kassel und in Österreich nahezu gleiche Argumente hervor, die sich vermutlich auf die deutsche Ausgabe des Buches „Schulhygienische Untersuchungen" von Axel Key aus dem Jahre 1889 bezogen. Die u.a. geforderte Schlafenszeit von neun Stunden für 14-jährige Schüler, achteinhalb für 15-Jährige und acht für 16-Jährige unterstützte die Gruppe der Hausaufgabengegner – da diese Schlafenszeiten realitär nicht erreicht wurden – in der Ansicht, dass die Hausaufgaben diesen unhaltbaren Zustand mit herbei führten. Jäger (1904) folgerte auf der Grundlage sogenannter Erfahrungsdaten, dass eine acht bis zehn Stunden dauernde „Gehirnarbeit" für einen 15-jährigen Jungen eine

Überforderung darstelle, zugleich für die „Entwicklung individueller Anlagen" neben den Hausaufgaben keine Zeit bliebe und der Schüler wegen der Hausaufgaben unter kontinuierlichem seelischen Druck stünde. „Darnach müßten (..) die zwangsmäßigen Hausarbeiten im ganzen und überhaupt abgeschafft, ihr Pensum in die Schulstunden aufgeteilt und so eine reinliche Scheidung von Schule und Heim vorgenommen werden (..)" (a.a.O. 291, zit. nach Nilshon 1999, 8). Weitere pädagogische Argumente für die Ablehnung der Hausaufgaben lieferte Schanze (1907), der dem Argument der Hausaufgaben-Befürworter, Hausaufgaben würden Unterrichtsergebnisse festigen, entgegenhielt, dass die Übung wegen ihrer hohen Bedeutung „aus den unmethodischen Händen der häuslichen Berater in die methodische Hand des Lehrers" (a.a.O., 295) gebracht werden müssten. Der dadurch bedingte Zeitverlust sollte durch die Reduktion des Stoffes kompensiert werden. Auf das die erzieherische Funktion betonende Argument der Befürworter, Hausaufgaben dienten der Selbständigkeitsvermittlung beim Arbeiten, erwiderte er, in Folge der Hausaufgaben würden Betrug, Fälschung und Täuschung auftreten[8]. Mit dem Zweifel an Sinn und Wirksamkeit der Hausaufgaben einher gingen erste experimentelle Untersuchungen zum Hausaufgabenproblem. Auf die Experimentalforschung richteten sich große Hoffnungen (u.a. Mayer 1903; Schmidt 1904; Meumann 1904).

Neue Bewegung in die Diskussion über Hausaufgaben kam durch die reformpädagogische Bewegung (u.a. Gaudig 1922, Oswald/Schulz-Benesch 2009, Schmidt 1984). Die Reformpädagogen verband bei aller Unterschiedlichkeit die Wendung gegen den intellektualistischen Drill der herbartianischen Schule. Die gewöhnlichen Aufgaben zur Übung und Anwendung des gelernten Stoffes wurden sehr kritisch betrachtet, wenngleich Hausaufgaben nicht generell abgelehnt wurden. Die pädagogische Bewegung um die Jahrhundertwende wurde angeführt von einem anthropologischen Perspektivenwechsel, der „Pädagogik vom Kinde aus", verbunden mit einem neuen erkenntnistheoretischen Zugang, der die Bedeutung der Eigentätigkeit für die Welterkenntnis betonte. Einige Vertreter dieser Bewegung

---

8 In den Vereinigten Staaten zeigte sich zum Ende dieses Jahrhunderts eine ähnliche, z.T. noch deutlich höhere Ablehnung der Hausaufgaben u.a. aufgrund der zeitlichen Belastung der Schüler. Die vielfältigen Debatten führten schließlich dazu, dass in öffentlichen und privaten Schulen des Landes zunehmend Obergrenzen für die zeitliche Dauer der Hausaufgaben in den ‚elementary' und ‚grammer schools' des Landes eingeführt wurden Um die Jahrhundertwende wurde nicht nur in der Schule (z.B. The Pedagogical Seminary), sondern insbesondere auch in der Öffentlichkeit (z.B. *The New York Times Ladies' Home Journal*) für die Abschaffung der Hausaufgaben plädiert, im Zuge der Reformbewegungen der „new education", „scientific education" bzw. der „progressive education", vertreten u.a. durch Francis Parker und John Dewey (Gill/Schlossman 1996).

Auch im Vereinigten Königreich gab es in dieser Zeit vielfältige Klagen über eine erhebliche Belastung der Schüler durch Hausaufgaben, deren Ursache in einer erfolgsbasierten Bezahlung der Lehrer gesehen wird, die zu einer Zunahme des Leistungsdrucks auf die Schüler auch über Hausaufgaben führte (Hallam 2004).

(Ellen Key, Bertold Otto, Maria Montessori) sowie der „Arbeitsschulbewegung“ (Georg Kerschensteiner, Hugo Gaudig, Helen Parkhurst) lehnten die häuslichen Arbeiten der Schüler als ein „Zwangsinstrument der Schule“ ab. Dies führte allerdings nicht in jedem Fall zum Verzicht auf die Hausaufgaben. Die Reformpädagogen Otto, Montessori und Kerschensteiner bemühten sich beispielsweise, zwischen Hausaufgaben als Pflichtaufgaben und als freiwillige Leistungen der Schüler zu differenzieren (Schmidt 1984). Intensiv hat sich insbesondere Hugo Gaudig mit der Hausaufgabenfrage beschäftigt. „Unter die dringlichsten Fragen einer modernen Unterrichtslehre gehört die nach dem Verhältnis von Schularbeit und Hausarbeit“ (Gaudig 1904, 52). Der Hauptwert der Hausaufgaben besteht für ihn „darin, dass sie ohne die regulierende Aufsicht und Einwirkung des Lehrers geschieht, (...) in der mit ihr gegebenen Möglichkeit zum freitätigen Arbeiten“ (a.a.O.). Dies allerdings unter der Prämisse, dass im schulischen Unterricht die erforderlichen Arbeitsformen und -techniken eingeübt würden und reproduzierende Aufgaben gegenüber den selbständigen Leistungen sekundär blieben (a.a.O., 53f.; vgl. a. Diesterweg, zit. nach Dittes 1894, 555ff. und 593f.). Im Dalton-Plan von Parkhurst (Education on the Dalton Plan 1922/2008) findet sich die vehementeste Ablehnung der Hausaufgaben. Durch die Individualisierung des Unterrichts verbunden mit der Methode des Laboratoriums sollte darauf grundsätzlich verzichtet werden können (vgl. Geißler/Schneider 1982, 26).

Im Zuge dieser Entwicklungen entstand eine dritte Position, die die vollständige Integration der Hausaufgaben in den Unterricht verlangte. Über die ursprüngliche Diskussion „mehr oder weniger Hausaufgaben“ spannte sich nun die grundsätzliche Frage nach Beibehaltung oder Abschaffung von Hausaufgaben, was Gaudig schließlich zu der Bemerkung veranlasste vom „Kampflärm, der sich um die Überbürdungsfrage erhoben hat“ (Gaudig 1904, 55). Bis zum Beginn des 20. Jahrhunderts erfolgte die Kontroverse über Hausaufgaben vorwiegend theoretisch. Die Argumentation in der Diskussion beruhte im Wesentlichen auf Alltagsannahmen über die Wirkungen von Hausaufgaben, die normativen Voraussetzungen der Argumente aber blieben nahezu vollständig unreflektiert (Geißler/Schneider 1982). Von Meumann wurde 1904 eine der ersten differenziert konzipierten empirischen Untersuchungen veröffentlicht („Haus- und Schularbeit. Experimente an Kindern der Volksschule“), in der die Effektivität der Arbeit in der Schule mit der von Hausarbeiten verglichen wurde. Diese Studie folgt nach Geißler/Schneider (1982) allerdings in höherem Maß dem Bedürfnis nach Veränderung als dem nach pädagogischer Erkenntnis aufgrund der reduzierten Fragestellung, die „lediglich an der Aufdeckung leistungsbestimmter Determinanten in der Schule bzw. zu Hause interessiert ist, ohne die Frage möglicher positiver oder negativer Wirkungen von Schule bzw. häuslicher Arbeit genügend reflektiert zu haben“ (a.a.O. 1982, 41).

Bereits 1925 wurde die Vernachlässigung der erzieherischen Funktion der Hausaufgaben in der genannten Studie bemängelt. Diese erhielt jedoch insbesondere im Zusammenhang mit der Entwicklung formaler Bildungstheorien besonderes Gewicht. Gaudig mahnte an, dass „nicht der unter den Antrieben und der Leitung des Lehrers arbeitende Schüler das Leitbild unserer Geisteserziehung sein darf, sondern der aus freiem Antrieb sich ans Werk machende, selbsttätig die Wege zum Ziel wählende und sein Arbeiten selbst kontrollierende Schüler" (Gaudig 1929, 154f.). Daher böte insbesondere die „häusliche Arbeit (…) die Gelegenheit, in der sich die Motive und die Kraft der Selbstbildung mit zunehmender Freiheit entfalten können" (a.a.O.). Gaudig betont im Besonderen den Aspekt der Persönlichkeitserziehung: „(…) nur die Hausarbeit bietet diese Vorrausetzung. Sie hat, und das muß in der Persönlichkeitserziehung sehr stark betont werden, den Charakter einer Arbeit in einer wirklichen Lebenslage, damit aber den eminenten Vorzug der Lebenswirklichkeit. (…) In der freien häuslichen Arbeit stellt sich uns die am meisten von dem Einfluß der Schule emanzipierte und darum eine für die Kultur der Selbständigkeit äußerst wichtige Arbeitsform dar" (Gaudig 1922, 99). Die Betonung der Eigentätigkeit des Schülers und die damit einhergehende Funktionsbestimmung der Hausaufgaben als unentbehrliches Bildungsmittel beeinflusste nicht nur die nachfolgende Literatur zur Hausaufgabenthematik, sondern auch die amtlichen Richtlinien bis heute (Geißler/Schneider 1982, 24). Nachdem die Hausaufgabendiskussion jahrzehntelang kontrovers und kämpferisch geführt worden war, bewegten sich die unterschiedlichen Positionen Ende der 20er Jahre hinsichtlich Zielsetzung, Funktion, methodische Anforderungen und Art der Hausaufgaben aufeinander zu. Hausaufgaben wurden als organischer Bestandteil des Unterrichts angesehen und weitgehend qualitative Hausaufgaben befürwortet. Als vernünftig galten Aufgaben, die der Selbständigkeitserziehung dienten (Diesterweg in Dittes 1894, 593; Roth 1859, 286). Mehr als über die Art der Hausaufgaben ist in der Geschichte der Schulpädagogik aber immer wieder diskutiert worden, welcher Umfang an Hausaufgaben „sinnvoll" ist. So sieht sich 1928 die preußische Unterrichtsverwaltung erneut genötigt, die tägliche Hausaufgabenzeit durch Ministerialverfügung zu begrenzen (Schmidt 1984). Aufgrund des Umstandes, dass die Schulzeit nicht ausreichte und der übliche Schulunterricht darüber hinaus nur eingeschränkt Möglichkeiten für die geforderte Selbständigkeitserziehung offerierte, wurden Hausaufgaben – in ihrem Umfang streng begrenzt – als unumgänglich betrachtet. Maßgeblich war, diese sorgfältig in den Unterrichtsplan einzufügen, sie im Klassenunterricht gründlich auszuwerten, in ihrem Anforderungsgrad an den Entwicklungsstand der Schüler anzupassen und das gebotene Maß nicht zu überschreiten (Geißler/Schneider 1982, 25f.).
Aus der Zeit zwischen 1933 und 1945 existiert keine Literatur zum Thema Hausaufgaben (Schmidt 1984), nach dem Zusammenbruch des dritten Reiches 1945

knüpft die Schulpädagogik an den Diskussionsstand der späten 20er Jahre wieder an (vgl. Geißler/Schneider 1982, 26), ohne sie jedoch entscheidend voranzubringen. In der Deutschen Demokratischen Republik (Berndt 1949) wie in der Bundesrepublik (Higelke 1949) zeichneten sich dabei zunächst vergleichbare Tendenzen ab. Der allgemeine Wert von Hausaufgaben wurde trotz mancher Bedenken nicht grundsätzlich in Frage gestellt, sondern eine organische Einbindung in den Unterricht gefordert (a.a.O., 311ff.; Geißler/Schneider 1982, 26f.). In den 50er Jahren erscheinen in Ost und West vor allem praktische Handreichungen zum angemessenen Umgang mit den als unerlässlich betrachteten Hausaufgaben. Erst in den späten 50er Jahren sind neue Entwicklungen zu erkennen, wobei sowohl in der Bundesrepublik als auch in der Deutschen Demokratischen Republik zunächst noch immer praktische Probleme im Vordergrund stehen, dann aber die „systematische Erforschung der Hausaufgaben-Praxis unter der vorgegebenen Perspektive einer Verbesserung dieser Praxis" (Geißler/Schneider 1982, 29; vgl. a. Schönbrunn 1989) verstärkt angegangen wird.

In der Deutschen Demokratischen Republik fand bereits Mitte der 50er Jahre eine intensive empirische Hausaufgabenforschung statt. Die erste bedeutende Untersuchung der Nachkriegszeit stammt von Wagner (1956), der 212 Ausschnitts- und Beobachtungsprotokolle von Unterrichtsituationen analysierte, die in 38 Grundschulen der DDR erstellt wurden. Er untersuchte die „Methodik der Erteilung von Hausaufgaben" und kam u.a. zu dem Schluss, dass mehr als die Hälfte aller Hausaufgaben als schriftlich mechanische Aufgaben erstellt wurden. Darüber hinaus stellte er fest, dass der weit überwiegende Teil der Hausaufgaben am Ende bzw. nach dem Ende der Stunde erteilt wurde (a.a.O. ,28). Bestätigt wurden die Ergebnisse von Dietz und Kuhrt (1960a, 1960b), deren Studie sich mit der prozentualen Verteilung der Hausaufgaben-Arten und ihrer Effektivität auseinander setzt. Sie stellten fest, dass über 50 Prozent der erteilten Hausaufgaben zur einfachen Festigung dienten, produktive Aufgabenformen, z.B. Vorbereitungs- und Anwendungsaufgaben hingegen selten gestellt wurden (a.a.O. 1960a, 264ff.). In den folgenden Jahrzehnten beschäftigten sich die Autoren der Deutschen Demokratischen Republik auch im Rahmen empirischer Arbeiten vorwiegend mit der Qualität von Hausaufgaben, ihren unterschiedlichen Arten und Formen sowie der Funktionsbestimmung von Hausaufgaben im Unterricht. Im Unterschied zur Bundesrepublik, in der die Hausaufgaben durchaus offen und kontrovers diskutiert wurden, ging es in der Literatur der Deutschen Demokratischen Republik im Wesentlichen um die Verbesserung der Hausaufgaben-Praxis (vgl. Drewelow u.a. 1988). Die Hausaufgaben-Diskussion der DDR wies „deutlich in die Richtung einer unterrichtlichen Gesamttheorie, in der Unterricht und Hausaufgaben integrativ verbunden werden sollen" (Geißler/Schneider 1982, 32). In den 70er Jahren verschob sich mit dem Aufkommen von Tagesschulen und Schulhorten das

Forschungsinteresse von der Hausaufgabe hin zur Schulaufgabe. Die Diskussion über die Hausaufgabenproblematik in der Deutschen Demokratischen Republik ruht von diesem Zeitpunkt an. Die Ursache hierfür sieht Rudolph (2002) darin begründet, dass die Aufgaben nun unter pädagogischer Anleitung angefertigt und somit Teil eines ganztägigen schulischen Erziehungsprozesses wurden. Durch die Verlagerung der Hausaufgaben vom häuslichen Umfeld in die Schule entfiel das Konfliktpotential im Elternhaus, zugleich war nach Ansicht Rudolphs trotz des stark reglementierten Systems in einem festen Rahmen das Erlernen selbständiger Arbeitsweisen möglich (a.a.O., 25).
In der Bundesrepublik Deutschland sind die Beiträge zur Hausaufgabendiskussion bis in die 60er Jahre im Wesentlichen präskriptiv, die Hausaufgabenforschung ist durch empirische Untersuchungen zur Effektivität von Hausaufgaben gekennzeichnet. Besonders die Experimente von Wittmann (1964) zur Effektivität von Hausaufgaben in der dritten und siebten Jahrgangsstufe – deren Ergebnisse den Wert der Hausaufgaben bezweifeln lassen können – und die Folgeuntersuchung von Ferdinand/Klüter (1968) über den leistungssteigernden Effekt von Hausaufgaben zur Lesekompetenz haben die nachfolgende Diskussion beeinflusst[9]. Der Schwerpunkt der Forschung verlagerte sich nun aber nicht auf empirische Untersuchungen, sondern es rückte die Begründungsproblematik in das Zentrum der Diskussion. Insgesamt „ist in der Literatur der Bundesrepublik keine einheitliche Konzeption zu erkennen" (Schönbrunn 1989, 8). Neben wenigen zentralen Untersuchungen (z.B. Wittmann 1964; Ferdinand/Klüter 1968; Eigler/Krumm1972) existieren weitere Forschungsarbeiten (vgl. Geissler/Schneider 1982), deren Ergebnisse die jeweils aktuellen Zeitströmungen vorsichtig relativieren oder unterstützen, zumeist aber keine eineindeutigen Schlüsse zulassen. Auch wenn die Fragestellungen breit streuen, wird doch der Gesamtrahmen nicht wesentlich verändert. Im Rahmen der Bildungsreformbewegung[10] wurde die übliche Hausaufgabenpraxis der Halbtagsschule in Frage gestellt und Lösungsansätze variierten von der Diskussion organisatorischer Alternativen, über didaktische Lösungskonzepte, bis hin zu radikaler Ablehnung von Hausaufgaben mit der Forderung von Speichert nach ihrer völligen Abschaffung[11] in den 70er Jahren. Demgegenüber betonte die Empfehlung der Konferenz der Kultusminister (1971) für die Halbtagsschule weiterhin die Notwendigkeit von Hausaufgaben, „da bei der geringen Anzahl von Unterrichtsstunden nicht genügend Zeit bleibt, die Unterrichts-

9 In dieser setzte man sich durchaus kritisch mit dem Untersuchungsdesign der genannten Studien auseinander.

10 Leitende Idee der bundesdeutschen Bildungsreformbewegung der 60er und 70er Jahre war die Demokratisierung der Bildung. Es sollte den hierarchischen Strukturen sowie Ungerechtigkeiten und Widersprüchen im Bildungswesen entgegengewirkt und eine Modernisierung erreicht werden (vgl. Picht 1965).

11 (1972) Schluß mit den Hausaufgaben!, vgl. Schmidt 1984, 15f.

ergebnisse durch systematisches Üben und Wiederholen zu sichern" (zit. nach Boßmann 1979, 13f.). Eine organisatorische Alternative bildeten nach Ansicht des Deutschen Bildungsrates (1973) die Ganztagsschulen, deren Einführung auch mit der Lösung des Hausaufgabenproblems begründet wurde. Eigler und Krumm (1972) thematisierten erstmals das Problem der Chancengleichheit und betonten die Bedeutung sowie Problematik der elterlichen Hilfe unter schichtspezifischen Gesichtspunkten. Einen Lösungsansatz sahen auch sie in der Ganztagsschule und den damit verbundenen „Schulaufgaben" (a.a.O., 123ff.). Das Konzept der Ganztagsschule konnte sich jedoch bis Anfang des 21. Jahrhunderts nicht flächendeckend durchsetzen, so dass es an groß angelegten Studien zur wissenschaftlichen Begleitung fehlt und nur punktuelle Erprobungen von ganztagsschulspezifischen Hausaufgabenkonzepten vorliegen (vgl. z.B. Henze 1978). Besonders im Primarbereich blieben Ganztagsschulen lange Zeit eine kaum beachtete Alternative zum Regelfall Halbtagsschule, in welcher sich hinsichtlich der Hausaufgabenproblematik keine wesentlichen Veränderungen ergaben. Erst durch das schlechte Abschneiden in internationalen Schulleistungsvergleichen (TIMSS, PISA, PIRLS/IGLU) und der sich daran anschließenden Diskussion haben Ganztagsschulen an öffentlichem und bildungspolitischem Interesse hinzugewonnen (z.B. Coelen/Otto 2008; Appel/Rutz 2005; Holtappels u.a. 2007).

Insgesamt entwickelte sich in den 70er Jahren zunehmend ein Problembewusstsein bei Bildungspolitikern und Sozialwissenschaftlern (Nilshon 1995, 19), jedoch weniger bei Schülern, Eltern und Lehrern, die Hausaufgaben in großer Mehrheit für notwendig und sinnvoll erachten (Eigler/Krumm 1972, 90; Der Spiegel 1982, 56ff., vgl. Kap. 6). Belege hierfür sind nicht zuletzt die Einführung umfangreicher Hausaufgabenerlasse in einzelnen Bundesländern sowie die auf der Grundlage einer kritischen Analyse des Forschungsstandes geführten Diskussion über die Art und Gestaltung einer „pädagogisch qualifizierten Hausarbeit" (Geißler/Plock 1981), beispielsweise im Rahmen einer umfassenden Unterrichtstheorie (Kamm/Müller 1977, 61ff.; Feiks/Rothermel 1981). Wurde die Hausaufgabepraxis bisher vor allem aus schulischer Perspektive wahrgenommen und problematisiert, rückten in den 80er Jahren zunehmend die Auswirkungen der Hausaufgaben auf die familiären Beziehungen, die Kinder und ihre Eltern – vorwiegend die Mütter – in den Vordergrund (Martin 1973; Schwemmer 1980; Enders-Dragässer 1981). Im Rahmen der Schulleistungsforschung wurden Hausaufgaben nun als Teil eines mehrdimensionalen Schulerfolgskonzeptes angesehen, wurden neben kindbezogenen und schulischen verstärkt auch familiale Bedingungen berücksichtigt (Kühn 1983; Tietze u.a. 1987).

Die geschichtliche Entwicklung der Hausaufgabenforschung zeichnet sich insgesamt aus durch zwei Eigentümlichkeiten. Einerseits ist diese gekennzeichnet durch einen „diskontinuierlicher Prozess ..., in dem sich Fortschritt und Rückschritt abwechseln, öfters bedingt durch ein Nicht-zur-Kenntnis-Nehmen vorgängiger Fragestellungen“ (Geißler/Schneider 1982, 49), andererseits liegen wenige richtungweisende und (Vor-)Urteile klärende empirische Untersuchungen und/ oder phänomenologische Darstellungen vor[12]. Betrachtet man die Entwicklung der Hausaufgabenforschung und -diskussion bis hierhin, so lässt sich festhalten, dass diese noch immer auf einer relativ schmalen empirischen Basis geführt wird und sich ein Großteil der Argumente und Ansätze schon seit langer Zeit wiederholt. Im Rahmen bisheriger Fragestellungen, gegebenenfalls mit modifizierten methodischen Ansätzen bewegen sich weitere Untersuchungen (z.B. Pakulla 1966, Drewelow 1969, Keck 1978), die überwiegend stützenden und bestätigenden, seltener hingegen korrigierenden oder verändernden Charakter (Schönbrunn 1989) haben. In der aktuellen wissenschaftlichen Diskussion zeigen sich wieder vermehrte Überlegungen zur sinnvollen Nutzung von Hausaufgaben (Haag/ Mischo 2002, Lipowsky 2004, Komorek/Bruder 2007, Trautwein u.a. 2001).

12 Zum Beispiel die Untersuchungen von Wagner (1956), Dietz/Kuhrt (1956/58,), Wittmann (1964), Ferdinand/Klüter (1968) und Eigler/Krumm (1972), die für die weitere Forschung wichtige Impulse lieferten.

3 Funktionen von Hausaufgaben

Nach Keck (1978) korrespondieren Hausaufgaben dann mit Funktionen im schulischen Sinne, wenn Schülerinnen und Schüler durch die häusliche Aufgabenerledigung Tätigkeiten ausführen und sich Verhaltensweisen aneignen, die die Schule auf der Grundlage ihrer institutionell-didaktischen, bildend-pädagogischen und sozialen Verantwortung von ihnen erwartet. Insbesondere hinsichtlich der erzieherischen Funktionen spricht er von speziellen Zielen, die angestrebt werden „zur Initiierung von selbständigem Lernverhalten im Rahmen der Einheitlichkeit des Lern- und Erziehungssystems Schule" (a.a.O., 27). Die Thematisierung der Funktionen ist somit grundlegend für eine Systematisierung und Qualifizierung von Hausaufgaben in einer zielorientierten Unterrichtspraxis.

3.1 Institutionelle und rechtliche Rahmenvorgaben

Die Vielfalt der Vorstellungen und Ansätze über die Funktionen von Hausaufgaben lässt sich bereits an den unterschiedlichen rechtlichen Vorgaben der verschiedenen Bundesländer verdeutlichen:

Tab. 3.1: Gesetzliche Regelungen der einzelnen Bundesländer bezogen auf Funktionen, Zwecke und Zielsetzungen von Hausaufgaben[13]

Bundesland	Quelle	Funktionen, Zwecke, Zielsetzungen
Baden-Württemberg	NVO, Fassung gültig ab 18.06.2009, § 10	- Festigung der im Unterricht vermittelten Kenntnisse - Übung, Vertiefung und Anwendung der vom Schüler erworbenen Fähigkeiten und Fertigkeiten - Förderung des selbständigen, eigenverantwortlichen Arbeitens
Bayern	§ 42 VSO, Teil 5, Abschnitt 1 v. 11.09.2008; § 48 RSO, Teil 5, Abschnitt 1 v. 18.7.2007; § 52 GSO, Teil 5, Abschnitt 1 v. 23.01.2007	- Lehrstoff üben - Schülerinnen und Schüler zu eigener Tätigkeit anregen

13 Zeitpunkt der Überprüfung: 09.03.2010

Berlin	§ 20 GsVO, in d. Fassung v. 15.02.2010; § 17 Sek I-VO, in d. Fassung v. 11.02.2010	Hausaufgaben sollen die unterrichtlichen Lernprozesse unterstützen und vertiefen oder können der Unterrichtsvor- und -nachbereitung dienen.
Brandenburg	VV SchulB, v. 11.11.2005, 5-Hausaufgabe	- Ergänzen die schulische Arbeit - Dienen der Festigung und Vertiefung des im Unterricht Erarbeiteten - Dienen der Vorbereitung auf die Arbeit in den folgenden Unterrichtsstunden - Sollen zu selbständigem Arbeit hinführen und befähigen
Bremen	Bremer Schulblatt 241.02: Hausaufgaben v. 29.10.1982	- Hausaufgaben sind eine notwendige organische Ergänzung des Unterrichts. Sie sollen aus ihm erwachsen, in der Klasse vorbereitet sein. … - Hausaufgaben sollen die Selbsttätigkeit der Schülerinnen und Schüler anregen, ihre Selbständigkeit, ihre Fähigkeit zur Konzentration und ihre Arbeitssorgfalt fördern
Hamburg	Richtlinien für das Erteilen von Hausaufgaben in Klassen 1 – 10, Hausaufgaben in der Sek.I des achtstufigen Gymnasiums v. 24.4.2008 § 53 HmbsG v. 9.03.2010	Aufgehoben am 24.01.2007
Hessen	Verordnung zur Gestaltung des Schulverhältnisses v. 20.06.2008	Hausaufgaben ergänzen die Unterrichtsarbeit durch Verarbeitung und Vertiefung von Einsichten und durch Anwendung von Kenntnissen und Fertigkeiten. Auch Vorbereitung neuer Unterrichtsstoffe.
Mecklenburg-Vorpommern	SchulG M-V v. 13.02.2006 § 76 + § 78	Keine Hinweise auf Funktionen, Zwecke und Zielsetzungen

Niedersachsen	RdErl. d. MK v. 16.12.2004 -33-82100, VORIS 22410	Hausaufgaben ergänzen den Unterricht und unterstützen den Lernprozess des Schülerinnen und Schüler. Je nach Altersstufe, Schulform, Fach und Unterrichtskonzeption kann die Hausaufgabenstellung insbesondere auf - Die Übung, Anwendung und Sicherung im Unterricht erworbener Kenntnisse, Fertigkeiten und fachspezifischer Techniken - Die Vorbereitung bestimmter Unterrichtsschritt und -abschnitte oder - Die Förderung der selbständigen Auseinandersetzung mit Unterrichtsgegenständen und frei gewählten Themen ausgerichtet sein.
Nordrhein-Westfalen	RdErl. d. Kultusministeriums mit d. Änderungen v. 31.7.2008	- Hausaufgaben ergänzen die schulische Arbeit - Hausaufgaben können - dazu dienen, das im Unterricht Erarbeitete einzuprägen, einzuüben und anzuwenden; - zur Vorbereitung neuer Aufgaben genutzt werden, die im Unterricht zu lösen sind; - Gelegenheit zu selbständiger Auseinandersetzung mit einer begrenzten neuen Aufgabe bieten. Sie tragen damit dazu bei, dass Schülerinnen und Schüler fähig werden, Lernvorgänge selbst zu organisieren sowie Arbeitstechniken und Arbeitsmittel selbst zu wählen und einzusetzen.
Rheinland-Pfalz	§ 37 der Schulordnung f. d. öffentlichen Grundschulen v. 10.10.2008,	Keine Hinweise auf Funktionen, Zwecke und Zielsetzungen
	§ 51 der Schulordnung f.d. öffentl. Realschulen plus, Integrierten Gesamtschulen, Gymnasien, Kollegs und Abendgymnasien (übergreifende Schulordnung v. 12.06.2009)	Hausaufgaben dienen der Nach- und Vorbereitung des Unterrichts und unterstützen den Lernprozess der Schülerinnen und Schüler. Sie geben Rückmeldung über den erreichten Leistungsstand.
Saarland	§ 30, Abs. 4 Schulordnungsgesetz; Nr. 994 (SchumG) vom 11.05.2005	Keine Hinweise auf Funktionen, Zwecke und Zielsetzungen

Sachsen	§ 17 Schulordnung Grundschulen (SOGS v. 3.08.2004), §22 Schulordnung Mittelschulen Abschlussprüfungen (SOMIAP v. 6.06.2009), § 24 Schulordnung Gymnasien (SOGY v. 11.04.2008)	Keine Hinweise auf Funktionen, Zwecke und Zielsetzungen
Sachsen-Anhalt	RdErl.. des MK vom 14.3.2005, 3-83201 (SVBI. LSA S. 117)	- Hausaufgaben dienen in erste Linie der Sicherung und Festigung des im Unterricht erarbeiteten Stoffes und der Übung erlernter Techniken zur Lösung unterschiedlicher Aufgaben. - Sie sollen neue Arbeitsschritte und Inhalte vorbereiten, bei den Schülerinnen und Schüler das Interesse am Fach fördern und sie über den Unterricht hinaus Kenntnisse und Einsichten gewinnen lassen. - Hausaufgaben sollen den Schülerinnen und Schülern Gelegenheit geben, unter Anwendung des erworbenen Wissens und der erlernten methodischen Fähigkeiten Lernvorgänge zunehmend selbständig zu organisieren und dabei Arbeitstechniken und Arbeitsmittel selbständig zu wählen und einzusetzen. - Sie sollen auch ermöglichen, selbständig an der Lösung begrenzt neuer Problem- und Aufgabenstellungen zu arbeiten. - Hausaufgaben setzen die in der Schule begonnenen Lernprozesse zu Hause fort oder bereiten geplante Unterrichtsvorhaben so vor, dass die Ergebnisse als von der Lehrkraft eingeplante Bausteine Bestandteil der kommenden Unterrichtsstunden (Unterrichtseinheit) sind.
Schleswig-Holstein	§ 11 Schleswig-Holsteinisches Schulgesetz (SchulG) v. 26.3.2009, GVOBI.S.93	Keine Hinweise auf Funktionen, Zwecke und Zielsetzungen
Thüringen	§ 57 Hausaufgaben ThürSchulO in der Fassung v. 10. 06.2009	Um den Lehrstoff einzuüben und die Schülerinnen und Schüler zu eigener Tätigkeit anzuregen, werden Hausaufgaben gestellt

Abgesehen von der Tatsache, dass sechs Bundesländer überhaupt keine Hinweise auf die Funktionen und Zielsetzungen von Hausaufgaben geben, weist die rein inhaltsanalytische Auswertung der genannten Funktionen folgende Schwerpunkte auf:

Tab. 3.2: Funktionen von Hausaufgaben

Didaktische Funktionen	Häufigkeit der Nennung	Erzieherische Funktionen	Häufigkeit der Nennung
Festigung/Verarbeitung (III) + Vertiefung (III)*	6	Förderung des selbständigen, eigenverantwortlichen Arbeitens (IV) + Anregung zu eigener Tätigkeit (II)**	6
Ergänzen die schulische Arbeit (V) + Setzen die in der Schule begonnenen Lernprozesse fort (I)***	6	Konzentrationsfähigkeit fördern	1
Vorbereitung folgender Unterrichtsstunden	4	Arbeitssorgfalt fördern	1
Übung	3	Interesse am Fach fördern	1
Anwendung	3	Arbeitstechniken und Arbeitsmittel selbstständig wählen und einsetzen	1
Unterstützung unterrichtlicher Lernprozesse/ Unterstützung des Lernprozesses	2		
Sicherung des im Unterricht erarbeiteten Stoffes	1		
Über den Unterricht hinaus Kenntnisse und Einsichten gewinnen lassen	1		
Selbstständig an der Lösung begrenzt neuer Problem- und Aufgabenstellungen arbeiten	1		
Summe der Nennungen	27	Summe der Nennungen	10

* Zusammenfassung inhaltlich gleicher Funktionen
** ebenso
*** ebenso

Die Auflistung zeigt, dass die überwiegende Benennung sich auf sogenannte didaktische Funktionen bezieht und hierbei die Festigung von in der Schule vermittelten Inhalten sowie die Fortsetzung in der Schule begonnener Lernprozesse nahezu die Hälfte der Nennungen ausmacht. Hinsichtlich der erzieherischen

Funktionen liegt der Schwerpunkt des Interesses auf der Förderung der Selbständigkeit. Somit scheint der schulische Auftrag, der mit den Hausaufgaben verbunden ist, in der vom Schüler selbständig durchgeführten, vertieften kognitiven Verarbeitung zu liegen.

3.2 Wissenschaftliche Begründungen der Funktionen von Hausaufgaben

In der wissenschaftlichen Literatur wird im Allgemeinen zwischen didaktischen – auf unterrichtliche Zwecke gerichtete – und die Erziehung betreffende Funktionen von Hausaufgaben unterschieden[14] In der folgenden Übersicht wird deutlich, dass wie in den rechtlichen Vorgaben auch hier insbesondere didaktische Funktionen thematisiert werden, die Erziehungsfunktionen (im Sinne der Zielsetzungen des schulischen Bildungs- und Erziehungsauftrags) werden nicht im gleichen Maß von den Autoren aufgeschlüsselt. In Anlehnung an Keck (vgl. oben) ergibt sich der Sinn von Hausaufgaben gerade dadurch, dass sie sowohl den institutionell-didaktischen, den bildend-pädagogischen als auch sozialen Funktionen von Schule entsprechen.

Hausaufgaben vor dem Hintergrund ihrer didaktischen und erzieherischen Implikationen

Innerhalb der in Schule einsetzbaren Hausaufgaben lassen sich verschiedene Grundformen unterscheiden, insbesondere durch den jeweiligen Zusammenhang der Aufgabe mit dem Unterricht: Setzt diese den vorausgegangenen Unterricht fort oder dient sie der Vorbereitung des kommenden? Ermöglicht oder motiviert sie die Heranwachsenden zu einer freiwilligen Lösung beispielsweise in Form eines zusätzlichen Beitrags zu einem Thema eng gekoppelt an die Verantwortung der jeweiligen Schülerin oder des jeweiligen Schülers? Im Allgemeinen orientiert sich die Lehrperson primär an dem jeweiligen *inhaltlichen* Beitrag bestimmter Hausaufgaben zu einem bestimmten Unterrichtsgegenstand. Es ist aber Geißler/Plock (1974) in ihrer Ansicht zuzustimmen, dass Lehrerinnen und Lehrer die hier aufgeführten Funktionen, die eine jede Aufgabe implizit miterfüllt, nicht außer Acht lassen dürfen.

---

14 Keck (2004) führt darüber hinaus eine soziale Funktion (s.o.) an, im Sinne einer „sozial-kommunikativen Brücke zwischen Elternhaus und Schule“ (a.a.O., 194). Auch andere Autoren (vgl. Hahn/Rickers 1978) weisen Hausaufgaben eine Aufgabe als Bindeglied zwischen Schule und Elternhaus zu, verorten diese aber unter den erzieherischen Funktionen. In diesem Sinne wird auch in der vorliegenden Arbeit verfahren.

„Als Bestandteil der Unterrichtsplanung des Lehrers haben Hausaufgaben dazu beizutragen, das Lernen in seinen verschiedenen Phasen zur Entfaltung zu bringen. Sie können demnach an unterschiedlichen Stellen des Unterrichtsprozesses eingesetzt werden: zur Motivation, zur Entdeckung von Lernwiderständen, zur Lösung von Problemen, zur Übung und zur Übertragung von Gelerntem“ (Kamm und Müller 1977, 132f.).

Tab. 3.3: Unterschiedliche Ansätze didaktischer und erzieherischer Hausaufgabenfunktionen:

Autoren	Didaktische Funktionen, Stellung der Hausaufgaben im Lernprozess	Erziehungsfunktionen von Hausaufgaben
Dietz und Kuhrt (1960, 266f.) [DiKu]	Einteilung von Hausaufgaben in sechs Klassen nach Art der Tätigkeit von Schülerinnen und Schülern: 1. ... zur einfachen Festigung des Wissens und Könnens; 2. ... zur Erweiterung des Wissens; 3. ... zur Systematisierung des Wissens und Könnens 4. ... zur Anwendung des Wissens und Könnens an gegebenen Beispielen und Situationen; 5. ... zur Anwendung des Wissens und Könnens an zu suchenden Beispielen und Situationen; 6. ... zur Hinführung auf den neu zu behandelnden Stoff;	
Drewelow (1966/67) [Drew]	- Festigung - Vertiefung - Erweiterung - Anwendung - Systematisierung - Praktische Anwendung	
Geißler und Plock (1974, S. 46f.) (Auf Grundlage der Didaktischen Analyse) [GeiPlo]	Orientiert am Stellenwert der Hausaufgaben im Lernprozess: - Nachbereitung/ Fortsetzung des abgelaufenen Unterrichtsgegenstandes - Vorbereitung des kommenden Unterrichtsgegenstandes - freiwillige Leistung	

Kamm und Müller (1977, 133ff.) (Auf Grundlage des Berliner Modells) [KaMü]	1. Hausaufgaben zur Interesseweckung und Entdeckung von Lernwiderständen 2. Hausaufgaben zur Lösung von Problemen 3. Hausaufgaben zur Übung und Automatisierung 4. Hausaufgaben zur Anwendung und Übertragung von Gelerntem 5. Hausaufgaben, die sich über mehrere Phasen des Lernprozesses erstrecken (komplexe, längerfristig angelegte Hausaufgaben), bei denen vom Kind eine umfassende Bearbeitung des Lerngegenstandes erwartet wird. (In Anlehnung an das vereinfachte Konzept der Lernstufen von Roth 1969)	
Hahn und Rickers (1978) [HaRi]	Hausaufgaben können - das in der Schule erarbeitete Wissen vertiefen und festigen; - helfen, das gelernte Wissen und die erworbenen Fertigkeiten auf neue Situationen zu übertragen; - neue Lehrstoffe vorbereiten helfen.	- Hausaufgaben erziehen zur Selbständigkeit - Hausaufgaben erziehen zur Konzentration und zur Aktivität - Hausaufgaben erziehen zur Pflichterfüllung - Hausaufgaben helfen, „das Lernen zu lernen" - Hausaufgaben sind ein wichtiges Bindeglied zwischen Schule und Elternhaus.

Keck (1978) [Ke]	- *Mechanisierungsfunktion*: Tätigkeiten, die die individuelle Speicherung, die gedächtnismäßige Aneignung (memorieren, einprägen, festigen), und die nachvollziehbare Reorganisation (Wiederholung, Wiedergabe) betreffen (= Übung im engeren Sinne von „Einüben“). - Übertragungs- und Kontrollfunktion: Lernen, das an gegebenen oder zu findenden Beispielen und Situationen Erkanntes produktiv anwendet, zugleich findet damit eine Überprüfung des Gelernten insgesamt statt (= Übung im weiteren Sinne). - *Erweiterungsfunktion*: von der Hausaufgabe geht eine Aufforderung zur Vervollständigung und fortführenden Systematisierung aus. - *Erkundigungs- und Motivationsfunktion*: durch heuristisch-kreatives Sammeln und Erkunden wird auf den neuen Stoff vorbereitet.	- Im Sinne einer *Erziehung zur Selbständigkeit* intendiert die Hausaufgabe selbsttätiges, eigenverantwortliches und planmäßiges Lernen und Arbeiten, die Ausbildung bestimmter Ziel- und Verlaufsqualitäten der Schülertätigkeit wie Systematik, Zielstrebigkeit und Kreativität als Voraussetzungen für Selbstkontrolle und Selbstkritik. - *Arbeitsethos*: die Fähigkeit zur gewissenhaften, pünktlichen und genauen Pflichterfüllung, der Ausdauer und Belastbarkeit, der Anerkennung bestimmter Moralnormen wie Sauberkeit, Ordnung, Regelmäßigkeit, Gründlichkeit. - *Interesseweckung*: Ausprägung einer Anstrengungsbereitschaft, Ausbildung von Lernantrieben und die Bewusstmachung von Motiven, die zur Selbständigkeit und Kooperation befähigen.
Kirn* (1978, in Anlehnung an Keck 1978 und Geißler/ Plock 1970) [Ki]	- Regelmäßige Stillarbeit - Ergänzung des Klassenunterrichts, - Zeitgewinn zur Bewältigung der Stofffülle, - Nachbereitung und - Vorbereitung von Unterricht, - Individualisierung des Lernprozesses.	- Bildung von Arbeitsethos - Anleitung zu sinnvoller Freizeitgestaltung - Interessenbildung
Feiks/Rothermel (1981) [FeiRo]	Didaktische Differenzierung nach verschiedenen Anspruchsplateaus	Erziehung zur Aufgabe - vorschreibende Hausaufgaben - offene bzw. nicht-vorschreibende Hausaufgaben

Drewelow/ Hess/Weck** (1985) [DreHeWe]	- Einprägen und Üben - Anwenden - Systematisieren - Kontrolle und Selbstkontrolle - Hausaufgaben zur Erstvermittlung	- Die Aneignung des in den Lehrplänen geforderten Wissens und Könnens hat komplexe Wirkungen - Gesellschaftliche Anforderungen orientieren auf Schwerpunkte - Entwicklung der Fähigkeit und Bereitschaft zum selbständigen lebenslangen Lernen - Schöpferische Eigenschaften entwickeln - Politische, weltanschauliche und moralische Überzeugungen festigen
Petersen et al. (1991) [Peetal]		Selbsttätigkeit, Selbständigkeit, Genauigkeit im Arbeiten
Susteck*** (1992) [Sus]	Lerngewinn**** als „wahrscheinlich relevanteste didaktische Funktion" (Susteck 1992, 319).	Ausbildung einer produktiven Lern- und Arbeitshaltung: „Durch die Einübung geeigneter Lerntechniken, die regelmäßige Bewältigung von Aufgaben können sogenannte Arbeitstugenden internalisiert werden wie Ordnung, Sauberkeit, Fleiß, Pünktlichkeit, Zielstrebigkeit, Zuverlässigkeit und Beharrlichkeit. Als herausragende Erziehungsziele sind die Selbständigkeit und die Eigenverantwortung zu nennen" (a.a.O.).
Hallam (2004, 5f.) [Ha]	Homework for promoting academic learning can: - allow practice and consolidation of work done in class - Allow preparation for future classwork - Extend school learning - Encourage creativity	Homework for developing of generic skills can: - Provide opportunities for individualised work - Foster initiative and independence - Develop skills in using libraries and other learning resources - Train pupils in planning and organising time - Develop good habits and self-discipline - Encourage ownership and responsibility for learning

* Kirn (1978) spricht nicht von Erziehungs-, sondern von pädagogischen Funktionen.

** Diese Auflistung von Drewelow, Hess und Weck (1985) ist zur Zeit des Bestehens der Deutschen Demokratischen Republik veröffentlicht worden. Insbesondere unter dem Aspekt „Hausaufgaben und allseitige Persönlichkeitsentwicklung" finden sich (wenige) Äußerungen wie „Moralische Haltungen, die veranlassen, die Vorzüge des Sozialismus nicht nur zu genießen, sondern sie unter ganzem persönlichen Einsatz auch ständig zu verteidigen und zu mehren" (a.a.O.,35) oder „Mit der Aneignung marxistisch-leninistischen Grundwissens in Geschichte, Geographie und Staatsbürgerkunde werden z.B. klassenmäßiges, patriotisches und internationalistisches Denken und Handeln angebahnt" (a.a.O., 33). Eine Berücksichtigung und Rezeption der beschriebenen Funktionen für eine Theorie der Hausaufgaben kann daher nur unter sorgfältigem Ausschluss ideologisch verzerrter Ansätze erfolgen. Die Aufzählung dient hier dem Überblick über Funktionszuweisungen.

*** Nach Susteck haben Hausaufgaben noch eine kommunikative Funktion, da Hausaufgaben „ein– allerdings konfliktträchtiges – Bindeglied zwischen Schule und Familie bilden" (1992, 319; vgl. Keck 1994 und 2004).

**** Der Autor selbst weist darauf hin, dass ein „durch außerschulische Arbeiten hervorgerufener Lerngewinn" bislang nicht nachgewiesen werden konnte (a.a.O.; vgl Wittmann 1972).

Die vorliegenden Funktionen sollen an dieser Stelle nicht detailliert besprochen werden, auch wenn zu einzelnen Funktionszuschreibungen sicherlich eine (kritische) Stellungnahme angebracht wäre. Dennoch gibt der Überblick recht anschaulich einen Eindruck darüber wieder, welche Funktionen neben der Vielfalt der insgesamt genannten besonders häufig angesprochen werden.

In seiner Metaanalyse der angloamerikanischen Forschung unterscheidet Cooper (1989) hinsichtlich des Zwecks von Hausaufgaben zwischen (a) unterrichtlichen (didaktischen) und (b) außerunterrichtlichen Zielsetzungen (z.B. Epstein 1988, 2001; Epstein und Van Voorhis, 2001; Lee und Pruitt, 1979; vgl. Cooper 1989, 7f.). Das häufigste unterrichtliche Ziel von Hausaufgaben besteht darin, Schülerinnen und Schülern die Gelegenheit zur Übung und Wiederholung im Unterricht vermittelter Inhalte zu geben (Becker und Epstein, 1982). Durch frühzeitige Einführung in die Inhalte sollen vorbereitende Hausaufgaben Schülern wiederum zum größtmöglichen Lerngewinn verhelfen, wenn die neuen Inhalte anschließend im Unterricht vorgestellt werden (Muhlenbruck et al. 1999). Weiterführende Aufgaben schließlich betreffen den Transfer bereits gelernter Fähigkeiten auf neue Situationen (Lee und Pruitt, 1979). Und schließlich können Hausaufgaben die Integration unabhängig voneinander gelernter Fähigkeiten und Konzepte beim Schüler bewirken (a.a.O.), durch den Einsatz von Buchbeiträgen, naturwissenschaftlichen Projekten oder kreativem Schreiben. Erwartet wird von Hausaufgaben, dass sie (a) die Schüler während ihrer Freizeit zum Lernen anregen, (b) die Einstellungen der Schüler gegenüber Schule ebenso wie (c) die Fähigkeiten und Gewohnheiten von Schülern verbessern (Alleman und Brophy 1991; Corno und Xu 1998; Johnson und Pontius 1989; Warton 2001). Darüber hinaus sollen durch Hausaufgaben die Persönlichkeitseigenschaften von Kindern im positiven Sinne weiterentwickelt und damit solche erzieherische Funktionen erfüllt werden, die sich als bedeutsam für akademische Zielsetzungen, aber auch für andere Lebenszusammenhänge erwiesen haben. Da Hausaufgaben von

Schülern im Allgemeinen unter geringerer Beaufsichtigung und weniger strengen zeitlichen Zwängen als in der Schule erledigt werden, wird davon ausgegangen, dass die häusliche Arbeit in höherem Maße die Entwicklung von Selbststeuerung und die Selbstdisziplin (Corno 1994; Zimmerman, Bonner und Kovach 1996), die Zeiteinteilung, eine größere Wissbegier (Interesse?) und ein unabhängigeres Problemlöseverhalten unterstützt; Fähigkeiten und Haltungen, die nach Cooper (1989) sowohl für den nichtakademischen als auch für den akademischen Lebensbereich notwendig sind.
Bis auf die recht aktuelle Klassifizierung von Hallam (2004) für Hausaufgaben in Großbritannien stammt die überwiegende Zahl an Zuordnungen aus den 60er bis 80er Jahren. Deutlich wird noch einmal, dass die unterrichtstheoretische Auseinandersetzung mit Hausaufgaben in Deutschland schwerpunktmäßig in diesen Jahren stattgefunden hat. Die gegenwärtige Hausaufgabenforschung vereinigt vorwiegend wichtige empirische Untersuchungen beispielsweise zu Fragestellungen nach dem Elternverhalten (z.B. Wild 2004, Pomerantz et al. 2005), dem Umfang von Hausaufgaben (z.B. Trautwein et al. 2001), motivationalen Aspekten auf der Seite der Schülerinnen und Schüler (z.B. Schnyder u.a. 2006, Haag 1991, Haag und Mischo 2002) oder der Qualität der Vorbereitung und Integration von Hausaufgaben in den nachfolgenden Unterricht (z.B. Lipowsky et al. 2004). Eine grundsätzliche didaktische Anbindung von Hausaufgaben in die gesamte Unterrichtsplanung (vgl. Kamm und Müller 1977, Geißler und Plock 1974) wurde in den vergangenen Jahren hingegen nicht entwickelt. Mit diesem Versäumnis einher geht der Umstand, dass das Thema Hausaufgaben weder in den Modulen der Studiengänge für die verschiedenen Lehrämter an den Universitäten noch in den Studienseminaren für den Vorbereitungsdienst für Lehrämter in Nordrhein-Westfalen regulär vertreten ist[15]. Auch hier erfolgt wegen des besseren Überblicks eine Sammlung und Zusammenfassung der genannten Funktionen:

Tab. 3.4: Klassifizierung der didaktischen Funktionen von Hausaufgaben

	Autor/en	Funktion	Häufigkeit der Nennungen
1.	DiKu; Drew; HaRi; Ke; DreHeWe; Ha	(einfache) Festigung des Wissens und Könnens;	6
2	KaMü; Ke; DreHeWe; Ha; GeiPlo; Ki;	Übung, Wiederholung; Automatisierung; Nachbereitung	6

15 vgl. Kapitel 9.1.

3	DiKu; Drew; KaMü; Ke; DreHeWe;	Anwendung des Wissens und Könnens an gegebenen Beispielen und Situationen*; Anwendung des Wissens und Könnens an zu suchenden Beispielen und Situationen; Praktische Anwendung	5
4	Ki; Ha; Ke; DiKu; Drew; HaRi;	Ergänzung des Klassenunterrichts; Vervollständigung; Erweiterung des Wissens; Vertiefung	5
5	Drew; DreHeWe; DiKu; Ke;	Systematisierung; Systematisierung des Wissens und Könnens; fortführende Systematisierung	4
6	DiKu; HaRi; Ke; DreHeWe; GeiPlo; Ki; Ha;	Hinführung auf den neu zu behandelnden Stoff; Erstvermittlung; Vorbereitung	4
7	KaMü; HaRi;	Übertragung von Gelerntem	2
8	DreHeWe; Ke;	Kontrolle; Selbstkontrolle; Überprüfung des Gelernten	2
9	GeiPlo;	Freiwillige Leistung	1
10	KaMü;	Interesseweckung	1
11	KaMü;	Entdeckung von Lernwiderständen	1
12	KaMü;	Lösung von Problemen	1
13	KaMü;	umfassende Bearbeitung des Lerngegenstandes – komplexe, längerfristige HA	1
14	Ki;	Regelmäßige Stillarbeit	1
15	Ki;	Zeitgewinn zur Bewältigung der Stofffülle	1
16	Ki;	Individualisierung des Lernprozesses	1
17	Sus;	Lerngewinn	1
18	Ha;	Kreativität	1

* Von weiteren Autoren wurde die Anwendung nicht in diesem Sinne differenziert, so dass die drei verschiedenen Anwendungsmöglichkeiten hier zusammengefasst werden.

Von der Vielzahl der genannten Funktionen lassen sich durch inhaltliche Bündelung einige Schwerpunkte identifizieren: zunächst die „Festigung von Wissen und Können“, die auch bei den rechtlichen Vorgaben den überwiegenden Anteil der Nennungen hatte. Dieser schließt sich die „Übung, Wiederholung, Automatisierung und Nachbereitung“ an, die in den rechtlichen Vorgaben einen eher „mittelmäßigen“ Stellenwert erhält. Hierauf folgen die gleichmäßig mit Nennungen bedachten Bereiche der „Anwendung des Wissens und Könnens“ sowie der „Ergänzung bzw. Vervollständigung der Unterrichtsarbeit, der Erweiterung des Wissens; Vertiefung“. Systematisierung des Wissens und Könnens; fortführende Systematisierung sowie Hinführung auf den neu zu behandelnden Stoff; Erstvermittlung; Vorbereitung erhalten in der obigen Zuordnung noch jeweils vier Nennungen. Insgesamt zeigt die Auflistung deutlich die vielfältigen und z.T. doch sehr unterschiedlichen Einstellungen und Erwartungen der Autoren gegenüber Hausaufgaben im Zusammenhang mit ihren verschiedenen theoretischen und didaktischen Zugängen zu dieser Thematik.

Grundsätzlich erfolgt eine Klassifizierung der Hausaufgaben durch die Lehrerinnen und Lehrer auf der Basis ihrer Unterrichtsplanung, insbesondere mit Bezug zum Unterrichtsinhalt und zu den gesetzten Lernzielen. Eine Reihe von Autoren (u.a. Geißler und Plock 1974, v. Derschau 1979, Kamm und Müller 1977) verweist auf das problematische Vorgehen mancher Lehrkraft, einen den Lernvorgang abschließende Aufgaben zur Übung und Anwendung als Hausaufgaben zu erteilen, so dass die Lernenden diese Aufgaben ohne Mithilfe des Lehrer bewältigen müssen. Dienen Hausaufgaben – unter Berücksichtigung der Lernzieltaxonomie von Bloom (1976) – dem Üben (also der Konsolidierung aufgebauter Begriffe und Operationen) und Anwenden (d.h. der Übertragung aufgebauter Begriffe und Operationen) so wird damit ein zentraler Teil des gesamten unterrichtlichen Lernprozesses herausgelöst. Diese Vorgehensweise widerspricht lernpsychologischen Erkenntnissen und lässt die zu erwartenden negativen Auswirkungen auf Schülerinnen und Schüler unbeachtet.

Tab. 3.5: Klassifizierung der erzieherischen Funktionen von Hausaufgaben

	Autoren*	Funktionen	Anzahl der Nennungen
1	HaRi; Ke; Peetal; Sus; DreHeWe; Ha; FeiRo	Selbständigkeit: im Sinne der Selbständigkeit selbsttätiges, eigenverantwortliches und planmäßiges Lernen und Arbeiten (Ke); Fähigkeit und Bereitschaft zum selbständigen lebenslangen Lernen; Unabhängigkeit; Erziehung zur Aufgabe	7
2	HaRi; Ha; Sus; Ke; Ki; DreHeWe	produktive Lern- und Arbeitshaltung: Aktivität; Initiative; Zielstrebigkeit; Konzentration; Systematik; Anstrengungsbereitschaft; Interesseweckung: Lernantriebe, Bewusstmachung von Motiven, die zur Selbständigkeit und Kooperation befähigen; Kreativität; schöpferische Eigenschaften (Stichwort Arbeitsbereitschaft)	6
3	Ke; Ki; Peetal; Sus; HaRi; Ha	Arbeitsethos: gewissenhafte, pünktliche, genaue Pflichterfüllung, Ausdauer, Belastbarkeit; Moralnormen: Sauberkeit, Ordnung, Regelmäßigkeit, Gründlichkeit; Arbeitstugenden wie Ordnung, Sauberkeit, Fleiß, Pünktlichkeit, Zielstrebigkeit, Zuverlässigkeit, Beharrlichkeit; Genauigkeit im Arbeiten; Verantwortung für das Lernen; Selbstdisziplin	6
4	HaRi; Ha	Verfügung über das Lernen: „das Lernen zu lernen"; Individualisiertes Arbeiten; Fähigkeiten und Fertigkeiten zur Nutzung von Unterstützungsmitteln (Bücherei u.a.m.); Planung und Organisation von Zeit; (Stichwort Lernstrategien und Arbeitstechniken)	2
5	Ki	Anleitung zu sinnvoller Freizeitgestaltung	1
6	HaRi	Wichtiges Bindeglied zwischen Schule und Elternhaus	1
7	DreHeWe	Politische, weltanschauliche und moralische Überzeugungen festigen	1
8	DreHeWe	Gesellschaftliche Anforderungen orientieren auf Schwerpunkte	1
9	Ha	gute Gewohnheiten	1

* Die Buchstaben geben die Anfangsbuchstaben der Nachnahmen der Forscher bzw. Forschergruppen wieder.

Hinsichtlich der erzieherischen Aufgaben von Hausaufgaben ergibt sich das Bild einer Betonung von Funktionen, die die Entwicklung von Selbständigkeit unterstützen, Hier zeigt sich eine Nähe zu den rechtlichen Vorgaben der verschiedenen Bundesländer (vgl. Kap. 3.1). Diesem Aspekt folgen gleichwertig erzieherische Funktionen mit dem Fokus auf einer produktiven Lern- und Arbeitshaltung bzw. auf Arbeitsethos[16]. Abgesehen von der Tatsache, dass viele der von den Autoren genannten Ansprüche unter Oberbegriffen zusammengefasst werden konnten, zeigte sich auch hier eine große Vielfalt an Aufgabenzuweisungen gen Hausaufgaben gegenüber.

3.3 Gegenwärtige Zuschreibungen von Hausaufgabenfunktionen

Die gegenwärtige ministerielle Auseinandersetzung mit dem Thema Hausaufgaben zeigt auf der Ebene der didaktischen Funktionen eine Schwerpunktsetzung hinsichtlich der Festigung unterrichtlich behandelter Inhalte (6 Nennungen[17]), gefolgt von der Fortsetzung von in der Schule begonnenen Lernprozessen (6 Nennungen) und der Vorbereitung nachfolgender Unterrichtsstunden (4 Nennungen). Im Hinblick auf die erzieherischen Aufgaben häuslicher Arbeit ergibt sich auf ministerieller Seite das Bild einer Hervorhebung von Funktionen, die die Förderung der Selbständigkeit der Schülerinnen und Schüler unterstützen (6 Nennungen).

Auch auf Seiten der Wissenschaft findet sich hinsichtlich der didaktischen Funktionen eine Betonung der Festigung des Wissens und Könnens (6 Nennungen[18]), gefolgt von Übung, Wiederholung und Nachbereitung (6 Nennungen), der Anwendung des Wissens (5 Nennungen), der Erweiterung des Wissens (5 Nennungen), seiner Systematisierung (4 Nennungen) sowie der Vorbereitung des kommenden Unterrichts (4 Nennungen). Die Selbständigkeit (7 Nennungen[19]) ist ebenfalls der am häufigsten beschriebene Aspekt aus wissenschaftlicher Perspektive auf erzieherische Hausaufgabenfunktionen. Diesem folgen die produktive Lern- und Arbeitshaltung (6 Nennungen) und das Arbeitsethos (6 Nennungen). Sicherlich ist bei der konkreten Aufschlüsselung der Zielperspektiven für das Ar-

16 Zwischen diesen Funktionen gibt es sicherlich Überschneidungen, dennoch macht die Durchsicht der Untersuchungen deutlich, dass beide Aspekte in ausgeprägtem Maße berücksichtigt werden. Daher werden sie hier getrennt ausgewertet.

17 Alle im Folgenden aufgezählten Nennungen beziehen sich auf die Antworten von zwölf Bundesländer.

18 Alle im Folgenden genannten didaktischen Funktionen beziehen sich auf elf wissenschaftliche Ansätze.

19 Alle im Folgenden genannten didaktischen Funktionen beziehen sich auf acht wissenschaftliche Ansätze.

beitsverhalten die „historische Dimension" in Rechnung zu stellen, da die vorliegenden Konzepte überwiegend in den 70er und 80er Jahren entworfen wurden. Hinsichtlich des Ansatzes von Hallam (2004) aus England ist von – vermutlich geringen – kulturellen Unterschieden auszugehen, da sie z.B. mit dem Ziel einer Erziehung zur Selbstdisziplin möglicherweise nuanciert andere Vorstellungen verbindet, als die überwiegend aus den 70er und 80er Jahren des vergangenen Jahrhunderts stammenden deutschen Ansätze. Insgesamt ist – vor dem Hintergrund einiger weniger Schwerpunkte – eine große Heterogenität zu konstatieren in Anbetracht der mit Hausaufgaben verbundenen didaktischen und erzieherischen Funktionen, allerdings zeigen sich wiederum deutlich die beschriebenen Gemeinsamkeiten.

Auffällig ist zugleich, dass insgesamt sechs Bundesländer überhaupt keine Stellungnahme hinsichtlich der beschriebenen Hausaufgabenfunktionen abgeben, gleichwohl sie durchaus auf die häusliche Arbeit in den Schulgesetzen bzw. Schulordnungen eingehen bezogen auf die Pflicht der Schülerinnen und Schüler, ihre Hausaufgaben anzufertigen (Mecklenburg-Vorpommern[20], Rheinland-Pfalz[21],Saarland[22], Sachsen[23], Schleswig-Holstein[24]) und auf die Entscheidung über Umfang und Verteilung von Hausaufgaben (zumeist durch die Schul- bzw. Klassenkonferenz) (Mecklenburg-Vorpommern, Saarland[25]) sowie gelegentlich im Hinblick auf den zeitlichen Umfang von Hausaufgaben, hausaufgabenfreie Zeiten sowie organisatorische Vorgaben (z.B. „Die Hausaufgaben werden im Unterricht besprochen und überprüft" [§ 27SOFS]).

Darüber hinaus stellt sich die Frage nach nicht genannten, impliziten Funktionen von Hausaufgaben, wie beispielsweise der des Machtanspruchs der Schule (des Staates?), der schließlich bis in das Elternhaus hineinreicht und somit nicht nur die Schüler sondern auch die Eltern diszipliniert, die aufgrund ihrer Bildungsaspirationen für ihr Kind Funktionen als „Nachhilfelehrer" und Lernunterstützer übernehmen, die offiziell nicht Teil ihres Erziehungsauftrages sind, aber von Schule stillschweigend vorausgesetzt werden (u.a. Hoos 1998, Schwemmer 1980, Boßmann 1979). Dieser schulkritische Aspekt der Betrachtung von Hausaufgabenfunktionen verdient sicherlich eine grundständige intensive Auseinandersetzung – insbesondere vor dem Hintergrund seiner Bedeutung für die von Hausaufgaben betroffenen Familien – dem allerdings in dieser Arbeit aus thematischen Gründen nicht nachgegangen wird.

---

20 § 53, § 76, § 78 SchulG vom 13. Februar 2006.

21 § 37 Schulordnung f.d. öffentl. Grundschule, § 51 Schulordnung f.d. öffentl. Realschule plus, integrierte Gesamtschule, Gymnasium, Kollegs und Abendgymnasien.

22 § 30 Schulordnungsgesetz, abs. 4.

23 § 17 SchulO Grundschule, § 22 SOMIAP, §27 SOFS.

24 § 11 SchulG.

25 § 47 SchumG in der Fassung vom 11. Mai 2005.

3.4 Zielperspektive

Als Element der Unterrichtsplanung müssen Hausaufgaben dazu beitragen, das Lernen in seinen verschiedenen Phasen zur Entfaltung zu bringen. Daher ist Kamm und Müller (1977) in ihrer Ansicht zuzustimmen, dass der Lernprozess selbst und seine Strukturmomente den Bezugsrahmen für den jeweiligen Stellenwert von Hausaufgaben darstellen (a.a.O., 132). Die einzelnen Phasen des Lernens sind keine in sich abgeschlossenen Momente, „die sich im Verlauf des Lernprozesses additiv aneinander reihen, sondern die sich gegenseitig in vielfältiger Weise überlappen und durchdringen" (a.a.O.,134). In Konsequenz stehen auch die jeweiligen Hausaufgaben „im Verhältnis enger wechselseitiger Verflochtenheit zueinander" (a.a.O.). Diese Sicht auf Hausaufgaben ist zu ergänzen um die Perspektive des Schülerbezugs, insbesondere der Schüleraktivität. Nach Rothermel (1981, 28) müssen „die über die Hausaufgaben angestrebten Qualifikationen … ihre Grundlegung bereits im Unterricht erfahren. Ihren individuellen Stellenwert erhalten sie jedoch erst in der Symbiose von Persönlichkeitsprägung und Sachanspruch. Den Zugang dazu erhalten wir jedoch nur über eine abwechslungsreiche, d.h. situativ und individuell angemessene (adaptive) Hausaufgabenstellung einerseits (vgl. dazu: 40, S. 925ff.) sowie gezielte Hilfen zur sinnvollen Wiederholung, Übung, Einführung in Arbeitsweisen oder der sinnvollen Gestaltung und Darstellung eines Problemkreises andererseits". Vor diesem Hintergrund haben Hausaufgabenauswahl und -angebot dem Gesichtspunkt der Selbstständigkeit (vgl. die Bildungs- und Erziehungsaufträge der einzelnen Bundesländer, z.B. Schulgesetz NRW, §2, Abs. 4 u. 5) ebenso wie der Freude und Bejahung am eigenen Tun (Bildungskommission NRW 1995) Rechnung zu tragen. Dies verweist auf die Bedeutung der Differenzierung hinsichtlich der methodischen und inhaltlichen Gestaltung von Hausaufgaben, denn die Identifikation mit dem Aufgabenanspruch als positive, persönliche Bereicherung fordert die Berücksichtigung von Lerntempo, Leistungsfähigkeit oder Interessenlage bei Schülerinnen und Schülern (Jürgens 2006, Schratz 2009, Weinert 1996). Auch Haag (1991) unterstreicht in seiner Forschung über Gymnasialschülerinnen und -schüler als „Saisonarbeiter" den engen Zusammenhang von Motivation und Gestaltung von Hausaufgaben (Wie sollten Hausaufgaben aussehen und wie sollten Hausaufgaben sinnvoll gestellt werden?). Die von ihm untersuchten Klassifikationsansätze und Vorschläge zur Hausaufgabenpraxis (Dietz und Kuhrt 1960, Kamm und Müller 1977, Geißler und Plock 1974, Feiks und Rothermel 1981) betonen die Bedeutung eines motivationalen Rahmens für die Hausaufgabenerledigung. Darüber hinaus kommt er zu dem Fazit, dass „alle Untersuchungen, die sich mit der Effektivität beschäftigen, … keine generellen Schlüsse auf den Wert von Hausaufgaben an sich zu (lassen, J. S.)" (a.a.O., 165).

Schulisches Lernen orientiert sich heute an Bildungsstandards, Lernzielen und dem schulischen Bildungs- und Erziehungsauftrag der einzelnen Bundesländer. Den hierdurch ausgewiesenen Zielen schulischen Lernens tragen auch die Schulordnungen und Hausaufgabenerlasse (vgl. weiter oben) Rechnung. Unter Berücksichtigung der aktuellen Erkenntnisse der Lehr-Lernforschung und der Allgemeinen Didaktik werden zusammenfassend vor dem Hintergrund der bisherigen Ausführungen Funktionen im Lernprozess der Schülerinnen und Schüler bestimmt, die als konstitutiv für eine Theorie der Hausaufgaben gelten sollen[26]. Dabei wird auch hier, der grundsätzlichen Unterscheidung zwischen Erziehung und Bildung im schulischen Auftrag folgend, zwischen didaktischen und erzieherischen Funktionen unterschieden, die sich allerdings gegenseitig beeinflussen bzw. durchdringen (vgl. Abb. 3.1).

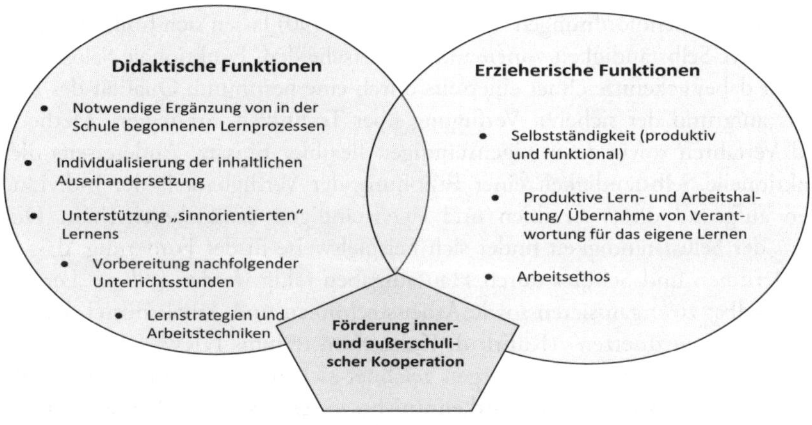

Abb. 3.1: Funktionen von Hausaufgaben: Qualität von Hausaufgaben als Ausgangsbasis für ihre Wirksamkeit

Hinsichtlich der didaktischen Funktionen ist zunächst wichtig, dass Hausaufgaben die im Unterricht in Gang gesetzten Lernprozesse abrunden und fortsetzen durch erneute Verwendung und Konsolidierung der Inhalte. Dies gelingt umso eher und effektiver, je mehr für die Schülerinnen und Schüler über die zu lernenden Inhalte eine Erweiterung ihrer Verfügung über ihre Lebenswelt möglich ist (vgl. Holzkamp 1995). Zugleich zielt Differenzierung auf die optimale Förderung der einzelnen Heranwachsenden, auf die Ermöglichung eines hohen Grades von

26 Die konkretere inhaltliche Auseinandersetzung hierzu erfolgt in Kapitel 9.

Selbsttätigkeit und Selbständigkeit und die Befähigung zu sozialer Kontakt- und Kooperationsfähigkeit (vgl. Klafki 1996, 181). Schließlich besteht eine häufig in der Schulpraxis unterschätzte, aber hinsichtlich der Lernwirkung scheinbar sehr effektive (vgl. Kap. 5) Funktion von Hausaufgaben in der Vorbereitung nachfolgender Unterrichtsstunden; die Gewissheit, dass die häusliche Arbeit für die kommende Unterrichtsstunde unmittelbar Bedeutung hat, wirkt sich anscheinend positiv auf die Motivation und Anstrengungsbereitschaft der Schülerinnen und Schüler aus. Zugleich scheint eine solche Vorbereitung die nachfolgende erfolgreiche unterrichtliche Auseinandersetzung mit dem Inhalt zu befördern. Auch Lernstrategien und Arbeitstechniken gehören nach dem vorliegenden Verständnis von Didaktik zu diesen Funktionen, da hiermit unmittelbar die Art und Weise der inhaltlichen Auseinandersetzung angesprochen wird (Weinert 1996, 1997).
Die erzieherischen Funktionen stehen ebenfalls in unmittelbarem Begründungszusammenhang mit den Bildungs- und Erziehungsaufträgen sowie den jeweiligen Erlassen bzw. Schulordnungen. Nach Rülcker (1990) lassen sich funktionale und produktive Selbständigkeit voneinander unterscheiden. Funktionale Selbständigkeit ist dabei gekennzeichnet einerseits durch eine bestimmte Qualität des Handelns aufgrund der sicheren Verfügung über Techniken, Strategien, Methoden und Verfahren sowie deren eigenständiger, flexibler Einsatz. Andererseits dient funktionelle Selbständigkeit einer Erhöhung der Verfügbarkeit der Individuen eben aufgrund dieser flexiblen und eigenständigen Einsatzbereitschaft. Diese Form der Selbstständigkeit findet sich beispielsweise in der Forderung, dass die Schülerinnen und Schüler durch Hausaufgaben fähig werden sollen, „Lernvorgänge selbst zu organisieren sowie Arbeitstechniken und Arbeitsmittel selbst zu wählen und einzusetzen“ (RdErl. d. Kultusministeriums NRW v. 31.07.2008). Produktive Selbständigkeit hingegen zeichnet sich durch ein Bewusstsein über die Unabgeschlossenheit jedes Erkenntnisprozesses aus: da es keine endgültige Wahrheit gibt, muss ich mich darauf einstellen, jede Grenze immer wieder in Frage zu stellen. Zugleich ist produktive Selbstständigkeit gekennzeichnet durch die Fähigkeit zur Ideologiekritik, „denn es ist wichtig festzustellen, welche Interessen bestimmten Meinungen und Vorstellungen, gängigen Weltinterpretationen oder den sogenannten Sachzwängen zugrunde liegen und ob sie mit meinen Interessen, mit denen meiner Familie und mit denen der Menschen, für die ich mich interessiere oder gar verantwortlich fühle, übereinstimmen“ (Rülcker 1990, 24). Und schließlich wird produktive Selbständigkeit begleitet durch ein Handeln, das das als sinnvoll Erkannte auch zu realisieren sucht. Selbstständigkeit dieser Art entwickelt sich u.a. aus der Förderung des Fachinteresses und über den Gewinn von Kenntnissen und Einsichten (z.B. RdErl. des MK v. 14.3.2005 – 3-83201 (SVBI. LSA S.117) in Sachsen-Anhalt). Zugleich stellt sie eine wichtige Voraussetzung dar für eine produktive Lern- und Arbeitshaltung bzw. für die Übernahme von

Verantwortung für das eigene Lernen und Arbeiten der Heranwachsenden. Obwohl sicherlich Querverbindungen zwischen den beiden Funktionen bestehen, wird Arbeitsethos getrennt von der Arbeitshaltung aufgeführt um zu verdeutlichen, dass es hierbei insbesondere Aspekte wie Arbeitssorgfalt, Pünktlichkeit oder Pflichterfüllung, also die Anerkennung bestimmter Werte und Normen hinsichtlich des Arbeitsverhaltens geht.

Nicht zuletzt ermöglicht die jeweilige Art der Hausaufgaben eine Erweiterung der inner- und außerschulischen Kooperationen, die sowohl die Zusammenarbeit von Schülerinnen und Schülern (auf Klassen-, Jahrgangs- oder Schulebene) oder Heranwachsenden und Lehrkräften, als auch die Zusammenarbeit mit Kooperationspartnern aus unterschiedlichsten Lebensbereichen (z.B. Krankenhaus, Theater, Industrie und Handwerk) betreffen können. Hier zeigen sich spezielle Möglichkeiten insbesondere im Bereich der Ganztagsschule, da die Heranwachsenden mehr Zeit gemeinsam miteinander und im Kontext der Schule verbringen, so dass bereits der organisatorische Rahmen vielfältigere Kooperationen zulässt.

Eine entscheidende Bedingung für die Hausaufgabe als lernpsychologisch angemessen organisierter integrierender Bestandteil des schulischen Lernprozesses scheint zu sein, dass bei ihrer Erteilung die jeweiligen individuellen Lernvoraussetzungen des einzelnen Lernenden berücksichtigt werden. Nur wenn der Lernende gerade diese Hausaufgabe für den beabsichtigten Lernfortschritt benötigt, d.h. „wenn von der Aufgabe eine Herausforderung ausgeht und zugleich das Bewusstsein der Erreichbarkeit des gesetzten Ziels vorhanden ist“ (Eigler und Krumm 1972, 127; vgl. Lipowsky 2007), kann von einer Lernwirkung der Aufgaben ausgegangen werden. Eigler und Krumm (1972) plädieren vor diesem Hintergrund für eine Modifizierung von Hausaufgaben in „Schulaufgaben“. Ihren Anspruch, dass diese weitgehend in den schulischen Lernprozess integriert werden, verbinden sie logischerweise mit der Forderung nach der Ganztagsschule, die neben den genannten lernpsychologischen Gründen auch die nach wie vor bestehenden ungleichen Lernbedingungen im Elternhaus aufgrund der in sich geschlossenen Organisation der Lernprozesse (a.a.O.) zwar nicht vollständig beseitigen, wohl aber abmildern könnte.

4 Ganztagsschule

Das gegenwärtig wieder vermehrte Interesse an Hausaufgaben (vgl. u.a. Trautwein 2008; Haag und Jäger 2010; Lipowsky 2007) ist nicht zuletzt u.a. im zunehmenden Ausbau von (offenen) Ganztagsschulen begründet, da die Anfertigung der Hausaufgaben in den Bereich der Schule verlagert wird. Durch Ausbau und Konzeption von Ganztagsschulen werden Hausaufgaben verstärkt zurück in den Schulalltag geholt, werden von den Heranwachsenden nicht mehr daheim allein oder mit Hilfe von Eltern erledigt, sondern sollen während der „Hausaufgabenbetreuung" von Schülerinnen und Schülern selbstständig angefertigt werden, begleitet durch die Mitarbeiter des Ganztags. Hierdurch wird die Art und Weise der Hausaufgabenerledigung für die Schule transparent, der Grad an eigener Selbstständigkeit bei deren Erledigung und die Einflussnahme durch das Elternhaus (sowohl was die direkte Teilnahme der Eltern an der Hausaufgabenerledigung angeht als auch über die Elternerwartungen an die Hausaufgabenbetreuung im offenen Ganztag), aber auch mögliche Probleme aufgrund (sachlich, methodisch und/oder lernstandsbezogen) unangemessener Aufgabenstellungen. Gerade für die Grundschule ist kennzeichnend, dass die Eltern hier mehrheitlich noch einen engeren Kontakt zur Schule halten, einen größeren Einfluss auf ihre Kinder – bezogen auf die Anfertigung der Hausaufgaben – haben und diesen Einfluss zudem häufig aktiv ausüben. Daher steht auch die Hausaufgabenbetreuung in der Ganztagsgrundschule stärker im Fokus der elterlichen Aufmerksamkeit (Holtappels u.a. 2007). Der offene Ganztag wird darüber hinaus häufig gerade wegen der angebotenen Hausaufgabenbetreuung von den Eltern gewählt (vgl. Beher u.a. 2005).

Als Institution „grundlegender Bildung" ist Grundschule gekennzeichnet durch einen umfassenden Bildungsauftrag, der für die Weiterentwicklung zur Ganztagsschule fundamentale Implikationen bereithält.

4.1 Das Aufwachsen von Grundschulkindern

Die Entwicklung von Kindern und Jugendlichen können wesentliche gesellschaftliche, anthropologische und psychologische Voraussetzungen durch unterschiedliche Ausprägungen in verschiedenster Weise beeinflussen.

4.1.1 Erwerbsbiographie, Familienstruktur und Geschlechterrollen

Die Individualisierung der Lebensverhältnisse und die Pluralisierung von Wertorientierungen, Normen und Lebensstilen (vgl. Standop 2005) führen u.a. zu gesellschaftlichen Ausdifferenzierungen, in deren Verlauf herkömmliche soziale Orientierungen verloren gehen, wohingegen die Heterogenität und Komplexität von Rollenerwartungen zunehmen (vgl. Tippelt 1990, 194). Erwartet wird, dass die moderne Identität reflexiv, differenziert, offen und individuiert ist. Zugleich soll diese neuen Informationen, Erfahrungen und Erwartungen mit immer zunehmender eigener Entscheidungsfähigkeit sowie Erwartungsantizipation (a.a.O., 283) begegnen und eine in hohem Maße ausgeprägte sozial-kognitive Rollenübernahme und Empathie zeigen, ebenso wie hochgradige Frustrations- und Ambiguitätstoleranz. Die durch gestiegene Erwerbsquoten, andere Familienformen und veränderter familialer Arbeitsteilung gewandelten Erwerbs- und Familienstrukturen begründen neben anhaltend hohen Anteilen an Alleinerziehenden einen höheren Bedarf an erzieherischer Betreuung, insbesondere im Grundschulalter. Beispielsweise lag in Deutschland im Jahr 2008 die Erwerbstätigenquote bei den Müttern bei durchschnittlich 55,5 Prozent und bei den Vätern bei durchschnittlich 84,9 Prozent (mindestens ein Kind unter 15 Jahren) (Statistisches Bundesamt 2010). Es ist davon auszugehen, dass die Frauenerwerbsquote weiter steigen wird. So entscheiden sich junge Frauen in höherem Maße als früher für eine Berufstätigkeit möglichst ohne langfristige Unterbrechungen, ältere bemühen sich verstärkt um einen beruflichen Wiedereinstieg. Die Realisierung der Vereinbarkeit von Familie und Beruf durch Väter und Mütter ist auf zeitlich geregelte Betreuungsformen angewiesen (vgl. Bellenberg 2001). „Von Schule wird erwartet, dass sie hierzu einen gesellschaftlichen Beitrag leistet. So entspricht der gegenwärtige Versorgungsgrad an verlässlichen Betreuungsmöglichkeiten für Schulkinder bei weitem nicht den veränderten Erwerbs- und Familienstrukturen und den daraus entstehenden Notwendigkeiten. Gravierend wird dieses Betreuungsproblem bei Ein-Eltern-Familien mit eingeschränkten Verwandtschaftsbeziehungen und Sozialkontakten, denn hier haben Kinder oft nur eine Bezugsperson“ (Standop 2008a, 529). Im Jahr 2009 betrug der Anteil an Alleinerziehenden in Deutschland 19 Prozent aller Familien (Statistisches Bundesamt 2010). „Das Dilemma alleinerziehender Elternteile zeigt sich darin, einerseits die Versorgung und Erziehung ihrer Kinder überwiegend allein organisieren, andererseits aufgrund ökonomischer Zwänge erwerbstätig sein zu müssen. In Konsequenz ergeben sich beträchtliche Abstriche hinsichtlich von Lebensstandard und zur Verfügung stehender gemeinsamer Zeit. Eine kontinuierliche Erziehung und Betreuung wird auch aus dem Grund zunehmend schwieriger zu verwirklichen, da immer weniger Familien mit mehr als zwei Generationen in einem Haus leben (vgl. Klemm 1991). Als Folge verbringt ein beträchtlicher Teil der Kinder von Erwerbstätigen bzw. Alleinerziehenden häufig große Zeitspannen bei Betreuungspersonen, in betreuenden Einrichtungen oder allein Zuhause. Die Alltagsgestaltung dieser Kinder ist somit in beachtlichem Maße durch die vorgegebenen Zeitabläufe der Erwachsenen determiniert“ (Standop 2008a, 529).

4.1.2 Anthropologische und entwicklungspsychologische Voraussetzungen

Kindheit ist ein gesellschaftlich konstruiertes Faktum, d.h. die gesellschaftlichen Bedingungen des Aufwachsens beeinflussen die kindliche Persönlichkeit. Die vorgefundenen gesellschaftlichen Voraussetzungen und ihre „innere“ Realität werden von Eltern als auch Kindern individuell verarbeitet, denn Kindheit ist eine von den Kindern selbst mit gestaltete Lebensphase (vgl. Knörzer u.a. 2007). Und auch wenn die Grundschule einen gesellschaftlichen Auftrag hat, ist sie kein „zweckorientiertes Mittel zum Erreichen gesellschaftlichen Nutzens, sondern ein Raum für kindliches Lernen, in dessen Beanspruchungen der Weg des Kindes in das Erwachsenwerden pädagogisch angelegt werden kann“ (Duncker 2005, nach Langeveld 1960). Während der Entwicklung im Grundschulalter „werden kognitive, affektive und psychomotorische Determinanten nachhaltig beeinflusst. In Konsequenz bemüht sich die Grundschule um ein Ausbalancieren zwischen Anforderung und Beschützen, zwischen Aufgabenstellung und freier Selbsttätigkeit, zwischen dem Zeigen der Welt und dem Handeln in ihr. Auf diese Weise soll eine schöpferische Verbindung der „Fragen nach dem Sinn von Bildung und Erziehung mit den Sinnfragen, die das Kind an die Welt stellt“ (a.a.O.), herbeigeführt werden. Zur gleichen Zeit muss die Grundschule aus ihrer demokratisch-politschen Verpflichtung heraus, eine Schule *für alle* zu sein, Möglichkeiten für ihre Schülerinnen und Schüler finden, auf eine pädagogische, nachvollziehbare Weise den Wechsel in die weiterführenden Bildungsgänge zu vollbringen“ (Standop 2008a, 530).

Die spezifischen Entwicklungsaufgaben des Grundschulalters sind motorische Fertigkeiten sowie die Grundlegung kognitiver und sozialer Kompetenzen. Lern- und entwicklungspsychologische Forschungen (vgl. z.B. Stern 2002; Oerter und Montada 2002) unterstützen nach wie vor die These des Grundschulalters als „bildsamste Phase im menschlichen Leben“ (Schorch 2007, 18), gekennzeichnet durch größte Plastizität und Weltoffenheit. „Neben dem Erwerb der sogenannten ‚Kulturtechniken‘ gewinnen die Gestaltung von sozialen Beziehungen zu Gleichaltrigen und die Entwicklung der Identität, insbesondere bereichsspezifischer Selbstkonzepte an Bedeutung. Im Zusammenhang mit der sozialkognitiven Entwicklung nimmt das Verständnis für Regeln und moralische Normen sowie das bewusste Erleben von Emotionen und deren Regulation zu. Verhaltensstrategien werden differenzierter, sie weisen einen höheren Grad an personbezogener Perspektivität und situativer Adaptivität auf (Dreher 2005). Diese zeitlich ausgedehnte Spiel- und Lernzeit des Menschen gilt es naheliegender Weise durch gezielte Bildungsangebote optimal zu nutzen“ (Standop 2008a, 530). Das entwicklungsbedingte Verschmelzen von Spielen und Lernen erfordert entsprechende pädagogische Initiativen, insbesondere eine angemessen pädagogisch gestaltete Lernumwelt, die auch den biologischen Tagesrhythmus der Kinder anerkennt.

4.1.3 Veränderungen im Freizeitbereich

Regionale Wohnumfelder zeichnen sich aus durch Divergenzen in der Dichte und der Qualität ihrer soziokulturellen Infrastruktur an Spiel-, Freizeit- und Kulturangeboten. Vor dem Hintergrund der Anregungspotentiale, Lern- und Erfahrungsgelegenheiten und der sozialen Kontaktchancen für Kinder führt dies zu disparaten Bildungs- und Entwicklungsmöglichkeiten. Veränderungen im räumlichen und sozialen Umfeld der Familien erschweren einem großen Teil der Kinder, in ihrer unmittelbaren Wohnumgebung vielfältige Beziehungen zu Gleichaltrigen aufzubauen. Spiel-, Treff- und Erfahrungsräume sind vielfach verschwunden, die Ausdehnung von Medien und Freizeitkommerz in Verbindung mit der Abnahme der Nachbarschaftsbeziehungen haben eine Verringerung sozialer Kontaktmöglichkeiten und gemeinsam geteilter sozialer Erfahrungen in der Wohnumwelt zur Folge. Das Fehlen dieser Straßensozialisation und der „nachbarschaftlichen Kinderöffentlichkeiten" (vgl. Zeiher 1989) führt zu Individualisierungstendenzen und nicht selten zu sozialer Separation. Zur Kompensation werden zunehmend häufiger Sozialkontakte und Aktivitäten von den Eltern angebahnt, geplant und verabredet. Immer mehr gewinnen zugleich Organisationsstrukturen an Bedeutung, in denen stabile soziale Kontakte angebahnt und Integration befördert, soziales und interkulturelles Lernen unterstützt und Lern- und Freizeitangebote zur Verfügung gestellt werden. Mit den beschriebenen Auflösungstendenzen bzw. Umorientierungen in Familie und Nachbarschaft oftmals verbunden sind darüber hinaus mulitkulturelle Ausdifferenzierungen und Separierungen, denen die Gefahr gegenwärtiger Formen sozialer Diskriminierung innewohnt.
Deutlich wird, dass die Ganztagsschule einen wertvollen Beitrag zu einer ganzheitlichen, altersgemäßen Entwicklungsförderung, dem konsequenten Erleben eines schulischen Miteinanders sowie einer besseren Vereinbarkeit von Familie und Beruf leisten kann. Ganztägigen Erziehungseinrichtungen gegenüber besteht die Erwartung, die kindbezogenen Bedürfnisse nach Eigentätigkeit, Gestaltungsmöglichkeiten, Bewegungsdrang und Sozialkontakten kompensatorisch bzw. ergänzend abzudecken. Nach Holtappels bringt Schule insbesondere die Voraussetzungen einer Institution umfassender Ganztagsbildung mit, da sie grundsätzlich über die notwendigen curricular-didaktischen Möglichkeiten verfügt und „in einem zeitlich erweiterten und strukturell veränderten Schulleben einen Sozialisationsraum birgt, der soziale Integration gewähren, Lernzusammenhänge sichern, Lernen in Gruppen ermöglichen kann" (2005, 53f). Darüber hinaus verfügt ein zeitlich erweitertes und strukturell verändertes Schulleben über ein Sozialisationspotential, das soziale Integration ermöglichen, Lernzusammenhänge konsolidieren und ein Lernen in Gruppen unterstützen kann. Ein derart entwickeltes Schulleben ist in der Lage, die Übernahme von Urteilsfähigkeit, sozialer Verantwortung und demokratischer Handlungskompetenz trainieren wie auch festigen zu helfen.

Zugleich werden hier über die notwendigen sozial-kommunikativen Kontakträume kulturelle Orientierungen sowie Übungsmöglichkeiten für Rollenlernen bereitgestellt. Die erweiterten Angebotsformen ganztägiger Schulen können dabei helfen, infrastrukturelle Defizite zu verringern und zu regional angeglichenen Lebensverhältnissen sowie entsprechenden sozialen Bildungsvoraussetzungen beizutragen und hierdurch den schulischen Auftrag des Chancenausgleichs unterstützen (vgl. Holtappels 2006).

4.2 Die Institution Grundschule und ihr Bildungsauftrag

Der Auftrag der gemeinsamen Elementarschule aller schulpflichtigen Kinder liegt in der Vermittlung grundlegender Schulbildung. Auf diese Weise soll jeder Schülerin und jedem Schüler prinzipiell jede Form weiterführender Bildung eröffnet werden. Dabei zielt der ganzheitliche Bildungsanspruch der Grundschule auf die Pflege spielerischer, kreativer und sozialer Aktivitäten, einen auf Schülerselbsttätigkeit basierenden Wissenserwerb sowie Unterrichtsverfahren, die dem Grundsatz der Anschauung, der Lebensnähe und der Entwicklungsgemäßheit genügen. Die grundsätzliche Vorbereitung auf Schule, sinnvoll verbunden mit der Sicherstellung anschlussfähiger Bildungsprozesse in Form eines zuverlässigen Fundaments für das Lernen an weiterführenden Schulen, ist eine prinzipielle Aufgabe der Grundschule. Beginnt mit dem Schuleintritt für die Kinder erstmalig „die organisierte Zusammenfassung und verpflichtende Kollektivierung Gleichaltriger zum Zwecke gemeinsamen, systematischen und zielführenden Lernens“ (Schorch 2007, 37), stellen sich vor dem Hintergrund der Entwicklung zur Ganztagsschule für die Grundschule neben organisatorischen Fragen insbesondere die nach der Verwirklichung dieser Bildungs- und Erziehungsansprüche.

4.2.1 Bildungsauftrag und „Schulleben“ in der Grundschule

Zwar beginnt grundlegende Bildung nicht am „Nullpunkt“, dennoch geht es im Anfangsunterricht in vielerlei Hinsicht um Einführung, solide Fundierung, einen „guten Start“. Nachweislich können sich negative oder traumatische Erfahrungen zu Beginn auf die weitere Schullaufbahn als negative Entwicklungen und kumulative Prozesse niederschlagen. Die Ermöglichung eines „guten Anfangs“ sollte aber nicht nur bezogen auf die klassischen Lernbereiche Berücksichtigung finden, denn in gleichem Maße sind ebenso Lernstrategien, Arbeitshaltungen, Lernmotivation und Interessenentwicklung sowie die Förderung eines günstigen Selbstkonzepts und eines positiven Selbstwertgefühls auf Unterstützung angewiesen. „Neben der Stärkung der Persönlichkeit hängt diese grundlegende Aufgabe mit der Wechselwirkung von Selbstkonzeptentwicklung (Moschner/Dickhäuser 2006) einerseits und Leistungsentwicklung (Sacher 2004) andererseits zusammen. Grundlegende

Bildung darf somit nicht in zu enger Perspektive als kognitives Lernen im Wissens- und Fähigkeitsbereich gesehen werden, sondern bezieht sich auch auf motivationale Komponenten der Persönlichkeitsentwicklung" (Standop 2008a, 527). Mit dem Begriff „Schule" verbunden ist einerseits die Idee eines systematischen, d.h. rational-didaktischen und methodisch planvollen Unterrichts, der über die wissenschaftlich orientierte und abstrakte Form der Lehre Distanz zum Leben, seiner Unmittelbarkeit, Naturwüchsigkeit und Spontaneität erzeugt und zu eigenen institutionsbedingten Lebensformen und -ritualen führt. Gleichzeitig ist es Aufgabe der Schule, dass ihr Unterricht und ihre Lebensferne auf das „wirkliche Leben", auf Lebensnähe und Lebenswirklichkeit gerichtet sind. Gemeint ist die Orientierung der Institution Schule an den „nähesten Verhältnissen", um das „Leben zu lehren" (Pestalozzi in Roth 1985). Das Bestimmungswort „Leben" deutet auf die Grundforderung gegenüber allen Schulformen, Schule als eigenständige Lebenswelt im schulischen Miteinander zu gestalten und ihre Lehre auf lebenswichtige Grundlagen und in den Lehranforderungen der Schulfächer zu begründen. Durch selbstorganisierende Formen des Lernens und Zusammenlebens, durch Maßnahmen der „Ent-Schulung", wird so eine Veränderung des gegebenen Lebenserfahrungsraumes angestrebt (vgl. Keck 2005).

In diesem Verständnis präsentiert Schulleben sich als
- „eine Atmosphäre der personalen Nähe der Lehrenden gegenüber ganzheitlich wahrgenommenen Schülerbedürfnissen, gekennzeichnet durch Schülergemäßheit, Natürlichkeit und Angstfreiheit;
- die Anbahnung von gemeinschaftlichen und identitätsstiftenden Lebensformen über Unterricht und systematische Lehre hinaus durch das Finden von Regeln des Zusammenlebens in der Schule als Lebensgemeinschaft, durch Feste und Feiern der Schulgemeinde in Kooperation mit dem Elternhaus;
- schülergemäßer Arbeits- und Erfahrungsraum, als curriculare Stätte selbstbestimmten und selbstorganisierenden Lehrens und Lernens in einem Verbund von Lernorten (vgl. a.a.O., 237; vgl. Standop 2008)" (Standop 2008a, 528).

Durch pädagogische Prinzipien wie Handlungsorientierung, Praxisnähe, Alltagsorientierung, Ganzheitlichkeit, Solidarität und Partizipation, Selbstbestimmung und Öffnung soll die kognitive Enge der reinen „Beschulung" überwunden und statt dessen eine Einheit von Erziehung und Unterricht erreicht werden, in der Wertbindungen und Verhaltensnormen der schulischen Umwelt, der elterlichen Mitwelt sowie Formen von Schultraditionen feste Bestandteile sind. Eine solchermaßen als lebensweltlich gebundene Gemeinschaft gestaltete Schule ermöglicht ein auf die *Ganzheit des Lebens* gerichtetes Erfahrungslernen. Schule wird zu einem Lernort in einem Netz von Lernorten und in Kontinuität mit der Schulgemeinde, mit der Elternschaft und dem Lebensort, der Stadt/Teilgemeinde und ihren weiteren Institutionen. Die dargestellten Zusammenhänge generieren nicht zuletzt explizite Ansprüche an die Entwicklungsmöglichkeiten des Ganztagsbetriebs in der Grundschule.

4.3 Formen des Ganztagsbetriebs

Ganztagsschulen können nach dem Grad der Verbindlichkeit, dem Grad der Öffnung, der zeitlichen Dauer und des Maßes an Integration verschiedener Lehr- und Lernformen unterschieden werden. Von der Ständigen Konferenz der Kultusminister werden drei Formen unterschieden:

1. „In der voll gebundenen Form sind alle Schülerinnen und Schüler verpflichtet, an mindestens drei Wochentagen für jeweils mindestens sieben Zeitstunden an den ganztägigen Angeboten der Schule teilzunehmen.
2. In der teilweise gebundenen Form verpflichtet sich ein Teil der Schülerinnen und Schüler (z.B. einzelne Klassen oder Klassenstufen), an mindestens drei Wochentagen für jeweils mindestens sieben Zeitstunden an den ganztägigen Angeboten der Schule teilzunehmen.
3. In der offenen Form können einzelne Schülerinnen und Schüler auf Wunsch an den ganztägigen Angeboten dieser Schulform teilnehmen. Für die Schülerinnen und Schüler ist ein Aufenthalt, verbunden mit einem Bildungs- und Betreuungsangebot in der Schule, an mindestens drei Wochentagen im Umfang von täglich mindestens sieben Zeitstunden möglich.

Die Teilnahme an den ganztägigen Angeboten ist jeweils durch die Schülerinnen und Schüler oder deren Erziehungsberechtigten für mindestens ein Schulhalbjahr zu erklären. Aus Sicht der am Ganztagsschulbetrieb teilnehmenden Schülerinnen und Schüler besteht kein Unterschied zwischen voll und teilweise gebundenen Ganztagsschulen. … Neben den Ganztagsschulen im obigen Sinne gibt es weitere Formen von Ganztagsangeboten für Schülerinnen und Schüler, bei denen jedoch der inhaltliche Schwerpunkt stärker auf dem Aspekt der Betreuung als der Beschulung liegt. Solche Betreuungsangebote stehen häufig weder in der Verantwortung der Schulleitung noch kooperieren sie mit der Schulleitung" (KMK 2008, 5).

4.3.1 Die gebundene Ganztagsschule

Diese Schulform bietet für alle Kinder eine *verbindliche* Betreuungszeit von ca. 8.00 bis 16.30 Uhr. Unterrichtsinhalte werden am Vor- und Nachmittag erlernt, der zeitliche Rahmen ermöglicht die verschiedensten ganzheitlichen Formen des Lernens, z.B. projektorientiertes, soziales, handlungsorientiertes, kooperatives. Durch Rhythmisierung kann der Tagesablauf den lernpsychologischen und biophysischen Bedürfnissen der Kinder zeitlich angepasst werden. Freizeit- und Bildungsangebote wechseln mit Betreuung und Mittagessen ab, neben Hausauf-

gabenbetreuung bzw. sogenannter „Studierzeiten[27]" existieren verschiedene Förderangebote. Eine variable integrative Konzeption von Unterricht und Schulleben ist möglich, enge Kooperationen mit außerschulischen Personen und Einrichtungen sind auf vielfältige unkomplizierte Weise realisierbar.
Teilgebundene und vollgebundene Ganztagsschule unterscheiden sich dadurch, dass in ersterer lediglich bestimmte Klassenzüge den Ganztagsschulzweig repräsentieren, während im zweiten Modell alle Klassen/Schüler beteiligt sind. Nach Appel (2004) stellt lediglich das integrierte Modell in gebundener Form eine „echte" Ganztagsschule dar, deren notwendige pädagogische und organisatorische Strukturmerkmale der Ganztagsschulverband e.V. beschreibt:

Eine echte Ganztagschule besteht dann, wenn
1. allen Schülerinnen und Schüler ein durchgehend strukturiertes Angebot in der Schule an mindestens vier Wochentagen und mindestens sieben Zeitstunden angeboten wird,
2. die Aktivitäten der Schülerinnen und Schüler am Vormittag und am Nachmittags in einem konzeptionellen Zusammenhang stehen,
3. erweiterte Lernangebote, individuelle Fördermaßnahmen und Hausaufgaben/Schulaufgaben in die Konzeption eingebunden sind,
4. die gemeinsame und individuelle Freizeitgestaltung der Schülerinnen und Schüler als pädagogische Aufgabe im Konzept enthalten ist,
5. ihre Angebote altersgerecht Interessen und Bedürfnisse von Kindern und Jugendlichen fördernd aufgreifen,
6. alternative Unterrichtsformen wie z.B. Projektarbeit ermöglicht werden,
7. das soziale Lernen begünstigt wird,
8. die Schule den Schülerinnen und Schülern an allen Schultagen ein warmes Mittagessen anbietet,
9. eine ausreichende Ausstattung mit zusätzlichem pädagogischen Personal, mit einem erweiterten Raumangebot und mit zusätzlichen Lehr- und Lernmitteln vorhanden ist,
10. die Organisation aller Angebote unter der Aufsicht und Verantwortung der Schule steht (Burow/Pauli 2006, 71f)[28].

27 Mit Studierzeit werden in der gebunden Ganztagsschule häufig die Phasen bezeichnet, in denen kein klassischer Unterricht stattfindet, sondern die Schülerinnen und Schüler selbstständig Aufgabenstellungen aus den verschiedenen Fachunterrichtsstunden bearbeiten, sogenannte während der Schulzeit angefertigte Hausaufgaben.

28 Appel (2004) geht auch auf die Tagesheimschule als Modell des ganztägigen Lernens ein. Gemeinsam verbringen hier alle Heranwachsenden den Tag verbindlich von ca. 8.00 Uhr bis 16.15 Uhr. Die Tagesgestaltung umfasst z.B. eine dem Bio-Rhythmus gemäße Kombination von Unterricht und Freizeitangeboten einschließlich Mittagessen. Das Schulleben ist oft durch besondere Weltanschauungen, reformpädagogische Konzepte u.a. geprägt. Die Ganztagsschule als Tagesheimschule

Der zunehmende Ausbau ganztägiger Schulen sollte so geplant werden, dass mindestens 30 Stunden für die Heranwachsenden vorrangig von Lehrkräften gestaltet und betreut werden. Die Inhalte sollten dabei sowohl Unterricht und Förderung, als auch Wahlangebote, Mittagspause und Arbeitsgemeinschaften einschließen. Eine entsprechende zeitliche Verteilung des Unterrichts an zwei Nachmittagen in der Woche ermöglicht eine Rhythmisierung des Schultags und in diesem Zusammenhang auch die Aufhebung der 45-Minuten-Unterrichtseinheiten. An den anderen Nachmittagen sind offene, außerschulische Angebote vorzuhalten, die das Schulangebot erweitern und ergänzen. Die Verbindung mit Institutionen freier Trägerschaft, insbesondere der Jugendhilfe zur gemeinsamen Hilfe und Unterstützung bei sozialpädagogischen Bedarfslagen der Schülerinnen und Schüler als Aufgabenfeld in enger Kooperation mit der Schule, ist eine sinnvolle Ergänzung des schulischen Lebensbereichs mit zunehmender Bedeutung[29].

4.3.2 Offene Ganztagsschule

Nach dem Runderlass des Ministeriums für Schule und Weiterbildung stellen sich die Ziele und Grundsätze der offenen Ganztagsschule folgendermaßen dar:

> „1.1 Die offene Ganztagsschule im Primarbereich soll durch die Zusammenarbeit von Schule, Kinder- und Jugendhilfe, gemeinwohlorientierten Institutionen und Organisationen aus Kultur und Sport sowie weiteren außerschulischen Partnern eine Lernkultur entwickeln, die die Schülerinnen und Schüler in ihren Begabungen und Fähigkeiten unterstützt, fördert und fordert. Sie bietet mehr Zeit für Bildung und Erziehung, eine bessere Rhythmisierung des Schultages sowie umfassende Angebote zur individuellen Förderung, zur musisch-künstlerischen Bildung, zu Bewegung, Spiel und Sport und zur sozialen Bildung. Sie sorgt für ein umfassendes Bildungs- und Erziehungsangebot, das sich an dem jeweiligen Bedarf der Kinder und der Eltern orientiert, sowie eine Stärkung der Erziehungskompetenz der Familie. …
> 1.3 Ziel ist es, die offene Ganztagsschule im Primarbereich zu einem attraktiven und qualitativ hochwertigen Angebot weiter zu entwickeln. Hierzu ist es erforderlich, die gezielte und individuelle Förderung der schulischen, sozialen und persönlichen Entwick-

---

betont ihr integratives Konzept von „Leben" und „Lernen". Entsprechend den reformpädagogischen Idealen sollen die Bedürfnisse der Kinder im Mittelpunkt stehen und der Tagesverlauf ihrem naturgegebenen Rhythmus von Lernen und Spielen, Arbeit und Erholung, Interesse und Neigung angepasst werden. Angestrebt wird eine besondere Lebensnähe, die Rhythmisierung des Lernens entspricht einer bestimmten Auffassung von „rechter Lebensführung". Dabei wird versucht, die außerschulische, eher auf die Familie bezogene Bildung in das Schulleben zu integrieren. Gemeinsam mit den Kindern wird versucht, eine „Lebensgemeinschaft" zu bilden, in der alle Lebensvollzüge den ihnen angemessenen Platz haben.

29 Zwar besteht durchaus die Befürchtung, dass – überwiegend aus finanziellen Gründen – weiteres Personal an den Schulen eingesetzt und so möglicherweise die pädagogische Qualität verringert wird. Es kann durchaus vorteilhaft und für die gesamte schulische Arbeit „befruchtend" sein, wenn auch Nichtpädagogen, wie z.B. Künstler, Sportler, Personen mit besonderen Fähigkeiten etc. am ganztägigen Schulleben teilhaben und auf diese – ihre – Weise die pädagogische Arbeit ergänzen.

lung von Kindern systematisch zu stärken und durch die Beschäftigung pädagogisch qualifizierten Personals sicherzustellen. Die enge Zusammenarbeit von Schule, Kinder- und Jugendhilfe, Kultur, Sport und weiteren Partnern ist eine zentrale Grundlage. Sie soll fortgeführt und noch intensiviert werden“ (ABl. NRW. 8/08).

Das Angebot umfasst in der Regel den Zeitraum von ca. 8.00 bis 16.30 Uhr, ein Mittagessen wird angeboten. Die Anmeldung für das ganztätige Angebot ist freiwillig, dann allerdings für ein halbes oder ein Schuljahr verbindlich. Im Allgemeinen existiert eine Hausaufgabenbetreuung, gelegentlich werden darüber hinaus spezielle Förderangebote für begabte Schülerinnen und Schüler bzw. solchen mit Lerndefiziten angeboten. Organisation und Finanzierung der offenen Ganztagsschule sind relativ problemlos. Da die Unterrichtszeit nicht ausgeweitet wird, müssen in der Regel keine weiteren Lehrkräfte eingesetzt werden. Vormittägliches Lernen und Gestaltung des Nachmittags finden additiv statt. Sie entsprechen einander nur gelegentlich, dann zumeist auf der Ebene der Hausaufgabenbetreuung. In Konsequenz findet die vertiefende bildende Auseinandersetzung mit dem Gelernten, Anregungen zu seiner Beurteilung und Reflexion in lebensbedeutsamen Handlungskontexten eher ausnahmsweise und zufällig statt. Da nur ein Teil der Heranwachsenden anwesend ist, kann die Nachmittagszeit nur bedingt für die Vertiefung unterrichtlicher Vorhaben nutzbar gemacht werden. Die grundlegenden Bildungsaspekte „Wissen, Urteilen, Handeln“ werden im offenen Organisationskonzept in keinen systematischen Zusammenhang gebracht. Durch die Trennung von Unterricht am Vormittag und Betreuungs- und Freizeitangeboten am Nachmittag ist auch eine Rhythmisierung im Sinne der Anpassung an individuelle Rhythmen zur Steigerung der Lernleistungsfähigkeit der Kinder nicht möglich. Die Konzeption und Koordination von Mittagessenausgabe und Nachmittagsgestaltung liegt üblicherweise bei freien Trägern, häufig werden örtliche Ressourcen der Gemeinden an Sport, Spiel- und Freizeitangeboten eingebunden (vgl. Beher u.a. 2005; Holtappels u.a. 2007). Zugleich bietet sich je nach Kooperationspartner im außerschulischen Bereich oder dem Engagement einzelner Lehrkräfte bzw. Eltern die Möglichkeit, am Nachmittag ein spezielles Schulprofil weiter auszubauen (Sport, Musik, Kreativangebote, Kindermitbestimmung u.a.). Hausaufgaben- und Mittagsbetreuung werden in der Regel täglich durchgeführt ebenso wie das Anbieten von Freizeitaktivitäten, denn gerade diese Bereiche spielen an Grundschulen eine große Rolle. Bezogen auf die Anzahl der Wochenstunden werden an Grundschulen insbesondere Erzieherinnen und Erzieher eingesetzt, gefolgt von sonstigem Personal ohne Hochschulabschluss mit einem höchstens halb so großen Wochenstundenumfang (a.a.O.).

Unter anderem aufgrund der von Bund und Ländern zusätzlich zur Verfügung gestellten Mittel haben sich in den vergangenen Jahren zunehmend mehr Grundschulen dazu entschlossen, ihr Angebot auf den Ganztag zu erweitern. Allerdings bleibt die Konzeption überwiegend auf das Modell der „Offenen Ganztagsschule" beschränkt, was mit der Mittelvergabe der öffentlichen Hand, aber auch mit der vergleichsweise leichteren (organisatorischen) Umsetzung (s.o.) zusammenhängt. Aufgrund der Abwesenheit einer konzeptionellen Verzahnung mit dem Vormittagsunterricht sind für einen Neuentwurf von Ganztagsbildung wenig Impulse zu erwarten (vgl. Standop 2008a, 534).

4.4 Funktionen von Hausaufgaben in der (offenen) Ganztagsschule

Grundsätzlich ist die offene Ganztagsschule ebenso wie jede andere allgemeinbildende Schule an den schulischen Erziehungs- und Bildungsauftrag gebunden. Daher lassen sich auch die beschriebenen Funktionen ohne Einschränkung auf sie übertragen. Interessanter stellt sich für die Ganztagsschule der *Umgang* mit Hausaufgaben dar, denn hier bietet diese Schulform durchaus anregende Möglichkeiten in Zusammenhang mit der jeweiligen Ganztagsform. In Nordrhein-Westfalen gehört die Hausaufgabenbetreuung zu den außerschulischen Angeboten und wird daher häufig durch nicht pädagogisch ausgebildetes Personal durchgeführt. Der Runderlass des Ministeriums für Schule und Weiterbildung zur offenen Ganztagsschule im Primarbereich v. 26. 1. 2006 (ABl. NRW. S. 29), Abs. 2.8 äußerte sich bezogen auf die Hausaufgabenbetreuung ursprünglich folgendermaßen:

> „2.8 Die außerunterrichtlichen Angebote der offenen Ganztagsschule sollen je nach Bedarf insbesondere umfassen:
> - über den in der Stundentafel verankerten Förderunterricht hinausgehende Förderangebote für Schülerinnen und Schüler mit besonderen Bedarfen und für besonders begabte Schülerinnen und Schüler (z.B. Sprachförderung, Mathematik und Naturwissenschaften, Englisch),
> - qualifizierte Hausaufgabenbetreuung und -hilfe[30],
> - …
>
> 3. Das Personal für die außerunterrichtlichen Angebote
> 3.1 Die Qualifikation des Personals sowie die Intensität des jeweiligen Personaleinsatzes in der offenen Ganztagsschule richten sich nach den Förder- und Betreuungsbedarfen der Kinder.
> Die für die außerunterrichtlichen Angebote zur Verfügung gestellten Lehrerstellenanteile sind für Angebote zu nutzen, die geeignet sind, die Kinder ergänzend zum Unterricht individuell zu fördern und zu fordern (z.B. Hausaufgabenhilfe[30], Sprachförderung, Mathematik und Naturwissenschaften, Englisch). …

30 Im Laufe des Untersuchungszeitraums wurde auf die Begriffe Hausaufgabenbetreuung und -hilfe im neuen Erlass (MfSW 2012) verzichtet und durch einen allgemeinen „Schulaufgabenterminus" ersetzt, dem die Hausaufgaben subsumiert sind.

Über die Lehrerinnen und Lehrer hinaus kommen für die Mitarbeit in den außerunterrichtlichen Angeboten in Betracht:
- Erzieherinnen und Erzieher,
- Sozialpädagoginnen und Sozialpädagogen,
- Sozialarbeiterinnen und Sozialarbeiter,
- andere Professionen (z.B. Musikschullehrerinnen und -lehrer, Künstlerinnen und Künstler, Übungsleiterinnen und Übungsleiter im Sport, Handwerkerinnen und Handwerker usw.),
- therapeutisches und heilpädagogisches Personal.
- Bei pädagogischer Eignung können ergänzend auch
- ehrenamtlich tätige Personen,
- Seniorinnen und Senioren,
- Eltern,
- ältere Schülerinnen und Schüler,
- Praktikantinnen und Praktikanten,
- Studierende tätig werden" (ABl. NRW. 8/08).

Geklärt wird durch den Erlass leider weder, was eine „qualifizierte" Hausaufgabenbetreuung und -hilfe[30] kennzeichnet, in welchem Verhältnis die „Qualifikation des Personals" und die jeweiligen „Förder- und Betreuungsbedarfe der Kinder" zueinander stehen, noch wie die „pädagogische Eignung" von nicht pädagogisch ausgebildetem Personal zu prüfen ist. Möglicherweise sollten durch diese Formulierung den Schulen Freiheitsgrade in ihrer Gestaltung gewährt werden. Zugleich aber bleibt hierdurch eine Beliebigkeit und Unsicherheit in der Auslegung durch die jeweilige Schule bestehen, die sich negativ auf dic Qualität der Hausaufgabenbetreuung auswirken kann, nicht zuletzt, indem sie für die betroffenen Kinder sehr ungleiche Bedingungen hinsichtlich ihrer Hausaufgabenanfertigung schafft[31]. Die Modifizierung der Hausaufgaben in Schulaufgaben lässt sich in optimaler Form – um alle Schülerinnen und Schüler einbeziehen zu können – in der (teilweise oder voll) gebundenen Ganztagsschule erreichen. Da hier alle Schülerinnen und Schüler des Klassenverbands während des Ganztagsschulbetriebs zusammen sind, können Schulaufgaben erteilt werden, die im Rahmen von „Studierzeiten" von den Heranwachsenden – idealerweise in der Gegenwart von Lehrerinnen und Lehrern, zuweilen im Rahmen der Betreuung durch das Personal des Ganztags – bearbeitet werden. Hierdurch lassen sich gleiche äußere Bedingungen der Auf-

31 Gleichzeitig erzeugt der zitierte Erlass zur offenen Ganztagsschule im Primarbereich Widersprüche zum Hausaufgabenerlass in Nordrhein-Westfalen (Hausaufgaben in der Primarstufe und in der Sekundarstufe I, vom 31.07.2008), denn dort wird ausdrücklich unter 2.2.2 ausgeführt: „Hausaufgaben müssen in ihrem Schwierigkeitsgrad und Umfang die Leistungsfähigkeit der Schülerinnen und Schüler berücksichtigen und von diesen selbstständig, d.h. ohne fremde Hilfe, in angemessener Zeit gelöst werden können". Es stellt sich die Frage, warum Schülerinnen und Schüler eine qualifizierte Hausaufgabenhilfe erhalten sollen, wenn die Aufgaben doch so gestellt sein sollen, dass diese selbständig von ihnen angefertigt werden können.

gabenerledigung für alle Schülerinnen und Schüler eines Klassenverbands herstellen, im selben Maße können für alle gleichermaßen zugänglich Arbeits-, Unterstützungs- und Hilfsmöglichkeiten angeboten werden. Weitere Chancen durch die gebundene Ganztagsform ergeben sich in einer Erweiterung der einsetzbaren Aufgabenformen. Da alle Schülerinnen und Schüler des Klassenverbands zusammen bleiben, lassen sich Partner- und Gruppenaufgaben erteilen, die von den Heranwachsenden ohne organisatorische Probleme bearbeitet werden können.
Die offene Ganztagsform bietet Schülerinnen und Schülern im Allgemeinen eine sogenannte „Hausaufgabenbetreuung" im Rahmen des Ganztagsangebots an. Da hier nicht alle Heranwachsenden eines Klassenverbands teilnehmen, werden die didaktischen und pädagogischen Möglichkeiten, die diese Form immerhin dennoch bietet, von vielen Lehrkräften nicht als solche wahrgenommen mit dem Argument der Gleichbehandlung, die dann für die nicht am offenen Ganztag teilnehmenden Schülerinnen und Schüler nicht mehr gewährt sei. Das heißt, Lehrkräfte erteilen weiterhin Hausaufgaben in der ‚traditionellen' Vorstellung, dass die Hausaufgaben zu Hause angefertigt werden, wobei die Unterstützung der Heranwachsenden durch ihre Eltern häufig vorausgesetzt wird. Dementsprechend ist die Hausaufgabenbetreuung in der Regel so gestaltet, dass die Schülerinnen und Schüler ihre Hausaufgaben in einer Betreuungsgruppe mit Teilnehmerzahlen zwischen 8-16 Schülerinnen und Schülern pro Gruppe (in Abhängigkeit von dem jeweiligen Träger des offenen Ganztags) in Einzelarbeit erledigen.
Die Entwicklung zukunftsfähiger Ganztagsschulen ist zunächst ein individueller Such- und Gestaltungsprozess, den die einzelne Schule als elementare Handlungseinheit in eigener Verantwortung selbst gestalten muss. Soll Ganztagsbildung ein erfolgreiches Modell werden, das einige der in der PISA-Studie beklagte Mängel öffentlicher Schulbildung in Deutschland bewältigt, das angezeigte Betreuungsproblem zu lösen hilft und zu einem zeitgemäßen Bildungsverständnis für die Wissensgesellschaft beiträgt, muss die jeweilige Einzelschule selbst einen fundamentalen Lernkulturwandel weg von der traditionellen Unterrichtsanstalt hin zu einer lernenden Organisation vollziehen. Sie muss die Lern- und Lebensprobleme ihrer Schülerinnen und Schüler stärker berücksichtigen und sich ihrem sozialen und kulturellen Umfeld gegenüber öffnen. Als Ort gemeinsamen Forschens und Lernens muss nach derjenigen Konzeption gesucht werden, die unter Beachtung des charakteristischen Profils des jeweiligen Kollegiums sowohl nationale Besonderheiten als auch die besondere Situation in der Region einbezieht und die spezifisch zusammengesetzte Schülerschaft wahrnimmt. Personal- und Schul- bzw. Organisationsentwicklung sollten gemeinsam zu diesem langfristigen Umwandlungsprozess von einer verregelten Verwaltungsschule zur Öffnung von Schule beitragen. Notwendig hierfür ist ein in Eigenverantwortung auszufüllender offener Gestaltungsraum, der von Politik und Verwaltung unterstützt und gefördert

wird. Selbstreflexion, Teamentwicklung, Profilbildung, Partizipation, eine neue Führungskultur und Öffnung von Schule sind die wesentlichen Kennzeichen dieses grundlegenden Wandels. Schule als „Lernende Organisation“ benötigt Lehrer, Schüler, Eltern und eine Schulverwaltung, die sich selbst als Lernende, als „learning community“ verstehen.

5 Die aktuelle Forschungslage zum Themenfeld Hausaufgaben

Bei näherer Durchsicht lässt sich feststellen, dass die Forschung zu Hausaufgaben heterogen ist und bislang zu sehr unterschiedlichen Aspekten der Hausaufgabenthematik Erkenntnisse gewonnen wurden. Diese Vielfalt ergibt sich nicht zuletzt aus der grundlegenden Problematik der Hausaufgabenforschung, die Cooper folgendermaßen beschreibt: „The completion of a homework assignment involves the complex interaction of more influences than any other part of the schooling process“ (Cooper 1989, 3), wobei nach Cooper vor allem Lehrer-, Schüler- und Familienvariablen eine Rolle spielen[32]. Dabei sind die Vorgehensweisen der verschiedenen Studien hinsichtlich des Forschungsansatzes, der Probandengruppen und auch der Forschungsmethoden sehr heterogen, teilweise werden Ansätze kritisiert[33]. Grundsätzlich kann bei der Durchsicht der deutschsprachigen Studien unterschieden werden zwischen Ansätzen, die vor allem der Perspektive der unterrichtlichen Lehr-Lern-Forschung (z.B. Lipowsky et al. 2004; Trautwein et al. 2003) folgen und solchen, die eher der Allgemeinen Didaktik (z.B. Hascher und Hofmann 2008; Roßbach 1995) zuzurechnen sind. Keine der bislang vorliegenden und im Rahmen dieser Arbeit gesichteten Untersuchungen und theoretischen Ansätze verbindet die aus beiden Forschungszweigen vorliegenden Erkenntnisse für eine sachdienliche (Weiter-)Entwicklung einer Theorie der Hausaufgaben. Das ist bedauerlich, da auf diese Weise die vorliegenden Erkenntnisse nur schwer von der schulpädagogischen Praxis professionell aufgenommen werden können. In Tabelle 5.0 werden die für die vorliegende Untersuchung insbesondere interessierenden Aspekte der Hausaufgabenforschung und die dazu gesichteten Untersuchungen aufgelistet.

32 Viele Aspekte (z.B. Hausaufgabenumfang, Lernwirksamkeit von Hausaufgaben) können aus der Perspektive verschiedener Probanden, also der Lehrkräfte, der Schülerinnen und Schüler oder der Eltern erfragt oder durch unterschiedliche Verfahren (z.B. Tagebuchaufzeichnungen, Interviews, Fragebogen) erfasst werden.

33 Vgl. z.B. die Kritik an der Untersuchung von Wittmann 1972 oder an Hascher und Bischof 2000 von Trautwein 2008. Auf eine grundlegende kritische Sichtung der vorliegenden Studien wurde an dieser Stelle verzichtet, da es zunächst darum geht, die themenspezifische Vielfalt der Untersuchungen zum Aspekt Hausaufgaben darzustellen.

Tab. 5.1: Aspekte der Hausaufgabenforschung und hierzu gesichtete Untersuchungen

Übersicht zur Hausaufgabenforschung nach ausgewählten Aspekten	
Allgemeine Aspekte	
1. *Einschätzung des Sinns bzw. Werts von Hausaufgaben durch Lehrkräfte, Schüler, Eltern*	Wittmann 1972, Eigler und Krumm 1972, Petersen et al. 1990, Trautwein et al. 2006; Trautwein und Lüdtke 2007, Jünger et al. 1990, Schmidt 1984, Sommerla 1978, Haag 1991
2. *Funktionen (didaktische und erzieherische)*	Kirn 1978, Hascher und Hofmann 2008, Petersen et al. 1990, Schmidt 1984, Sommerla 1978
3. *Geschlechtsspezifische Ergebnisse*	Chatzidimou 1994, Cooper et al. 2006, Eigler und Krumm 1972, Wittmann 1972, Spiel et al. 2002
4. *Die Lernwirksamkeit von Hausaufgaben (auch im Vergleich zum Verzicht auf Hausaufgaben)*	Wittmann 1972, Chatzidimou 1994, Cooper et al. 2006, Hallam 2004, Weston 1999, Sharp et al. 2001, Lam 1996, Hascher und Hofmann 2008, Schmidt 1984
Hausaufgabenvergabe	
5. *Erteilung von Hausaufgaben (Dauer, Häufigkeit, Hausaufgabenfrequenz)*	Petersen et al. 1990, Sommerla 1978, Roßbach 1995, Lipowsky et al. 2004, Trautwein et al. 2001,Trautwein und Köller 2002
6. *Hausaufgabentypen, z.B. festigende Übungen, vorbereitende Hausaufgaben; Differenzierung*	Hascher und Hofmann 2008, Petersen et al. 1990, Dietz und Kuhrt 1960, Sommerla 1978, Schmidt 1984, Roßbach 1995, Wittmann 1972
7. *Hausaufgaben als disziplinarische Maßnahme*	Schmidt 1984, Petersen et al. 1990, Wittmann 1972
Hausaufgabenanfertigung	
8. *Anstrengung, Belastungen der Schüler*	Petersen et al. 1990, Wittmann 1972, Schmitz und Skinner 1993, Trautwein und Köller 2003, Trautwein et al. 2006; Perels et al. 2006, Hascher und Hofmann 2008, Roßbach 1995, Schnyder et al. 2006
9. *Hausaufgabendauer, Effektivität der Zeitnutzung Hausaufgabenmenge, -umfang*	Trautwein und Köller 2002, 2003, Haag und Mischo 2002, Roßbach 1995, Schnyder et al. 2006, Chen/Stevenson 1989, Hallam 2004, Lipowsky et al. 2004, Cooper et al. 1989, Perels et al. 2006, Trautwein et al. 2006, Niggli et al. 2007, Vetter 1983

10. Mitarbeit der Eltern	Wittmann 1972, Eigler und Krumm 1972, Sommerla 1978, Schmidt 1984, Petersen et al. 1990, Roßbach 1995, Patall et al. 2008, Hoover-Dempsey et al. 2001, Will/Gerber 2007
11. Beliebtheit, Motivation, positive Erwartungshaltung, die Hausaufgaben zufriedenstellend erledigen zu können	Petersen et al. 1990, Haag 1991, Haag und Mischo 2002, Trautwein et al. 2006, Jünger et al. 1990, Trautwein und Lüdtke 2007,
Rückmeldung auf angefertigte Hausaufgaben	
12. Hausaufgabenkontrolle, Hausaufgaben-Rückmeldung, Individuelles Feedback	Hascher und Hofmann 2008, Petersen et al. 1990, Roßbach 1995, Trautwein et al. 2001, Chatzidimou 1994, Jünger et al. 1990, Haag 1991, Sommerla 1978, Trautwein und Köller 2002, Wittmann 1972, Dettmers u.a. 2009
Die Hausaufgabenthematik im Offenen Ganztag	
13. Bedeutung der Hausaufgabenbetreuung für die Wahl der Ganztagsschule	Eigler und Krumm 1972, Witting 1997, Beher et al. 2005, Holtappels et al. 2007
14. Hausaufgabenbetreuung im Gesamtkonzept der Ganztagsschule	Beher et al. 2005, Arnold 2007, Holtappels et al. 2007, Gängler/Markert 2010
15. Durchführung der Hausaufgabenbetreuung im Offenen Ganztag	Beher et al. 2005, Holtappels et al. 2007, Wiechmann 2004, Jäger et al. 2005
16. Kooperation	Beher et al. 2005, Holtappels et al. 2007
17. Zufriedenheit mit der Hausaufgabenbetreuung	Beher et al. 2005, Holtappels et al. 2007
Schule ohne Hausaufgaben	
18. Integration von Hausaufgabenfunktionen in den Unterricht der Ganztagsschule	Nilshon 1995
19. Integrierte Hausaufgaben im Vergleich zu traditionellen Hausaufgaben	Hascher und Bischof 2000

Hausaufgaben waren ein Thema der empirischen, vorwiegend schulpädagogischen Forschung in den 60er bis 80er Jahren. In dieser Zeit standen schwerpunktmäßig didaktische Aspekte der Hausaufgabenplanung, -erteilung und -rückmeldung (didaktische und erzieherische sowie unterrichtsmethodische Funktionen) im Vordergrund, ihre vermutete Lernwirksamkeit und die Belastung der Schüler und ihrer Eltern durch Hausaufgaben sowie das Arbeitsverhalten von Schülerinnen und Schülern (Dauer, Schwierigkeitsgrad, Hilfe). Dieser „Forschungsstrang" wird quasi durch die Untersuchungen von Petersen et al. 1990 und Haag 1991 abgeschlossen. Im Laufe der neunziger Jahre gab es zwei unabhängig voneinander durchgeführte Untersuchungen zu integrierten Hausaufgaben von Hascher und Bischof 2000[34] und Nilshon 1995[35]. Zu Beginn des neuen Jahrtausends hat eine verstärkt pädagogisch-psychologische Forschung zum Thema Hausaufgaben eingesetzt, sowohl was die Lernwirksamkeit (u.a. Trautwein et al. 2006) angeht, als auch die Unterstützung der Hausaufgaben durch die Eltern betreffend (vgl. Wild und Gerber 2007). Insgesamt überwiegt gegenwärtig die Perspektive der Lehr-Lern-Forschung in der Hausaufgabenforschung (vgl. Arnold 2009, Blömeke 2009), allgemein-didaktische Perspektiven auf Hausaufgaben werden hingegen derzeit wenig aufgezeigt (vgl. Lipowsky 2007).

Die Forschungslage zu Hausaufgaben und damit einhergehend der Hausaufgabenbetreuung in Ganztagsschulen erweist sich als bislang noch gering, was aufgrund der erst zu Beginn dieses Jahrhunderts unter anderem aufgrund der durch die Initiative des Investitionsprogramms „Zukunft Bildung und Betreuung des Bundesministeriums für Bildung und Forschung" (2004) zunehmenden Zahl an Schulen in Ganztagsform zu erklären ist.

34 „Integrierte und traditionelle Hausaufgaben in der Primarstufe – ein Vergleich bezüglich Leistung, Belastung und Einstellungen zur Schule". Auswirkungen einer Reform im Kanton Schwyz, durch die Hausaufgaben „zum Bestandteil schulischer Lernarbeit innerhalb von Unterrichtslektionen" (a.a.O., 255) wurden.

35 „Schule ohne Hausaufgaben?". Integration der Hausaufgabenfunktionen in den Unterricht an einer Berliner Ganztagsgrundschule u.a. unter der Fragestellung, ob die mit der Integration der Hausaufgaben verbundenen kindgerechteren Lehr-/Lernformen sich positiv auf die Befindlichkeit der Schülerinnen auswirken, ob die Ganztagsschule mit integrierten Hausaufgaben den Leistungsstandards genügen kann und welche Erfahrungen die Lehrerinnen und Lehrer mit der Integration der Hausaufgaben in den Unterricht gemacht haben.

5.1 Ergebnisse zu unterschiedlichen Aspekten der Hausaufgabenforschung

Im Rahmen der folgenden Übersicht werden vorwiegend aktuellere (seit Beginn der neunziger Jahre des vergangenen Jahrhunderts) sowie einige als „Klassiker" zu bezeichnende Untersuchungen angesprochen. Außerdem werden speziell Studien aufgegriffen, die thematisch an die vorliegende Untersuchung anknüpfen. Aus Gründen der Übersichtlichkeit werden diese nicht insgesamt dargestellt, sondern im Hinblick auf für die vorliegende Arbeit relevante Einzelaspekte. Die komplexe Interaktion vielfältiger Einflussfaktoren (vgl. Cooper 1989) bedingt, dass unterschiedliche Arbeitsfelder die Hausaufgaben betreffend untersucht werden, beispielsweise die Hausaufgabenvergabe bzw. -erteilung, die Hausaufgabenanfertigung sowie die Rückmeldung zu Hausaufgaben bzw. die Kontrolle ihrer Anfertigung. Das heißt, die Forschungen betreffen sowohl den Unterricht (und damit auch dessen allgemeine Qualität) als auch den außerunterrichtlichen Bereich. Darüber hinaus ist zu unterscheiden zwischen dem Schüler- und dem Lehrerhandeln, denn ersteres folgt aus dem zweiten (unter der überwiegend zutreffenden Prämisse, dass die Hausaufgaben in Art, Umfang sowie Arbeitsmethode durch die Lehrkraft vorgegeben werden) und erfolgt somit weitgehend fremdbestimmt (vgl. Trautwein und Köller 2003). Das bedeutet zugleich, die Qualität der von den Schülerinnen und Schülern angefertigten Hausaufgaben ist in hohem Maß abhängig von der Qualität der Aufgabenstellung durch die Lehrkraft (vgl. Lipowsky 2007).

5.1.1 Allgemeine Aussagen über Hausaufgaben

Zunächst stellt sich die Frage, warum überhaupt Hausaufgaben im schulischen Kontext eingesetzt werden bzw. werden sollten. Das heißt, welche Erwartungen werden an das häusliche Arbeiten gestellt bezogen auf seine Bildungswirkungen, welche Überzeugungen bestehen hinsichtlich der Lernwirksamkeit von Hausaufgaben, liegen zuverlässige Aussagen über einen leistungssteigernden Effekt durch diese vor und welche grundsätzlichen Absichten werden mit der Erteilung, Anfertigung und Unterstützung von Hausaufgaben verbunden?

1. Die allgemeine Frage nach dem Sinn bzw. Wert der Hausaufgaben als Einstellungsmuster

Mit „sinnvollen" Hausaufgaben verbinden sich für viele Autoren insbesondere auch erzieherische Funktionen. Da die Frage nach dem Sinn jedoch auf einem allgemeineren Niveau bleibt, wird auf die Forschungsergebnisse zu den Funktionen von Hausaufgaben weiter unten eingegangen

Einstellungen der Schülerinnen und Schüler
Befragt nach der Effektivität von Hausaufgaben geben in der Studie zum „Sinn und Unsinn von Hausaufgaben" von Wittmann (1972) im Durchschnitt 1,9 % der Schüler an, dass ihnen diese nichts nützen. 43,5 % meinen, dass ihnen Hausaufgaben immer, 35,9 % dass sie ihnen meistens und 16,6 , % dass sie ihnen manchmal helfen, den Lehrstoff zu begreifen, mehr zu lernen oder ein besserer Schüler zu sein. Somit denken insgesamt 96 % der befragten Schülerinnen und Schüler, in den Hausaufgaben eine mehr oder minder große Hilfe zu finden. Bei den von Haag (1991) befragten Schülerinnen und Schülern der fünften bis elften Klasse im Gymnasium werden Hausaufgaben insgesamt als notwendig betrachtet[36]. Darüber hinaus scheint eine Aufgabe, die in unmittelbarem Zusammenhang mit dem Unterrichtsgeschehen steht, eher in der Lage zu sein, Schülerinnen und Schülern den aktuellen Stoff nahezubringen. So tragen nach den Ergebnissen von Jünger et al. 1990 solche Aufgaben, die von den Schülern als scheinbar „willkürlich erteilt" bewertet wurden, nicht in demselben Maße dazu bei, den durchgenommenen Stoff besser zu verstehen, wie ihrer Ansicht nach „sinnvoll gestellte". Trautwein et al. (2006) kommen in der Ergebnisinterpretation ihrer Untersuchung über ein fachspezifisches Mehrebenenmodell zum Hausaufgabenprozess zu dem Ergebnis, dass die Anstrengungsbereitschaft der Schüler umso größer ausfällt, je mehr Nutzen der Erledigung der Hausaufgaben zugesprochen wird. Interesse und Nützlichkeit scheinen dabei ungefähr ähnlich motivierend zu sein. Dies wird in Erhebungen von Schüleraussagen über die Anstrengung bei und den zeitlichen Umfang der Hausaufgabenbearbeitung durch Trautwein und Lüdtke (2007) bestätigt: „Schüler strengen sich insbesondere bei den Hausaufgaben in denjenigen Fächern an, in denen sie die Hausaufgabenerledigung als nützlicher oder interessanter empfinden als in anderen Fächern und bei denen sie vergleichsweise hohe Kompetenzerwartungen (und im Übrigen auch hohe Vorkenntnisse) besitzen" (Trautwein 2008, 568). Schülerinnen und Schüler scheinen somit von sich aus eine Bewertung der jeweiligen Hausaufgaben dahingehend vorzunehmen, als sie nach dem Sinn bzw. Nutzen dieser fragen (so zu deuten, dass sie die Schüler in ihrem Verständnis und in ihrer Weiterarbeit bezogen auf einen Unterrichtsinhalt unterstützen) und/oder jeweils eine Bewertung der Aufgabenstellung vornehmen hinsichtlich des Interessantheitsgrads (vgl. Holzkamp 1995, Spitzer 2010).

Die Ansichten der Lehrkräfte
Die Lehrkräfte zeigen sich insgesamt vom Wert der Hausaufgaben überzeugt. Nach Schmidt (1984) bejahen Grundschullehrkräfte den Wert der von ihnen üblicherweise gestellten Hausaufgaben ganz entschieden. Nur eine Minderheit von

36 M = 3,1 bei einer vierstufigen Skala mit den Kategorien 1 = nicht notwendig, 2 = nicht besonders notwendig, 3 = notwendig, 4 = sehr notwendig.

6 % zeigt sich in seiner Befragung „Hausaufgaben in der Grundschule" unsicher oder skeptisch gegenüber dem häuslichen Arbeiten. Dabei wird deutlich, dass relativ unerfahrene Lehrkräfte[37] den Hausaufgaben etwas kritischer gegenüber stehen als ihre routinierten Kollegen. Die Befragten sehen den Nutzen vor allem in der Unterrichtsentlastung (26,4 %), gefolgt von der Lernförderung (26,0 %), erziehlichen Wirkungen (24,6 %) und der „Brücke", die die Hausaufgaben zwischen Schule und Elternhaus bilden (23,0 %). Von den Lehrkräften, die Hausaufgaben für „ziemlich wertlos" (1,6 %) bzw. für „wertlos" (0,1 %) halten, diese aber normalerweise aufgeben, werden als Gründe das Vermeiden von Ärger (33 %), die übliche Praxis der Schule (25 %) sowie Disziplinierung (3 %) angegeben. Groß ist die Zustimmung zur Notwendigkeit von Hausaufgaben auch bei Petersen et al. (1990), hier stimmen 22,4 % der Lehrerinnen und Lehrer stark zu, 61,2 % stimmen zu.

Die befragten Lehrkräfte erweisen sich in den vorliegenden Untersuchungen insgesamt vom Sinn und Wert der Hausaufgaben überzeugt. Allerdings stammen die Ergebnisse aus den Jahren bis 1990 und sollten somit nicht ungeprüft auf die Gegenwart übertragen werden.

Elternmeinungen

Nach Wittmann (1972) sind insgesamt 98,03 % der Eltern vom Wert der Hausaufgaben überzeugt. So sehen 48,37 % sie als unbedingt notwendig, 49,66 % als nützlich, nur 1,22 % als ziemlich wertlos und 0,3 % als schädlich an.[38] Diese Elternmeinung zeigt sich ebenfalls in der Untersuchung von Eigler und Krumm (1972), die Gymnasialschülerinnen und -schüler sowie ihre Eltern zur elterlichen Mitarbeit bei den Hausaufgaben befragten. Auf die Frage *Wie nützlich sind Ihrer Meinung nach Hausaufgaben für Ihr Kind?* antworten 52 % mit „sehr nützlich" und 45 % mit „nützlich". Petersen et al. (1990) fragten in ihrer Untersuchung „Lehnen Sie Hausaufgaben ab?" und erhalten eine Zustimmung von lediglich 6,3 %. 12, 6 % der Eltern hingegen bleiben unentschieden und 81,1 % antworten mit „Nein".

Die Zustimmung der Eltern zu den häuslichen Arbeiten ist in den genannten Studien somit insgesamt sehr hoch, allerdings ist auch hier zu konstatieren, dass die Untersuchungen bereits älteren Datums sind und nicht ohne weiteres auf den gegenwärtigen Status Quo übertragen werden können.

37 1-4 Jahre Grundschulerfahrung (Schmidt 1984, 82).

38 Dabei halten v.a. die Akademiker Hausaufgaben für „unbedingt notwendig", gefolgt von Beamten, Selbständigen, Angestellten, Rentnern und Facharbeitern. (Wittmann 1972, 56).

2. Funktionen von Hausaufgaben

Vor dem Hintergrund des Anspruchs, dass eine Lehrerin das Lernen der ihr anvertrauten Heranwachsenden möglichst optimal begleiten soll (vgl. KMK 2004, 3), stellt sich an diese der Anspruch, den (jeweiligen) Hausaufgaben konkrete Funktionen zuweisen zu können.

Nach ihren Einstellungen zu den didaktischen und erzieherischen Funktionen von Hausaufgaben werden vor allem Lehrkräfte befragt, da sie hinsichtlich dieser Thematik im Vergleich zu den anderen von Hausaufgaben betroffenen Personengruppen als Experten anzusehen sind. In der Studie Wittmanns (1972) beantworten die Frage „Halten Sie die Hausaufgaben in erziehlicher Hinsicht für notwendig?" 51,6 % mit „unbedingt notwendig" und 42,8 % mit „nützlich". Auf die Frage, ob den Hausaufgaben Bedeutung für die Steigerung der Leistung der Schüler beizumessen sei, antworten 58,4 % der Lehrer mit „unbedingt notwendig", 40,9 % mit „nützlich". Für die Erreichung des „stofflichen Zieles des Unterrichts" unbedingt notwendig halten 47,5 % der Lehrer die Hausaufgaben, 48,8 % halten sie immerhin für nützlich. In seiner Untersuchung über „die Praxis, Effektivität und Funktionen traditioneller Hausaufgaben" stellt Sommerla (1978) den Lehrkräften 23 Hausaufgabenfunktionen zur Bewertung, von diesen werden insgesamt 75 % von den Befragten positiv beurteilt, nur eine Funktion wird von mehr als der Hälfte der Lehrkräfte abgelehnt[39]. Insgesamt weist diese hohe Zustimmung auf eine beträchtliche Wertschätzung durch die Lehrkräfte hin.

Im Anschluss an seine Befragung von Lehrerinnen und Lehrern an Halbtagsschulen (Grund- und Hauptschulen) stellt Sommerla (1978) zusammenfassend fest, dass „Progressivere" Zielsetzungen von Hausaufgaben (…) insbesondere von den jüngeren Kollegen mit geringerer Unterrichtserfahrung höher eingeschätzt (werden, J. S.). In ihrer „offenen" Funktionseinschätzung liegen Ansätze für eine innovative Gestaltung des Hausaufgabenproblems. Traditionelle Funktionen (wie Übung, Wiederholung, Alleinarbeit, Sorgfalt etc.) finden dagegen die größere Zustimmung der älteren und erfahreneren Lehrkräfte" (a.a.O., 129f.).

Petersen et al. (1990) befragten Lehrerinnen und Lehrer an Hauptschulen in Rheinland-Pfalz schriftlich im Multiple-Choice-Verfahren. Dabei werden als didaktische Funktionen der Hausaufgaben überwiegend die Wiederholung, Einübung und Festigung des Unterrichtsstoffes (95 %), das Einüben von Arbeitstechniken (82 %), die Übertragung des erworbenen Wissens auf andere Aufgabenstellungen (78 %), die aktive Vorbereitung des nachfolgenden Unterrichts (62 %) sowie die Erweiterung und Ergänzung der in der Schule vermittelten Unterrichtsstoffe (55 %) genannt. Hinsichtlich der erzieherischen Funktionen antworten die Probanden, dass durch Hausaufgaben der Schüler lernen soll, auf sich

39 „Durch Hausaufgaben soll der Schüler die Grenzen seiner Leistungsfähigkeit beurteilen lernen".

allein gestellt zu arbeiten und seine Zeit selbstständig einzuteilen (85 %), darüber hinaus sollen Hausaufgaben zu regelmäßiger Pflichterfüllung erziehen (72 %)[40]. In einer Fragebogenerhebung über die Hausaufgabenpraxis an Grundschulen von Schmidt (1984) teilt sich die Gewichtung der Argumente für Hausaufgaben folgendermaßen auf: Entlastung des Unterrichts von zeitraubenden Übungen (26,4 %), Förderung des lernenden Schülers (26,0 %), erziehliche Wirkung[41] (24,6 %) und die Verbesserung des Kontakts zwischen Elternhaus und Schule (23,0 %).

Hascher und Hofmann (2008) befragten Lehrkräfte in Österreich und der Schweiz. Im Ergebnis zeigt sich, dass die Befragten offenbar Hausaufgaben zum Zweck der Übung und Festigung des im Unterricht gelernten und als zusätzliche Übungszeit für notwendig halten. In der Hausaufgabenpraxis der Befragten spielt die Förderung selbstgesteuerten Lernens – als Ausdruck der erzieherischen Funktion von Hausaufgaben – keine dominante Rolle. Hascher und Hofmann schließen aus diesem Befund, dass selbstgesteuertes Lernen keine überzeugende Begründung für die bestehende Hausaufgabenpraxis ist, da es im Bereich der Hausaufgaben kaum zugelassen wird. Und auch wenn die Lehrpersonen mit der bestehenden Praxis unzufrieden sind, wird eine Veränderung in Bezug auf Hausaufgaben von ihnen kaum angestrebt.

Die von Kirn befragten Eltern (77,04 %) sowie deren Kinder (73,19 %) in der 5. Klasse der Orientierungsstufe erkennen Arbeitsethos gleichermaßen als erzieherische Funktion an („Durch Hausaufgaben kann man lernen, sorgfältig und genau zu arbeiten“). Die didaktischen Funktionen „Wiederholen“ (85,21 %) und „Üben“ (79,55 %) finden bei den Eltern die größte Zustimmung[42]. Der „Beteiligung an der Vorbereitung des Unterrichts“ wird von rund 68 %, dem „Nachholen von nichtbegriffenem Unterrichtsstoff“ von rund 62 % der Eltern zugestimmt.

3. Geschlechtsspezifische Ergebnisse

Die Ermittlung geschlechtsspezifischer Unterschiede im Umgang mit Hausaufgaben bei Heranwachsenden, Lehrkräften oder auch Eltern ist bislang kein eigenständiger Forschungsgegenstand. In einigen Studien wird die Frage immerhin „mitbehandelt“.

Eigler und Krumm (1972) ermitteln Unterschiede im zeitlichen Aufwand für Hausaufgaben zwischen Mädchen und Jungen in der Hinsicht, dass Mädchen länger arbeiten ($p < 0,01$), ohne dass sie einen Zusammenhang zwischen dieser Bereitschaft mit anderen Variablen ihrer Untersuchung herstellen können. Auch

40 Vgl. die funktionelle Selbstständigkeit nach Rülcker 1990.

41 Herausbildung einer guten Arbeitshaltung und ähnliche Argumente.

42 Allerdings lehnen Eltern mit höherer Schulbildung diese signifikant stärker ab.

Wittmann (1972) stellt in seiner Studie fest, dass Mädchen durchschnittlich mehr Zeit für Hausaufgaben investieren als Jungen.
In seiner Untersuchung ermittelt Chatzdimou (1994), dass Mädchen die Erteilung von Hausaufgaben für eher richtig halten, mehr Zeit als Jungen für die Hausaufgaben aufwenden und häufiger den Lehrkräften mitteilen wenn sie bei den Hausaufgaben Hilfe benötigt haben. Jungen hingegen sind weniger der Ansicht, dass Hausaufgaben aufgegeben werden sollten und informieren ihre Lehrer nicht so oft darüber, wenn sie die Hausaufgabe nicht erledigt haben. Spiel et al. (2002) analysierten die Arbeitszeit von Kindern für die Schule zu Hause durch ein von den Schülerinnen und Schülern geführtes Tagebuch im 10. Schuljahr am Gymnasium und im 3. Schuljahr der Grundschule. Im Gymnasium wenden Mädchen zu Hause deutlich mehr Zeit für die Schule auf, die Unterschiede sind jedoch quantitativer, nicht qualitativer Art, „denn Knaben und Mädchen teilen die Arbeitszeit in gleicher Weise auf die verschiedenen Aktivitäten (Lernen, Hausaufgaben etc.) auf" (a.a.O., 133). Eine Erklärung hierfür sehen die Autorinnen in einer höheren Prüfungsangst der Mädchen, die sie durch mehr Arbeit kompensieren, bei gleichzeitig niedrigerem schulischen Selbstkonzept. Die Unterschiede in der aufgewendeten Arbeitszeit zu Hause bestehen noch nicht in der Grundschule – wohl aber die in der höheren Prüfungsangst –, daher vermuten die Autorinnen „eine zunehmende Schere in der Arbeitszeit zwischen Knaben und Mädchen" (a.a.O.). Cooper et al. (2006, 6f.) vermuten in ihrer Übersicht aufgrund von jüngeren Forschungsergebnissen (Covington, 1998; Deslandes und Cloutier, 2002; Harris et al. 1993; Jackson, 2003), dass Mädchen generell positivere Einstellungen Hausaufgaben gegenüber haben als Jungen und größere Anstrengungen auf ihre Anfertigung verwenden. Zunehmende Belege (Harris et al., 1993; Hong und Milgram, 1999; Younger und Warrington, 1996) unterstützen diese Sichtweise empirisch (vgl. Xua 2006).

4. *Die Lernwirksamkeit von Hausaufgaben (auch im Vergleich zum Verzicht auf Hausaufgaben)*

Eng mit der Frage nach dem Sinn von Hausaufgaben verbunden ist die nach deren Lernwirksamkeit, denn bei dem überwiegenden Teil der Befragten in den vorliegenden Untersuchungen ergibt sich der Sinn von Hausaufgaben gerade hierdurch. Vorwiegend in den älteren, didaktisch orientierten Untersuchungen wird vor allem die Frage nach dem Lerneffekt von Hausaufgaben gestellt, jüngere Forschungsarbeiten fragen verstärkt nach dem Leistungszuwachs. Wenn im Folgenden Studien zu beiden Fragestellungen behandelt werden, trägt hierbei die Überlegung Rechnung, dass nur lernwirksame Hausaufgaben zugleich einen Leistungszuwachs bei den Schülerinnen und Schüler bedingen können (vgl. Ingenkamp 1989).

Einen der ersten Versuche eines Nachweises über die (fehlende) Lernwirksamkeit von Hausaufgaben hat Wittmann (1972)[43] unternommen. Sein in Klassen des dritten und des sechsten Schuljahrs (der Volks-, Real- und Hilfsschule sowie des Gymnasiums) über vier Monate durchgeführtes Experiment „Wegfall der Hausaufgaben im Rechnen oder Rechtschreiben" erbrachte über den Einsatz von Kriteriumstests, dass hinsichtlich der Rechen- und Rechtschreibleistung in den dritten Schuljahren keine signifikanten Unterschiede zu ermitteln sind und somit „Hausaufgaben im Rechnen und Rechtschreiben (…) für Schüler des dritten Schuljahrs unter den in unserem Versuch gegebenen Bedingungen keinen Unterrichtswert" (a.a.O., 41f.) besitzen. Hinsichtlich der siebten Schuljahre ergeben die Tests keine vergleichbar eindeutigen Aussagen, die Ergebnisse bleiben indifferent. Wittmann macht hierfür verschiedene Faktoren verantwortlich[44].

Gerade für die Gruppe der Lernschwachen werden in der Studie von Hascher und Hofmann (2008) Hausaufgaben als bedeutsam für deren Lernfortschritt angesehen, ungeachtet der Frage, wie diese Heranwachsenden in der außerschulischen Lernzeit einen Lernfortschritt ohne professionelle Unterstützung machen sollen, der im Unterricht bei Verfügbarkeit dieser Hilfe ausgeblieben ist. Zwei mögliche Erklärungen sehen die Autoren hierfür, und zwar 1. die Lehrkräfte gehen davon aus, dass es bei den Hausaufgaben für die Lernenden um bloßes Üben und Festigen geht, aber nicht gravierende Verstehensprobleme auftauchen (vgl. 4.2.1), sowie 2. die Lehrkräfte setzen implizit wirksame Lernhilfen durch Eltern, Peers oder Nachhilfeunterricht voraus. „Aufgrund von empirischen Untersuchungen, denen zufolge Inputs im Unterricht dominieren und für Phasen der Informationsverarbeitung (Übungsphasen) nur wenig Unterrichtszeit aufgewendet wird, erscheint es plausibel, dass Lehrpersonen – von der Notwendigkeit von solchen Übungsphasen überzeugt – diese in die außerschulische Lernzeit verlagern" (a.a.O., 161). Weston (1999) kommt zu dem Ergebnis, dass es sehr schwierig ist einen eindeutigen „Hausaufgaben-Effekt" auf Leistung unbeeinflusst durch alle anderen damit verbundenen Faktoren wie z.B. familiärer Hintergrund, häusliche Bedingungen – die allgemein mit schulischem Erfolg einhergehen – zu identifizieren. Zu ähn-

43 „Haben Hausaufgaben im Rechnen und Rechtschreiben einen leistungssteigernden Effekt?"

44 An der Untersuchung von Wittmann ist vielfältig Kritik geübt worden: seine Beschränkung auf den materialen Bildungswert der Hausaufgaben, hinsichtlich der Methodik eine unzureichende vollkommene Parallelisierung der Gruppen und bezogen auf das Messverfahren, dass Vortest und Kriteriumstest qualitativ ungenügend aufeinander abgestimmt waren. So orientierten sich die eingesetzten informellen Tests an amtlichen Richtlinien, gebräuchlichen Stoffplänen und Rechenbüchern und waren nicht auf den vorhergehenden Unterricht zugeschnitten. Darüber hinaus verfolgten sie andere Ziele, als von Wittmann intendiert, da eher die gesamte Leistungsfähigkeit gemessen wurde, die ein Schüler zum Erhebungszeitpunkt im Rechnen oder Rechtschreiben erbringen kann, als einen kurzfristig erworbenen Lernzuwachs, der genau von diesem oder jenem Unterrichtsgegenstand zu erwarten wäre (vgl. Henze 1978; Keck 1978, 31; Petersen et al. 1990).

lichen Schlussfolgerungen kommen Sharp et al. (2001), die auf der Grundlage vorliegender Erkenntnisse wohl eine Begründung für Hausaufgaben im Sekundarbereich sehen, diese Begründung für den Primarbereich aber wesentlich weniger eindeutig einschätzen[45]. Die aufgewendete Hausaufgabenzeit kann nach Angaben der Autoren auch im Sekundarbereich lediglich einen geringen Anteil der Varianz in den Leistungen der Schüler erklären. Die von Cooper et al. (2006) analysierten Untersuchungen (sowohl experimentelle als auch nicht-experimentelle) weisen nach Angaben der Autoren alle Fehler im Untersuchungsdesign auf[46]. Dennoch kommen Cooper et al. zu dem Ergebnis, dass ein genereller übereinstimmender Nachweis eines positiven Einflusses von Hausaufgaben auf die Leistung besteht. Kein enger Nachweis hingegen wurde gefunden für einen Zusammenhang zwischen der Hausaufgabenleistung und Testergebnissen bzw. bestimmten Fächern. Mit nur wenigen Ausnahmen bestätigen die Studien einen statistisch signifikanten Zusammenhang zwischen Hausaufgabenumfang und Leistungsergebnissen[47]. Hallam (2004) weist in ihrer Metaanalyse darauf hin, dass die meisten der aktuellen Reviews einen positiven Zusammenhang zwischen Hausaufgaben und schulischer Leistung insbesondere für den Sekundarbereich betonen (vgl. Hattie 2009). Zugleich ergänzt sie, „many of these reviews were undertaken at a time when public and political opinion was in a favour of increasing the amount of homework. This may have exerted a subtle influence on the interpretation of the findings" (a.a.O., 17). Zudem berichten Cooper et al. (2006) von einer Untersuchung, die eine Interpretation bezüglich eines Optimums des Hausaufgabenumfangs erlaubt. So fand Lam (1996) für kaukasisch-stämmige und asiatisch-stämmige amerikanische High-School-Schüler den engsten Zusammenhang zwischen Hausaufgaben und Leistung bei Schülern, die von einem zeitlichen Hausaufgabenumfang von 7-12 Stunden pro Woche berichten, gefolgt von Schülern mit einem zeitlichen Einsatz von 13-20 Stunden pro Woche. In seinem Überblicksartikel setzt sich Trautwein (2008) kritisch mit den Ergebnissen der Metaanalyse von Cooper et al. (2006) auseinander. Er weist darauf hin, dass insbesondere die nicht-experimentellen Studien

45 "The evidence shows that time spent by pupils on homework does influence achievement, although to a relatively modest extent. The link between homework time and achievement applies to secondary pupils only: it has not been established for pupils of primary school age" (Sharp et al., 2001, 46). Dies begründet nach Ansicht der Autoren möglicherweise die Vergabe von Hausaufgaben im Sekundarbereich, für den Primarbereich bleibt diese Begründung aber wesentlich weniger eindeutig.

46 Bei der Untersuchung der Wirksamkeit von Hausaufgaben werden fast nur Leistungseffekte betrachtet, bezogen auf wenige Fächer und nahezu ausschließlich auf Schülerinnen und Schüler der Sekundarstufe. Die selbst bei dieser reduzierten Betrachtung inkonsistente Befundlage wird zum großen Teil auf methodische und konzeptuelle Probleme sowie auf mangelnde theoretische Fundierung vieler Studien zurückgeführt (vgl. Trautwein und Köller 2003).

47 Die von Cooper et al. (2006) aufgezeigten Ergebnisse stehen damit im Widerspruch zu den Ergebnissen von Trautwein et al. (2006).

1. nicht zwischen Hausaufgabenvergabeeffekten (Ebene des Lehrerhandelns) und -erledigungseffekten (Schülerhandeln) unterscheiden,
2. bei der Hausaufgabenvergabe nicht zwischen unterschiedlichen Indikatoren der Quantität (Häufigkeit, Menge) und Qualität (Integration in den Unterricht) differenziert wurde,
3. die Hausaufgabenzeit „oftmals unkritisch als Indikator für den für die Hausaufgabenerledigung aufgebrachten Fleiß genutzt" (2008, 567) wurde (unter fehlender Beachtung der Zuverlässigkeit der von Schülern selbst mitgeteilten Hausaufgabenzeiten) und
4. die vorwiegend querschnittlichen Untersuchungen aufgrund der fehlenden Kontrolle des Vorwissens keine Aussagen über Ursache-Wirkungs-Zusammenhänge ermöglichen.

Die Frage, ob Hausaufgaben lernwirksam sind, kann schließlich nicht bedingungslos mit ja oder nein beantwortet werden, da die Antwort letztlich von der Aufgabenqualität abhängt (vgl. Lipowsky 2007). Dennoch haben alle an der Vergabe und Erledigung der Hausaufgaben beteiligten Personen eine Meinung darüber, ob Hausaufgaben den Lernerfolg erhöhen oder nicht. Im Rahmen seiner Studie erhob Wittmann Einstellungen von Schülern, Eltern und Lehrern zu Hausaufgaben[48] und kam zu dem Ergebnis, dass „Schüler, Eltern und Lehrer (…) im großen und ganzen von der Notwendigkeit der Hausaufgaben überzeugt (sind) und glauben auch, dass diese eine wirkliche Hilfe für das Lernen seien" (Wittmann 1972, 80). Diese grundsätzliche Bestätigung von Hausaufgaben und der Glaube an ihre Lernwirksamkeit finden sich ebenso in den anderen Untersuchungen. So zeigen sich die von Hascher und Hofmann befragten Lehrpersonen eher davon überzeugt, dass die von ihnen gestellten Hausaufgaben einen Lernfortschritt bei den Schülern bewirken[49]. Die große Mehrheit der von Chatzdimou (1994) befragten Schülerinnen und Schüler befürwortet ebenso Hausaufgaben und gibt hierfür als Hauptgrund an, dass diese ihnen dabei helfen, den von der Lehrkraft vermittelten Stoff zu behalten.

5.1.2 Aussagen über die Hausaufgabenvergabe

Für eine erfolgreiche Anfertigung der Hausaufgaben ist u.a. die Art der Hausaufgabenerteilung, die Wahl der Aufgabentypen und die Motivation der Aufgabenerteilung ein wichtiger Aspekt vor dem Hintergrund des Anspruchs, dass die Schülerinnen und Schüler während der schulfreien Zeit in der Lagen sein sollen, die Hausaufgaben eigenständig zu bewältigen. Die im Folgenden vorgestellten Daten basieren überwiegend auf Selbstauskünften der Lehrerinnen und Lehrer.

48 N = 1567 (593 Mädchen) Schüler der 3.-8. Klasse aus Oberschule, Mittel- (Real-)Schule, Volksschule, Hilfsschule, 1321 Eltern, 1020 Lehrer.

49 *M = 3.90; SD .73. (2008, .152).*

5. Dauer der Hausaufgabeerteilung während des Unterrichts sowie Häufigkeit und Umfang

In der Untersuchung von Petersen et al. (1990) benötigen 16,5 % der befragten Lehrkräfte für die Vergabe von Hausaufgaben nach eigener Angabe 1-2 Minuten, 68,2 % antworten mit höchstens 3-5 Minuten und 15,3 % geben an, 6-10 Minuten für die Erteilung zu benötigen. Auf dieselbe Fragestellung antworten bei Sommerla (1978) 18 % der Befragten, sie benötigen 1-2 Minuten, 59 % geben an, 3-5 Minuten zu brauchen, 20 % verwenden 5-10 Minuten auf die Erteilung der Hausaufgaben und 3 % hierfür mehr als 10 Minuten.

Der überwiegende Teil der befragten Lehrkräfte dieser schon älteren Studien hat für die Hausaufgabenerteilung somit nach eigenen Angaben einen Zeitbedarf von 3-5 Minuten. Allerdings wird leider nicht deutlich, auf welchen für die Hausaufgaben geplanten zeitlichen Umfang sich diese Angaben beziehen (d.h. steht der Zeitaufwand der Erteilung in einem angemessenen Verhältnis zu dem Aufwand der Schülerinnen und Schüler am Nachmittag) bzw. ob sich dieser Zeitbedarf auf eine 45 Minuten oder 90 Minuten dauernde Schulstunde bezieht (in welchen Verhältnis steht die Hausaufgabenerteilung zur Unterrichtsstunde bzw. zum behandelten Inhalt?). Darüber hinaus wird in den Untersuchungen nicht die Vorgehensweise der Lehrkräfte bei der Hausaufgabenerteilung thematisiert und in einen Zusammenhang zum Zeitbedarf für die Erteilung gestellt. Daher lässt sich abschließend wenig Konkretes aus diesen Ergebnissen schließen.

Die von Roßbach (1995) befragten Klassenlehrer für die zweiten Klassen in Grundschulen geben mit fast 90 % an, ihren Schülern täglich Hausaufgaben zu erteilen. In den vierten Klassen sind es 70 % der Klassenlehrer.

Zur Frequenz stellen Lipowsky et al. (2004) in ihrer Untersuchung zur Hausaufgabenpraxis im Mathematikunterricht in 8. und 9. Jahrgangsstufen in Deutschland und der Schweiz fest, dass die Leistungsentwicklung im Mathematikunterricht an Realschulen und Gymnasien bzw. Sekundarstufen umso positiver verläuft, je häufiger Hausaufgaben gestellt werden. Trautwein et al. (2001) ermittelten, dass die Häufigkeit von Hausaufgaben einen positiven Effekt auf die Leistungszuwächse in den von ihnen untersuchten 7. Jahrgangsstufen im Fach Mathematik hat. Besonders lange Hausaufgaben zeigen keinen positiven Effekt, führen jedoch dazu, dass sich die Leistungsschere zwischen „besseren" und „schlechteren" Schüler etwas schließt. Ähnliches zeigt sich für die Leistungsentwicklung im Fach Englisch (Trautwein und Köller 2002). So hat die Hausaufgabenhäufigkeit bei Kontrolle wichtiger individueller Lernvoraussetzungen wie Vorwissen und kognitiver Grundfähigkeit sowie den Kontextfaktoren wie Schulart einen positiven Effekt auf den Wissenszuwachs im Laufe eines Schuljahrs. „Der signifikante Interaktionseffekt Hausaufgabenhäufigkeit x Vorwissen zeigt an, dass in den untersuchten Klassen vor allem die ohnehin schon besseren Schüler aus einer häufigen

Hausaufgabenvergabe Nutzen zogen, was möglicherweise mit dem kumulativen Charakter des Faches Englisch zusammenhängt (vgl. für Effekte des Vorwissens Renkl 1996)" (a.a.O., 304). Für mögliche negative Effekte der Hausaufgabenvergabe hinsichtlich einer pädagogisch wünschenswerten Homogenisierung des Leistungsstandes innerhalb einer Klasse ergeben sich somit empirische Anzeichen. Trautwein[50] kommt zu dem Schluss: „Die Häufigkeit der Hausaufgabenvergabe ist positiv mit Leistungszuwachs assoziiert, während für den Umfang der Hausaufgaben (operationalisiert als durchschnittlich benötigte Hausaufgabenzeit in einer Klasse) ein nur unwesentlicher Zusammenhang mit dem Leistungszuwachs resultiert" (2008, 566). Auch Roßbach (1995) ermittelte, dass der eigentliche Umfang der Hausaufgaben keinen Einfluss auf die Schulnoten hat.
Während in der Grundschule die Erteilung von Hausaufgaben überwiegend täglich erfolgt, mag dies in den weiterführenden Schulen aus organisatorischen Gründen nicht in gleichem Maße möglich zu sein aufgrund des Fachlehrersystems und nicht täglich erteilten Unterrichtsfächern. Leider haben die vorliegenden Untersuchungen hierzu keine Aussagen geliefert, denkbar wäre jedoch, dass zumindest in den Hauptfächern zumeist nach jeder Unterrichtsstunde auch in den weiterführenden Schulen Hausaufgaben erteilt werden.

6. Bevorzugt vergebene Hausaufgabentypen

Dietz und Kuhrt (1960) klassifizierten Hausaufgabentypen und ermittelten die Häufigkeit ihrer Vergabe durch die Lehrkräfte[51]. Dabei erhalten über den gesamten Erhebungszeitraum[52] „Hausaufgaben zur einfachen Festigung des Wissens und Könnens" einen Prozentrang von 54, „Hausaufgaben zur Anwendung des Wissens und Könnens an gegebenen Beispielen und Situationen" folgen mit einer Häufigkeit von 17 %, „Hausaufgaben zur Anwendung des Wissens und Könnens an zu suchenden Beispielen und Situationen" erhalten einen Prozentrang von 12 ebenso wie „Hausaufgaben zur Erweiterung des Wissens". Die geringsten Werte erhalten „Hausaufgaben zur Hinführung auf den neuen Stoff" mit 4 % und „Hausaufgaben zur Systematisierung des Wissens und Könnens" mit 1 %. Darüber hinaus untersuchten Dietz und Kuhrt (1960) einzelne Hausaufgabentypen auf ihre Lernwirksamkeit, deren Überprüfung durch schriftliche Leistungskontrollen erfolgte. Im Ergebnis erzielen „Hausaufgaben zur Hinführung auf den neuen Stoff" den größten Lernerfolg. „Hausaufgaben zur Anwendung des Wissens

50 Unter Berufung auf Haag und Mischo 2002, Lipowsky et al. 2004, Trautwein 2007, Trautwein und Köller 2003, Wagner und Spiel 1999.

51 Petersen et al. (1990, vgl. a. Kamm und Müller 1977, Keck 1978) haben die Studie von Dietz und Kuhrt kritisiert, da die Daten von 16-20 jährigen Schülerinnen und Schüler eines Instituts für Lehrerbildung in Magdeburg stammen und der didaktische Bezugsrahmen weitgehend ungeklärt bleibt.

52 Hier bezogen auf alle Fächer in allen Klassen.

und Könnens an gegebenen Beispielen“ und „Hausaufgaben zur Erweiterung des Wissens“ sind ebenfalls deutlich effizienter als die anderen Typen. „Hausaufgaben zur Festigung des Wissens“ zeigen den geringsten Lernerfolg[53]. Bei dem durchgeführten Experiment werden keine Vergleiche zu Kontrollgruppen gezogen, dennoch ist Petersen et al. (1990) zuzustimmen, dass die Ergebnisse die Annahme einer unterschiedlichen Lernwirksamkeit der verschiedenen Hausaufgabentypen bestätigen. Nach Petersen et al. (1990) bevorzugen die befragten Lehrkräfte nach eigener Auskunft mit 52,3 % Aufgaben zum Üben und mit 21,2 % zum Wiederholen. 10, 6 % der überwiegend vergebenen Aufgaben dienen dem Übertragen, 8,3 % dem Vorbereiten des folgenden Unterrichts und 7,6 % der Zusammenfassung. Auch nach Ergebnissen der Untersuchung von Hascher und Hofmann (2008) ist bei den Lehrkräften die Bereitschaft, Hausaufgaben stärker zur Vorbereitung auf Lernprozesse im Unterricht zu nutzen, eher gering ausgeprägt.

6.a Die Differenzierung von Hausaufgaben

Sommerla (1978) stellte Lehrkräften die Frage „Geben Sie bestimmten Schülern unterschiedliche Hausaufgabenstellungen?“. Hierauf antworten 63 % der Befragten mit „ja“ und 37 % mit „nein“. Auch Wittmann (1964) fragte seine Probanden, ob diese für alle Schüler die gleichen Hausaufgaben stellen. 51,3 % der Befragten antworten hier mit „immer“, 42,3 % mit „oft“, 2,8 % mit „gelegentlich“ und 0,5 % mit „nie“[54]. Die Möglichkeit, durch eine Individualisierung der Hausaufgaben den Begabungs- und Interessenunterschieden der Schüler fördernd entgegenzukommen, nutzen am geringsten Lehrerinnen und Lehrer der Oberschule, ansteigend bei Lehrkräften der Mittel-, Volks- und Hilfsschule. Auch scheint nach Aussage Wittmanns (1972) die Tendenz zur Variierung der Hausaufgaben bei den jüngeren Lehrern stärker vorzuherrschen. In der Untersuchung von Petersen et al. (1990) geben 48,8 % der Lehrkräfte an, ihren Schülern methodisch differenzierte Hausaufgaben zu stellen (51,2 % nein). Ebenso wie bei Sommerla (1978) wird auch hier nicht nach der Häufigkeit der Differenzierung gefragt, daher resümieren die Autoren „Daraus zu schließen, solche Hausaufgaben seien im schulischen Alltag mit fast 50 % vertreten, ist jedoch nicht zu verallgemeinern, da nicht nach der Häufigkeit gefragt wurde. Es ist nämlich schwer vorstellbar, dass *sinnvoll* differenzierte Hausaufgaben in durchschnittlich fünf Minuten erteilt werden können“ (a.a.O., 108). Befragt nach der Art der Differenzierung geben

---

53 Nach Petersen et al. (1990) lässt sich die von Dietz und Kuhrt (1960) vorgenommene Klassifikation nur begrenzt unterrichtspraktisch verwerten, zugleich bleibt der didaktische Bezugsrahmen weithin ungeklärt.

54 Das unterschiedliche Antwortverhalten könnte hier u.a. auch durch die aufgrund der unterschiedlichen Fragestellung erzeugte Tendenz zum „Ja“ bewirkt worden sein (vgl. Schnell u.a. 2005, Mummendey/Grau 2008).

26,8 % an, nach Leistungsniveau zu differenzieren, 39 % differenzieren nach Fächern, 87,8 % differenzieren nach Arbeitsformen, 56 % nach Arbeitsthemen und 14, 6 % nach zeitlichem Umfang (N = 41, Mehrfachantworten möglich). Differenzierte Hausaufgaben werden auch nach Ergebnissen von Roßbach (1995) nur gelegentlich erteilt. Etwa ein Viertel (zweite Klassen) bzw. ein Fünftel (vierte Klassen) der Klassenlehrer gibt an, selten oder nie ihren Schülern unterschiedliche Hausaufgaben zu erteilen. Nur ein Fünftel bzw. ein Drittel der Klassenlehrer differenziert häufig bzw. immer bei den Hausaufgaben. Differenzierte, auf klassenintern unterschiedliche individuelle Lernvoraussetzungen (z.B. im Hinblick auf Lerninteressen, Lerntempo, Leistungsfähigkeit) abgestimmte Hausaufgaben sind daher nach Roßbach nicht die Regel des Grundschulunterrichts. Zugleich stellt Roßbach (1995) fest, dass die Schulnoten der Heranwachsenden besser in den Klassen sind, in denen unter sonst gleichen Bedingungen häufiger differenzierte Hausaufgaben erteilt werden.
Die von Hascher und Hofmann (2008) befragten Lehrerinnen und Lehrer geben an, keine differenzierten Aufgaben zu erteilen, obwohl es ihnen nach eigenen Aussagen zugleich wichtig ist, über Hausaufgaben lernstarke gleichermaßen wie lernschwache Schülerinnen und Schüler zu fördern. Der Itemvergleich erbringt, dass die mit dem Förderaspekt implizierten Differenzierungsmaßnahmen in der Praxis wohl nur selten realisiert werden. Die Autoren kommen daher zu dem Schluss, dass Differenzierung innerhalb der Hausaufgaben wohl nur selten durchgeführt wird, auch wenn die Lehrenden angeben, starke und schwache Schülerinnen und Schüler mit den Hausaufgaben erreichen zu wollen[55]. Ähnliches fand bereits Schmidt (1984) in seiner Grundschulstudie. Nach seinen Ergebnissen wird Differenzierung von den meisten Lehrkräften befürwortet (88,6 %), aber – nach eigenen Angaben – nur von einem Drittel einigermaßen (sehr oft, 4,7 %, ziemlich oft 30,0 %, ziemlich selten 49,6 %, fast nie 15,7 %) regelmäßig praktiziert. Darüber hinaus ist nicht klar, unter welchen Aspekten die Differenzierung erfolgt. Zusammenfassend kann davon ausgegangen werden, dass differenzierte Hausaufgaben nicht die Regel im Schulalltag sind, obwohl die Lehrkräfte von der Wichtigkeit der Differenzierung für die optimale Förderung der Schülerinnen und Schüler überzeugt sind.

7. Hausaufgaben als disziplinarische Maßnahme

Hausaufgaben werden nach Ergebnissen von Schmidt (1984) relativ häufig als Disziplinierungsmittel eingesetzt (sehr oft 0,3 %, ziemlich oft 1,1 %, hin und wieder 26,7 %, sehr selten 40,4 %, nie 31,4 %). Auch in der Untersuchung von Petersen et al. (1990) antworten auf die Frage, ob Lehrer manchmal aus ‚disziplinarischen Gründen' einzelnen Schülern zusätzliche Hausaufgaben aufgeben, 89,4 %

55 Vgl. die Ergebnisse der HOfGans-Studie, Kap. 6.

der befragten Lehrkräfte mit „ja", 10,6 % mit „nein". Bei Wittmann geben die Befragten auf die Frage: „Sehen Sie sich gezwungen, Hausaufgaben auch als Disziplinarmaßnehme zu ergreifen?" 3,1 % „häufig", 67,5 % „gelegentlich" und 26,4 % „nie" an. Unter Berücksichtigung des Umstands, dass viele Lehrkräfte sich bewusst sind, dass Hausaufgaben nicht als „Strafarbeiten" zu vergeben sind und zugleich in den Fragebögen tendenziell nach sozialer Erwünschtheit geantwortet wird, ist Schmidt in seiner Deutung zuzustimmen.

Die Erforschung der Hausaufgaben beschränkt sich hinsichtlich der Hausaufgabenerteilung bislang auf einzelne Aspekte, diese lassen aber keine stabilen Aussagen über Zusammenhänge mit dem didaktischen Vorgehen während der Planung, während des Unterrichts oder im Hinblick auf die spätere Bearbeitung durch die Schülerinnen und Schüler zu. Sicherlich ist Sommerla zuzustimmen, dass „sinnvoll differenzierte Hausaufgaben" nicht in durchschnittlich fünf Minuten an alle Schülerinnen und Schüler einer Klasse erteilt werden können. Darüber hinaus geben die Selbsteinschätzungen der Lehrkräfte, was die vergebenen Hausaufgabentypen, die Differenzierung von Hausaufgaben, die Häufigkeit und die Dauer der Hausaufgabenerteilung angeht, wenig substantielle Auskunft über die didaktische Anbindung der Aufgaben an den gesamten Unterricht.

5.1.3 Aussagen über die Hausaufgabenanfertigung

Die Erhebungen zur Aufgabenerstellung basieren auf Auskünften von Heranwachsenden sowie ihren Eltern und wurden überwiegend durch Fragebogen, z.T. auch durch Tagebuchaufzeichnungen ermittelt. Bezüglich der (angenommenen) Dauer der Hausaufgabenbearbeitung wurden auch Lehrkräfte befragt. Ein wesentlicher Forschungsschwerpunkt bei der Erstellung der Hausaufgaben ist die von den Schülerinnen und Schülern erbrachte Anstrengung, die als ein wichtiger Aspekt für den Lernerfolg betrachtet wird (vgl. Trautwein 2008). Allerdings ist die Anstrengung zu trennen von der Belastung der Heranwachsenden, die zu einem Gefühl der Unzulänglichkeit auf Seiten der Schülerinnen und Schüler führen kann, mit den damit verbundenen negativen Folgen der Unlust und des Ausweichens.

8. Anstrengung, Belastung der Schüler durch Hausaufgaben

Trautwein und Köller (2003) unterscheiden zwischen Zeitvariablen und drei zentralen Indikatoren der Selbstregulation (Hausaufgabenengagement, kognitive und metakognitive Lernstrategien). Sie fanden – nach Kontrolle von Geschlecht, Schulform, kognitiver Grundfähigkeit und letzter Zeugnisnote – signifikant positive Effekte des Hausaufgabenengagements auf Klassenarbeitsnoten im Fach Mathematik, während die Hausaufgabenzeit keine positiven Effekte hatte. Schmitz und Skinner (1993) fragten Schülerinnen und Schüler u.a. auch nach dem wahr-

genommenen Einsatz (subjective effort) bei der Hausaufgabenerledigung. Im Gegensatz zur Zeitvariable steht die Anstrengungsvariable bei dieser Arbeit in einem positiven Zusammenhang mit der Leistungsentwicklung (nach Schnyder et al. 2006). Trautwein et al. (2006) kommen in ihren Studien zu dem Ergebnis, dass die Anstrengungsbereitschaft der Heranwachsenden um so größer ausfällt je stärker sie davon überzeugt sind, die notwendigen Fähigkeiten zur Bearbeitung der Hausaufgaben zu besitzen (Erwartungskomponente), je höher das Interesse am Unterrichtsstoff ist und je mehr Nutzen der Erledigung der Hausaufgaben zugesprochen wird (Wertkomponente).
In ihrer Untersuchung über das „Hausaufgabenverhalten aus der Perspektive der Selbstregulation" unterscheiden Perels et al. 2006 zwischen präaktionaler, aktionaler und postaktionaler Phase innerhalb einer Lernphase. Alle Korrelationskoeffizienten der Variable Selbstwirksamkeit erweisen sich als statistisch signifikant und positiv. Zusammenhänge bestehen zwischen präaktionaler, aktionaler und postaktionaler Phase *innerhalb* einer Lernphase sowie *zwischen* den Lernphasen aufeinander folgender Tage (Lernepisoden). Lediglich die situative Belastetheit zeigt einen negativen Zusammenhang. Die erhobenen Parameter der postaktionalen Phase zeigen zugleich einen beachtenswerten Einfluss auf den Zustand des Schülers in der präaktionalen Phase der darauf folgenden Lerneinheit. Das heißt, eine Lerneinheit, die mit einer hohen Ausprägung auf den postaktionalen Variablen Selbstreflexion, Zielerreichung und positiven Emotionen einhergeht, führt zu einer hohen Ausprägung der präaktionalen Variablen der sich anschließenden Lerneinheit mit Ausnahme der situativen Belastetheit (kumulative Lernprozesse).

Anstrengung durch die Schülerinnen und Schüler, empfunden als Belastungen
Auf die Frage „Sind dir die Hausaufgaben zu schwer?" antworten in der Untersuchung von Petersen et al. (1990) 0,7 % mit „immer", 11,2 % mit „meistens", 63,6 % mit „manchmal" und 24,5 % mit „nie". Auch Wittmann (1972) stellte den von ihm befragten Schülerinnen und Schülern diese Frage. Hier antworten 0,5 % der Probanden „immer" an, 6,8 % „meistens", 66,8 % „manchmal" und 25,8 % „nie". Insgesamt scheinen die Befragten in diesen schon älteren Untersuchungen nach eigener Auskunft meistens mit den Hausaufgaben zurechtzukommen, immerhin sind aber mehr als zwei Dritteln der Befragten die Hausaufgaben manchmal „zu schwer".

9. Hausaufgabendauer
Befragt, danach, wie lange die Schüler der Hauptschule ihrer Meinung nach täglich zum Anfertigen der Hausaufgaben brauchen, antworten in der Untersuchung von Petersen et al. (1990) 54,1 % der Lehrkräfte 30-60 Minuten, 37,6 % geben 60-90 Minuten an und 5,9 % schätzen den Bedarf auf 90-120 Minuten. Die

Schülerbefragung hingegen zeigt hier ein differenzierteres Bild, 16,8 % der Schüler geben an, täglich durchschnittlich 30 Minuten für die Hausaufgabenerledigung zu benötigen, 46,8 % geben 30-60 Minuten an, 18,9 % benötigen 60-90 Minuten, 11,2 % arbeiten durchschnittlich 90-120 Minuten an den Aufgaben, 4,9 % 120-180 Minuten und 1,4 % der Schülerinnen und Schüler mehr als 180 Minuten. Nachvollziehbar ist daher das Antwortverhalten der Schüler auf das Item „Wenn du darüber bestimmen könntest, wie viele Hausaufgaben zu machen sind, würdest du ... Hausaufgaben stellen" die mit 0,7 % mehr, 18,9 % genauso viel, 49,7 % weniger und 30,7 % keine Hausaufgaben stellen würden. Auch Wittmann (1972) kommt in seiner Erhebung zu dem Ergebnis, dass Lehrkräfte die von Schülerinnen und Schülern benötigte Zeit für die Hausaufgaben unterschätzen. „Ein Vergleich der Angaben von Schülern, Eltern und Lehrern ergibt, dass die Zeiten, die von Schülern und Eltern genannt werden, weitgehend übereinstimmen, während die Lehrer die tatsächlich aufgewendete Zeit unterschätzen; vor allem die langen Zeiten von anderthalb bis zwei Stunden (Eltern 24,6 %, Lehrer 9,2 %) und über zwei Stunden (Schüler der Oberschule 42,5 %, Lehrer 20,9 %)" (a.a.O., 70). Vetter (1983) analysierte im Rahmen des Projekts „Schülerbeteiligung" an zehn bayerischen Gymnasien die täglichen Aufzeichnungen von 1300 Schülerinnen und Schülern der 7. bis 11. Klasse und errechnete einen Gesamtmittelwert von 107,6 Minuten. Dieser Wert liegt in dem durch das bayerische Schulgesetz vorgegebenen Zeitfenster der täglich maximal zu vergebenen Hausaufgaben.

Bezogen auf den Umfang der von allen Lehrern einer Klasse erteilten Hausaufgaben gehen die Klassenlehrer in der Untersuchung von Roßbach (1995) im Durchschnitt davon aus, dass ihre Schülerinnen und Schüler im zweiten Jahrgang täglich 32 Minuten und im vierten täglich 45 Minuten für die Erledigung aller Hausaufgaben benötigen. Darüber hinaus vermuten die Lehrkräfte in beiden Jahrgangsstufen durchschnittlich, dass rund 50 Minuten Unterschied in der Dauer der zeitlichen Bearbeitung zwischen dem schnellsten und dem langsamsten Schüler in ihren Klassen liegen, in einigen Fällen nehmen die Klassenlehrer Differenzen von deutlich mehr als einer Stunde an. Es stellt sich die Frage, „warum bei solchen klasseninternen Unterschieden im Zeitaufwand nicht gezielter Hausaufgabendifferenzierungen eingesetzt werden, die den zeitlichen Aufwand in einer Klasse vereinheitlichen und vor allem die langsameren Schüler entlasten" (a.a.O., 106). Zusammengefasst unterschätzen die Klassenlehrer „den tatsächlichen Hausaufgabenumfang im Durchschnitt um rund 15 Minuten; bei einem Drittel der zweiten und einem Sechstel der vierten Klassen beträgt die Unterschätzung mehr als 20 Minuten" (a.a.O.). In besonderem Maße prägnant wird diese Minderschätzung durch die Lehrkräfte, wenn der Zeitumfang, den der Lehrer für seine Klasse als Maximum angenommen hat, mit dem Zeitaufwand, den der langsamste Schüler in der gleichen Klasse *tatsächlich* benötigt, verglichen wird. In diesem Fall unterschätzen in beiden untersuchten Jahrgangsstufen die Klassenlehrer den maximalen Zeitaufwand um durchschnittlich 40 Minuten. Auch Hascher und Hofmann (2008) kommen in ihrer Befragung zu dem Ergebnis, dass die mit traditionellen Hausaufgaben verbundenen Belastungen für Schülerinnen und Schüler in zeitlicher und psychischer Hinsicht (von den befragten Lehrkräften) möglicherweise unterschätzt werden (a.a.O., S. 158/159).

Die Hausaufgabendauer unter dem Gesichtspunkt des Lernerfolgs

Die von Roßbach (1995) vorgestellten Ergebnisse zu Hausaufgaben in der Grundschule zeigen, dass der eigentliche Umfang der Hausaufgaben keinen Einfluss auf die Schulnoten hat. Darüber hinaus finden sich schlechtere Schulnoten bei Schülern, „denen relativ mehr bei den Hausaufgaben geholfen und denen – pädagogisch problematische – Hilfen wie Erklären der Hausaufgaben und zusätzliches Üben zuteil" wird (a.a.O., 110; vgl. Niggli et al. 2007). In ihrer Untersuchung über den Einfluss von Hausaufgaben auf die Leistungsentwicklung im Englisch-Unterricht bei Schülerinnen und Schülern des 7. Schuljahrs in verschiedenen allgemeinbildenden Schulen kommen Trautwein und Köller (2002) zu dem Ergebnis, dass bei Kontrolle des Vorwissens, der kognitiven Grundfähigkeiten und der Schulart die Hausaufgabenhäufigkeit einen positiven Effekt auf den Wissenszuwachs innerhalb eines Schuljahrs hat. Die Hausaufgabenlänge hingegen hat hierfür keine Bedeutung. Von langen Hausaufgabenzeiten berichten nach Trautwein et al. (2006) vielmehr insbesondere Schülerinnen und Schüler, die bei der Hausaufgabenbearbeitung ein Gefühl der Hilflosigkeit verspüren. In einer weiteren Untersuchung zur Rolle selbstregulativer Strategien bei der Hausaufgabenerledigung bezogen auf den Mathematikunterricht im 9. Schuljahr deuten die Autoren (Trautwein und Köller 2003) ihre Ergebnisse dahingehend, dass für den Lernerfolg weniger die zusätzlich gewonnene Lern- und Übungszeit, sondern vielmehr das Engagement der Schüler sowie die gründliche und sorgfältige Bearbeitung der Hausaufgaben bedeutsam ist. Dies bestätigen auch die Ergebnisse der Untersuchung von Haag und Mischo (2002) über den Zusammenhang zwischen Hausaufgabenzeit und Schulleistung bei Schülerinnen und Schülern der 7. Jahrgangsstufe im Gymnasium. Demnach profitieren die Heranwachsenden vor allem dann von Hausaufgaben, wenn sie ihre Aufgaben kontinuierlich, gewissenhaft und regelmäßig (vgl. Roßbach 1995, Haag 1991) erledigen. Lipowsky et al. (2004)[56] fragten in ihrer Studie, welche Bedeutung der Umgang mit Hausaufgaben im Mathematikunterricht für die Leistungsentwicklung der Schülerinnen und Schü-

56 Die Untersuchung war Teil des deutsch-schweizerischen Projekts „Unterrichtsqualität und mathematisches Verständnis in verschiedenen Unterrichtskulturen" in Kooperation des DIPF und der Universität Zürich.

ler in der Sekundarstufe I hat. Ihre Erhebung an deutschen (9. Jahrgangsstufe in Realschulen und Gymnasien) und schweizer (8. Jahrgangsstufe in Sekundarschulen und Gymnasien) Schülerinnen und Schülern zeigt einen positiven Effekt der Hausaufgabenhäufigkeit auf die Leistungsentwicklung in Mathematik. Darüber hinaus fanden Lipowsky et al. (2004) heraus, dass die Hausaufgabenlänge einen eher negativen Effekt hat. So zeigen regelmäßige und dafür kürzere Hausaufgaben eher leistungssteigernde Wirkungen in Mathematik als längere und unregelmäßigere. In einer Studie, in der die Heranwachsenden ein Hausaufgabentagebuch zur Erfassung des Zeitaufwands für Hausaufgaben im Lateinunterricht einsetzten, ermittelten Haag und Mischo (2002) gleichfalls keinen Zusammenhang zwischen der insgesamt aufgewendeten Hausaufgabenzeit und dem Leistungszuwachs. Dies bestätigen Ergebnisse von Schnyder et al. (2006), in deren Untersuchung auch bei Kontrolle von Vorwissen und kognitiver Grundfähigkeit die Hausaufgabenzeit (globaler Selbstbericht und Hausaufgabentagebuch) in keinem bzw. sogar in einem negativen Zusammenhang mit der Leistungsentwicklung (Noten und standardisierte Leistungstest) steht, was die Autoren zu der Vermutung bringt, dass „lange Hausaufgabenzeiten in besonderer Weise auch Ausdruck einer suboptimalen Motivation und Selbstregulation in der Bearbeitung der Hausaufgaben" sind (a.a.O., 120). Auch nach den Ergebnissen von Trautwein und Köller (2002) zeigt die Hausaufgabenlänge keine Bedeutung für den Wissenszuwachs. Zwar ist in ihrer Studie hinsichtlich der Entwicklung des Fachinteresses kein (negativer) Effekt von langen oder häufigen Hausaufgaben zu verzeichnen, gleichwohl entwickelt sich tendenziell das Fachinteresse derjenigen Schülerinnen und Schüler am ungünstigsten, die besonders lange für die Hausaufgaben benötigen.
Eine ganze Reihe von Korrelationsstudien, vorwiegend im angloamerikanischen Raum, scheint hingegen darauf hinzuweisen, dass diejenigen Schülerinnen und Schüler bessere Leistungen zeigen, die mehr Zeit mit Hausaufgaben zubringen. In seiner Metaanalyse dokumentiert Cooper (1989) in 43 von 50 eingehenden Feldstudien einen positiven Zusammenhang zwischen der mit Hausaufgaben verbrachten Zeit und einer Reihe verschiedener Leistungsindikatoren. Allerdings wird an den in dieser Metaanalyse berücksichtigten Studien kritisiert, das in der Regel nicht zwischen Effekten der Hausaufgabenvergabe und der -erledigung unterschieden, keine Kontrolle des Vorwissens vorgenommen und wichtige Drittvariablen (z.B. das besuchte Kursniveau) vernachlässigt werden (vgl. Cooper 1989, Hascher und Bischof 2000, Trautwein und Köller 2003, Schnyder et al. 2006). In einer Reihe von Studien untersuchten Cooper und seine Mitarbeiter (1994, 1998a, 1998b, 1999, 2000) die Beziehungen zwischen den Einstellungen gegenüber Hausaufgaben, dem Umfang der Hausaufgaben, ihrer Fertigstellung und dem Leistungserfolg. In einer detaillierten Übersicht über neun Studien kommt Cooper für die Schülerinnen und Schüler der Junior High School zu dem Ergeb-

nis, dass die Leistung sich durchaus verbessert, wenn die Schüler mehr Zeit für die Hausaufgaben investieren, allerdings bis zu dem Punkt, an dem die Schüler mehr als zwei Stunden pro Tag mit der Hausaufgabenbearbeitung verbringen. Ab dieser Grenze kommt es nicht mehr zu einer Leistungsverbesserung. Für Schülerinnen und Schüler der High School setzt sich die Verbesserung auch über die zwei Stunden pro Tag kontinuierlich fort. Alles in allem kommt Cooper zu dem Schluss, dass die Beziehung zwischen der für Hausaufgaben aufgewendeten Zeit und dem akademischen Erfolg positiv und signifikant ist, mit Ausnahme der Primarstufe, in der die gefundenen Ergebnisse überwiegend negativ sind (Fetler 1984; Harding 1979). Lediglich eine Untersuchung (Singh 1969) zeigt eine geringe positive Beziehung für Schülerinnen und Schüler der Grundstufe. Hierfür kann es die unterschiedlichsten Erklärungen geben, plausibel erscheint, dass die Eltern mehr Zeit zu investieren bereit sind, um ihre Kinder bei der Aneignung der Grundfähigkeiten in der Primarstufe zu unterstützen, wenn das Kind Schwierigkeiten beim Erwerb der Lese- und Schreibfähigkeiten hat. Auf der Grundlage dieser Ergebnisse schlägt Cooper (1989a, 1989b) eine kurvenförmige Beziehung zwischen der aufgewendeten Zeit für die Hausaufgabenbearbeitung und der Leistungsentwicklung vor. Er geht davon aus, dass Hausaufgaben ineffektiv für jüngere Schüler sind, aber das es eine enge Beziehung für High School Schüler gibt. Hallam (2004) berichtet in ihrer Metaanalyse, dass die Beziehungen zwischen Lernerfolg und benötigter Hausaufgabenzeit zwischen den verschiedenen Jahrgängen und Orten differiert. So interviewten Chen und Stevenson (1989) 3500 Grundschüler, ihre Mütter und Lehrer in China, Japan und den USA. Der zeitliche Umfang, den Eltern zur Unterstützung ihrer Kinder bei deren Hausaufgaben investieren, korreliert negativ mit der Leistung, was darauf hindeutet, dass elterliche Hilfe gegeben wird, wenn das Kind Schwierigkeiten mit den Hausaufgaben hat und die elterliche Hilfe somit eine Förderfunktion hat. Trotz dieses Umstands zeigen chinesische Kinder die positivste Haltung gegenüber Hausaufgaben. Die am deutlichsten negative Einstellung haben amerikanische Schülerinnen und Schüler wie auch ihre Lehrkräfte, die überwiegend Hausaufgaben als nicht sehr wichtig einschätzen und vermuten, dass eine Überbelastung der Heranwachsenden negative Auswirkungen auf ihre Motivation haben könnte. Amerikanische Lehrerinnen und Lehrer gehen davon aus, dass Hausaufgaben die im Unterricht gelernten Inhalte verfestigen und die Entwicklung der Persönlichkeit, des Selbstbilds und der Unabhängigkeit unterstützen sollten. Diese Betonung der Entwicklung von Verantwortung steht im Kontrast zu den amerikanischen Müttern, die keineswegs der Meinung sind, ihre Kinder sollten selbst die Verantwortung dafür übernehmen, ihre Hausaufgaben fertigzustellen. Dies spricht nach Ansicht von Hallam (2004) für sehr komplexe Beziehungen zwischen den Einstellungen der Eltern, der Schüler und der Lehrkräfte gegenüber Hausaufgaben.

Aktuellere deutschsprachige Untersuchungen weisen (wie oben bereits ausgeführt) mindestens für den Mathematik- und Fremdsprachenunterricht in der Sekundarstufe I nach Trautwein[57] andere Tendenzen auf:

- Nach Kontrolle der auf Klassenebene wirksamen Faktoren ist die von den Schülern berichtete Hausaufgabenzeit tendenziell negativ mit dem Leistungszuwachs assoziiert, auch bei Kontrolle von Vorwissen und Intelligenz. Schwächere Schüler weisen darüber hinaus eine eher unregelmäßige Hausaufgabenbearbeitung auf („Saisonarbeiter").
- Im Gegensatz zur Hausaufgabenzeit steht das selbst berichtete Hausaufgabenengagement im Sinne von Anstrengung und Konzentration in einem positiven Zusammenhang mit der Leistungsentwicklung" (2008, 566).

Auch für Schülerinnen und Schüler der Grundschule lässt sich nach Rossbach (1995) kein Einfluss des Umfangs von Hausaufgaben auf die Schulnoten nachweisen. Längere Hausaufgabenzeiten scheinen einerseits ein Ergebnis gering ausgeprägter Motivation bei den Heranwachsenden zu sein und zugleich negative Auswirkungen auf die Motivation wie auf die Selbstwirksamkeit zu haben.

10. Unterstützung durch Eltern und andere Personen

Die Mitwirkung der Eltern bei den Hausaufgaben halten nach Wittmann (1972) 4,1 % der Lehrkräfte für notwendig, 35,8 % für nützlich, 8,9 % für ziemlich wertlos, 3,7 % für schädlich, die Mehrheit mit 47,7 % von unterschiedlichem Wert, je nach Art des Elternhauses. Die Ansicht „notwendig und nützlich" wird am stärksten von Hilfs- und Volksschullehrern vertreten. In der Befragung von Schmidt (1984) richten die Grundschullehrer an die Eltern ihrer Schülerinnen und Schüler ausdrücklich die Erwartung, dass diese sich zur Unterstützung bei der Hausaufgabenerledigung kontrollierend-helfend engagieren. Die eindeutige Zustimmung von mehr als 70 % kann durchaus auf der uneindeutigen Fragestellung nach dem kontrollierend-helfendem Engagement beruhen. So ist eine Kontrolle der fertiggestellten Hausaufgaben etwas anderes als die Hilfe bei deren Erstellung. Dass Hausaufgaben das Thema eines Elternabends im letzten Jahr waren, geben 78,3 % an (nein = 12,7 %). In der Untersuchung von Petersen et al. (1990) antworten auf die Frage „Halten Sie die Mitwirkung von Eltern, Geschwistern oder anderen Personen bei den Hausaufgaben für notwendig?" die befragten Lehrkräfte folgendermaßen: „stimme stark zu" wählen 0 %, „stimme zu" antworten 30,6 %, „unentschieden" sind 22,4 %, 37,6 % antworten mit „lehne ab" und 9,4 % mit „lehne stark ab". Sommerla (1978) erhält auf die Frage „Halten Sie es für wichtig, dass die Eltern bei der Hausaufgabe mithelfen?" eine Zustimmung von 19 % und Ablehnung von 78 % der Befragten, 3 % machen keine Angabe.

57 Unter Berufung auf Haag und Mischo 2002, Lipowsky et al. 2004, Trautwein 2007, Trautwein und Köller 2003, Wagner und Spiel 1999.

Die befragten Schülerinnen und Schüler in der Studie von Petersen et al. (1990) antworten auf die Frage, ob sie Hilfe bei den Hausaufgaben erhalten mit 2,1 %, „immer", 7,7 % „meistens", 42,6 % „manchmal", 33,6 % „selten" und 14 % „nie".
Auf die Frage „Erwarten die Lehrer Ihres Kindes, dass dem Kind bei seinen Hausaufgaben geholfen wird?" antworten die befragten Eltern in der Untersuchung von Eigler und Krumm (1972) folgendermaßen: keine Antwort geben 2 %, „alle erwarten es" wählen 16 %, „einige erwarten es" 35 %, 16 % sind der Ansicht, die Lehrer „erwarten es nicht" und „weiß nicht" geben 31 % an. Die Frage „Erwarten die Lehrer Ihres Kindes, dass Sie die Hausaufgaben überwachen?" führt zu folgendem Antwortverhalten: 1 % geben keine Antwort, „alle erwarten es" sagen 53 %, 27 % meinen „einige erwarten es", die Lehrer „erwarten es nicht" antworten 2 % und immerhin 17 % wählen die Kategorie „weiß nicht". Roßbach (1995) stellt fest, dass sich schlechtere Schulnoten bei Schülerinnen und Schülern finden, denen relativ mehr bei den Hausaufgaben geholfen wird und denen – pädagogisch problematische – Hilfen wie Erklären der Hausaufgaben und zusätzliches Üben zuteil wird (s.v.).
In ihrer Metaanalyse von 59 Studien kommen Hoover-Dempsey et al. (2001, zit. nach Patall et al. 2008) zu dem Ergebnis, dass, obwohl die Ergebnisse der Elternbeteiligung bei der Hausaufgabenanfertigung durchaus heterogen sind, die Elternbeteiligung insgesamt die erfolgreichere Aufgabenbearbeitung zu unterstützen scheint. Ebenso scheint sie die Aufmerksamkeit der Heranwachsenden zu fördern, ihre Bearbeitung und Fertigstellung der Aufgaben sowie allgemein die Einstellung der Heranwachsenden gegenüber Hausaufgaben und Schule, ihre Wahrnehmung und Kompetenz sowie selbstregulatorischen Fähigkeiten. Jeynes (2007) Metaanalyse betrachtet die elterliche Unterstützung skeptischer und differenziert zwischen verschiedenen Formen der Elternmitarbeit. Patall et al (2008) kommen zu dem Ergebnis, dass die Erkenntnisse über die Effektivität der Elternmitarbeit bei Hausaufgaben nach wie vor stark begrenzt sind. Ihre eigene Metaanalyse über 34 Studien ergibt, dass z.B. ein Elterntraining zur Unterstützung der Kinder bei den Hausaufgaben bestenfalls einen leichten Einfluss auf den Lernerfolg der Heranwachsenden hat. Ihre Ergebnisse legen nahe, dass Elternbeteiligung die erfolgreiche Bearbeitung der Hausaufgaben durch die Schüler bewirken *kann,* hinsichtlich der Vollständigkeit der Fertigstellung und bezogen auf die Verringerung von Schülerproblemen bei der Aufgabenbearbeitung. Insgesamt zeigt ihre Metaanalyse jedoch einen nur geringen Einfluss der Elternmitarbeit. Eine Ausnahme stellen allerdings die jüngsten Schülerinnen und Schüler dar. Zusammenfassend lässt sich festhalten, dass verschiedene Arten der elterlichen Unterstützung unterschiedliche Einflüsse auf den Lernerfolg der Heranwachsenden haben und sich die elterliche Unterstützung mit der Zunahme der vollzogenen Schuljahre ihrer Kinder verän-

dert. Gelegentlich entsteht bei der Sichtung von Untersuchungen zur elterlichen Unterstützung bei den Hausaufgaben der Eindruck, dass es sich hierbei um eine „heilige Kuh" handelt. Trotz häufig dürftiger positiver Ergebnisse wird abschließend meist ein positiver Effekt durch die Unterstützung beschworen. Dabei dürfte die Überkomplexität des Feldes eindeutige Ergebnisse schwer machen.

Wild/Gerber (2007) haben im Rahmen ihrer Untersuchung „Charakteristika und Determinanten der Hausaufgabenpraxis in Deutschland von der vierten zur siebten Klassenstufe" 133 Familien zum häuslichen Lernen befragt. Auch unter den Siebtklässlern erledigt nur eine Minderheit ihre Hausaufgaben ohne Unterstützung. Interessanterweise erweisen sich weder die elterliche Schulbildung noch die Überzeugung der Eltern, ihre Kinder erfolgreich beim Lernen unterstützten zu können als maßgebliche Vorhersagefaktoren. Vorteilhaft zeigt sich eine am Lernprozess orientierte, autonomieunterstützende Hilfe, mit dem Ziel der Förderung von Selbstregulationskompetenz. Als kontraproduktiv erwies sich die ausschließliche Kontrolle des Lernergebnisses bzw. eine Unterstützung, die von den Heranwachsenden als Einmischung erlebt wird. Grundschüler scheinen die häusliche Unterstützung positiver wahrzunehmen als Schülerinnen und Schüler weiterführender Schulen. Sie erleben ihre Eltern als weniger kontrollierend und emotional zugewandter (Wild/Gerber 2007).

In ihrer Untersuchung zum Zusammenhang zwischen familiärem Hintergrund und verschiedenen Ausprägungen elterlicher Hausaufgabenbetreuung mittels Fragebogen und Schulleistungstests an 1444 Schülerinnen und Schülern in 85 schweizer Schulklassen der 8. Jahrgansstufe kamen Niggli u.a. (2007) zu folgenden Erkenntnissen. Es fanden sich Hinweise darauf, dass Kinder, deren Eltern nur über den schulischen Mindestabschluss verfügen, ein geringeres Maß elterlicher Hilfe wahrnehmen als Kinder, deren Eltern einen höheren Bildungsabschluss haben (der familiäre Hintergrund war trotz seiner statistischen Signifikanz von geringem prädiktiven Effekt). Gleichzeitig berichteten die erstgenannten Kinder über ein höheres Maß an elterlicher Kontrolle, Einmischung und Streit bezüglich der Hausaufgaben. Einmischung erwies sich als „reziproke Beziehung" (Niggli u.a. 2007, 12), d.h. „schlechte Schulleistungen gingen mit zunehmender elterlicher Einmischung einher, aber elterliche Einmischung hatte nicht den gewünschten Effekt, sondern war mit einer Verschlechterung der Testleistung assoziiert" (a.a.O., 12). Interessanterweise stießen die Autoren der Studie auf deutliche Geschlechterunterschiede dahingehend, dass Jungen über ein signifikant höheres Maß an Einmischung, Kontrolle und Streit über die Hausaufgaben berichteten als Mädchen.

11. Beliebtheit, Motivation, positive Erwartungshaltung der Schülerinnen und Schüler, die Hausaufgaben zufriedenstellend erledigen zu können

Auf die Frage von Petersen et al. (1990) „Machst du gerne Hausaufgaben?" antworteten Schülerinnen und Schüler an Hauptschulen in Rheinland-Pfalz in der zugrunde liegenden Befragung wie folgt: 42,7 % immer, 44,7 % manchmal, 12,6 % nie. Die Beliebtheit ist ebenso Untersuchungsgegenstand bei Haag (1991), der zu ihrer Ermittlung ein indirektes Verfahren gewählt hat, einerseits über die Frage nach dem Stress bei Hausaufgaben sowie andererseits durch Schülerassoziationen mittels eines 10-minütigen schriftlichen „brain-storming". Hausaufgaben erweisen sich hierbei als unterschiedlich beliebt[58], unabhängig von der Jahrgangsstufe, aber in Zusammenhang mit der (selbst eingeschätzten) Leistungsstärke dahingehend, dass bei guten Schülergruppen Hausaufgaben überwiegend neutral konnotiert werden. Dabei zeigt sich in der Beliebtheit kein Unterschied hinsichtlich des Geschlechts. Haag (1991) geht nachvollziehbar davon aus, dass der affektive Aspekt (Beliebtheit) einen größeren Einfluss als die kognitive Komponente (Notwendigkeit) auf die Handlungskomponente (Hausaufgabenmachen) hat. In ihrer Untersuchung zum Hausaufgabenverhalten von Schülerinnen und Schülern der 7. Gymnasialklasse kommen Haag und Mischo (2002) zu dem Ergebnis, dass (neben kognitiven Attributen) insbesondere schulbezogene motivational-affektive Kennzeichen zur Erklärung individueller Unterschiede in der Differenziertheit täglicher Hausaufgabenzeiten wichtige Hinweise geben. „Da die schulbezogene Motivation eher einer Modifikation zugänglich sein dürfte, ist die Berücksichtigung motivationaler Faktoren im schulischen Unterricht eine nicht zu unterschätzende pädagogische Aufgabe" (a.a.O., 315).

Trautwein et al. (2006) untersuchten Hausaufgabeneffekte unter Einsatz des von ihnen entwickelten fachspezifischen Mehrebenenmodells zum Hausaufgabenprozess, das einen Zusammenhang zwischen der Sorgfalt bei der Hausaufgabenerledigung und der Schulleistung postuliert. Es zeigt sich, je höher das Interesse am Unterrichtsstoff bei den Heranwachsenden ist und je mehr Nutzen der Erledigung diese den Hausaufgaben zusprechen (Wertkomponente), desto größer fällt ihre Anstrengungsbereitschaft aus. Interesse und Nützlichkeit scheinen dabei ungefähr ähnlich motivierend zu sein. Die Bedeutung der Freude (gebunden auch an die Bewältigungserwartung) an der Bearbeitung sowie der Einschätzung eines (subjektiven) Nutzens der Hausaufgaben wird gestützt durch die Ergebnisse von Jünger et al. (1990). In ihrer Befragung von Schülern in 8. und 9. Klassen der Realschule über Zusammenhänge zwischen der Schlüsselvariable „Spaß an Hausaufgabe" und einer Reihe kognitiver und unterrichtstechnischer Variablen ermittelten sie, dass die Dauer der Bearbeitungszeit mit der Selbsteinschätzung

58 Haag (1991) unterscheidet zwischen ‚keine Äußerung', ‚neutrale Äußerung' und ‚negative Äußerung'.

„etwas Wichtiges dazugelernt zu haben“ (a.a.O., 231) korreliert. Demnach ist nicht unbedingt notwendig, dass Hausaufgaben Spaß machen, aber sie sollten weder zu Verzweiflung führen noch als sinnlos wahrgenommen werden. Auch für eine Reihe weiterer motivationaler Prädikatorvariablen (z.B. intrinsische Motivation, Ängstlichkeit) konnten die Autoren signifikante Beziehungen zur Erledigung nachweisen. Die genannten Zusammenhänge zeigen sich sowohl in interindividuellen als auch intraindividuellen Designs (Trautwein und Lüdtke 2007). Festgehalten werden kann, dass Heranwachsende sich insbesondere bei den Hausaufgaben in denjenigen Fächern anstrengen, in denen sie die Hausaufgabenerledigung als nützlicher oder interessanter empfinden als in anderen Fächern und bei denen sie vergleichsweise hohe Kompetenzerwartungen (und im Übrigen auch hohe Vorkenntnisse) besitzen. „Dieser Mechanismus konfligiert dabei offensichtlich mit der oftmals geäußerten Hoffnung, dass Hausaufgaben zum Ausgleich von Leistungsunterschieden zwischen und innerhalb von Schülern beitragen“ (Trautwein 2008, 568)

Die Anstrengungsbereitschaft ist nach den vorliegenden Ergebnissen ein wichtiges Moment der Lernwirksamkeit von Hausaufgaben. Sie korrespondiert mit dem empfundenen Nutzen (und Sinn) von Hausaufgaben durch die Heranwachsenden, dem Interesse sowie der eigenen Überzeugung von der erfolgreichen Aufgabenbewältigung. Halten die Schülerinnen und Schüler auch nach eigenen Aussagen die Aufgabenschwierigkeit überwiegend für angemessen, geben dennoch zwei Drittel der Befragten an, dass ihnen die Aufgaben manchmal zu schwer sind. Hinsichtlich der für die Hausaufgabenerledigung benötigten Zeit lässt sich konstatieren, dass die Lehrkräfte diese z.T. erheblich (vgl. Roßbach 1995) unterschätzen bzw. diese teilweise sogar billigend in Kauf zu nehmen scheinen, was insbesondere für die leistungsschwächeren Schülerinnen und Schüler zusätzliche Belastungen bedeutet. Dieses Ergebnis ist darüber hinaus problematisch vor dem Hintergrund der Erkenntnis, dass die Hausaufgabendauer – im Gegensatz zu deren Frequenz – anscheinend keinen nachweisbaren Einfluss auf den Lernerfolg hat (vgl. u.a. Roßbach 1995, Trautwein und Köller 2002, Trautwein und Köller 2003, Lipowsky et al. 2004, Haag und Mischo 2002). Hinsichtlich der Unterstützung bzw. „Mitarbeit“ der Eltern bei Hausaufgaben lässt sich festhalten, dass unterschiedliche Ergebnisse (möglicherweise in Abhängigkeit von der Fragestellung) durch die befragten Lehrkräfte vorliegen, insgesamt aber die Meinung überwiegt, dass Eltern oder andere Personen sich hinsichtlich der Erledigung dieser Aufgabe engagieren sollten, z.B. auch „nur“ durch die Kontrolle der fertiggestellten Hausaufgaben. Demgegenüber sind die befragten Eltern durchaus der Ansicht, dass die Lehrkräfte von ihnen die Überwachung der Hausaufgaben und z.T. auch die Hilfe bei der Anfertigung erwarten. Hinsichtlich der Bereitschaft von Schülerinnen und Schülern, Hausaufgaben anzufertigen, lässt sich zusammenfassend konstatieren, dass diese bei ihnen sehr unterschiedlich „beliebt“ sind[59], möglicherweise in Abhängigkeit vom Fach, von der Lehrkraft oder der Aufgabenstellung. Die Auseinandersetzung mit Hausaufgaben wiederum hängt in hohem Maße von der Überzeugung ihres Nutzens für das eigene Lernen und für die schulische Weiterarbeit ab. Darüber hinaus spielt für die Bereitschaft zur Hausaufgabenanfertigung das Interesse an den jeweiligen Inhalten bzw. am Fach eine Rolle, besonders bedeutsam dürfte jedoch die Überzeugung der Schülerinnen und Schüler sein, die Aufgaben überhaupt zufriedenstellend bewältigen zu können.

5.1.4 Aussagen über die Rückmeldung zu angefertigten Hausaufgaben

Werden Hausaufgaben von der Lehrkraft erteilt, sollte diese sich zugleich die Frage stellen, wie die Aufgaben in der folgenden Stunde wieder aufgegriffen werden. Einerseits kann hierdurch den Heranwachsenden ein lernbedeutsamer Nutzen der Aufgaben (s.o.) verdeutlicht werden. Andererseits, um die Aufgabenbearbeitung und ihre Qualität zu registrieren. Es zeigt sich allerdings, dass zur Hausaufgabenüberprüfung bisher vor allem organisatorische Aspekte erfragt wurden, didaktische Überlegungen auf Seiten der Lehrkräfte blieben weitgehend unberücksichtigt; sie wurden – wenn überhaupt – auf Grundlage der vorhandenen Daten interpretiert.

12. Überprüfung der erteilten Hausaufgaben

Die vorwiegend von den Lehrkräften genannte Vorgehensweise zur Kontrolle der Hausaufgaben in der Untersuchung von Petersen et al. (1990) besteht bei 35,3 % in der täglichen Überprüfung aller Schülerinnen und Schüler, 18,8 % nennen die tägliche Überprüfung einzelner Schüler, 18,8 % die Überprüfung aller Schüler in regelmäßigen Abständen, 4,7 % die Überprüfung einzelner Schüler in regelmäßigen Abständen, 18,8 % die Überprüfung aller Schüler in unregelmäßigen Abständen und 3,5 % die Überprüfung einzelner Schüler in unregelmäßigen Abständen. Für die Kontrolle der Aufgaben wenden 16,5 % der Befragten in der Regel bis 5 Minuten auf, 67 % benötigten hierfür 6-10 Minuten, 14,5 % der Lehrkräfte führen die Hausaufgabenkontrolle in 11-15 Minuten durch und 2,4 % brauchen hierfür mehr als 15 Minuten. Ob die Hausaufgaben angefertigt wurden (formale Kontrolle), überprüfen 50,6 % der Lehrkräfte, von 49,4 % wird darüber hinaus angegeben, auch die Richtigkeit zu kontrollieren (inhaltsbezogene Kontrolle). „Da die formale Kontrolle dem Schüler keinerlei Rückmeldung über die Qualität seiner Leistung gibt, ist sie in dieser Größenordnung didaktisch nicht angemessen“ (a.a.O., 112). Petersen et al. (a.a.O.) befragten auch die Heranwachsenden nach der Hausaufgabenkontrolle durch die Lehrkräfte während des Unterrichts. Nach den Angaben von 37,7 % der Befragten überprüfen die meisten Lehrkräfte die

---

59 Anscheinend hat Haag (1991) keine positiven Schülerassoziationen zu Hausaufgaben gefunden, denn er hat in seiner Untersuchung keine Kategorie „positive Äußerung“.

Aufgaben aller Schüler täglich, 20,3 % geben an, dass täglich einige Schüler kontrolliert werden, 9,8 % antworten „alle Schüler in regelmäßigen Abständen", nach Angaben von 5,6 % der Schüler werden einige Schüler in regelmäßigen Abständen überprüft. 21,7 % antworten, dass alle Schüler in unregelmäßigen Abständen kontrolliert werden und nach Auskunft von 4,9 % werden einige Schüler in unregelmäßigen Abständen überprüft. Dass die Aufgaben nie kontrolliert werden, kommt nach Angaben der Schüler nicht vor. Interessant ist das Antwortverhalten der Schüler auf die Frage „Wird bei der Kontrolle durch den Lehrer auch geprüft, ob die Aufgaben richtig gemacht wurden?". 18,2 % antworten hier mit „immer", 46,1 % mit „meistens", 28 % geben an, dass eine Überprüfung auf Richtigkeit nur „manchmal" erfolgt und bei 7,7 % erfolgte die Überprüfung „selten". Auf die Frage „Welche Art der Hausaufgabenkontrolle wenden Sie vorwiegend an?" (Mehrfachnennungen möglich) antworten die Probanden in der Studie von Sommerla (1978) wie folgt: eine tägliche Überprüfung aller Schüler führen 50 % der Lehrkräfte durch, 16 % der Befragten geben die tägliche Überprüfung einzelner Schüler an, die Kontrolle aller Schüler in regelmäßigen Abständen führen 21 % durch, die Überprüfung einzelner Schüler in regelmäßigen Abständen 2 %, von 20 % werden alle Schüler in unregelmäßigen Abständen kontrolliert und 3 % geben an, einzelne Schüler in unregelmäßigen Abständen zu überprüfen. Die für die Kontrolle aufgewendete Zeit verteilt sich nach Angaben der Befragten bei 35 % auf „bis 5 Minuten", bei 53 % auf „6-10 Minuten", bei 5 % auf 11-15 Minuten und bei 3 % auf mehr als 15 Minuten. Die von Wittmann (1972) befragten Lehrerinnen und Lehrer geben für die zeitliche Dauer der Hausaufgabenkontrolle folgende Werte an: 21,3 % der Befragten benötigen hierfür 5-10 Minuten, 32,1 % brauchen 10-20 Minuten und 16,7 % wenden 20-30 Minuten für die Kontrolle auf. Für die weiterführenden Schulen werden laut Wittmann keine Zeiten über 20 Minuten erwähnt. Über die Art der Kontrolle machen die Lehrkräfte verschiedene Angaben: 52,4 % prüfen die Hausaufgaben täglich, 40,4 % meistens, 5 % gelegentlich und 0,6 % nie. 10, 9 % studieren bei der Kontrolle den Inhalt eingehend, 38,6 % überprüfen bei der ganzen Klasse, ob alle die Arbeiten angefertigt haben, 22,6 % beschränken sich auf Stichproben[60].

Die befragten Lehrkräfte in der Untersuchung von Roßbach (1995) geben an, die Erledigung der Hausaufgaben praktisch täglich, zumindest aber mehrmals pro Woche zu kontrollieren. Hascher und Hofmann (2008) kommen in der Interpretation ihrer Daten zu dem Ergebnis, dass Lehrkräfte die Kontrolle der Hausaufgaben eher als ihre Pflicht denn als die der Schülerinnen und Schüler betrachten („Ich spreche die erledigten Hausaufgaben mit den Schülerinnen und Schülern im Klassenplenum durch": M = 3.73; SD = .94). Damit lassen sie allerdings nach

60 Vgl. die Kritik hierzu bei Sommerla 1978.

Ansicht der Autoren einen wichtigen Faktor selbstgesteuerten Lernens (Selbstkontrolle der Lernergebnisse und kritisches Überdenken der verwendeten Lernwege) ungenutzt (a.a.O., 154).
Nach den Antworten der befragten Schülerinnen und Schüler in der Studie von Chatzidimou (1994) erfolgt die Kontrolle der Hausaufgaben durch die Lehrkräfte bei 18 % sehr häufig, bei 40 % häufig, bei 39,3 % selten und bei 2,6 % nie. Chatzidimou (1994) kommt in seiner Schülerbefragung zu dem Schluss, dass die Heranwachsenden vermutlich vorsichtshalber zugeben, wenn sie Hausaufgabe nicht machen. Allerdings verschweigen sie es, wenn sie bei deren Anfertigung Hilfe benötigt haben (68,8 % der Befragten verschwiegen, 31,2 % gaben dies zu). Das bedeutet in Konsequenz für den Autor, dass Hausaufgaben auch dazu führen, Schüler zum Lügen zu bewegen (Chatzidimou 1994, S. 34).
Trautwein et al. (2001) kommen in der Interpretation ihrer Studie zu dem Ergebnis, dass die Kontrolle der Hausaufgaben durch die Lehrkraft sich weder positiv noch negativ auf die Entwicklung von Leistung und Interesse im Mathematikunterricht auswirkt. Allerdings könnte das daran liegen, dass die Formulierung der hierbei eingesetzten Items nicht eindeutig genug zeigt, ob „Kontrolle" eine Besprechung der Hausaufgaben oder lediglich eine Kontrolle der vollständigen Erledigung bedeutet. Kontrolle wirkt sich nach Lipowsky et al. (2004) scheinbar nur dann positiv auf den Lernerfolg der Schülerinnen und Schüler aus, wenn mit der Kontrolle der Erledigung zugleich inhaltliche Rückmeldungen verbunden sind und wenn die Lehrkraft prozessorientiert mit den Hausaufgaben umgeht, d.h. beispielsweise die Thematisierung von Lösungsprozessen oder das Eingehen auf Fehler. Ebenso hat die Möglichkeit der Heranwachsenden, ihre Hausaufgaben selbst auf Richtigkeit zu prüfen, eine leistungssteigernde Wirkung. Für die Autoren besteht das auffälligste Ergebnis ihrer Studie in der Bedeutung eines prozessorientierten Umgangs mit Hausaufgaben: die Leistungsentwicklung verläuft deutlich positiver in Klassen, „in denen sich die Lehrperson nach Ansicht der Schülerinnen und Schüler auch für die Lösungswege bei der Bearbeitung der Hausaufgaben interessiert, in denen die Lehrperson Hausaufgaben stellt, bei denen die Schülerinnen und Schüler über etwas Neues nachdenken müssen" (a.a.O., 263). Auch Haag (1991) kommt zu dem Ergebnis, dass sich durch konsequente individuelle Rückmeldung über einen längeren Zeitraum das Hausaufgabenverhalten der Heranwachsenden positiv beeinflussen lässt. So wurden freiwillige Hausaufgaben gewohnt angefertigt und im Durchschnitt wurde mehr und besser gearbeitet. Zugleich beobachtete er im Lektüreunterricht bei Hausaufgaben mit textbegleitenden Fragen eine intensivere Beschäftigung. Aufgrund der Antworttendenz der von ihnen befragten Lehrkräfte nehmen Hascher und Hofmann (2008) in der Diskussion ihrer Untersuchung eher nicht an, dass die Schülerinnen und Schüler individuelles Feedback auf jede Hausaufgabe bekommen.

Im Rahmen der Studie „Transformation des Sekundarschulsystems und akademische Karriere – TOSCA Repeat" konnten Dettmers u.a. (2009) einen positiven Zusammenhang zwischen der Hausaufgabenkontrolle und der hausaufgabenbezogenen Anstrengung bzw. der zeitlichen Dauer der Hausaufgabenbearbeitung ermitteln.

Deutlich wird, dass der Lerneffekt nicht allein an die Hausaufgabe als solche gekoppelt ist, sondern in hohem Maße von der Qualität der Aufgaben und ihrem kognitiven Anregungsgehalt abhängt. Zugleich – und damit einhergehend –, stellt sich die Frage, wie die Überprüfung der angefertigten Hausaufgaben didaktisch in die Unterrichtsplanung einfließt. Die Qualität der Hausaufgaben ist somit schließlich zugleich ein Indikator für die Unterrichtsqualität und vice versa. Trautwein und Köller (2002) diskutieren in der Darstellung ihrer Untersuchung den Einfluss der Lehrkraft und resumieren, dass vermutlich die Hausaufgaben bei den verschiedenen Lehrkräften eine sehr unterschiedliche Rolle im Gesamtkonzept des Lehrerhandelns einnehmen und möglicherweise die Hausaufgaben-Variablen mit anderen Lehrervariablen korrespondieren. Der positive Effekt häufiger Hausaufgaben könnte z.B. mit Drittvariablen auf Seiten der Lehrkräfte zusammenhängen, die sowohl Einfluss auf deren Neigung zur Hausaufgabenvergabe haben als auch deren Erfolg bei der Vermittlung von Wissen unterstützen.

5.2 Die Hausaufgabenthematik in der Forschung zur offenen Ganztagsschule

Verbringen Schülerinnen und Schüler einen großen Teil ihres Tages in der Schule, ist es für die Familie von Bedeutung, dass die verbleibende gemeinsame Zeit möglichst frei von schulischen Belangen ist. Daher hat für Eltern und Kinder die Hausaufgabenbetreuung im Allgemeinen einen hohen Stellenwert bei der Entscheidung für diese Schulform. Darüber hinaus verbindet sich für viele Familien mit der Hausaufgabenbetreuung die Hoffnung, mögliche Konflikte oder zusätzliche zeitliche sowie sozio-emotionale Belastungen durch die zu erledigenden Hausaufgaben zu verringern bzw. ganz zu unterbinden. Aus diesem Grund nimmt auch im Gesamtkonzept der Ganztagsschule die Hausaufgabenbetreuung einen zunehmend größeren Stellenwert ein, was sich wiederum in spezifischen Anforderungen an die Schulentwicklung und an die Kooperation zwischen den Lehrkräften und dem Personal des Ganztags niederschlägt.

13. Bedeutung der Hausaufgabenbetreuung für die Wahl der Ganztagsschule

Eine der älteren Untersuchungen, in denen bereits die Ganztagsschule als Alternative zur Halbtagsschule thematisiert wurde, stammt von Eigler und Krumm (1972). Die Autoren stellen Eltern von Schülerinnen und Schülern des Gymnasi-

ums die folgende Frage: „Hielten Sie eine Schule, in der die Kinder Mo, Di, Do, Fr von 9-17 Uhr, Mi von 9-13 Uhr, Unterricht hätten, für zweckmäßiger als die derzeitige Regelung?" (a.a.O., 94). Auf dieses Item gibt 1 % der Eltern keine Antwort, 28 % stimmen dem Item zu und 71 % der Befragten verneinen. Nach Eigler und Krumm bejahen diese Frage vor allem solche Eltern, „die aus persönlichen Gründen – weniger ihres Kindes wegen – die Ganztagsschule wünschen, beispielsweise die selbständigen Gewerbetreibenden, also Personen, die zeitlich sehr belastet sind ($p < 0,05$), und ebenso die berufstätigen Mütter (allerdings n.s.)" (a.a.O, 94). Von den ablehnenden Eltern bleiben aber nur 50 % bei ihrer verneinenden Haltung in Reaktion auf die Frage „Wenn nein, auch dann nicht, wenn es für die Kinder gar keine Hausaufgaben mehr gäbe?" 25 % der Eltern geben hierauf keine Antwort, 25 % stimmen in diesem Fall zu. Die Zustimmung erfolgt deutlich von Eltern, deren Kinder Schwierigkeiten mit den Hausaufgaben haben, von Eltern leistungsschwächerer Kinder ($p < 0,01$) und solchen, deren Kind angeblich zu viele und zu schwere Aufgaben erhält ($p < 0,01$ und n.s.), die viel Hilfe gewähren ($p < 0,05$) gern noch mehr gewähren würden, wenn sie mehr Zeit hätten sowie von Eltern die angeben, öfter nicht helfen zu können ($p < 0,02$). Insgesamt wünscht zur Zeit der Erhebung nur eine Minderheit der Eltern aufgrund von mit Hausaufgaben verbundenen Problemen die Ganztagsschule.
Witting (1997) befragt in seiner Untersuchung „Grundschule von acht bis vier" Eltern von Schülerinnen und Schülern der Halb- und der Ganztagsschule. Die Eltern, deren Kinder die Halbtagsschule besuchten, halten eine Schule ohne Hausaufgaben mit 75,4 % für gut oder für teilweise gut, 24,6 % bewerten die Abschaffung von Hausaufgaben negativ. Entlastet fühlen sich durch den Wegfall der Hausaufgabenanfertigung 46,3 %, nicht entlastet 53,7 % der Eltern. Im Gegensatz dazu bewerten Eltern der Ganztagsschüler den Wegfall der Hausaufgaben zu 95,8 % für gut bzw. teilweise gut. Durch den Fortfall der Aufgabenanfertigung fühlen sich 75,9 % entlastet, lediglich 24,1 % bewerten dies nicht als Erleichterung. Der Umfang der elterlichen Mitarbeit bei den Hausaufgaben von Ganztagsschülern ist mit 63 %, die „täglich bis zu einer halben Stunde" als Antwort angeben, überraschend hoch. 7,4 % der Eltern arbeiten bis zu einer Stunde und 7,5 % bis zu zwei Stunden mit ihren Kindern, 22,1 % geben an, keine Hilfen zu leisten. In ihrer Begleitstudie zu „Einführung, Zielsetzungen und Umsetzungsprozessen bezüglich der (offenen) Ganztagsgrundschule in Nordrhein-Westfalen" berichten Beher et al. (2005), dass auf die Frage „Was waren die Gründe dafür, dass Sie Ihr Kind oder Ihre Kinder für das Ganztagsangebot an der Grundschule angemeldet haben?" (a.a.O., 190) 59,7 % der Eltern die gezielte Hilfe für ihr Kind bei den Hausaufgaben als Motiv angeben. In der Rangfolge der Gründe liegt das Motiv Hausaufgaben auf Platz 8 (Mehrfachantworten möglich). Die „Studie zur Entwicklung von Ganztagsschulen" (StEG) von Holtappels u.a. (2007) be-

fragt ebenfalls schulformübergreifend Eltern nach ihren Gründen, ihr Kind an einer Ganztagsschule anzumelden. Die Beaufsichtigung und Unterstützung bei den Hausaufgaben wird von 48,7 %, der Eltern als sehr wichtig, von 28,3 % als eher wichtig, von 14,7 % als eher nicht wichtig und als gar nicht wichtig von 8,3 % erachtet[61].

14. Hausaufgabenbetreuung im Gesamtkonzept der Ganztagsschule
Nach den Ergebnissen von Beher et al. (2005) ist die Hausaufgabenbetreuung dasjenige Handlungsfeld, zu dem sich die meisten Aussagen in den Interviews, die im Rahmen ihrer Untersuchung geführt wurden, finden. So erklärt die Mehrheit der Befragten auf der Steuerungsebene (Schulleitung) wie auch auf der Ausführungsebene (pädagogische Kräfte im außerunterrichtlichen Bereich) diesen Bereich als wichtig für das Gesamtkonzept der offenen Ganztagsschule. Daher schließen Beher et al. (2005), dass das Handlungsfeld „Hausaufgabenbetreuung" im Rahmen der Nachmittagsgestaltung vermutlich die intensivste Verzahnung von Vor- und Nachmittag hervorbringt. Darüber hinaus ist die Hausaufgabenbetreuung durch das Aufeinandertreffen unterschiedlicher Erwartungen der beteiligten Personen – sowohl der Lehrkräfte, aber auch der Eltern und Kinder – gekennzeichnet. Den Ergebnissen von Holtappels u.a. (2007) zufolge gehört Hausaufgabenbetreuung zu den Kernangeboten nahezu aller Ganztagsschulen. Es wird von den meisten Kooperationspartnern als Standardprogramm an Grundschulen angeboten (täglich: 77,5 %, 2-3 x pro Woche: 15,0 %, 1 x pro Woche: 2,5 %, seltener: 5,0 %). Demgegenüber ist die Hausaufgabenbetreuung an Schulen der Sekundarstufe nicht mehr ganz so bedeutsam (Arnoldt 2007, 93f.). Allerdings findet sich die Hausaufgabenbetreuung auch nahezu flächendeckend in Schulen der Sekundarstufe. Zugleich werden durch die Studie StEG sowohl in Grundschulen als auch in Sekundarstufe I-Schulen im Rahmen der Entwicklung der Angebotsstruktur die höchsten Zuwächse bei der Hausaufgabenbetreuung wahrgenommen (vgl. Holtappels 2007, 194). Deutlich wird, dass die Begleitung der Hausaufgaben an den Ganztagsschulen stark von Schülerinnen und Schülern sowie Eltern nachgefragt wird, die wiederum konkrete Erwartungen an die Durchführung einer solchen stellen. Zugleich erfahren die von den Lehrkräften erteilten Hausaufgaben durch diese institutionelle Betreuung eine neue Form der Öffentlichkeit.

61 Wichtige Gründe für die Eltern sind „Bessere individuelle Förderungsmöglichkeiten", „Bessere Leistungen in den Schulfächern", „Förderung der Selbstständigkeit meines Kindes", „Verlässliche Betreuung meines Kindes an den Schultagen", „Bessere Kontakte unter Gleichaltrigen für mein Kind", „zusätzliche interessante Angebote".

15. Durchführung der Hausaufgabenbetreuung im offenen Ganztag

Die Durchführung der Hausaufgabenbetreuung liegt in der Organisation des Trägers des offenen Ganztags, möglichst in enger Absprache mit der jeweiligen Schule. Den rechtlichen Rahmen dieser Organisation liefern (in Nordrhein-Westfalen) die Erlasse zum offenen Ganztag sowie zu den Hausaufgaben.

Nach Beher et al. (2005) wird die Betreuung der Hausaufgaben von Personen mit unterschiedlichen Ausbildungen und Vorerfahrungen[62] durchgeführt. Vom Betreuungspersonal wird die Hausaufgabenbetreuung „in der Regel als Hilfe zur Selbsthilfe verstanden. Die Kinder sind aufgefordert, selbstständig zu arbeiten und sich nur dann an die pädagogischen Kräfte zu wenden, wenn sie alleine nicht mehr weiterkommen" (a.a.O., 71). Auch die Kontrolle, ob die Aufgaben vollständig bearbeitet wurden, gehört zu den Tätigkeiten des pädagogisch tätigen Personals, allerdings nicht die Überprüfung der erledigten Hausaufgaben auf Fehler bzw. die Besprechung von Überarbeitungen. Holtappels u.a. (2007) berichten, dass die Hausaufgabenbetreuung an über 72 % der Grundschulen ausschließlich bzw. überwiegend durch das weitere pädagogisch tätige Personal[63] erfolgt. Demgegenüber erfolgt im Bereich der Sekundarstufe nur in einer von vier Schulen die Betreuung der Hausaufgaben überwiegend bzw. ausschließlich durch das weitere pädagogisch tätige Personal.

Wiechmann ermittelte im Rahmen der INGA-Studie[64] für die Schülerseite drei Faktoren, die „in der Arbeitsgestaltung den deutlichsten Einfluss auf die vollständige Erledigung der Hausaufgaben haben" (Wiechmann 2004, nach Zepp 2009). Dies sind die selbstbestimmte Aktivität, die formale Unterstützung durch die Betreuungsperson sowie das Geschlecht („Mädchen beenden ihre Arbeiten seltener als Jungen" (a.a.O.) in der vorgesehenen Zeitspanne). Bezüglich der Frage nach den Faktoren, die aus Perspektive der Heranwachsenden die Effektivität der während der Hausaufgabenbetreuung geleisteten Arbeit beeinflussen, wurden Probanden fünf Items vorgelegt. Die Resultate zeigen, dass der mit Abstand wirkmächtigste Einfluss von der Erfahrung einer didaktischen Unterstützung ausgeht. Das Erleben sozialer Nähe spielt ebenfalls eine nennenswerte Rolle, was sich sowohl auf die Lerngruppe als auch auf die durch den Betreuer ausgestalteten Rahmenbe-

---

62 Lehrkräfte, Erzieher/-innen, Sozialpädagog/-innen, Kinderpfleger/-innen, Personen ohne fachspezifische pädagogische Ausbildung sowie Schülerinnen/Schüler und Studierende unterschiedlicher Fachrichtungen.

63 Holtappels et al. (2007) bezeichnen in ihrer Studie als „weiteres pädagogisch tätiges Personal" alle „Berufsgruppen bzw. Personen (…), die Angebote und Aktivitäten im Rahmen des Ganztagsbetriebs von Schulen durchführen und nicht als Lehrerinnen und Lehrer eingestellt sind" (Höhmann et al. 2007, 77). Aufgrund der Vielfalt der beruflichen Hintergründe (s.o.) bei den eingesetzten Personen im Ganztag wird diese passende Bezeichnung auch in der vorliegenden Arbeit verwendet.

64 Wissenschaftliche Begleitstudie von Ganztagsschulen im Land Rheinland-Pfalz „Innovation Ganztagsschule – INGA".

dingungen beziehen mag. Ein positives Lernklima und das Aufrechterhalten einer „balancierten Ruhe“ (vgl. Wiechmann 2006) werden dies begünstigen.
Ebenfalls im Rahmen der INGA-Studie untersuchten Jäger et al. (2005) mittels Lerntagebuch die durchschnittlich benötigte Hausaufgabenzeit im Vergleich zwischen Schülerinnen und Schüler der Ganztagsschule sowie Nicht-Ganztagsschüler. In der Stichprobe der Grundschüler werden keine Unterschiede in der wöchentlichen Hausaufgabenzeit zwischen den Ganztagskindern und den Nicht-Ganztagskindern gefunden. Auch hinsichtlich der Sekundarstufe I werden bei der Mehrzahl der durchgeführten Analysen keine Unterschiede zwischen Ganztagsschülern und Nicht-Ganztagsschülern ermittelt. Auftretende Unterschiede fallen eher zu Lasten der Ganztagsschüler aus, was Jäger et al. (2005) dergestalt interpretieren, dass diese Schülerinnen und Schüler entsprechend „längere Zeit in ihre Hausaufgaben im betreffenden Fach investieren“ (a.a.O., 16). Für die Unterschiede zwischen den beiden Gruppen lassen sich nach Meinung der Autoren folgende Gründe anführen:

- „dass die äußeren und durchaus manchmal störenden Bedingungen innerhalb der Lernzeit eher zu einer Verlängerung beitragen;
- dass die Intensität der Arbeit durch die Gesamtgruppe und die Tatsache der Betreuung zu einer Verlängerung führen“ (a.a.O.).

Insgesamt kommt die INGA-Studie hinsichtlich der Hausaufgabezeit im Ganztag zu dem Ergebnis, dass eine große Anzahl an Heranwachsenden der Primarstufe und Sekundarstufe I in der Lern- oder Hausaufgabenzeit der Ganztagsschule nicht den vollen Umfang ihrer Hausaufgaben anzufertigen schaffen (nur ca. 34,5 % der Schülerinnen und Schüler erledigen alle ihre Hausaufgaben in dieser Zeit).
Auf die Frage, was sich bei der Hausaufgabenbetreuung bewährt hat, nennen die Befragten in der Studie von Beher et al. (2005) kleinere (7-10 Kinder) und jahrgangsstufenspezifische Gruppen, da diese Bedingungen ihren Erfahrungen nach ein differenziertes Eingehen auf die einzelnen Heranwachsenden möglich machen. Darüber hinaus scheint hierdurch die Zufriedenheit der Kinder mit der Betreuung anzusteigen. Mit Blick auf die Angebotsformen und die durchführenden Kräfte schlussfolgern die Autoren, dass „die Betreuung der Hausaufgaben und die Angebote der speziellen Bildung und Förderung eng aneinander gebunden sind. Mit anderen Worten, Maßnahmen der individuellen unterrichtsbezogenen Förderung finden v.a. im Rahmen der Hausaufgabenbetreuung statt und sind über weite Strecken mit ihr identisch“ (a.a.O., 32). Die Ankündigung von Angeboten zur individuellen Förderung erfolgt in der Regel in inhaltlicher und zeitlicher Anbindung an die Hausaufgabenbetreuung.

16. Kooperation zwischen Lehrkräften und weiteren pädagogisch tätigen Mitarbeitern

In den im Rahmen von StEG (Holtappels et al. 2007) durchgeführten Befragungen erweist sich die Zufriedenheit des weiteren pädagogisch tätigen Personals im Besonderen abhängig von einer guten Kooperation mit den Lehrkräften[65] (a.a.O., 298). Die von Beher et al. (2005) durchgeführten Interviews verdeutlichen, dass sich zwischen Lehrkräften und den weiteren pädagogisch tätigen Mitarbeiter/-innen in der Hausaufgabenbetreuung verschiedene Formen der Zusammenarbeit entwickelt haben. Hierzu gehören insbesondere:

- „Tägliche schriftliche Rückmeldungen über die Hausaufgaben;
- regelmäßiger Austausch über das Thema Hausaufgaben;
- Lehrkräfte und pädagogische Kräfte erarbeiten gemeinsam ein Konzept der Hausaufgabenbetreuung;
- Hospitation im Unterricht von den pädagogischen Kräften, wenn Kinder in der Hausaufgabenbetreuung kontinuierlich Probleme haben;
- Hilfestellungen für den Umgang mit schwierigen Situationen in der Hausaufgabenbetreuung werden für die pädagogischen Kräfte von der Schulleitung angeboten;
- Absprachen mit Eltern zur Hausaufgabenbetreuung wurden auf einem Elternabend getroffen“ (a.a.O., 73f.).

Von den Lehrkräften wird die Hausaufgabenbetreuung im Rahmen der offenen Ganztagsschule als zentrale Schnittstelle zwischen ihnen und dem weiteren Personal bewertet. Darüber hinaus befürworten einige Lehrkräfte ihre umfassendere Einbindung in den offenen Ganztag, um ihr Förderverständnis in die Hausaufgabenbetreuung einbringen zu können. Mit den Eltern bestehen Absprachen und Regeln, zugleich beziehen manche Schulen die Elternerwartungen kontinuierlich in ihre Planung ein. Unterschiedliche Einstellungen existieren v.a. hinsichtlich der Intensität der Hauaufgabenkontrolle bzw. -korrektur sowie der Fördermöglichkeiten für die Kinder in einzelnen Bereichen. Eine intensive Fehlerkontrolle entspricht nicht generell dem Selbstverständnis der Hausaufgabenbetreuung[66]. Zudem bereitet die Erfüllung der Elternerwartungen einer Reihe von Schulen Schwierigkeiten, insbesondere zu Beginn der offenen Ganztagsschule (vgl. Beher et al. 2005).

65 Korrelation von .469*** In geringerem Umfang beruhen höhere Zufriedenheitswerte darüber hinaus auf einer größeren beruflichen Selbstwirksamkeitseinschätzung und einer positiveren Wahrnehmung des Schülerverhaltens (a.a.O.).

66 Vgl. Hausaufgabenerlass NRW.

17. Zufriedenheit mit der Hausaufgabenbetreuung

Die Einschätzung der Eltern bezüglich der Angebote zur Hausaufgabenbetreuung und -hilfe ist nach Beher et al. (2005, 196) eher kritisch. Zwar bewerten immerhin 55 % der Eltern die Beaufsichtigung positiv (sehr und eher zufrieden), die Frage nach der gezielten Hilfe bei den Hausaufgaben erreicht allerdings nur 48 % Zustimmung. 22 % der Eltern machen bei der Bewertung Abstriche, 30 % sind eher und überhaupt nicht zufrieden. Insgesamt stehen die Bereiche Lernförderung und Hausaufgaben am unteren Ende der Skala der durchschnittlichen Elternzufriedenheit[67]. Bezüglich ihrer Bewertung von Aspekten des Ganztagsbetriebs zeigen sich die Eltern auch in der Befragung von Holtappels u.a. (2007) vergleichsweise weniger zufrieden. Stimmen der Beaufsichtigung der Hausaufgaben noch zwei Drittel der Eltern positiv zu[68], werden die Bereiche „gezielte Hilfen für die Hausaufgaben" (41 %), „Lernfördermaßnahmen" (35 %) und Beaufsichtigung der Hausaufgaben" (33 %) am häufigsten mit „eher nicht" oder „gar nicht zufrieden" bewertet. Die Bewertung der Qualität der Hausaufgabenbetreuung durch Schülerinnen und Schülern der 5. bis 9. Jahrgangsstufe ermittelten Holtappels u.a. (2007) mit den Skalen *effektive Zeitnutzung* und *Unterstützungsverhalten der Betreuer/Innen* für die Fächer Deutsch und Mathematik im Vergleich zur Einschätzung der Unterrichtsqualität. Insgesamt zeigt sich, dass „die Schülerinnen und Schüler durchschnittlich in etwa die gleiche *Unterstützung* in der Hausaufgabenbetreuung wahrnehmen wie dies in den beiden Unterrichtsfächern der Fall ist. Hinsichtlich der effektiven Zeitnutzung unterscheidet sich die Hausaufgabenbetreuung zwar signifikant von den beiden Unterrichtsfächern (die Werte fallen für die Hausaufgabenbetreuung etwas geringer aus), allerdings sind die Unterschiede sehr gering. Dies bedeutet, dass sich die Hausaufgabenbetreuung in Bezug auf beide Qualitätsdimensionen strukturell nicht vom Fachunterricht unterscheidet" (a.a.O., 247f.). Hinsichtlich dieser Bewertung lässt sich kein Effekt durch das Geschlecht nachweisen. Allerdings wird in höheren Klassenstufen allgemein die Hausaufgabenbetreuung schlechter eingeschätzt[69], bezüglich des Unterstützungsverhaltens durch das weitere pädagogisch tätige Personal stärker als hinsichtlich der Effektivität der Zeitnutzung (a.a.O., 249f.).

67 Zufriedenheitsgrad der Eltern mit ausgewählten Angebotselementen der OGS: … der Beaufsichtigung der Hausaufgaben: sehr = 22,6 %, eher = 32,4 %, teilweise = 25,1 %, eher nicht = 11 %, überhaupt nicht 8,9 %, kein Urteil möglich = 33 (absolut); … der gezielten Hilfe bei den Hausaufgaben: sehr = 21,2 %, eher = 26,7 %, teilweise = 21,9 %, eher nicht = 15,5 %, überhaupt nicht = 14,7 %, kein Urteil möglich = 73 (absolut) (Beher et al. 2005, 200).

68 Voll und ganz zufrieden 20,7 %, eher zufrieden 46,1 %, eher nicht zufrieden 23,5 %, gar nicht zufrieden 9,6 %.

69 „Die Hausaufgabenbetreuung hilft mir sehr": stimmt genau 13,4 %, stimmt eher 17,7 %, stimme eher nicht 15,5 %, stimmt gar nicht 53,4 %.

Insgesamt kann zu den vorangegangenen Ausführungen festgehalten werden, dass die Hausaufgabenbetreuung – und damit die Hausaufgaben – einen wichtiger Faktor für die Entwicklung und Gestaltung der offenen Ganztagsschule darstellt (vgl. Beher et al. 2005, Holtappels u.a. 2007, Wiechmann 2006, Witting 1997). Für die Umsetzung der Betreuung zeigt sich eine Gruppengröße von 7-10 Kindern nach Aussagen des weiteren pädagogisch tätigen Personals als vorteilhaft, ebenso werden gute Erfahrungen mit der Einrichtung jahrgangsspezifischer Gruppen gemacht sowie mit der Möglichkeit, dass die Kinder die Gruppe, in der sie arbeiten wollen, wählen können (z.B. mit welchen Kindern sie zusammen sein wollen, aber auch bei welcher pädagogischer Kraft). Insbesondere für die Mitarbeiterinnen und Mitarbeiter der Hausaufgabenbetreuung sind mehr Informationen über eingesetzte Schulbücher und die methodischen Vorgehensweisen in den einzelnen Fächern von Bedeutung in ihrem Wunsch, die Schülerinnen und Schüler bei Schwierigkeiten optimal unterstützen zu können. Problematisch wird die Arbeit mit Gruppen betrachtet, in denen alle Jahrgänge, Unterrichtsfächer und Leistungsstände gleichzeitig vertreten sind. Darüber hinaus wünscht sich das in der Hausaufgabenbetreuung tätige weitere Personal des Ganztags Informationen darüber, wie die Heranwachsenden individuell gefördert werden können oder wie besonders lernschwache Schüler unterstützt werden können (vgl. Beher et al. 2005). Damit einher geht auch der Wunsch nach Fortbildung, bezogen auf eine Verbesserung der Diagnosekompetenz, für eine sachverständige Einschätzung des Arbeitsverhaltens der Kinder hinsichtlich möglicher Lernprobleme.

Erweist sich das Thema Hausaufgaben für die Beziehung zwischen Elternhaus und Schule generell als spannungsgeladen, stellt sich diese Spannung auch in der Beziehung zwischen Lehrkräften, Eltern und weiterem pädagogisch tätigem Personal ein. Die Eltern tragen häufig (verständlicherweise) hohe Erwartungen an die Hausaufgabenbetreuung des offenen Ganztags heran, was die individuelle Unterstützung des eigenen Kindes bei der Aufgabenerstellung angeht. Die Konzepte des Ganztags wiederum orientieren sich im Allgemeinen am Hausaufgabenerlass des Landes Nordrhein-Westfalen (2008), der die selbstständige Erarbeitung der Hausaufgaben durch die Schülerinnen und Schüler vorsieht. Entsprechend erfolgt zumeist die zeitliche und strukturelle Organisation der Hausaufgabenbetreuung. Vor dem Hintergrund, dass die Hausaufgabenbetreuung von den Eltern nicht so hohen Zuspruch erhält, ist Rollett (2007) zuzustimmen, dass „bei der Weiterentwicklung des Ganztagsschulangebotes den Möglichkeiten der individuellen Förderung sowie der Unterstützung bei den Hausaufgaben ein besonderes Augenmerk geschenkt werden“ (2007, 301) sollte. Für eine solche konstruktive Weiterentwicklung scheint aber eine gleichwertige und produktive Kooperation von Lehrkräften und weiterem pädagogisch tätigem Personal des Ganztags Grundvoraussetzung zu sein.

5.3 Fazit

Die Durchsicht der Studien über die Effekte von Hausaufgaben macht deutlich, dass das Hausaufgaben-Verhalten aus sehr unterschiedlichen Perspektiven betrachtet wird. Neben der Befragung von Lehrkräften nach ihren Hausaufgaben-Praktiken, werden Eltern zu ihren Einstellungen bezüglich Hausaufgaben, zu den Hausaufgabenzeiten ihrer Kinder befragt und schließlich geben Schülerinnen und Schüler selbst hinsichtlich ihrer Einstellungen und Erfahrungen mit dem Themenfeld Hausaufgaben Auskunft. Resümiert werden kann, dass Hausaufgaben faktisch eine wichtige Komponente der Lernsituation in der Schule bilden, ungeachtet der Frage, ob Hausaufgaben ein schulleistungssteigernder Effekt zugeschrieben werden kann oder nicht. Zu vermuten ist, dass die sich einspielende Hausaufgabenpraxis beim einzelnen Kind Effekte auf die jeweilige Hausaufgabensituation in der weiteren Schullaufbahn wie auf die Entwicklung seiner Selbstständigkeit und seines Selbstkonzepts hat (vgl. Tietze et al. 1987).

Die befragten Schülerinnen und Schüler zeigen sich allgemein vom Wert der Hausaufgaben überzeugt. Der Nutzen der Aufgaben ist für die Heranwachsenden auch daran gebunden, ob sie diese als sinnvoll einschätzen oder als von der Lehrkraft willkürlich erteilt. Auch die Lehrkräfte und die Eltern erweisen sich in den vorliegenden, diese Frage behandelnden – zumeist älteren – Untersuchungen in hohem Maße vom Nutzen der Hausaufgaben überzeugt, Eltern in noch höherem Maße als Lehrkräfte. Für die Lehrkräfte liegen die Funktionen von Hausaufgaben überwiegend in der Wiederholung, Einübung und Festigung des Unterrichtsstoffes, dem Trainieren von Arbeitstechniken sowie der aktiven Vorbereitung des nachfolgenden Unterrichts. Darüber hinaus sollen die Heranwachsenden nach Ansicht der Lehrkräfte lernen, auf sich allein gestellt zu arbeiten, ihre Zeit selbstständig einzuteilen und regelmäßig ihre Pflicht zu erfüllen. Jüngere Untersuchungen aus Österreich und der Schweiz weisen allerdings darauf hin, dass Hausaufgaben zur Übung und Festigung des im Unterricht Gelernten und als zusätzliche Übung mit einem geringeren Anspruch bei den Lehrkräften einhergehen, selbstgesteuertes Lernen zu fördern (Hascher und Hofmann 2008). Geschlechtsspezifisch wurde das Thema Hausaufgaben bislang wenig untersucht. Es lassen sich Tendenzen erkennen, nach denen Mädchen die Erteilung von Hausaufgaben eher für richtig halten und (im Gymnasium) länger daran arbeiten.

In Anlehnung an Weston (1999) lässt sich festhalten, dass bislang ein Wirknachweis von Hausaufgaben auf Schulleistungen – unbeeinflusst durch alle anderen damit verbundenen Faktoren – schwierig ist. Allerdings ergeben sich durch die zunehmende Einrichtung von offenen Ganztagsschulen verstärkt Untersuchungsmöglichkeiten. Insbesondere in US-amerikanischen Untersuchungen wird ein positiver Wirkeffekt der Hausaufgabenzeit auf die Leistung konstatiert. Diese

Studien wurden von Trautwein (2008), wie berichtet, u.a. in ihrer methodischen Umsetzung kritisiert.
Hinsichtlich der Erteilung von Hausaufgaben wurden unter anderem die Dauer ihrer Erteilung sowie die Häufigkeit untersucht. In der Grundschule erfolgt die Vergabe im Allgemeinen täglich, für die weiterführenden Schulen wurden hierzu keine Ergebnisse gefunden. Zu den von den Lehrkräften bevorzugt erteilten Hausaufgabentypen gehören Aufgaben zum Üben und Wiederholen der im Unterricht behandelten Inhalte. Der Einsatz differenzierter Aufgaben wird von vielen Lehrkräften angegeben, allerdings bleibt zumeist unklar, wie häufig und in welcher Form eine Differenzierung stattfindet. Darüber hinaus sind die Angaben über Fragebogen erhoben worden, so dass der Einfluss der sozialen Erwünschtheit im Antwortverhalten nicht ausgeschlossen werden kann. Dies gilt ebenso für die Verwendung von Hausaufgaben als disziplinarische Maßnahme, die von der überwiegenden Mehrheit der Lehrkräfte nach eigenen Angaben gelegentlich bzw. ziemlich selten eingesetzt wird. Hier wären sicherlich Kontrollfragen bei den betroffenen Schülerinnen und Schüler hilfreich.
Für die Erstellung der Hausaufgaben lässt sich feststellen, dass die Anstrengungsbereitschaft der Schülerinnen und Schüler in Zusammenhang mit der von ihnen vermuteten Lernwirksamkeit von Hausaufgaben zu stehen scheint (Trautwein und Köller 2003), ebenso in Zusammenhang mit dem von ihnen den Aufgaben subjektiv zugesprochenen Nutzen sowie der angenommenen Fähigkeit, diese bewältigen zu können. Die Belastungen durch Hausaufgaben scheinen Schülerinnen und Schüler nach eigenen Aussagen (in einer Untersuchung von 1990) nicht übermäßig stark zu empfinden. Dies steht allerdings in gewissem Widerspruch zu den Angaben über die von den Heranwachsenden für die Hausaufgaben benötigte Zeit. Auffällig ist, dass die Lehrkräfte die von den Heranwachsenden für die Hausaufgaben benötigte Zeit häufig unterschätzen und den z.T. erheblich unterschiedlichen Zeitbedarf je nach Leistungsvermögen für die Aufgabenanfertigung vielfach akzeptierend in Kauf nehmen. Der Umfang der Hausaufgaben scheint keinen Einfluss auf die Schulnoten (Roßbach 1995; Schnyder et al. 2006) bzw. den Wissenszuwachs (Trautwein und Köller 2002, Lipowsky etr al. 2004) zu haben. Hingegen erweisen sich das Engagement der Schülerinnen und Schüler sowie die Sorgfalt der Aufgabenbearbeitung für den Lernerfolg bedeutsam. Lange Hausaufgabenzeiten verweisen möglicherweise auf eine geringere Motivation und Selbstregulation in der Aufgabenbearbeitung, vielfach verbunden mit einem Gefühl der Hilflosigkeit bei den Heranwachsenden. Die elterliche Mitarbeit bzw. Hilfe bei den Hausaufgaben ist in den Untersuchungen teilweise nicht eindeutig operationalisiert worden, so dass klare Ergebnisse hierzu nicht vorliegen. Von den Lehrkräften wird die Mitwirkung der Eltern unterschiedlich bewertet, in Abhängigkeit von Elternhaus (Bildungsniveau, individuell aufgebrachte Betreuungszei-

ten) und vom Alter der Heranwachsenden. Nach Ansicht der Eltern scheinen die Lehrkräfte überwiegend zu erwarten, dass die Eltern die Hausaufgaben ihrer Kinder überwachen (z.B. Eigler und Krumm 1972). Hinsichtlich der Aufgabenbearbeitung scheint schließlich die Beliebtheit, das Interesse sowie die Erwartungshaltung, die Aufgaben zufriedenstellend erledigen zu können, erheblichen Einfluss auf die Anstrengungsbereitschaft der Heranwachsenden zu haben, die letztlich einer der wichtigsten Faktoren für die Lernwirksamkeit der Hausaufgaben sein dürfte[70].

Die Kontrolle der Hausaufgabenanfertigung allein scheint weder für das Interesse von Schülerinnen und Schülern von Relevanz zu sein, noch für ihren Lernerfolg. Bedeutsam scheint vielmehr, dass die Lernenden eine inhaltliche Rückmeldung auf ihre Arbeit erhalten, die Aufgaben für den weiteren Unterricht wichtig sind und die verschieden gewählten Lösungswege thematisiert werden.

Für viele Eltern verbindet sich mit dem Besuch der offenen Ganztagsschule durch ihre Kinder der Wunsch nach einer Betreuung der Hausaufgaben, oftmals darüber hinaus nach konkreter, qualifizierter Unterstützung bei diesen. Die Hausaufgabenbetreuung erhält nicht zuletzt hierdurch einen besonderen Stellenwert im Ganztagskonzept sowohl von Seiten der Schulleitung als auch von Seiten des Personals für den offenen Ganztag. Die nahezu flächendeckend in allen offenen Ganztagsschulen angebotene Hausaufgabenbetreuung kann als wesentliche Brücke betrachtet werden, über welche die Institution Schule mit ihrem Erziehungs- und Bildungsauftrag im besonderen Maße in den offenen Ganztag hineinreicht. Durchgeführt wird die Hausaufgabenbetreuung in offenen Ganztagsgrundschulen von Personen mit den unterschiedlichsten Ausbildungen, deren Aufgabe im Allgemeinen darin besteht, die Rahmenbedingungen für die Hausaufgabenerstellung zu schaffen (ruhige Atmosphäre u.a.m.) und eventuell die fertiggestellten Hausaufgaben auf Vollständigkeit zu prüfen. Eine darüber hinausgehende Betreuung wird durch die jeweiligen Träger des offenen Ganztags, die sich in Nordrhein-Westfalen an den hier geltenden Hausaufgabenerlass orientieren, im Allgemeinen

70 Bereits nach Knörzer (1976) erweist sich die Höhe der Leistungsmoral in Gesamtschulen, Realschulen und Gymnasien als wichtiger Faktor für das Hausaufgabenengagement. In Hauptschulen wird dieses durch ein positives Schulinvolvement gefördert, ein gegenüber der allgemeinen Leistungsmoral schulbezogenes Bedingungsgefüge, das eher affektive Elemente (Freude an der Schule, positive Einstellung gegenüber den Lehrkräften) impliziert. Eine positive Schuleinbindung ist neben der Leistungsmoral auch in Gesamt- und Realschulen für das Hausaufgabenengagement bedeutsam. Diese wird durch ein Attribuierungsmuster konsolidiert, bei dem Erfolg auf Anstrengung zurückgeführt wird. „Keine oder negative Zusammenhänge ergeben sich mit der Kausalerklärung der Schulleistungsergebnisse durch Begabung oder durch externe, vom Individuum nicht kontrollierbare Umstände Die genannten Ergebnisse lassen sich bei Jungen und Mädchen, bei Schülern in städtischen und ländlichen Regionen und unter verschiedenen Kontextbedingungen replizieren. Sie gelten in Gesamtschulen und traditionellen Schulen für Schüler aller Qualifikationsniveaus. Sie erweisen sich also als äußerst stabil" (Knörzer a.a.O., 70).

nicht vorgesehen. In den weiterführenden Schulen stehen für die Hausaufgabenbetreuung vermehrt Lehrkräfte zur Verfügung (dort sind nach Höhmann u.a. (2008) insgesamt mehr Lehrkräfte im Ganztag tätig). Für Schülerinnen und Schüler ist die didaktische Unterstützung nach Wiechmann (2004) einer der wesentlichen Faktoren für eine erfolgreiche Hausaufgabenbearbeitung. Ebenso spielt ein positives Lernklima hierbei eine Rolle. Die Zufriedenheit des pädagogisch tätigen Personals in der Hausaufgabenbetreuung des offenen Ganztags ist anscheinend neben einer guten Kooperation mit den Lehrkräften an eine höhere berufliche Selbsteinschätzung sowie an ein positiv empfundenes Schülerverhalten gebunden. In der Tat weisen einige Zusammenhänge darauf hin, dass der Erfolg der Hausaufgabenbetreuung in hohem Maße von einer konstruktiven Zusammenarbeit zwischen Lehrkräften und dem Personal des Ganztags abhängig ist, die mit einem Klima der gegenseitigen Akzeptanz und Wertschätzung verbunden ist und sich in der Arbeit mit den Heranwachsenden niederschlägt. Zugleich scheint diese Grundlage wiederum die Voraussetzung für eine tragfähige Elternarbeit zu sein, da gemeinsam Absprachen und Regeln vereinbart werden, andererseits die Schule den Eltern gegenüber ein gemeinsames, zuverlässiges Konzept vertreten kann. Dies ist nicht zuletzt aus dem Grund wichtig, da die Eltern mit der Hausaufgabenbetreuung und -hilfe bislang nicht optimal zufrieden sind.

Insgesamt bestätigen die Ergebnisse die Aussage von Lipowsky et al. (2004), „dass sich die künftige Hausaufgaben-Forschung verstärkt mit didaktischen Fragestellungen auseinandersetzen sollte. Wichtiger als die Frage, ob Hausaufgaben gestellt werden, scheint die Frage zu sein, welche Hausaufgaben erteilt werden und vor allem, wie im Unterricht damit umgegangen wird“ (a.a.O., S. 263). Die vorliegenden Forschungserkenntnisse weisen darauf hin, „dass mit dem stärkeren Einbezug didaktischer Aspekte die Effekte von Hausaufgaben-Variablen größer werden. Dieser Befund könnte eine Erklärung dafür sein, dass die Forschungslage zur Effektivität von Hausaufgaben bislang so widersprüchlich ist, denn der Umgang mit Hausaufgaben und didaktische Aspekte der Hausaufgabenstellung und -bearbeitung wurden bislang eher selten berücksichtigt“ (a.a.O). In der Tat scheinen weniger die formalen und organisatorischen Momente der Hausaufgabenpraxis relevant zu sein, sondern vielmehr inhaltliche und didaktische (a.a.O.). Die Planung und Erteilung von sowie die Rückmeldung auf Hausaufgaben durch die Lehrkraft scheinen in hohem Maße mit ihrer gesamten Unterrichtsgestaltung zu konvergieren, d.h. in die Gestaltung der Hausaufgaben fließen die grundlegenden Überzeugungen und Einstellungsmuster einer Lehrkraft wie auch ihre Professionalität ein. Die Lernwirksamkeit einer Hausaufgabe scheint somit in hohem Maße an die Qualität der Aufgabe und an die Qualität der unterrichtlichen Einbindung gebunden zu sein.

6 Ergebnisse der eigenen Hausaufgabenstudie

Ausgangsimpuls der Studie war der Wunsch, die insbesondere von Eltern kritisierte Qualität der Hausaufgabenbetreuung im offenen Ganztag zu verbessern. Die Elternkritik offenbart u.a. bestehende Missverständnisse und -verhältnisse hinsichtlich des Umgangs mit und der Funktionen von Hausaufgaben, wie sie z.B. im nordrhein-westfälischen Hausaufgabenerlass niedergelegt sind, sowie der täglichen Hausaufgabenpraxis an den Schulen. Vor dem Hintergrund der dieser Arbeit zugrundliegenden Fragestellungen werden – soweit vorhanden – jeweils aus den verschiedenen Untersuchungsphasen Ergebnisse vorgestellt und interpretiert. Den Schwerpunkt bildet die quantitative Querschnittserhebung.
Die untersuchten offenen Ganztagsgrundschulen bieten im Anschluss an den regulären verbindlichen Unterricht für alle Schülerinnen und Schüler im Rahmen des freiwillig gewählten offenen Ganztags ein Mittagessen an. An dieses schließt sich eine Spielzeit an, deren zeitliche Länge abhängt von der Dauer des Unterrichts am Vormittag (d.h. die Kinder der ersten zwei Schuljahre haben aufgrund der geringeren Stundentafel im Allgemeinen eine längere Spielzeit als die Kinder der dritten und vierten Jahrgänge). In der Zeit von 14 bis 15 Uhr findet die Hausaufgabenbetreuung statt. Die durchschnittliche Gruppengröße in der Betreuung des von uns untersuchten Ganztagsträgers umfasst acht Kinder. In einer Reihe von Schulen ist es üblich, dass auch die Schülerinnen und Schüler der ersten und zweiten Schuljahre, deren Hausaufgabendauer laut Erlass (Kultusminister Nordrhein-Westfalen 1974, Fassung von 2008) 30 Minuten nicht übersteigen soll, die gesamten 60 Minuten in der Betreuung verbleiben. Dies wird mit der fehlenden weiteren Betreuungsmöglichkeit gerechtfertigt: da alle Mitarbeiter des Ganztags in dieser Zeit in der Hausaufgabenbegleitung tätig sind, können keine Kräfte für die Betreuung von Spielphasen zur Verfügung stehen[71]. Nach der Fertigstellung ihrer Hausaufgaben sollen diese Kinder sich anderen „ruhigen“ Tätigkeiten zuwenden.

71 Schülerinnen und Schüler, die ihre Hausaufgaben in kurzer Zeit fertigstellen oder an einem Tag keine bzw. sehr wenig Hausaufgaben aufhaben, haben somit eine besonders lange Verweilzeit in der Betreuung. Für ein Kind des ersten Jahrgangs, das seine Hausaufgaben beispielsweise nach zehn Minuten beendet hat, bedeutete dies eine zusätzliche Verweilzeit von 50 Minuten in der Hausaufgabenbetreuung, in der besondere Verhaltensregeln für ein notwendiges möglichst geringes Geräuschaufkommen gelten. Auch die „Freizeitangebote“ für die betroffenen Kinder sind während dieser Zeit gekennzeichnet durch „Geräuscharmut“ (Lesen, Malen, zusätzliche Arbeitsblätter).

6.1 Darstellung der Stichprobe und des methodischen Vorgehens

Die quantitative Erhebung über Fragebogen erfolgte im Frühjahr 2009 an 17 Grundschulen mit dem Angebot des offenen Ganztags in der Region Reckenberg-Ems. Um ein möglichst breites Meinungsbild zu erhalten, wurden alle Lehrkräfte, Eltern, Schülerinnen und Schüler sowie das Personal der Hausaufgabenbetreuung schriftlich befragt[72]. Eine Ausnahme stellen die Schülerinnen und Schüler der ersten und zweiten Jahrgänge dar. Aufgrund der u.a. noch nicht sicher vorhandenen Lesefähigkeit wurden mit Kindern dieser Altersgruppe, die sich freiwillig hierfür gemeldet hatten, Gruppeninterviews durchgeführt[73]. Der Umfang der Stichprobe stellt sich folgendermaßen dar:

Tab. 6.1: Umfang der Stichprobe

	Anzahl verschickter Fragebögen insgesamt	**Rücklauf***	
Lehrkräfte	297	144	48,5 %
Eltern	4409	2823	64 %
Schüler/-innen	2223	2113	95,1 %
Personal der Hausaufgabenbetreuung	95	76	80 %

* Der Rücklauf kann bei einzelnen Items geringer sein aufgrund fehlender oder falscher Angaben.

6.1.1 Zur Repräsentativität der Stichprobe

Von 3 223 Grundschulen verfügten zum Schuljahr 2009/10 in Nordrhein-Westfalen 2667 (ca. 83 %) über ein offenes Ganztagsangebot. Eine Grundschule besuchten 680 770 Schülerinnen und Schüler, davon waren 335 335 weiblichen Geschlechts (49 %). Dies entspricht den soziodemographischen Daten der HOf-Gans-Studie mit ebenfalls 49 % befragten Schülerinnen. Einen Anteil von 12 % der gesamten Schülerschaft stellen die 81 191 ausländischen Schülerinnen und

72 Eltern von Kindern sowie Schülerinnen und Schüler, die den offenen Ganztag besuchen ebenso wie Eltern von Kindern und Schülerinnen und Schüler, die nicht am offenen Ganztag teilnehmen.

73 Diese Gruppeninterviews fanden ausschließlich an vier Projektschulen statt, die Gruppengröße betrug drei bis fünf Kinder. Insgesamt wurden neun Gruppeninterviews durchgeführt. Die erhobenen Daten unterstützen insgesamt unsere Ergebnisse aus der Fragebogenerhebung und werden hier nicht dargestellt.

Schüler. Von den an der HOfGans-Studie teilnehmenden Kindern haben hingegen 4 % nicht die deutsche Nationalität[74].
Von allen Schülerinnen und Schülern der Grundschulen in Nordrhein-Westfalen besuchten 184 799 den offenen Ganztag, was einer Quote von 27 % entspricht. Lediglich 13 % der befragten Kinder aus der HOfGans-Studie nehmen am offenen Ganztag teil. Zum Schuljahr 2009/10 gehen 174 032 Schüler in die Klasse 3 und 171 068 in die Klasse 4. Dies stimmt in etwa mit den Daten der HOfGans-Studie überein, hier besucht jeweils die Hälfte der Schüler die Jahrgangsstufe 3 bzw. die Jahrgangsstufe 4. Die durchschnittliche Klassenfrequenz beträgt in der Primarstufe in NRW 23,3 Schülerinnen und Schüler und ist mit 22,76 bei der HofGans-Studie ungefähr identisch. Die landesweite Verteilungsstruktur der Klassengröße ist ebenfalls mit den Schulen der HOfGans-Studie ähnlich.
Von den 45 184 Lehrkräften an Grundschulen in Nordrhein-Westfalen sind 40 852 weiblich. Dies entspricht einem Frauenanteil von 90,4 %. Mit 83 % ist dieser bei der HOfGans-Studie geringer. 10,4 % der Lehrkräfte an Grundschulen sind bis 30 Jahre alt; 26,1 % sind 31 bis 40 Jahre alt, 20,4 % 41 bis 50 Jahre, 37, 6 % 51 bis 60 Jahre und 5,5 % sind älter als 60. Die landesweite Verteilung der Altersstruktur stimmt nicht mit der in der HOfGans-Studie überein. Dort sind von den teilnehmenden Lehrkräften 8 % zwischen 20 und 29 Jahre alt, 22 % 30 bis 39 Jahre alt, 31 % 40 bis 49 Jahre alt, 28 % 50 bis 59 Jahre alt und 11 % 60 Jahre oder älter. Das landesweite Durchschnittsalter beträgt 46,1 Jahre, mit 45,4 Jahre liegt es bei den Lehrkräften der HOfGans-Studie nur geringfügig darunter. Die Verteilung der Lehramtsgruppen sieht für die Grundschule folgendermaßen aus: 34 796 von 45 511 Lehrkräften (76,5 %) in Nordrhein-Westfalen haben einen Abschluss für die Primarstufe, 81 % der befragten Lehrkräfte in der HOfGans-Studie haben die Schulform „Primarstufe“ studiert, 7 % die Sekundarstufe I, hier beträgt die landesweite Häufigkeit 9,5 %.
Bezüglich der Elternbefragung wurde außerdem das statistische Jahrbuch des Landes Nordrhein-Westfalen aus dem Jahre 2009 hinzugezogen (Information und Technik NRW 2009). 48,9 % der Familien (inklusive Alleinerziehende) hatten zu diesem Zeitpunkt ein Kind, 36,8 % zwei Kinder und 12,5 % drei und mehr. Diese Werte sind mit den Daten der HOfGanS-Studie schwer vergleichbar, da Eltern sowohl „1 Kind“ (12 %) angegeben haben, aber auch „1-2 Kinder“ (76 %). Hinsichtlich der Kategorie „3 und mehr Kinder“ stimmen die Daten überein (12 %). Am 31.12.2008 lebten 4 159 000 Menschen mit Migrationshintergrund in NRW. Dazu zählen sowohl Ausländer/-innen als auch Deutsche mit Migrationshinter-

74 Die befragten Grundschulen liegen überwiegend in ländlichen Regionen. Die größte Stadt Rheda-Wiedenbrück umfasste beispielsweise am 01.01.2011 eine Einwohnerzahl von 47 303 Personen, davon waren 23.383 männlich und 23.920 weiblich, 10.438 evangelisch und 23.711 römisch-katholisch, 5.782 dort gemeldete Personen sind Ausländer.

grund. Dies entspricht 23 % der gesamten Landesbevölkerung. Laut Schülerfragebogen der HOfGans-Studie haben 75 % der Eltern die Nationalität deutsch und 25 % sonstige. Jedoch ist bei den Zahlen des statistischen Jahrbuches zu berücksichtigen, dass auch Menschen unter 20 Jahre in der Statistik aufgenommen wurden. Im Bund waren laut statistischem Bundesamt im Jahr 2008 27 % der Bevölkerung Menschen mit Migrationshintergrund und ausländischer Herkunft[75]. Hinsichtlich der Unterteilung der Bevölkerung in NRW nach ihrem höchsten Bildungsabschluss ergibt sich folgendes Bild: 5,1 % waren 2008 ohne Schulabschluss, 37,0 % verfügten über einen Hauptschulabschluss, 23,9 % über die mittlere Reife, 8,4 % die Fachholschulreife und 24,1 % die Hochschulreife[76]. Bundesweit sind im Jahr 2008 von 71 217 000 Bürgern 3,9 % ohne allgemeinen Schulabschluss, 39,9 % haben einen Volks- und Hauptschulabschluss, 21,1 % die mittlere Reife und 24,4 % die Fachhochschul-/Hochschulreife (beim letzten Punkt wurde nicht unterschieden[77]). Im Rahmen der HOfGans-Studie ist ein Prozent der befragten Eltern ohne Schulabschluss, 13 % haben einen Hauptschulabschluss, 36 % die mittlere Reife, 16 % die Fachholschulreife und 11 % die allgemeine Hochschulreife. Ferner gaben 2 % an, dass sie über einen sonstigen Schulabschluss verfügen. Dies könnte mit der Herkunft und der nicht eindeutigen Vergleichbarkeit der Abschlüsse zusammenhängen. Des Weiteren wurden in der HOfGans-Studie die höchsten beruflichen Bildungsabschlüsse abgefragt. Danach verfügen 10 % über ein abgeschlossenes FH-Studium und 11 % über ein Hochschulstudium. Somit haben mindesten 22 % der Befragten die allgemeine Hochschulreife und theoretisch 26 % die Fachholschulreife. Insgesamt stimmen die höchsten Bildungsabschlüsse der Befragten der HOfGanS-Studie mit denen der Landesbevölkerung in NordrheinWestfalen lediglich ungefähr in der Häufigkeit der allgemeinen Hochschulreife überein, im bundesweiten Vergleich gar nicht.

Zu dem weiteren pädagogisch tätigen Personal in der Hausaufgabenbetreuung konnten keine statistischen Angaben gefunden werden.

Im Folgenden werden die für die Fragestellung der Arbeit wesentlichen soziodemographischen Daten zu den einzelnen Befragungsgruppen dargestellt, bevor im Anschluss die Darstellung der quantitativen Ergebnisse erfolgt.

---

75 (vgl. URL: http://www.destatis.de/jetspeed/portal/cms/Sites/destatis/Internet/DE/Navigation/Statistiken/Bevoelkerung/MigrationIntegration/MigrationIntegration.psml [Stand: 22.06.2010]).

76 (vgl. URL: http://www.mags.nrw.de/sozber/sozialindikatoren_nrw/lebenslagen/bildung/indikator9_1/index.php [Stand: 22.06.2010]).

77 (vgl. URL: http://www.destatis.de/jetspeed/portal/cms/Sites/destatis/Internet/DE/Content/Statistiken/BildungForschungKultur/Bildungsstand/Tabellen/Content100/Bildungsabschluss,templateId=renderPrint.psml [Stand: 22.07.2010]).

6.1.2 Die Stichprobe der Lehrerinnen und Lehrer

Die Fragebögen wurden mit einer ausführlichen Ausfüllanleitung an den jeweiligen Schulen verteilt. Die Lehrerinnen und Lehrer konnten ihre anonym ausgefüllten Fragebögen in einen fest verklebten Karton (Briefkasten) werfen, der zu einem bestimmten Datum wieder abgeholt wurde.

Der Fragebogen bestand aus insgesamt 118 Items, davon fragten 14 nach soziodemographischen Angaben, 86 geschlossene Fragen waren konstruiert als gerade, zweidimensionale, endpunktbenannte vierstufige Likert-Skala (1 = trifft nicht zu, 2 = trifft eher nicht zu, 3 = trifft eher zu, 4 = trifft voll zu) mit der Restkategorie „weiß nicht", zwei Items fragten nach exakten Quantifizierungen und sieben Items boten die Antwortkategorien *Ja* oder *Nein.* 13 Fragen waren offen zu beantworten. Der Fragebogen endete mit der offenen Antwortmöglichkeit „Sonstiges".

Allgemeine Aussagen Geben Sie bitte an, inwieweit Sie die folgenden Aussagen für zutreffend halten.	Trifft nicht zu 1	2	3	Trifft voll zu 4	Weiß nicht
15. Hausaufgaben sind ein elementarer Bestandteil guten Schulunterrichts	○	○	○	○	○
16. Das Erteilen von Hausaufgaben wird von den Eltern erwartet	○	○	○	○	○

Abb. 6.1: Beispiel für geschlossene Fragen aus dem Lehrerfragebogen[78]

Der Fragebogen gliedert sich neben den soziodemographischen Angaben in die thematischen Dimensionen

- *Allgemeine Aussagen über Hausaufgaben in der Schule und im Unterricht,*
- *Aussagen über das Erteilen von Hausaufgaben,*
- *Aussagen über das Anfertigen von und die Rückmeldung auf angefertigte Hausaufgaben,*
- *Aussagen über Organisation, Durchführung und Kooperation bezogen auf Hausaufgaben in der offenen Ganztagsgrundschule.*

78 Um die Tendenz zur Mitte in der Beantwortung durch die Probanden auszuschalten, wurde die „weiß-nicht"-Skala separat aufgeführt. Diese Vorgehensweise soll die Antwortenden dazu veranlassen, sich zunächst mit den Antwortmöglichkeiten der Viererskala zu befassen (vgl. Porst 2008). Finden sie hier keine passende Auswahlmöglichkeit, wechseln sie zu „weiß-nicht". Für die weitere Datenauswertung hat dieses Vorgehen die Konsequenz, dass die Berechnung des Mittelwerts auf der Grundlage der 4 Skalen von „trifft nicht zu" bis „trifft voll zu" mit der dazu gehörigen Stichprobengröße erfolgt. Die Ermittlung der weiß-nicht-Prozente erfolgt aus der Zahl aller gültigen Antworten.

Gruppiert wurden die Items des Fragebogens nach folgenden thematischen Bereichen: *Soziodemographische Angaben, Hausaufgaben in der Schule, Hausaufgaben erteilen, Hausaufgaben anfertigen/Hausaufgaben rückmelden, Hausaufgaben in der offenen Ganztagsgrundschule: Rahmenbedingungen Begleitung, Kooperation zwischen dem Kollegium und dem pädagogischen Personal der Hausaufgabenbetreuung, Ereignisse und Abläufe im Schulalltag, Welchen der folgenden Aussagen und Standpunkte über Hausaufgaben stimmen Sie zu bzw. nicht zu?* und die offene Kategorie *„Sonstiges"*.

Tab. 6.2: Soziodemographische Daten der Stichprobe „Lehrkräfte"

Geschlecht N = 144	weiblich	männlich
	83 %	17 %
Alter N = 141	M = 45,40 (SD = 10,487)	Min.= 24 Max. = 64
Jahre im Schuldienst N = 141	M = 18,052 (SD = 11,8789)	Min. = 0 Max. = 39
Unterrichtsverpflichtung N = 142	M = 22,62 (SD = 5,877)	Min. = 8 Max. = 28

Studierte Schulform N = 144	Primarstufe	Sekundar- stufe I	GHR	Sonstiges
	81 %	7 %	10 %	3 %

Klassenlehrer/ in N = 144	ja	nein	
	77,8 %	22,2 %	
Klassengröße N = 112	M = 22,76 (SD = 3,026)	Min. = 14 Max. = 29	
Mitarbeit in der OGGS N = 140	0,1 Lehrerstelle	Honorarkraft	Gar nicht
	26 %	2 %	72 %

Anzahl Schüler/-innen, die die OGGS besuchen N = 110	M = 3,63 (SD = 2,537)	Min. = 0 Max. = 13
Anzahl Schüler/-innen, deren Muttersprache nicht Deutsch ist, N = 111	M = 5,04 (SD = 4,212)	Min. = 0 Max. = 18
Anzahl Schüler/-innen, deren Muttersprache nicht Deutsch ist und die die OGGS besuchen, N = 106	M = 1,4 (SD = 1,728)	Min. = 0 Max. = 8

An der Stichprobe zeigt sich die Dominanz weiblicher Lehrkräfte in den Grundschulen, die mit 83 % die weit überwiegende Mehrheit darstellen, damit aber noch unter dem nordrhein-westfälischen Durchschnitt von 90,4 % (MfSW 2010) bleiben. Das Durchschnittsalter ist mit 45,4 Jahren recht hoch und teilt die Stichprobe in zwei Bereiche tendenziell mit einer Neigung zur Hälfte der über 44-Jährigen. Dies ergibt sich aus folgender Drittelung, nach der 30 % der Befragten bis 39 Jahre alt sind, 31 % haben ein Alter im Bereich von 40 bis 49 Jahren und 39 % sind über 50 Jahre alt. Die durchschnittliche Anzahl an Jahren im Schuldienst liegt mit 18 Jahren knapp in der unteren Hälfte, die Stichprobe verfügt somit – gemessen in Jahren – über eine solide Berufserfahrung. Auch hinsichtlich der Unterrichtsverpflichtung von durchschnittlich 22,6 Stunden pro Woche lässt sich auf eine insgesamt umfangreichere Beschäftigung der an der Befragung teilnehmenden Lehrkräfte ausgehen. Etwas erstaunlich ist, dass knapp ein Fünftel der in der Grundschule unterrichtenden Befragten nicht ursprünglich für dieses Lehramt studiert haben. Mit 78 % sind die Lehrkräfte mehrheitlich auch in Klassenleitungspositionen eingesetzt. Über 70 % der Lehrkräfte arbeiten nicht im offenen Ganztag mit, nur ein Viertel wird dort im Rahmen der 0,1 Lehrerstelle (MfSW 2009) eingesetzt. Der Mittelwert der Schülerzahl pro Klasse liegt mit 23 im für Nordrhein-Westfalen erhobenen Durchschnitt von 23,2 Schülern pro Klasse (MfSW 2010). Von diesen besucht jeweils nur ein geringer Teil von im Mittel 3,63 Schülerinnen bzw. Schülern den offenen Ganztag[79]. Dies könnte damit zusammenhängen, dass die an unserer Studie teilnehmenden Schulen vorwiegend im ländlichen Raum liegen, die Rollenverteilung innerhalb der Familie vielfach noch eher traditionell ist, möglicherweise Arbeitsangebote für Frauen weniger zur Verfügung stehen und die Kinder mittags zu Hause erwartet werden (Allmendinger 2012).

6.1.3 Die Stichprobe der Eltern

Von den jeweiligen Klassenlehrerinnen wurden die Elternfragebögen an die Kinder in verschlossenen Umschlägen verteilt, die sie ihren Eltern mit nach Hause nahmen. Nach dem Ausfüllen des Fragebogens wurde dieser den Kindern von ihren Eltern wiederum in einem anonymen verschlossenen Briefumschlag mitgegeben, in der Klasse gesammelt und zu einem bestimmten Zeitpunkt von den Projektmitarbeitern abgeholt, drei Fragebögen wurden von den Eltern auf postalischem Wege direkt an die Universität geschickt.

---

79 Vergleichswerte hierzu lassen sich weder in der nordrhein-westfälischen Schulstatistik noch in den umfangreichen Studien von Beher et al. 2005, 2007 bzw. Holtappels et al. 2007 auffinden, da die durchschnittliche Teilnahme am offenen Ganztag hier jeweils aus der Gesamtpopulation ermittelt worden ist.

Der Fragebogen für die Eltern mit Kindern im offenen Ganztag enthielt insgesamt 65 Items: 7 Items zu soziodemographischen Angaben, 54 geschlossene Fragen waren konstruiert als gerade, zweidimensionale, endpunktbenannte vierstufige Likert-Skala (vgl. Kap. 6.1.2) mit der Restkategorie „weiß-nicht", ein Item bot die Antwortkategorie *Ja* oder *Nein,* drei Fragen verfügten über Auswahlantworten. Auch dieser Fragebogen endete mit der offenen Antwortmöglichkeit „Sonstiges". Der Fragebogen für die Eltern, deren Kinder nicht den offenen Ganztag besuchen umfasste insgesamt 51 Items: 7 Items zu soziodemographischen Angaben, 33 geschlossene Fragen waren konstruiert als gerade, zweidimensionale, endpunktbenannte vierstufige Likert-Skala mit der Restkategorie „weiß-nicht", eine exakte Quantifizierung, eine offene Frage, fünf Fragen mit Auswahlantworten und vier Items mit den Antwortkategorien *Ja* oder *Nein.* Der Fragebogen endete mit der offenen Antwortmöglichkeit „Sonstiges".

Der Fragebogen gliederte sich neben den soziodemographischen Angaben in die thematischen Dimensionen

– *Einstellungen und Erwartungen zu Hausaufgaben,*
– *Hausaufgabenbearbeitung innerhalb der Familie,*
– *Einstellungen und Erwartungen gegenüber der Hausaufgabenbetreuung in der Schule (nur von Eltern ausgefüllt, deren Kind die offene Ganztagsschule besucht).*

Gruppiert wurden die Items des Fragebogens nach folgenden thematischen Bereichen: *Soziodemographische Angaben, Einstellungen und Erwartungen zu Hausaufgaben, Hausaufgabenbearbeitung innerhalb der Familie, Einstellungen und Erwartungen gegenüber der Hausaufgabenbetreuung in der Schule (nur von Eltern ausgefüllt, deren Kind die offene Ganztagsschule besucht) und die offene Kategorie „Sonstiges".*

Tab. 6.3: Soziodemographische Daten der Stichprobe „Eltern“

Geschlecht N = 2741	weiblich	männlich
	88 %	12 %

Alter N = 2754	M = 38,61 (SD = 5,183)	Min. = 22 Max. = 69

Im Haushalt vorwiegend gesprochene Sprache N =2835	deutsch	türkisch	russisch	sonstige
	94,7 %	3,5 %	1,6 %	0,1 %

höchster Bildungsabschluss im Haushalt N = 2654	Ohne Abschluss	Volks-/Hauptschule	Mittlere Reife	Fachhochschulreife	Allg. Hochschulreife	FH-Studium	Hochschulstudium	Sonstiges
	1 %	13 %	36 %	16 %	11 %	10 %	11 %	2 %

Anzahl Kinder N = 2822	M = 2,43 (SD = 1,129)	Min. = 1 Max. = 9

Kind ist N = 2751	weiblich	männlich
	50 %	50 %

Kind besucht die Jahrgangsklasse N = 2817	1	2	3	4
	22 %	22 %	28 %	28 %

Kind besucht den offenen Ganztag der Schule N = 2627	Ja	Nein	M = 1,87 (SD = ,337)
	343	2284	

Weit überwiegend wurden die Elternfragebögen von den Müttern der Schülerinnen und Schüler ausgefüllt. Das durchschnittliche Alter der antwortenden Eltern liegt bei 38,6 Jahren, es weist aber eine enorme Spanne auf mit einem Höchstalter von 69 Jahren und den niedrigsten Altersangaben mit 22 Jahren. Im Elternhaus der Kinder wird zu gut 95 % deutsch gesprochen, andere Sprachen sind nur gering vertreten. Dies könnte daran liegen, dass die Schulen sich überwiegend im ländlichen Raum befinden. Die Anzahl der eigenen Kinder ist mit dem Mittelwert 2,43 weit über dem Durchschnitt der Bundesrepublik, dort lag die Geburtenrate laut DESTATIS im Jahr 2008 bei 1,38 Kindern je Frau (MfGEPA 2011). Möglicherweise spiegelt sich auch hier das eher ländliche Einzugsgebiet der Schulen wieder. Die Verteilung der Geschlechtszugehörigkeit der Kinder sowie die Aufteilung auf die vier Jahrgangsstufen ist ausgeglichen.

6.1.4 Die Stichprobe der Schülerinnen und Schüler

Der Fragebogen wurde Schülerinnen und Schülern der dritten und vierten Schulklassen während einer dafür freigehaltenen Unterrichtsstunde vorgelegt. Die Schülerinnen und Schüler wurden durch die jeweiligen geschulten Projekt-

mitarbeiter in die Fragestellungen eingeführt und die Bögen von den Kindern selbstständig ausgefüllt. Eine Ausnahme ergab sich, wenn ein Kind nur unzureichende Kenntnisse über die deutsche Sprache hatte. In diesem Fall wurden ihm im Einzelgespräch die Fragen durch die Projektmitarbeiter erläutert. Auch die anderen Kinder hatten jederzeit die Möglichkeit, Nachfragen zu stellen. Die anonym ausgefüllten Fragebögen wurden von den Projektmitarbeitern eingesammelt und wieder in die Universität gebracht.
Der Fragebogen bestand aus insgesamt 38 Items. Auch hier gab es Unterschiede in den Fragebögen für Kinder, die die Hausaufgabenbetreuung des offenen Ganztags besuchen und denen, die ihre Hausaufgaben „privat" (zu Hause, in kirchlicher Trägerschaft, im Nachhilfeinstitut etc.) fertigstellen. In beiden Fragebogentypen betreffen sechs Items soziodemographische Angaben, 26 geschlossene Fragen, konstruiert als gerade, zweidimensionale, endpunktbenannte vierstufige Likert-Skala (vgl. Kap. 6.1.2) mit der Restkategorie „weiß-nicht", zwei offen zu beantwortende Fragen, eine Quantifizierung und drei Fragen mit Auswahlantworten. Auch die Schülerinnen und Schüler erhielten am Ende des Fragebogens die Möglichkeit, zusätzliche, ihnen wichtige Anmerkungen zum Thema Hausaufgaben zu geben.

Der Fragebogen gliederte sich neben den soziodemographischen Angaben in die thematischen Dimensionen

- *Allgemeine Aussagen über Hausaufgaben im Unterricht,*
- *Aussagen über das Erteilen von Hausaufgaben durch die Lehrkraft im Unterricht,*
- *Aussagen über das Anfertigen von Hausaufgaben*
- *Aussagen über die Rückmeldung durch die Lehrperson auf die angefertigten Hausaufgaben,*
- *Aussagen über die Organisation und Durchführung der Hausaufgabenbetreuung in der offenen Ganztagsgrundschule*

Gruppiert wurden die Items des Fragebogens nach folgenden thematischen Bereichen: *Soziodemographische Angaben, Hausaufgaben allgemein, Hausaufgaben erteilen, Hausaufgaben rückmelden, Hausaufgaben begleiten, Hausaufgaben im offenen Ganztag bzw. für die Schülerinnen und Schüler, die nicht im offenen Ganztag sind Hausaufgaben zu Hause und die offene Kategorie „Sonstiges".*

Tab. 6.4: Soziodemographische Daten der Schülerinnen und Schüler

Geschlecht N = 2100	weiblich	männlich		
	49 %	51 %		
Alter N = 2108	M = 9,3 (SD = ,773)			
Klasse N = 2090	3	4		
	50 %	50 %		
Teilnahme am Offenen Ganztag N = 2082			ja	nein
			13 %	87 %

6.1.5 Die Stichprobe der Mitarbeiterinnen und Mitarbeiter der Hausaufgabenbetreuung

Bei dem Personal der Hausaufgabenbetreuung wurde ebenso verfahren wie bei den Lehrerinnen und Lehrern. Eine der Mitarbeiterzahl entsprechende Menge an Fragebögen wurde jedem offenen Ganztag zur Verfügung gestellt, die anonym ausgefüllten Fragebögen in einen fest verklebten Karton eingeworfen, der zu einem bestimmten Zeitpunkt von Projektmitarbeitern abgeholt wurde.
Der Fragebogen umfasste insgesamt 77 Items, davon betrafen neun Items soziodemographische Angaben, 57 geschlossene Fragen waren konstruiert als gerade, zweidimensionale, endpunktbenannte, vierstufige Likert-Skala (vgl. Kap. 6.1.2) mit der Restkategorie „weiß-nicht“, acht offene Fragen, zwei Quantifizierungen und eine Frage mit Auswahlantworten. Der Fragebogen endete mit der offenen Antwortmöglichkeit „Sonstiges“.

Der Fragebogen gliederte sich neben den soziodemographischen Angaben in die thematischen Dimensionen

– *Einstellungen und Erwartungen gegenüber Hausaufgaben in der Schule,*
– *Einstellungen gegenüber der Hausaufgabenbetreuung in der offenen Ganztagsgrundschule,*
– *Aussagen über die Rahmenbedingungen der Hausaufgabenbetreuung in der offenen Ganztagsgrundschule sowie dem Begleiten der Schülerinnen und Schüler.*
– *Aussagen über die Kooperation und den Informationsaustausch zwischen Mitarbeitern der Hausaufgabenbetreuung und den Lehrkräften der Schule.*
– *Aussagen über die Organisation und Struktur der Hausaufgabenbetreuung im offenen Ganztag.*

Gruppiert wurden die Items des Fragebogens nach folgenden thematischen Bereichen: *Soziodemographische Angaben, Hausaufgaben in der Schule, Hausaufgaben im offenen Ganztag: a. Rahmenbedingungen, b. Begleiten, Kooperation/Informationsaustausch sowie Organisation und Struktur und schließlich die offene Antwortkategorie „Sonstiges“.*

Tab. 6.5: Soziodemographische Daten des Personals der Hausaufgabenbetreuung

Geschlecht N = 76	weiblich 91 %	männlich 9 %

Alter N = 74	M = 43,78 (SD = 10,178)	Min. = 20 Max. = 69

Mitarbeit in der OGGS (in Jahren) N = 69	M = 2,130 (SD = 1,9734)	Min. = 0 Max. = 10

Mitarbeit in der Hausaufgabenbetreuung N = 69	< 5 Tage/ Woche 4 %	5 Tage/ Woche 96 %

Ausbildung N = 76 (7,9 % = keine Angabe)	pädagogische Ausbildung 25 %	keine pädagogische Ausbildung 67,1 %

Beschäftigungsverhältnis N = 74	sozialversicherungspflichtig	10 %
	geringfügig beschäftigt	31 %
	freiberuflich	58 %
	sonstiges	1 %

Auch beim Personal der Hausaufgabenbetreuung überwiegt der Einsatz weiblicher Kräfte. Diese sind mit einem Mittelwert von 43, 78 Jahren durchschnittlich jünger als die Lehrkräfte, haben aber überwiegend keine pädagogische Ausbildung.

6.2 Quantitative Erhebung der Einstellungen und Erwartungen gegenüber Hausaufgaben

Die vorliegenden Ergebnisse werden zur besseren Vergleichbarkeit entlang der in Kapitel 5.0 gelisteten Aspekte der Hausaufgabenforschung dargestellt. Eine Ausnahme stellen die Forschungen zur Integration von Hausaufgaben in den Unterricht dar, zu denen es in unserer Untersuchung keine Fragestellungen gab. Im Vergleich zur bisherigen Forschung enthielten die Fragebögen der Befragungspopulationen der Lehrkräfte sowie des Personals der Hausaufgabenbetreuung jeweils ein Item zur Chancengleichheit. Die Gruppe der Lehrkräfte und des Personals des Ganztags erhielten darüber hinaus Items zum Bereich „Hausaufgaben und die eigene Professionalität".

Tab. 6.6: Hausaufgabenforschung nach ausgewählten Aspekten

Übersicht zur Hausaufgabenforschung nach ausgewählten Aspekten
Allgemeine Aspekte
1. Einschätzung des Sinns bzw. Werts von Hausaufgaben durch Lehrkräfte, Schüler, Eltern
2. Funktionen (didaktische und erzieherische)
3. Geschlechtsspezifische Ergebnisse
4. Die Lernwirksamkeit von Hausaufgaben im Vergleich zum Verzicht auf Hausaufgaben
20. Chancengleichheit
Hausaufgabenvergabe
5. Erteilung von Hausaufgaben (Dauer, Häufigkeit, Hausaufgabenfrequenz)
6. Hausaufgabentypen, z.B. festigende Übungen, vorbereitende Hausaufgaben; Differenzierung
7. Hausaufgaben als disziplinarische Maßnahme
Hausaufgabenanfertigung
8. Anstrengung, Belastungen der Schüler
9. Hausaufgabendauer, Effektivität der Zeitnutzung, Hausaufgabenmenge, -umfang
10. Mitarbeit der Eltern
11. Beliebtheit, Motivation, positive Erwartungshaltung, die Hausaufgaben zufriedenstellend erledigen zu können
Rückmeldung auf angefertigte Hausaufgaben
12. Hausaufgabenkontrolle, Hausaufgaben-Rückmeldung, Individuelles Feedback

Die Hausaufgabenthematik im offenen Ganztag
13. Bedeutung der Hausaufgabenbetreuung für die Wahl der Ganztagsschule
14. Hausaufgabenbetreuung im Gesamtkonzept der Ganztagsschule
15. Durchführung der Hausaufgabenbetreuung im offenen Ganztag
16. Kooperation
17. Zufriedenheit mit der Hausaufgabenbetreuung
Schule ohne Hausaufgaben
18. Integration von Hausaufgabenfunktionen in den Unterricht der Ganztagsschule (entfällt hier)
19. Integrierte Hausaufgaben im Vergleich zu traditionellen Hausaufgaben (entfällt hier)
21. Hausaufgaben und die eigene Professionalität

6.2.1 Allgemeine Aussagen über Hausaufgaben

1. Einschätzung des Sinns bzw. Werts von Hausaufgaben

Mit 65 % (41 % trifft eher + 24 % trifft voll zu[80]) ist die Mehrheit der Lehrerinnen und Lehrer der Ansicht, dass Hausaufgaben ein elementarer Bestandteil guten Unterrichts sind. Diese Meinung bejahen ebenfalls 85 % (32 % + 53 %) der befragten Eltern und nach Auffassung von 88 % der von uns befragten Schülerinnen und Schülern sind Hausaufgaben wichtig für einen guten Unterricht (36 % + 52 %). Auch die bislang von der Wissenschaft hierzu nicht befragten Mitarbeiter der Hausaufgabenbetreuung stimmen dem Item, dass Hausaufgaben ein elementarer Bestandteil guten Schulunterrichts sind, mit 74 % (29 % + 45 %) mehrheitlich zu. Die höchste Zustimmung zu diesen Items liegt somit bei den Eltern und ihren Kindern.

80 Die im Laufe des Kapitels dargestellten Prozentwerte in den Klammern stellen jeweils die Zustimmungen bzw. Ablehnungen in den Einzelwerten dar. Dabei wird jeweils die eingeschränkte („eher") zuerst genannt, gefolgt von der vollständigen Zustimmung („trifft") bzw. Ablehnung („trifft nicht").

Tab. 6.7: Sinn und Wert der Hausaufgaben

Items zur Einschätzung von Sinn und Wert der Hausaufgaben durch alle Probanden	**Mittelwert (SD)**
Hausaufgaben sind ein elementarer Bestandteil guten Schulunterrichts (Lehrkräfte, N = 143)	2,78 (,930)
Hausaufgaben sind ein wichtiger Baustein guten Unterrichts (Eltern, N = 2711)	3,33 (,829)
Hausaufgaben sind wichtig für guten Unterricht (Schülerinnen und Schüler, N = 2009)	3,35 (,798)
Hausaufgaben sind ein elementarer Bestandteil guten Unterrichts (Personal der Hausaufgabenbetreuung, N = 75)	3,13 (,949)

Interpretation
Von allen befragten Personengruppen liegt eine hohe Zustimmung zum Sinn und Wert von Hausaufgaben vor.
Die Mehrheit der Lehrkräfte scheint vom allgemeinen Wert der Hausaufgaben überzeugt zu sein, allerdings ist diese Zustimmung nicht übermäßig hoch, sondern zeigt sich eher gemäßigt ausgeprägt. Im Gegensatz dazu erhielt dieses Item durch die Eltern mit über 80 Prozent eine hohe Zustimmung.
Durch die Schülerinnen und Schüler erfahren Hausaufgaben die höchste Zustimmung. Diese sind möglicherweise beeinflusst durch die Meinung ihrer Eltern, die diesem Item ebenfalls in großem Maße zustimmen. Für Kinder im Grundschulalter dürfte die elterliche Ansicht noch einen höheren Stellenwert haben als beispielsweise bei Jugendlichen und sich in den Familien in der Frage danach, ob die Aufgaben erledigt wurden, sowie in deren Kontrolle, widerspiegeln.
Auch das Personal der Hausaufgabenbetreuung im offenen Ganztag zeigt eine hohe Akzeptanz. Bislang liegen zu dieser Probandengruppe, bezogen auf die Fragestellung, keine Vergleichszahlen vor. Wie die soziodemographischen Daten zeigen, verfügen die überwiegenden Probanden dieser Gruppe nicht über eine pädagogische Ausbildung, d.h. ihre Einstellungen beziehen sich ebenso wenig wie die der Eltern auf wissenschaftliche Erkenntnisse. Da die von uns befragten offenen Ganztagsschulen und damit die dort institutionalisierte Hausaufgabenbetreuung in Nordrhein-Westfalen erst seit wenigen Jahren existieren, können die Betreuer zumeist nicht auf eine langjährige Erfahrung in diesem Bereich zurückblicken.
Darüber hinaus haben diese Befragten zum überwiegenden Teil eine Schule in Deutschland besucht und/oder möglicherweise durch eigene Kinder Schule in Deutschland erlebt, so dass sich durchaus allgemeine Einstellungen widerspie-

geln. Darüber hinaus könnte eine Bejahung auch aus der Nähe zum eigenen Berufsfeld resultieren.
Unter der Berücksichtigung der bislang noch eher geringen Forschungslage über Hausaufgaben und ihre Lernwirkungen sowie der eher geringen Rezeption dieser Erkenntnisse durch die Praxis (vgl. unter Punkt 6.2.6 Hausaufgaben und die eigene Professionalität das Item „Ich informiere mich über wissenschaftliche Erkenntnisse der Hausaufgabenforschung") liegt die Vermutung nahe, dass die zumeist hohe Zustimmung überwiegend auf einer „Tradierung" beruht. Für die Befragten hat es dementsprechend Hausaufgaben „schon immer" gegeben. Diese gehören selbstverständlich zur Schule, daher werden ihnen Wirkungen und Bedeutungen zugeschrieben, die im Alltag zumeist nicht mehr hinterfragt werden.

2. Didaktische und erzieherische Funktionen der Hausaufgaben
Die im Rahmen der HOfGans-Studie den Lehrkräften gestellten Fragen zu den Funktionen von Hausaufgaben lassen sich nach drei Themenbereichen differenzieren: nach ihrer Bedeutung für *den eigenen Unterricht* der Lehrerinnen und Lehrer, für *das Lernen der Schülerinnen und Schüler* sowie für *die eigene Professionalität.*
Bezogen auf den *eigenen Unterricht* geben die befragten Lehrkräfte mit 94 % (33 % trifft eher + trifft voll zu 61 %) überwiegend an, dass durch Hausaufgaben der Unterricht wiederholt und vertieft werden soll. Nach der Ansicht von 89 % (35 % + 54 %) der Befragten sollen häusliche Aufgaben die im Unterricht erarbeiteten Inhalte ergänzen. Entsprechend stimmen 62 % (42 % + 20 %) dem Item zu, dass diese die Wiederholungsphasen im Unterricht verringern. Dennoch lehnen 53 % (31 % + 22 %) die Aussage ab, das regelmäßige Erteilen von Hausaufgaben ermögliche eine zügigere Behandlung des Unterrichtsstoffes. Ebenso verneinen 57 % (25 % + 32 %) der Lehrkräfte, dass durch häusliche Aufgaben der komprimierte Unterricht entzerrt und besser verstanden wird. Mit 81 % (34 % + 47 %) sind diese entsprechend weit überwiegend nicht der Ansicht das regelmäßige Erteilen von Hausaufgaben entlaste für die Lehrkraft den Unterricht. 80 % (38 % + 42 %) der Befragten verneinen die Aussage, dass Inhalte, die im Unterricht nicht abgeschlossen wurden, von den Schülern zu Hause erledigt werden sollen.

Tab. 6.8: Lehrkräfte: didaktische und erzieherische Funktionen von Hausaufgaben I

Didaktische und erzieherische Funktionen von Hausaufgaben I: Einschätzungen durch die Lehrkräfte bezogen auf den eigenen Unterricht	**Mittelwert (SD)**
Hausaufgaben dienen dazu, den Unterricht zu wiederholen und zu vertiefen (N = 144)	3,54 (,646)
Hausaufgaben ergänzen die im Unterricht erarbeiteten Inhalte (N = 144)	3,42 (,715)
Das regelmäßige Erteilen von Hausaufgaben verringert die Wiederholungsphasen im Unterricht (N = 143)	2,73 (,864)
Das regelmäßige Erteilen von Hausaufgaben ermöglicht es mir, den Unterrichtsstoff zügiger durchzunehmen (N = 143)	2,32 ,885
Hausaufgaben dienen dazu, den komprimierten Unterrichtsstoff zu entzerren und besser zu verstehen (N = 140)	2,17 (,959)
Das regelmäßige Erteilen von Hausaufgaben entlastet für die Lehrkraft den Unterricht (N = 143)	1,73 (,796)
Inhalte, die im Unterricht nicht abgeschlossen wurden, werden als Hausaufgabe von den Schülern erledigt (N = 141)	1,80 (,804)

Hinsichtlich deren *Bedeutung für das Lernen der Schülerinnen und Schüler* stimmen 87 % (44 % + 43 %) der Lehrerinnen und Lehrer der Aussage zu, dass das Erledigen von Hausaufgaben das Verantwortungsbewusstsein der Schüler fördert. Im Gegensatz zur Wirksamkeit für das kognitive Lernen (vgl. Punkt 4 Die Lernwirksamkeit von Hausaufgaben) scheint die Mehrheit der Lehrkräfte vom erzieherischen Wert der Hausaufgaben überzeugt zu sein. Dies bestätigt sich durch die ebenfalls hohe Zustimmung von 84 % (47 % + 37 %) zu dem Item, dass Schülerinnen und Schüler durch die Hausaufgaben lernen sollen, selbständig zu arbeiten. Zugleich sind 88 % (50 % + 38 %) der Ansicht, dass Hausaufgaben dem Schüler die Möglichkeit bieten festzustellen, ob er die im Unterricht vermittelten Inhalte verstanden hat. 61 % (48 % + 13 %) der Lehrkräfte sind der Ansicht, dass Schüler durch die Hausaufgabenerledigung die Möglichkeit haben, erlerntes Wissen auf neue Probleme anzuwenden und 59 % (47 % + 12 %) der Lehrkräfte versuchen, die Aufgaben so zu formulieren, dass unterschiedliche Lösungswege gewählt werden können. Insgesamt lehnen hingegen 61 % (26 % + 35 %) der Lehrerinnen und Lehrer die Aussage ab, Hausaufgaben gäben ihnen die Möglichkeit, erlerntes Wissen der Schülerinnen und Schüler abzufragen. Und 88 % (28 % + 60 %) lehnen die Aussage ab, dass die Erfassung des Lernfortschritts der Heranwachsenden für sie persönlich ein vorrangiges Kriterium ist.

Tab. 6.9: Lehrkräfte: didaktische und erzieherische Funktionen von Hausaufgaben II

Didaktische und erzieherische Funktionen von Hausaufgaben II: Einschätzung der Bedeutung von Hausaufgaben für die Schülerinnen und Schüler durch die Lehrkräfte	**Mittelwert (SD)**
Das Erledigen von Hausaufgaben fördert das Verantwortungsbewusstsein der Schüler (N = 141)	3,28 (,710)
Durch die Hausaufgaben soll der Schüler lernen, selbstständig zu arbeiten (N = 142)	3,14 (,830)
Hausaufgaben bieten dem Schüler die Möglichkeit festzustellen, ob er die im Unterricht gelehrten Inhalte verstanden hat (N = 144)	3,23 (,717)
Durch die Hausaufgaben hat der Schüler die Möglichkeit, erlerntes Wissen auf neue Probleme anzuwenden (N = 142)	2,68 (,795)
Ich versuche die Hausaufgaben so zu formulieren, dass unterschiedliche Lösungswege gewählt werden können (N = 141)	2,65 (,765)
Hausaufgaben geben mir als Lehrkraft die Möglichkeit, erlerntes Wissen der Schüler abzufragen (N = 142)	2,14 (1,022)
Den Lernfortschritt der Schüler durch Hausaufgaben zu erfassen ist für mich persönlich ein vorrangiges Kriterium (N = 142)	1,55 (,804)

Im Hinblick auf die *Professionalität ihrer Berufsausübung* sind die befragten Lehrerinnen und Lehrer mit insgesamt 96 % (39 % + 57 %) Zustimmung der Meinung, dass die Erteilung von Hausaufgaben in der Grundschule eine hohe didaktische Sorgfalt erfordere. 71 % (45 % + 26 %) glauben, die Freude der Heranwachsenden an den Aufgaben hinge stark von der didaktischen Kreativität der Lehrkraft ab. Dass es eine Herausforderung ist, Hausaufgaben so zu stellen, dass sie didaktisch an das Ergebnis der Stunde anschließen, antworten 64 % (39 % + 25 %) der Lehrkräfte.

Tab. 6.10: Lehrkräfte: didaktische und erzieherische Funktionen von Hausaufgaben III

Didaktische und erzieherische Funktionen von Hausaufgaben III: Lehrkräfte und die eigene Professionalität ihrer Berufsausübung	**Mittelwert (SD)**
Hausaufgaben in der Grundschule zu erteilen, erfordert eine hohe didaktische Sorgfalt (N = 143)	3,52 (,592)
Die Freude der Schüler an den Hausaufgaben hängt stark von der didaktischen Kreativität der Lehrkraft ab (N = 129)	2,89 (,868)
Es ist eine Herausforderung Hausaufgaben so zu stellen, dass sie didaktisch an das Ergebnis der Unterrichtsstunde anschließen (N = 143)	2,74 (,998)

Zu den Hausaufgabenfunktionen wurden die Schülerinnen und Schüler nicht befragt, wohl aber ihre Eltern, nach deren weit überwiegender Meinung von 96 % (14 % + 82 %) die Hausaufgaben dazu dienen, das im Unterricht Gelernte zu wiederholen und zu vertiefen. In noch höherem Maße als die Lehrkräfte sind Eltern mit 93 % (26 % + 67 %) der Ansicht, dass durch die häuslichen Aufgaben ihr Kind sehen kann, ob es alles verstanden hat. 90 % (28 % + 62 %) denken, dass durch die Hausaufgabenerledigung ihr Kind lernt, Verantwortung zu übernehmen und 91 % (28 % + 63 %) der Eltern stimmen der Aussage zu, dass ihr Kind durch diese lernt, selbständig zu arbeiten. Dass Hausaufgaben für ihr Kind eine Möglichkeit sind, versäumten Unterricht aufzuarbeiten, denken 64 % (29 % + 35 %) der Eltern. Gut die Hälfte der Befragten 59 % (39 % + 20 %) antworten, Hausaufgaben sollten so formuliert werden, dass unterschiedliche Lösungswege gewählt werden können.

Tab. 6.11: Eltern: didaktische und erzieherische Funktionen von Hausaufgaben

Didaktische und erzieherische Funktionen von Hausaufgaben: Die Perspektive der Eltern	**Mittelwert (SD)**
Hausaufgaben dienen dazu, das im Unterricht Gelernte zu wiederholen und zu vertiefen (N = 2743)	3,77 (,542)
Durch Hausaufgaben kann mein Kind sehen, ob es alles verstanden hat (N = 2741)	3,58 (,675)
Durch das Erledigen der Hausaufgaben lernt mein Kind selbständig zu arbeiten (N = 2734)	3,53 (,708)
Durch das Erledigen der Hausaufgaben lernt mein Kind Verantwortung zu übernehmen (N = 2739)	3,5 (,726)
Hausaufgaben sind für mein Kind eine Möglichkeit, versäumten Unterricht aufzuarbeiten (N = 2714)	2,85 (1,064)
Hausaufgaben sollen so formuliert werden, dass unterschiedliche Lösungswege gewählt werden können (N = 2535)	2,69 (,977)

Auch das in der Hausaufgabenbetreuung pädagogisch tätige Personal des offenen Ganztags zeigt mehrheitlich eine eindeutig positive Haltung zu den erzieherischen Funktionen der häuslichen Aufgaben. So sind 95 % (28 % + 67 %) der Befragten der Ansicht, dass die Heranwachsenden durch Hausaufgaben lernen sollen, selbstständig zu arbeiten. Dass die Schülerinnen und Schüler durch das Erledigen der Aufgaben lernen, Verantwortung zu übernehmen, denken 79 % der Befragten (36 % + 43 %).

Tab. 6.12: Betreuende: didaktische und erzieherische Funktionen von Hausaufgaben

Didaktische und erzieherische Funktionen von Hausaufgaben: Einschätzung durch das Personal der Hausaufgabenbetreuung	**Mittelwert (SD)**
Durch die Hausaufgaben sollen die Schüler lernen, selbstständig zu arbeiten (N = 76)	3,59 (,677)
Durch das Erledigen von Hausaufgaben lernen die Schüler, Verantwortung zu übernehmen (N = 75)	3,20 (,854)

Interpretation

Im Hinblick auf die *Bedeutung für ihren eigenen Unterricht* messen die Lehrkräfte häuslichen Aufgaben einen sehr hohen Stellenwert in ihrer Funktion zu, den Unterricht zu wiederholen und zu vertiefen. Entsprechend sind sie der Ansicht, dass aufgrund der Hausaufgaben weniger Wiederholungsphasen stattfinden. Demgegenüber erstaunt es, dass die Lehrkräfte in weit überwiegendem Maß nicht der Ansicht sind, durch regelmäßige Hausaufgaben würde ihr Unterricht entlastet. Ebenso wie diese mehrheitlich die Meinung vertreten, dass durch die regelmäßige Erteilung häuslicher Aufgaben Unterrichtsinhalte nicht zügiger durchgenommen werden können. Immerhin deutet die Reduzierung von Wiederholungsphasen objektiv insofern auf eine Entlastung für den Unterricht hin, da dieser sich auf andere, neue Inhalte konzentrieren kann. Dass die Lehrkräfte mehrheitlich nicht eine Funktion des häuslichen Arbeitens darin sehen, unvollendete Unterrichtsinhalte durch die Schülerinnen und Schülern ohne professionelle Begleitung fertigstellen zu lassen, spricht für ein überwiegend pädagogisch-didaktisch orientiertes Verständnis von Hausaufgaben.

Betrachtet man die Items, die sich auf die *Bedeutung für die Schülerinnen und Schüler* beziehen, lässt sich eine Zweiteilung in eher erzieherische und eher didaktische erkennen, wobei die größte Zustimmung bei den Items mit erzieherischen Inhalten liegt. Demgemäß scheint für die Lehrkräfte die Förderung der Verantwortung der Heranwachsenden für ihr eigenes Lernen einen hohen Stellenwert zu haben. Nach Ansicht der Lehrerinnen und Lehrer haben junge Menschen durch das eigenständige Erledigen der Aufgaben ohne weitere Unterstützung durch die Lehrkraft und andere Dritte am Nachmittag die Möglichkeit festzustellen, ob sie die am Vormittag vermittelten Inhalte tatsächlich verstanden haben. Hingegen ist es für die weit überwiegende Mehrheit kein vorrangiges Kriterium, durch die Hausaufgaben den Lernfortschritt der Heranwachsenden zu erfassen. Dass heißt, dieses diagnostische Mittel des Lernfortschritts, das sie durchaus für die Schüler als sinnvoll erachten, nutzen die Lehrkräfte nicht in demselben Maße für ihre eigene Diagnose und die sich gegebenenfalls daran anschließende Lernberatung ihrer Schüler. Möglicherweise zeigt sich eine Skepsis dahingehend, ob der Schüler die Hausaufgaben wirklich selbständig erledigt hat oder ob er durch Dritte bei der Anfertigung der Aufgaben unterstützt worden ist. Wird die Unterstützung der Heranwachsenden bei den Hausaufgaben durch die Lehrerinnen und Lehrer befürwortet oder sogar eingefordert, stellt für diese das Vorliegen der angefertigten Aufgaben ebenfalls keinen eindeutigen Nachweis eines Lernfortschritts bei den Schülern dar. Hausaufgaben – so sie in Beziehung zu den Unterrichtsinhalten des Vormittags stehen und sowohl Verfahren als auch Aufgabenstellung eindeutig und klar sind – bieten somit den Heranwachsenden eine Überprüfungsmöglichkeit des eigenen Lernstands. Die Lehrkraft hingegen kann in der folgenden Unterrichtsstunde, wenn sie die angefertigten Hausaufgaben kontrolliert, nicht mit absoluter Sicherheit davon ausgehen, ob diese tatsächlich von der Schülerin oder dem Schüler selbstständig erledigt wurden. Neben der bereits möglicherweise bestehenden Unsicherheit darüber, wer die Hausaufgaben letztlich angefertigt hat, könnte dieses Antwortverhalten schließlich ein Hinweis auf die Bedeutung sein, die die Lehrkraft diesen zumisst. Das heißt, sieht diese keinen großen didaktischen Wert in den Aufgaben, nimmt sie diese auch nicht als Hinweis für einen Lernfortschritt ihrer Schüler.

Eine nur knappe Mehrheit der Lehrkräfte ist der Ansicht, dass die von ihnen gestellten Hausaufgaben auch die Möglichkeit zum Transfer bieten. Der produktive Aspekt einer Aufgabenstellung, die Verwendbarkeit des Gelernten scheint vor diesem Antwortverhalten kein ausschlaggebendes Kriterium für die Aufgabenerteilung zu sein. Dies zeigt sich auch darin, dass gerade 58 % der Lehrkräfte angeben, Hausaufgaben so zu formulieren versuchen, dass unterschiedliche Lösungswege gewählt werden können. Es deutet sich an, dass für die Lehrerinnen der Lösungsweg vor allem einen Nachweis der ordnungsgemäßen Übernahme vorgegebener Lösungsverfahren durch die Schülerinnen und Schüler darstellt.

Einen hohen Anspruch an die *Professionalität* in *ihrer Berufsausübung* sehen die Lehrkräfte offenbar selbst in der Entwicklung, Planung und Konzeption der Hausaufgaben. Nur fünf Prozent der Befragten sind nicht der Meinung, dass die Erteilung von Hausaufgaben in der Grundschule eine hohe didaktische Sorgfalt erfordert. Die weit überwiegende Mehrheit hingegen scheint den Anspruch sehr hoch zu gewichten, die Aufgabenstellung pädagogisch und didaktisch so zu erläutern, dass die Kinder sie verstanden haben und am Nachmittag selbständig erledigen können.

Auch die Zustimmung zu der Aussage, „Die Freude der Schüler an den Hausaufgaben hängt stark von der didaktischen Kreativität der Lehrkraft ab“ deutet darauf hin, dass die Lehrkräfte mehrheitlich die Verantwortung für die Motivation der Heranwachsenden an den Aufgaben vor allem bei sich selbst sehen. Möglicherweise sind Lehrkräfte, die sich bei der Hausaufgabenvorbereitung überwiegend an Lehrerhandbüchern orientieren, weniger dieser Überzeugung, da sie das „Planungsmonopol“ vermutlich bereits an die Regie der Lehrerhandbücher delegiert haben. Mehrheitlich waren die Lehrerinnen und Lehrer der Meinung, dass die didaktische Passung der häuslichen Aufgaben zum Unterrichtsergebnis durchaus eine Anforderung darstellt. Dieses Antwortverhalten verweist auf einen engen Zusammenhang von Unterrichtsplanung und Hausaufgabenvorbereitung hinsichtlich der zugrunde liegenden Theorie und damit einhergehend der eingesetzten Methoden und Medien. Zugleich wird hierdurch das Argument untermauert, die Planung, Erstellung und Überprüfung der Hausaufgaben zu einem Thema in der Ausbildung zu machen.

Gemessen an ihrem Antwortverhalten scheinen die befragten Eltern den Hausaufgaben wichtige didaktische und erzieherische Funktionen beizumessen. In weit größerem Maße als die Lehrkräfte sind Eltern der Ansicht, dass ihre Kinder durch die Hausaufgaben das im Unterricht Gelernte wiederholen wie auch vertiefen

und bei dieser Gelegenheit überprüfen können, ob sie die dargebotenen Inhalte verstanden haben. Ebenso tragen häusliche Aufgaben nach ihrer Ansicht zur Entwicklung von Verantwortungsübernahme und Selbstständigkeit bei. Hierzu hat es bislang in noch geringerem Ausmaß als hinsichtlich der Lernwirksamkeit stichhaltige und eindeutige Forschungserkenntnisse gegeben. Daher ist zu vermuten, dass sich in diesen Antworten eine Tradierung von Überzeugungen und Hoffnungen niederschlägt, die sich seit jeher mit schulischen Hausaufgaben verbunden haben. Diese werden zumeist von Eltern an ihre Kinder weitergegeben, um bei ihnen die Einsicht in die Notwendigkeit der und die Bereitschaft zur regelmäßigen und sorgfältigen Hausaufgabenbearbeitung zu wecken.
Auch das Personal der Hausaufgabenbetreuung ist von der erzieherischen Funktion der Hausaufgaben überzeugt, wie sich in der hohen Zustimmung zu den Items hinsichtlich der Selbstständigkeitsentwicklung und der Verantwortungsübernahme zeigt. Ebenso wie bei den Eltern kann bei dieser Probandengruppe vermutet werden, dass diese Einstellungen aufgrund einer Tradierung erfolgen.

3. Geschlechtsspezifische Unterschiede im Antwortverhalten der Schülerinnen und Schüler
In der folgenden Tabelle sind die größten Mittelwertunterschiede im Antwortverhalten der von uns befragten Mädchen und Jungen aufgeführt.

Tab. 6.13: Geschlechtsspezifische Unterschiede zu Hausaufgaben

Unterschiede im Antwortverhalten der Schülerinnen und Schüler, die auf eine geschlechtsspezifische Ursache schließen lassen	**Mittelwert (SD)**	
	Mädchen	**Jungen**
Besser mehr Unterricht und keine Hausaufgaben	2,99 (1,161)	2,76 (1,207)
Hausaufgaben helfen mir, besser zu lernen	3,38 (,856)	3,22 (,977)
Zu viele Hausaufgaben	2,71 (,607)	2,57 (,682)
Wenn ich die Hausaufgaben nicht konnte, möchte ich, dass mir die Lehrerin am nächsten Tag hilft	3,11 (1,082)	2,98 (1,170)
Ich lese meine Hausaufgaben gerne vor	2,89 (1,016)	2,64 (1,106)
Wenn ich meine Hausaufgaben nicht gemacht habe, bekomme ich ein schlechtes Gewissen	3,42 (,896)	3,30 (1,014)

Hausaufgaben machen mir Spaß	2,37 (,779)	2,58 (,880)
Durch die Hausaufgabenbegleitung mache ich bei meinen Hausaufgaben weniger Fehler	3,23 (,871)	3,10 (1,074)
Strategie, um Hausaufgaben nicht zu vergessen*: Ich schreibe sie mir auf (Zustimmung) Ich versuche, mir die Hausaufgaben zu merken (Zustimmung)	 91 % 8,0 %	 82 % 17,7 %
Hilfe bei den Hausaufgaben durch die Eltern, Art der Hilfe**: Richtige Antwort vorsagen (Zustimmung)	6 %	16 %

* Wahlmöglichkeit zwischen „Ich schreibe sie mir auf", „Ich versuche, mir die Hausaufgaben zu merken", „Die Lehrerin verteilt Zettel mit den Hausaufgaben".

** Wahlmöglichkeit zwischen „Tipps geben", „Die richtigen Antworten vorsagen", Auf Vollständigkeit prüfen", „Nach Fehlern suchen" und „Gar nicht".

Interpretation

Insgesamt lässt sich feststellen, dass es keine nennenswerten Unterschiede zwischen den beiden Gruppen gibt, sondern sich lediglich Tendenzen aufzeigen lassen (z.B. sind die Mädchen mit einem um 0.23 höheren Mittelwert in etwas ausgeprägterem Maße der Ansicht, dass den Hausaufgaben zusätzlicher Unterricht vorzuziehen sei). Auch die beiden letzten Items weisen auf unterschiedliche Strategien hin. Einmal hinsichtlich des Erinnerns an die Hausaufgaben: in diesem Punkt scheinen Mädchen die eher sicherere Methode des Aufschreibens zu bevorzugen, während Jungen in höherem Maße bereit sind, sich auf ihr Gedächtnis zu verlassen. Und zum anderen bezogen auf die Hilfe bei der Aufgabenanfertigung: die Jungen sind eher bereit, den bequemeren Weg des Vorsagens zu wählen. Letztlich sind diese Unterschiede aber gering und daher nicht sehr verlässlich.

4. Die Lernwirksamkeit von Hausaufgaben

Über die Hälfte der Lehrkräfte 66 % (30 % + 36 %) stimmt der Aussage zu, dass anstelle von Hausaufgaben zusätzlicher Unterricht effektiver wäre. Dass häusliche Aufgaben den Lernerfolg erhöhen, äußern 68 % (51 % + 17 %) der Lehrkräfte. Von den Befragten verneinen 85 % (38 % + 47 %) die Aussage, vermehrte Hausaufgaben verbesserten die Leistungen der Schüler. Weit überwiegend abgelehnt 85 % (37 % + 48 %) wird von den Befragten auch, dass durch Hausaufgaben der Lernfortschritt der Schülerinnen und Schüler gut erfasst werden kann.

Tab. 6.14: Lehrkräfte: Lernwirksamkeit von Hausaufgaben

Items bezogen auf die Lernwirksamkeit von Hausaufgaben: Lehrkräfte	**Mittelwert (SD)**
Anstelle von Hausaufgaben wäre zusätzlicher Unterricht effektiver (N = 133)	2,86 (1,072)
Hausaufgaben erhöhen den Lernerfolg der Schüler (N = 137)	2,77 (,825)
Vermehrte Hausaufgaben verbessern die Leistungen der Schüler (N = 137)	1,69 (,755)
Hausaufgaben bieten eine gute Möglichkeit, den Lernfortschritt der Schüler zu erfassen (N = 142)	1,68 (,757)

Die von uns befragten Schülerinnen und Schüler äußern mehrheitlich 82 % (27 % + 55 %), dass Hausaufgaben ihnen helfen, besser zu lernen. 66 % (22 % + 44 %) von ihnen fänden es allerdings besser, mehr Unterricht zu haben und dafür keine häuslichen Aufgaben zu bekommen.

Tab. 6.15: Schülerinnen und Schüler: Lernwirksamkeit von Hausaufgaben

Items bezogen auf die Lernwirksamkeit von Hausaufgaben: Schülerinnen und Schüler	**Mittelwert (SD)**
Hausaufgaben helfen mir, besser zu lernen (N = 2017)	3,29 (,924)
Ich fände es besser, mehr Unterricht zu haben und dafür keine Hausaufgaben zu bekommen (N = 1997)	2,88 (1,189)

89 % (37 % + 52 %) der Eltern sind der Ansicht, dass häusliche Aufgaben den Lernerfolg ihres Kindes erhöhen. Im Gegenzug lehnen 93 % (10 % + 83 %) die Aussage „Hausaufgaben sind nutzlos für den Lernerfolg der Schüler“ ab. Dass anstelle zusätzlicher Unterricht lernwirksamer ist, verneinen 66 % (30 %+ 36 %) der Befragten. Allerdings antworten hier 11 % mit „weiß nicht“.

Tab. 6.16: Eltern: Lernwirksamkeit von Hausaufgaben

Items bezogen auf die Lernwirksamkeit von Hausaufgaben: Eltern	**Mittelwert (SD)**
Hausaufgaben erhöhen den Lernerfolg meines Kindes (N = 2706)	3,39 (,730)
Anstelle von Hausaufgaben ist zusätzlicher Unterricht lernwirksamer (N = 2425) *weiß nicht = 11 % (N = 2721)*	2,18 (1,019)
Hausaufgaben sind nutzlos für den Lernerfolg der Schüler (N = 2683)	1,28 (,683)

Die Betreuenden der Hausaufgaben sind von der Erhöhung des Lernerfolgs durch häusliche Aufgaben mit 85 % (40 % + 45 %) überzeugt.

Tab. 6.17: Personal der Hausaufgabenbetreuung: Lernwirksamkeit von Hausaufgaben

Items bezogen auf die Lernwirksamkeit von Hausaufgaben: Das Personal der Hausaufgabenbetreuung	**Mittelwert (SD)**
Hausaufgaben erhöhen den Lernerfolg der Schüler (N = 75)	3,31 (,716)

Interpretation

Mit dem von allen Befragten mehrheitlich erklärten allgemeinen Wert von Hausaufgaben verbindet sich auch die Überzeugung ihrer Lernwirksamkeit. Dies zeigt sich u.a. in der Höhe der jeweiligen Zustimmungen, die durchaus eine Nähe zueinander aufweisen.

So stimmt die Mehrheit der Lehrkräfte der Lernwirksamkeit häuslicher Aufgaben zu, mit einem Mittelwert von 2,86 bleibt die Zustimmung aber sehr nahe am Mittelwert von 2,78 der Aussage dieser Personengruppe, dass Hausaufgaben ein elementarer Bestandteil guten Schulunterrichts sind. Die eher zurückhaltende Zustimmung der Lehrkräfte deutet darauf hin, dass diese nicht durchgehend vom Lernerfolg durch Hausaufgaben und auch nicht von der Lernwirksamkeit ihrer Aufgabenstellungen überzeugt sind. Gestützt wird dieses Antwortverhalten durch aktuelle Forschungsergebnisse (vgl. Trautwein/Köller/Baumert 2001, Lipowsky et al. 2004, vgl. Kapitel 5). Das könnte einerseits ein Hinweis darauf sein, dass den Lehrerinnen und Lehrern diese Ergebnisse bekannt sind (dieser Möglichkeit widerspricht das Antwortverhalten der Lehrerinnen und Lehrer mit einer Ablehnung

von 67 % auf das Item „Ich informiere mich über wissenschaftliche Erkenntnisse der Hausaufgaben-Forschung“, vgl. Kap. 6.2.1.6). Möglicherweise verfügen die Lehrerinnen und Lehrer aber durch ihre Berufsausübung über Erfahrungswerte, die sich in den genannten Forschungsergebnissen widerspiegeln.
Bestätigt wird diese Zurückhaltung durch die andererseits zwar nicht übermäßige, aber insgesamt unerwartete mehrheitliche Bejahung der Aussage, dass zusätzlicher Unterricht effektiver wäre, mit einem Mittelwert von 2,86. Möglicherweise ist sich die überwiegende Mehrheit der befragten Lehrkräfte der Problematik sehr bewusst, die sich dadurch ergibt, dass beispielsweise Schüler mit Lernschwierigkeiten im schulfreien Raum ohne pädagogisch-didaktische Unterstützung die Aufgabenstellungen vielfach nicht so anfertigen können, dass sie zugleich einen Lernfortschritt erzielen. Zusätzlicher Unterricht hingegen könnte möglicherweise genau diese Wirkung erzielen. Hierauf verweist die hohe Ablehnung der Aussage durch die Lehrkräfte, über die häuslichen Aufgaben den Lernfortschritt der Kinder zu erfassen. In Verbindung mit der Lehreraussage zur Lernwirksamkeit von Hausaufgaben wird an dieser Stelle noch einmal die Skepsis der Lehrkräfte gegenüber der Effektivität von Hausaufgaben deutlich. Vor dem Hintergrund der fehlenden Kontrolle darüber, wer die Hausaufgaben letztlich angefertigt hat (der Schüler, seine Eltern, Freunde), unter welchen Bedingungen sowie mit welcher Unterstützung und schließlich der wahrgenommenen Notwendigkeit einer Differenzierung der Hausaufgaben (vgl. Kap. 6.2.1.2), scheint es für eine überdurchschnittliche Menge an Lehrkräften sinnvoller bzw. zielführender zu sein, den Umfang des Unterrichts zu erhöhen und dafür auf Hausaufgaben vollständig zu verzichten. Es fragt sich vor diesem Hintergrund allerdings, warum die Lehrkräfte dennoch an den Hausaufgaben festhalten (*Lehrkräfte: Ich gebe jede Stunde Hausaufgaben auf (M = 2,69))*, wenn sie nicht durchgängig von deren Lernwirksamkeit überzeugt sind, ihnen die Diagnose der Lernentwicklung ihrer Schülerinnen und Schüler auf diesem Weg nicht möglich ist, und zugleich die Erteilung und Kontrolle der Hausaufgaben angeblich einen erheblichen zeitlichen und didaktischen Aufwand, zumindest im Unterricht, mit sich bringt (vgl. Kap. 6.2.1.4).
Aufgrund der noch nicht langjährigen Schulerfahrung der Heranwachsenden sowie der altersgemäß noch ausgeprägten Orientierung an die Elternmeinung ist das Antwortverhalten der Schülerinnen und Schüler differenziert zu betrachten. Neben der möglicherweise damit verbundenen Hoffnung, dass die vielfach nicht sehr beliebten Hausaufgaben auf diese Weise einen Sinn erhalten, schließt sich die Ansicht der Schüler der Überzeugung ihrer Eltern an, die mit einem Mittelwert von 3,39 in hohem Maße bejahen, dass Hausaufgaben den Lernerfolg ihres Kindes erhöhen. Andererseits erstaunt auch in diesem Fall die relativ hohe Zustimmung der Schülerinnen und Schüler zu der Aussage, lieber mehr Unterricht und dafür weniger Hausaufgaben zu haben. Denn die Vermutung läge nahe, dass

diese ihre Aufgaben lieber außerhalb der Schule ohne Beaufsichtigung durch die Lehrerinnen und Lehrer anfertigen. Allerdings möchten die Schülerinnen und Schüler naheliegender Weise vielleicht, wenn sie das Schulgebäude verlassen, alle mit der Schule verbundenen Aufgaben erledigt und den restlichen Tag „frei" haben. Zugleich deutet sich in diesem Antwortverhalten der Heranwachsenden ein Widerspruch zu der obigen Aussage über die Lernwirksamkeit von Hausaufgaben an. Deutlich wird, dass die von Hausaufgaben insbesondere betroffenen Personengruppen – die Lehrkräfte wie auch die Schüler – möglicherweise aufgrund ihres täglichen Umgangs und ihrer vielfältigen Erfahrungen mit diesen, überwiegend zusätzlichen Unterricht vorziehen würden.

Anders stellt es sich bei den von uns befragten Eltern dar, die neben einer hohen Überzeugung von der Lernwirksamkeit der häuslichen Aufgaben überwiegend die Vorstellung ablehnen, mehr Unterricht könnte lernwirksamer sein. Allerdings deutet die auffällig hohe weiß-nicht-Quote von 11 % auf eine bei den Eltern durchaus vorhandene Unsicherheit in dieser Frage. Ein Teil der Befragten scheint Hausaufgaben durchaus skeptisch gegenüber zu stehen.

Eine hohe Überzeugung über die Lernwirksamkeit von Hausaufgaben zeigt sich auch im Antwortverhalten des Personals der Hausaufgabenbetreuung. Es fragt sich, ob diese Überzeugung und die Erklärung, dass Hausaufgaben ein wesentlicher Bestandteil guten Schulunterrichts sind, möglicherweise daran gekoppelt sind, dass mit der hohen Bedeutsamkeit von Hausaufgaben auch die Bedeutung des eigenen Arbeitsplatzes aufgewertet wird. Denn wären Hausaufgaben nicht lernwirksam, wäre eine Hausaufgabenbetreuung überflüssig. Zugleich kann ebenfalls, wie bereits vorher angesprochen, auf eine „tradierte Überzeugung" geschlossen werden, vor dem Hintergrund, dass bis heute die Lernwirksamkeit von Hausaufgaben nicht eindeutig bewiesen wurde und dieses Antwortverhalten bereits in früheren Untersuchungen (bezogen auf Eltern und Schüler, z.B. Eigler/Krumm 1972, Wittmann 1972, Petersen et al. 1990) in ähnlicher Ausprägung gemessen worden ist.

20. Hausaufgaben und Chancengleichheit[81]

Mit 57 % (32 % + 25 %) sind Lehrerinnen und Lehrer mehrheitlich nicht der Meinung, dass es schwierig ist, für leistungsschwache Schüler leistungsgerechte Hausaufgaben zu stellen. Allerdings brauchen diese nach Ansicht von 76 % (33 % + 43 %)

81 Verstanden im Sinne der „Gleichheit der Chancen für alle Bevölkerungsgruppen" (vgl. Deutscher Bildungsrat 1973). Dem Aspekt Hausaufgaben und Chancengleichheit ist in der bisherigen Forschung keine Aufmerksamkeit geschenkt worden, daher wurde er in der Übersicht zur Hausaufgabenforschung in Kapitel 5 nicht aufgeführt. Als zusätzlicher Aspekte erhält er die Nummerierung 20, soll aufgrund seiner thematischen Nähe zu den allgemeinen Ansichten sowie die erzieherischen und didaktischen Funktionen von Hausaufgaben aber bereits jetzt behandelt werden.

der Befragten viel Unterstützung bei der Aufgabenerledigung. Dass Hausaufgaben die Schere zwischen Kindern aus eher „bildungsnahen“ und Kindern aus eher „bildungsfernen[82]“ Familien vergrößern, denken 58 % (38 % + 20 %) der Lehrkräfte. 86 % (32 % + 54 %) der Befragten befürworten die Aussage, dass Schülerinnen und Schüler mit Migrationshintergrund mehr Unterstützung bei den häuslichen Aufgaben brauchen. Zugleich antworten auf das Item „Schüler mit Migrationshintergrund haben Probleme bei der Erledigung der Hausaufgaben“ 60 % mit *selten* und 6 % mit *nie*. Von den Lehrkräften denken 82 % (25 % + 57 %) nicht, dass es bei leistungsschwachen Schülerinnen und Schülern sinnvoller sei, keine Hausaufgaben zu erteilen.

Tab. 6.18: Lehrkräfte: Hausaufgaben und Chancengleichheit

Hausaufgaben und Chancengleichheit, eingeschätzt durch die Lehrkräfte	**Mittelwert** (SD)
Leistungsschwache Schüler brauchen viel Unterstützung bei der Erledigung der Hausaufgaben (N = 141)	3,16 (,833)
Es ist schwierig, für leistungsschwache Schüler leistungsgerechte Hausaufgaben zu stellen (N = 143)	2,32 (1,004)
Bei leistungsschwachen Schülern ist es sinnvoller, keine Hausaufgaben zu stellen (N = 143)	1,64 (,859)
Schüler mit Migrationshintergrund brauchen mehr Unterstützung bei den Hausaufgaben (N = 142)	3,39 (,770)
Schüler mit Migrationshintergrund haben Probleme bei der Erledigung der Hausaufgaben (N = 127)	2,30 (,582)
Hausaufgaben vergrößern die Schere zwischen Schülern aus eher „bildungsnahen“ und Schülern aus eher „bildungsfernen“ Familien (N = 138)	2,66 (,924)

Die Eltern sind mit 92 % (22 % + 70 %) mehrheitlich der Überzeugung, dass leistungsschwache Schüler viel Unterstützung bei der Erledigung der Hausaufgaben brauchen.

82 Im Verständnis Bourdieus (1983).

Tab. 6.19: Eltern: Hausaufgaben und Chancengleichheit

Hausaufgaben und Chancengleichheit, eingeschätzt durch die Eltern	**Mittelwert (SD)**
Leistungsschwache Schüler brauchen viel Unterstützung bei der Erledigung der Hausaufgaben (N = 2569)	3,60 (,704)

Nach der mehrheitlichen Überzeugung von 86 % (trifft voll zu) der Betreuer brauchen leistungsschwache Schülerinnen und Schüler viel Unterstützung bei der Erledigung der Aufgaben. Dies äußern 89 % (28 % + 61 %) auch für Schüler mit Migrationshintergrund. Insgesamt lehnen 39 % (33 % + 6 %) des Personals in der Betreuung die Aussage ab, dass Hausaufgaben die Schere zwischen Schülern aus eher „bildungsnahen" und eher „bildungsfernen" Familien vergrößern, 10 % antworten *weiß nicht.*

Tab. 6.20: Personal der Hausaufgabenbetreuung: Hausaufgaben und Chancengleichheit

Hausaufgaben und Chancengleichheit, eingeschätzt durch das Personal der Hausaufgabenbetreuung	**Mittelwert (SD)**
Leistungsschwache Schüler brauchen viel Unterstützung bei der Erledigung der Hausaufgaben (N = 76)	3,83 (,473)
Schüler mit Migrationshintergrund brauchen mehr Unterstützung bei den Hausaufgaben (N = 74)	3,49 (,726)
Hausaufgaben vergrößern die Schere zwischen Schülern aus eher „bildungsnahen" und eher „bildungsfernen" Familien (N = 69) *weiß nicht = 10 % (N = 76)*	2,22 (,872)

Interpretation

Auch wenn dies keine eigentliche Fragestellung im Rahmen unserer Untersuchung war, hat uns dennoch die Frage nach der Chancengleichheit im Rahmen von Hausaufgaben interessiert, die wir an die Lehrkräfte, die Eltern und das Personal der Betreuung gestellt haben.

Auffällig im Antwortverhalten der Lehrerinnen und Lehrer ist, dass diese mehrheitlich die Ansicht vertreten, leistungsschwache Schülerinnen und Schüler brauchten viel Unterstützung bei der Erledigung der Hausaufgaben. Es stellt sich die Frage, warum dass der Fall sein soll, denn – wie im Hausaufgabenerlass von Nordrhein-Westfalen gefordert – diese „müssen in ihrem Schwierigkeitsgrad und Umfang die Leistungsfähigkeit der Schülerinnen und Schüler berücksichtigen und von diesen selbstständig, d.h. ohne fremde Hilfe, in angemessener Zeit gelöst werden können" (MfSW 2010). Das Antwortverhalten deutet darauf hin, dass die Hausaufgaben von den Lehrkräften nicht entsprechend differenziert werden. Dies erstaunt vor dem Hintergrund der nachfolgenden Aussage, nach der die Lehrkräfte es überwiegend nicht für schwierig halten, für leistungsschwache Schüler leistungsgerechte Hausaufgaben zu stellen. Es sei denn, sie halten es aus dem Grunde für nicht schwierig, weil sie es gar nicht tun (was durch spätere Aussagen eine gewisse Bestätigung erhält, vgl. Punkt 6.2.2). Leistungsschwachen Heranwachsenden möglicherweise gar keine Hausaufgaben zu stellen, wird von den Befragten in hohem Maße abgelehnt. Möglicherweise spielt in diesem Kontext die hohe Bedeutung der erzieherischen Funktionen für die Lehrkräfte eine Rolle. Dass leistungsschwache Schülerinnen und Schüler viel Unterstützung bei der Erledigung der Hausaufgaben benötigen, erfährt bei allen Befragten sehr hohe Zustimmung (Eltern M = 3,60, Betreuer M = 3,83). Deutlich wird, dass nicht nur die überwiegende Mehrheit der Eltern, sondern auch die Mehrheit der Begleiter nicht über den Inhalt des Hausaufgabenerlasses informiert ist. Bei allen Befragten scheinen Einstellungsmuster vorzuliegen, nach denen leistungsschwache Schüler mehr Unterstützung brauchen, unter der Prämisse, dass für alle Kinder die gleichen Leistungsanforderungen gelten. Das heißt, das Prinzip der Leistungsdifferenzierung, welches insbesondere für die Grundschule hervorgehoben wird (vgl. Schulgesetz NRW § 1[83]), findet hier keine oder eine sehr marginale Berücksichtigung.

Analoges gilt für das Item „Schüler mit Migrationshintergrund brauchen mehr Unterstützung bei den Hausaufgaben", welches sowohl im Fragebogen für die Lehrkräfte als auch im Fragebogen der Hausaufgabenbetreuer ein Aspekt war. Dieser erhält bei den Lehrkräften eine noch höhere Zustimmung als das Item, das sich auf leistungsschwache Schüler bezieht, und auch hier stellt sich die Frage nach der Anwendung des Hausaufgabenerlasses. Zugleich wird im Vergleich mit der deutlichen Ablehnung der nachfolgenden Aussage („Schüler mit Migrationshintergrund haben Probleme bei der Erledigung der Hausaufgaben") aus dem Bereich „Hausaufgaben anfertigen/rückmelden" durch die Lehrkräfte ein Widerspruch offensichtlich. Das Antwortverhalten auf das Item aus dem Bereich „Hausaufgaben in der Schule" könnte allgemeine Einstellungsmuster der Lehrkräfte gegenüber Kindern mit Migrationshintergrund widerspiegeln, wohingegen sich bei der konkreten Vergegenwärtigung der Erfahrung mit den Schülerinnen und Schülern der eigenen Klasse zeigt, dass diese im Allgemeinen ihre Hausaufgaben ohne große Probleme anfertigen können. Allerdings könnte dieses Antwortverhalten zugleich darauf hinweisen, dass die Lehrkräfte sich möglicherweise überhaupt nicht die Frage danach stellen, wie und mit welcher Unterstützung diese Kinder

83 Schulgesetz für das Land Nordrhein-Westfalen (Schulgesetz NRW – SchulG) Vom 15. Februar 2005 (GV. NRW. S. 102) zuletzt geändert durch Gesetz vom 5. April 2011 (GV. NRW. S. 205).

ihre Hausaufgaben anfertigen, da sie nur die vollständige (und inhaltliche richtige) Erledigung kontrollieren. Die Beantwortung der offenen Frage „Welche didaktischen Schwierigkeiten sehen Sie bei der Hausaufgabenerteilung für Schüler mit Migrationshintergrund?“[84] verweist darauf, dass nach mehrheitlicher Ansicht der Lehrkräfte v.a. das Aufgabenverständnis der Kinder mit Migrationshintergrund häufig nicht gegeben ist (54 Aussagen). Dies wird insbesondere mit den sprachlichen Verständnisproblemen begründet (36 Aussagen). Viele Lehrkräfte haben allerdings allgemein davon gesprochen, dass die Schülerinnen und Schüler *die Aufgabenstellung nicht verstehen* (18 Aussagen). Es kann zwar vermutet werden, dass hiermit ebenfalls vielfach das Sprachverständnis der Kinder gemeint war, eindeutig ist dies aber nicht. Der zweite große Antwortbereich betrifft die häusliche Unterstützung, mit der die nicht zufriedenstellende Aufgabenbearbeitung durch die Schülerinnen und Schüler begründet wird (46 Aussagen). An der Häufigkeit der Aussagen wird augenscheinlich, dass ein großer Teil der Lehrkräfte – zumindest bei Kindern mit Zuwanderungsgeschichte – die Unterstützung der Eltern bei der Hausaufgabenbearbeitung für wichtig hält bzw. voraussetzt. Und das, obwohl andererseits deutlich wahrgenommen wird, dass die Eltern zumeist, aufgrund eigener Sprachprobleme, gar nicht helfen können, auch wenn sie dies gerne wollen. Wenn also insbesondere bei diesen Kindern die Berücksichtigung der Erlassforderung, dass die Hausaufgaben von Schülerinnen und Schülern *selbstständig erledigt werden können müssen*, zum Tragen kommen sollte, scheint es im Gegenteil eher so zu sein, dass vor allem vor diesem Hintergrund die mangelnde Unterstützung im Elternhaus beklagt wird. Wie bedeutsam die Funktion der Eltern als „Hilfslehrer“ für die Lehrkräfte zu sein scheint, zeigt sich noch in anderen Zusammenhängen. Der Ansicht, dass Hausaufgaben die sozialen und kulturellen Differenzen der Schülerinnen und Schüler aus den unterschiedlichen sozialen Schichten verstärken (vgl. Wößmann 2012, Burzan 2007), stimmen mehr als die Hälfte der antwortenden Lehrkräfte zu. Möglicherweise vermuten diese eine mangelhafte Unterstützung der Heranwachsenden in sozial unterprivilegierten Haushalten[85] (Maaz u.a. 2010). So scheint die elterliche Unterstützung nach Ansicht der Lehrkräfte auch für die Unterschiede zwischen Kindern aus verschiedenen Sozialschichten eine Rolle zu spielen. Sofern eine Unterstützung durch die Eltern von den Lehrkräften vorausgesetzt wird[86] (vgl. oben und Hausaufgabenerlass NRW).

---

84 Auf diese offene Frage antworteten 98 Lehrkräfte. Drei Antworten waren nicht auswertbar, sieben Antworten wurden der Kategorie „Sonstiges“ zugeordnet, die restlichen 88 Antworten konnten in 125 Aussagen zerlegt werden, die den Kategorien „Aufgaben werden nicht verstanden“, „Fehlende Unterstützung (im Elternhaus, durch Dritte)“, „Aufgabengestaltung“, „Sozio-kulturelle Unterschiede“ und „Schwierigkeiten bezogen auf Unterricht“ zugeordnet wurden.

85 Vgl. hierzu Butterwegge 2012.

86 Das Kreuzen dieser Aussage mit dem Item „Eltern fehlt das didaktische Grundwissen für eine konstruktive Unterstützung ihrer Kinder bei den Hausaufgaben“ (vgl. Kap.6.2.1.3) zeigt einen

Von allen Befragten, die der Zunahme des Bildungsabstands durch Hausaufgaben zwischen den Sozialschichten zustimmen, sind 69 % der Ansicht, dass Eltern ihre Kinder nicht sachangemessen bei den Aufgaben helfen können. Bei der Ablehnung des ersten Items verteilen sich exakt je 50 % auf die Zustimmung bzw. Ablehnung. Unter der Bedingung, dass Hausaufgaben diese Unterschiede tatsächlich vergrößern, scheint die Ursache hierfür nach Ansicht einer ganzen Reihe von Lehrkräften durch die mangelnde Unterstützung der Eltern verursacht zu sein – ein Umstand, dem gegenüber die Kinder hilflos ausgeliefert und somit gerade auf die Hilfe durch die Schule angewiesen sind[87].
Das Personal der Hausaufgabenbetreuung lehnt eine Zunahme der sozialen Ungleichheit durch Hausaufgaben mehrheitlich ab. Dieses Antwortverhalten könnte mit der Haltung korrespondieren, dass durch die Betreuung der Hausaufgaben im offenen Ganztag diese Kinder entsprechend unterstützt und mögliche häusliche Defizite durch diese Maßnahme kompensiert werden (oder der Wunsch als Realität wahrgenommen wird).

6.2.2 Hausaufgabenvergabe

5. Erteilung von Hausaufgaben (Dauer, Häufigkeit, Hausaufgabenfrequenz)
Lehrerinnen und Lehrer geben mit 65 % (38 % + 27 %) mehrheitlich in jeder Unterrichtsstunde Hausaufgaben auf. Das Erteilen von Hausaufgaben nimmt nach Ansicht von 61 % (43 % + 18 %) nicht viel Zeit in Anspruch. 96 % (5 % + 91 %) der Befragten verneinen, dass in Unterrichtsphasen über mehrere Wochen keine Hausaufgaben aufgegeben werden.

Tab. 6.21: Lehrkräfte: Erteilung von Hausaufgaben

Aussagen der Lehrkräfte zur Erteilung von Hausaufgaben	**Mittelwert (SD)**
Ich gebe jede Unterrichtsstunde Hausaufgaben auf (N = 140)	2,69 (1,105)
Hausaufgaben zu erteilen, nimmt im Unterricht viel Zeit in Anspruch (N = 143)	2,31 (,882)
Es gibt Unterrichtsphasen, in denen ich über mehrere Wochen keine Hausaufgaben aufgebe (N = 143)	1,15 (,548)

Zusammenhang nach Kendall Tau.b von ,190.

87 So besagt das Schulgesetz Nordrhein-Westfalens „(4) Die Schule vermittelt die zur Erfüllung ihres Bildungs- und Erziehungsauftrags erforderlichen Kenntnisse, Fähigkeiten, Fertigkeiten und Werthaltungen und berücksichtigt dabei die individuellen Voraussetzungen der Schülerinnen und Schüler". (Stand 15.4.2011) Daraus ließe sich durchaus die Verpflichtung der Lehrkräfte ableiten, die fehlende Unterstützung durch das Elternhaus bei ihrer Hausaufgabenerteilung zu berücksichtigen.

Interpretation
Die Bedeutung der häuslichen Aufgaben für die Heranwachsenden und ihre Eltern sowie das Personal der Hausaufgabenbetreuung ergibt sich auch durch die Häufigkeit der Vergabe. Die Mehrheit der von uns befragten Lehrkräfte erteilen in jeder Unterrichtsstunde Hausaufgaben, demgegenüber finden hausaufgabenfreie Unterrichtsphasen für die Schülerinnen und Schüler nahezu nie statt. Die Erteilung der Aufgaben scheint im Unterricht keine zeitliche Belastung darzustellen. Geklärt ist hiermit allerdings nicht, ob es in dieser Zeit gelingt, allen Kindern die Hausaufgaben gleichermaßen verständlich zu erteilen (vgl. Punkt 8 in Kap. 6.2.3).

6. Hausaufgabentypen, z.B. festigende Übungen, vorbereitende Hausaufgaben; Differenzierung
Dass differenzierte Hausaufgaben wichtig sind, um auf die unterschiedlichen Lernbedürfnisse der Kinder angemessen einzugehen, antworten 90 % (40 % + 50 %) der befragten Lehrerinnen und Lehrer. Nach Auskunft von 54 % (40 % + 14 %) erteilen diese ihren Schülerinnen und Schülern differenzierte Hausaufgaben. Die Mehrheit der Befragten 67 % (29 % + 38 %) verneint, dass ihnen für das Erstellen differenzierter Hausaufgaben die richtigen Ideen fehlen.
Die Aussage „Es ist schwierig die Hausaufgaben so zu stellen, dass wenigstens 50 % der Schüler sie bewältigen können“ lehnen insgesamt 89 % (23 % + 66 %) der Lehrkräfte ab. Ebenso widersprechen sie der Aussage „Ich orientiere mich bei der Hausaufgaben-Stellung am lernschwächsten Schüler der Klasse“ mit 78 % (35 % + 43 %). Dass sie leistungsstarken Schülern Zusatzaufgaben geben, um sie nicht zu unterfordern, antworten 77 % (46 % + 31 %) der Befragten. Nach Auskunft von 82 % der Antwortenden geben diese ihren Schülern nicht die gleichen Hausaufgaben.
Auf Vorschläge für die Gestaltung der Hausaufgaben in schulpraktischen Ratgebern greifen Lehrkräfte mit 46 % selten und 35 % nie zurück. Auch die Hausaufgaben-Ideen von Kollegen werden von 43 % selten und 9 % nie nachgefragt.
Praktische Hausaufgaben (z.B. Beobachtungen in der Natur, Durchführen eines Experiments) werden von 61 % der Befragten selten und von 4 % nie (36 % häufig) erteilt. Auch gibt es nach Auskunft von 58 % (34 % + 24 %) keine Hausaufgabenerteilung, deren Bearbeitung sich über mehrere Tage erstreckt.

Tab. 6.22: Lehrkräfte: Hausaufgabentypen

Aussagen der Lehrkräfte zu Hausaufgabentypen	**Mittelwert (SD)**
Differenzierte Hausaufgaben sind wichtig, um auf die unterschiedlichen Lernbedürfnisse der Kinder angemessen einzugehen (N = 141)	3,40 (,676)
Ich erteile meinen Schülern differenzierte Hausaufgaben (N = 141)	2,62 (,816)
Es fehlen mir die richtigen Ideen für das Erteilen von differenzierten Hausaufgaben (N = 143)	2,09 (,887)
Es ist schwierig die Hausaufgaben so zu stellen, dass wenigstens 50 % der Schüler sie bewältigen können (N = 140)	1,48 (,754)
Ich orientiere mich bei der Hausaufgabenstellung am lernschwächsten Schüler der Klasse (N = 140)	1,79 (,782)
Ich gebe leistungsstarken Schülern Zusatzaufgaben, um sie nicht zu unterfordern. (N = 143)	3,01 (,868)
Alle Schüler bekommen die gleichen Hausaufgaben (N = 131)	Ja = 18 %, Nein = 82 %
Ich greife auf Vorschläge für die Gestaltung der Hausaufgaben in schulpraktischen Ratgebern zurück (N = 135)	1,85 (,738)
Ich greife auf Hausaufgabenideen von Kollegen zurück (N = 139)	2,41 (,700)
Ich erteile praktische Hausaufgaben (z.B. Beobachtungen in der Natur, Durchführen eines Experiments) (N = 137)	2,32 (,541)
Ich erteile Hausaufgaben, deren Bearbeitung sich über mehrere Tage erstreckt (z.B. im Rahmen von Wochenplan- oder Projektarbeit) (N = 142)	2,25 (,903)

Von den Schülerinnen und Schülern wünschen sich insgesamt 87 % (24 % + 63 %), dass ihnen abwechslungsreiche Hausaufgaben (11 % antworten *weiß nicht*) erteilt werden. Dass Schüler Hausaufgaben bekommen sollten, die zu ihren Lernfähigkeiten passen, meinen 79 % (22 % + 57 %) der Befragten. Insgesamt 67 % (27 % + 40 %) stimmen der Aussage zu, sich bei den Hausaufgaben auch mit Themen beschäftigen zu können, die sie persönlich interessieren, 16 % antworten hier *weiß nicht*. Die überwiegende Mehrheit von 68 % (27 % + 41 %) der Heranwachsenden, die nicht in der Betreuung des offenen Ganztags sind, würde ihre Hausaufgaben gerne mit anderen Kindern zusammen lösen.

Tab. 6.23: Schülerinnen und Schüler: Hausaufgabentypen

Aussagen der Schülerinnen und Schüler zu den Hausaufgabentypen	**Mittelwert (SD)**
Hausaufgaben sollten abwechslungsreich sein (z.B. Beobachtungen in der Natur, Experimente anfertigen) (N = 1875) *weiß nicht = 11 % (N = 2103)*	3,44 (,863)
Schüler sollten Hausaufgaben bekommen, die zu ihren Lernfähigkeiten passen (N = 1914) *weiß nicht = 11 % (N = 2108)*	3,25 (1,023)
Ich kann mich bei den Hausaufgaben auch mit Themen beschäftigen, die mich persönlich interessieren (N = 1765) *weiß nicht = 16 % (N = 2109)*	2,87 (1,133)
Ich möchte meine Hausaufgaben gerne zusammen mit anderen Kindern lösen (N = 1778)	2,91 (1,118)

Von den befragten Eltern stimmen 65 % (28 % + 37 %) der Aussage zu, dass jeder Schüler die Hausaufgaben bekommen soll, die seinem Lernstand entsprechen. 81 % (35 % + 46 %) sind der Ansicht, dass ihren Kinder auch praktische Hausaufgaben erteilt werden sollen (z.B. Beobachtungen in der Natur ...).

Tab. 6.24: Eltern: Hausaufgabentypen

Aussagen der Eltern zu Hausaufgabentypen	**Mittelwert (SD)**
Jeder Schüler soll die Hausaufgaben bekommen, die seinem Lernstand entsprechen (N = 2599)	2,85 (1,086)
Es sollen auch praktische Hausaufgaben aufgegeben werden (N = 2647)	3,23 (,842)

Interpretation
Der Bedeutung differenzierter Hausaufgaben für die individuelle Leistungsförderung ihrer Schülerinnen und Schüler ist sich die weit überwiegende Mehrheit der Lehrkräfte eigener Auskunft nach bewusst. Das heißt, die Lehrkräfte nehmen das unterschiedliche Lernvermögen der Kinder aufmerksam zur Kenntnis und wissen, wie sie diesem durch dem Leistungsstand angemessene Aufgaben entsprechen könnten. Allerdings sind nur knapp über die Hälfte der Lehrkräfte in der Lage und/oder bereit, diese Erkenntnis in der täglichen Hausaufgabenvergabe umzusetzen und ihren Schülern differenzierte Hausaufgaben zu erteilen. Das Fehlen eigener Ideen für die Entwicklung entsprechender Aufgaben kann nach eigener

Auskunft nicht die Ursache für die geringe Vergabe solcher Aufgabenstellungen sein, denn dieses Item erhält insgesamt nur eine unterdurchschnittliche Zustimmung von den Befragten. Es stellt sich die Frage, ob den Lehrkräften der Aufwand hierfür zu groß ist. In unseren mit den Lehrkräften geführten Interviews (15 Interviews mit elf Lehrinnen und vier Lehrern von acht Schulen unserer Stichprobe) wurden, allerdings sehr gelegentlich, Hinweise darauf gegeben[88]. Unberücksichtigt bleiben muss aufgrund fehlender Informationen, wie häufig diese Befragten differenzierte Aufgaben verteilen und welche Art(en) der Differenzierung bevorzugt gewählt wird (werden). Auch in diesem Punkt haben unsere Interviews keine eindeutigen Aussagen gebracht. Die meisten Befragten haben die Häufigkeit, mit der sie differenzierte Hausaufgaben erteilen, nur schätzen können. Dies kann als Hinweis darauf gedeutet werden, dass ihrer Differenzierung kein systematisches Konzept zugrunde liegt, sondern diese eher zufällig vorgenommen wird[89]. Für die Lehrkräfte scheint es – trotz nicht realisierter Differenzierung – kein Problem zu

---

88 Zum Beispiel I: /mhm/ Ja. Wie ist das /ehm/, erteilen Sie auch differenzierte Hausaufgaben an die Kinder?

B: /eh/ Soweit es möglich ist ja. Also häufig ist es, dass man einfach in Mathe sagt: Und Nummer 3 Sternchenaufgabe, ne. Und ich habe eine ziemlich leistungsstarke Klasse. Da wird das oft von fast allen erledigt, ne. Ist aber nicht immer so.

I: /mhm/ /mhm/ Also das ist dann so eine /ehm/ Differenzierung nach der Menge, dass Sie einfach da gucken.

B: [einwerfend, parallel überlappend zu I] Ja, ja, ja. Ich denke so, jetzt drei verschiedene Arbeitsblätter. Das schafft man manchmal auch einfach vom, vom Aufwand her nicht.

I: /mhm/ Wie, wie häufig geben Sie denn ungefähr differenzierte Hausaufgaben? Könnten Sie sagen: Ja, alle 14 Tage mal oder ...

B: [einwerfend] /mhm/

I: ... zwei Mal die Woche?

B: Nö, ich würde schon sagen, so ein, zwei Mal in der Woche.

I: /mhm/

B: Also in Mathe vielleicht sogar noch häufiger, ...

I: [einwerfend] /mhm/

B: ... weil es da einfach leichter ist. (B/weiblich/56 Jahre/12.7.2010)

I: ...ob Sie auch differenzierte Hausaufgaben an die Schüler verteilen?

B: Ja, ich verteile differenzierte... ähm... obwohl das, wie gesagt, (...) jeden Tag für dieses Kind, was ich habe, was das Dyskalkuliekind hat ... ist ...ähm... und das die anderen differenzierten Hausaufgaben sind nicht jeden Tag, also das schaffe ich nicht jeden Tag. Also ich, ähm, mach zusätzliche Arbeitsblätter, wenn differenziere ich nur in der Menge aber nicht in der Qualität jetzt, dass das also wirklich ganz anders geartete Hausaufgaben sind... ähm...also das wäre dann schon fast doppelt so viel ...äh... an Hausaufgaben, weil dieses Überlegen der Hausaufgaben fast genauso lange dauert wie überhaupt die Stunde auch. Das ist schon... äh, das muss ja das Selbe sein, sonst können die das allein ja nicht zu Hause. (J/weiblich/46 Jahre/09.06.2010).

89 Zum Beispiel B: /ehm/ Ich sag mal so, in der Woche ist das so an zwei bis drei Tagen. ... (E/weiblich/30 Jahre/14.6.2010); B: ... Wenn das einmal in der Woche ist ... I: [einwerfend, unterbrechend] /mhm/ B: ... oder alle zwei Wochen einmal. Ich glaub viel mehr ist es nicht (E/weiblich/40 Jahre/14.6.2010).

sein, den Kindern Aufgaben zu stellen, deren Anforderungen die überwiegende Zahl der Schüler bewältigen können, ohne sich dabei am Lernschwächsten zu orientieren. Es stellt sich deshalb auch hier die Frage, ob die Lehrkräfte klären, inwieweit das Kind die Hausaufgaben selbstständig oder mit Unterstützung erledigt hat und – sofern die Aufgaben mit Hilfe angefertigt wurden – es die Inhalte tatsächlich verstanden hat. Eine große Mehrheit der Befragten gibt leistungsstarken Kindern Zusatzaufgaben. Dies bestätigen auch unsere Interviews. Insgesamt verneinen 82 % der schriftlich Befragten, dass alle Schülerinnen und Schüler die gleichen Hausaufgaben erteilt bekommen. Dabei scheint die Art der Ausdifferenzierung der Aufgaben möglicherweise häufig einzig in der Menge des zu Bearbeitenden zu liegen[90].
Die Lehrkräfte scheinen für die Gestaltung von Aufgaben im Allgemeinen nicht auf Vorschläge von Kolleginnen oder schulpraktische Literatur zurückzugreifen. So kann vermutet werden, dass sie über ausreichend eigene Vorstellungen für Auf-

90 I: ... Sie denn auch differenzierte Hausaufgaben an die Kinder?
B: /ehm/ Kommt vor, aber das ist eher so eine Differenzierung, indem ich sage: Das müssen alle machen ...
I: [einwerfend] Ja.
B: ... und das ist freiwillig. ...
I: [einwerfend] Ja.
B: Wer hat Lust dazu noch zu arbeiten. Und dann gibt es meist /ehm/ also so Zusatzfutter, sage ich mal. ...
I: [einwerfend] Ja.
B: ... Herzchenaufgaben ... (ME/weiblich/44 Jahre/09.6.2010)
B. ... Differenziert wird auch insofern, dass man durchaus manch einige Male sagt: Bitte eine Viertelstunde oder zehn Minuten und nicht eine Seite. ... (ME/männlich/61 Jahre/09.6.2010)
B: ... und dass sie zum Umfang passen. Und meistens sind sie auch differenziert, dass die stärkeren Schüler ein bisschen mehr haben ...
I: [einwerfend] Ja.
B: ... als die Schwachen, sodass es also von der Zeiteinhaltung ungefähr für jedes Kind passt. P/weiblich/37 Jahre/16.6.2010)
I: Erteilen Sie denn differenzierte Hausaufgaben?
B: /ehm/ Nach Menge ...
I: [einwerfend] Ja.
B: ... auf jeden Fall und nach Anspruch, wenn es gelingt. Ja.
I: Ja. /ehm/ Wenn Sie daran denken, dass Sie differenzierte Hausaufgaben erteilen, wie häufig ist das?
B: Nach Menge ist das sehr regelmäßig.
I: [einwerfend] Ja.
B: /ehm/ Da /eh/ arbeite ich mit dem System, dass ich Plusaufgaben aufgebe für leistungs- ...
I: [einwerfend] Ja.
B: ... stärkere Kinder, für schnellere Kinder, /ehm/ sodass sie zusätzliche Punkte sozusagen oder Pluspunkte ...
I: [einwerfend] Ja.
B: ... sammeln können. Und /eh/ das hat dann mitunter nette Auswirkungen ... (W/männlich/39 Jahre/07.7.2010)

gabenstellungen verfügen (dazu würde ebenso die oben erwähnte Antwort passen, dass ihnen eigene Ideen für die Erteilung differenzierter Aufgaben nicht fehlen). Denkbar ist aber auch, dass sie ausreichend Vorschläge in den Lehrerhandbüchern der eingesetzten Lehrwerke finden, die eine weitergehende Suche überflüssig machen.

Die Vergabe von praktischen Hausaufgaben wird von der Mehrheit der befragten Lehrkräfte nicht realisiert, auch Aufgabenstellungen über mehrere Tage z.B. im Rahmen von Wochen- oder Arbeitsplänen werden überwiegend nicht vergeben. Es entsteht der Eindruck, dass die erteilten Aufgaben vor allem Wiederholungs- und Übungsaufgaben umfassen, die über kurze Zeiträume – im Allgemeinen von einem Schultag auf den nächsten – vergeben werden. Diese reproduktiven Aufgaben bleiben im „gewohnten" Aufgabenformat und ermöglichen wenig Eigenaktivität.

Dass bereits Grundschulkinder Hausaufgaben beurteilen und auch unterschiedliche Bewertungskriterien anlegen können, zeigt das Antwortverhalten der befragten Kinder. So nehmen diese deutlich wahr, inwieweit Aufgaben sich ähneln und monoton werden und wünschen sich demgemäß in hohem Maße eine Aufgabenvielfalt, die oftmals nicht gegeben zu sein scheint. Außerdem scheinen die Schülerinnen und Schüler der dritten und vierten Klassen auch bereits die große Bedeutung des Passungsverhältnisses von Hausaufgabe und Lernstand wahrzunehmen. So stimmen sie weit überwiegend dem Item zu, „Schüler sollten Hausaufgaben bekommen, die zu ihren Lernfähigkeiten passen". Das Antwortverhalten legt auch in diesem Fall nahe, dass die Hausaufgaben überwiegend nicht differenziert (auch nicht nach Neigung) werden. Allerdings sind sich auch eine Reihe Kinder unsicher hinsichtlich der aus ihrer Sicht passenden Antwort, wie die weiß nicht-Quote von 11 % bei beiden Items andeutet. Zugleich kann es sich hier um Verständnisschwierigkeiten handeln, denn obwohl die Fragestellungen für alle Kinder einer Klasse durch die jeweilige Versuchsleitung erläutert wurden, kann nicht ausgeschlossen werden, dass einigen Schülerinnen und Schülern die Bedeutung von Wörtern wie „abwechslungsreich" oder „Lernfähigkeiten" nicht klar war. Dies gilt auch für das folgende Item, bei welchem die Mehrheit der befragten Kinder durchaus der Ansicht ist, sich bei den Hausaufgaben auch mit Themen beschäftigen zu können, die sie persönlich interessieren, immerhin 16 % antworten an dieser Stelle aber mit *weiß nicht*. Grundsätzlich kann davon ausgegangen werden, dass Dritt- und Viertklässler schon recht sicher beurteilen können, ob sie etwas interessiert oder nicht. Daher könnte hier die Fragestellung zu dieser hohen weiß-nicht-Quote geführt haben. Die recht deutliche Mehrheit an Zustimmung zu diesem Item erstaunt zunächst, kann aber dadurch begründet sein, dass bereits in einer ganzen Reihe von Klassen Wochenarbeitspläne für die Hausaufgaben erteilt werden. Möglicherweise wird das Interesse der Heranwachsenden durch die

Inhalte der Aufgaben auch tatsächlich angesprochen. Möglicherweise sind aber auch die Ansprüche der Kinder an häusliche Aufgaben nicht so groß, was den Interessenbezug betrifft.
Die Kinder würden insgesamt gerne ihre Aufgaben mit anderen Schülerinnen und Schülern zusammen erledigen, wie sich an dem Antwortverhalten der Kinder, die nicht die Hausaufgabenbetreuung des offenen Ganztags besuchen, zeigt.
Ebenfalls überwiegend sind die Eltern der Ansicht, dass jedes Kind die Aufgaben erledigen sollte, die seinem Lernstand entsprechen, wenn auch die Zustimmung bei weitem nicht so hoch ausfällt, wie bei ihren Kindern. Eindeutig hingegen sind die Eltern der Meinung, dass auch praktische Aufgaben erteilt werden sollten. Damit deutet sich der Wunsch an, dass die Schülerinnen und Schüler ein vielfältiges Aufgabenspektrum bearbeiten können sollten, um unterschiedliche didaktische und erzieherische Lernwirkungen zu entfalten und nicht nur überwiegend die gleichen Aufgabentypen zu erledigen haben, wie z.B. die Wiederholung und Übung gelernter Inhalte.

7. Hausaufgaben als disziplinarische Maßnahme
Die Lehrkräfte lehnen mit 68 % (36 % + 32 %) erwartungsgemäß die Aussage ab, dass in der Schulpraxis Hausaufgaben als Disziplinierungsmaßnahme eingesetzt werden (vgl. Hausaufgabenerlass NRW). Zugleich halten 74 % (28 % + 46 %) die Vergabe von zusätzlichen Aufgaben als Erziehungsmaßnahme für nicht vertretbar.

Tab. 6.25: Lehrkräfte: Hausaufgaben als disziplinarische Maßnahme

Hausaufgaben als disziplinarische Maßnahme aus der Sicht der Lehrkräfte	**Mittelwert (SD)**
In der Schulpraxis kommt es vor, dass Lehrkräfte Hausaufgaben als Disziplinierungsmaßnahme einsetzen (N = 124) *weiß nicht = 13 % (N = 142)*	2,06 (,877)
Ich halte die Vergabe von zusätzlichen Hausaufgaben als Erziehungsmaßnahme für vertretbar (N = 142)	1,85 (,902)

Von den Schülerinnen und Schülern stimmen hingegen 47 % (23 % + 24 %) der Aussage zu, dass Schüler als Strafe zusätzliche Hausaufgaben aufbekommen.

Tab. 6.26: Schülerinnen und Schüler: Hausaufgaben als disziplinarische Maßnahme

Hausaufgaben als disziplinarische Maßnahme aus der Perspektive der Schülerinnen und Schüler	**Mittelwert (SD)**
Als Strafe bekommen Schüler zusätzliche Hausaufgaben auf (N = 1922)	2,40 (1,157)

Interpretation
Laut Erlass[91] ist in Nordrhein-Westfalen die Vergabe von Hausaufgaben als Mittel der Disziplinierung untersagt. Insofern erstaunt es, dass die Aussage „In der Schulpraxis kommt es vor, dass Lehrkräfte Hausaufgaben als Disziplinierungsmittel einsetzen" immerhin noch auf einen Mittelwert von 2,06 kommt. Ebenso wie noch 26 % der Befragten der Vergabe von zusätzlichen Aufgaben als Erziehungsmaßnahme zustimmen. Eine Anzahl von Lehrkräften scheint durchaus bereit zu sein, sich über die geltenden Vorschriften hinwegzusetzen, um Schülerinnen und Schüler mit zusätzlichen Hausaufgaben zu „bestrafen". Das lässt die Vermutung zu, dass diese entweder den entsprechenden geltenden Hausaufgabenerlass nicht kennen oder sich nicht daran halten.
Besonders interessant ist der Vergleich mit der Aussage der Schüler, die mit einem Mittelwert von 2,40 nicht mehrheitlich, aber zu einem nicht geringen Prozentsatz der Meinung sind, dass Schüler zusätzliche Hausaufgaben als Strafe bekommen. Dieser Widerspruch zu den Lehreraussagen legt nahe, dass entweder die Schülerinnen und Schüler manche Hausaufgaben als Strafarbeiten wahrnehmen oder eine Reihe von Lehrkräften im Sinne der sozialen Erwünschtheit geantwortet haben.

6.2.3 Hausaufgabenanfertigung

8. Anstrengung, Belastungen der Schüler
Nach Aussage von 94 % (55 % + 39 %) der Lehrkräfte fällt es vielen Schülerinnen und Schülern leicht, die Hausaufgaben vollständig zu erledigen. Dass von Schülern geäußert wird, die Aufgaben seien zu schwierig, ist nach Angabe von 80 % der Lehrkräfte selten, nach Angabe von 16 % nie der Fall. Ebenso äußern nach 77 % der Befragten die Schüler selten und nach 14 % nie, die Hausaufgabenmenge sei zu groß. Eltern beschweren sich nach Auskunft von 61 % selten und von 29 % nie, dass ihre Kinder zu viel Zeit für die Hausaufgaben benötigen.

91 Hausaufgaben, die als Ersatz für fehlenden oder ausfallenden Unterricht verwandt werden sollen oder der Disziplinierung dienen, sind nicht zulässig. „Hausaufgaben in der Primarstufe und in der Sekundarstufe I" RdErl. d. Kultusministeriums v. 2. 3. 1974, in der Fassung v. 1. 7. 2010.

In der offen gestellten Frage „Was sind die drei häufigsten Aussagen der Eltern, wenn diese Gespräche mit Ihnen über Hausaufgaben führen?“ ist auffällig, dass von 291 genannten Aussagen[92] der Lehrkräfte sich die meisten auf das Arbeitsverhalten der Kinder beziehen (100). Von diesen richten sich nahezu drei Viertel (73) auf häusliche Probleme bei der Erledigung der Hausaufgaben[93]. Nach ca. einem Viertel der Aussagen hat das Kind keine Probleme bei der Aufgabenerledigung. Einen weiteren Aussagenschwerpunkt bilden Elternäußerungen zum Umfang der Hausaufgaben[94] (90). Zu Aussagen über die Hausaufgabenerledigung, in welche auch die Eltern selbst mit einbezogen sind, wurden 52 Auskünfte[95] gegeben, gefolgt von allgemeinen Aussagen, dass Hausaufgaben regelmäßig erteilt werden sollten bzw. nach zusätzlichen Übungsmöglichkeiten gefragt wird. Dass ein Kind Freude an der Erledigung der Hausaufgaben hat, findet sich unter den Aussagen nicht.

Tab. 6.27: Lehrkräfte: Anstrengung und Belastung der Schülerinnen und Schüler

Anstrengung und Belastung der Schülerinnen und Schüler in der Einschätzung der Lehrkräfte	**Mittelwert (SD)**
Es fällt vielen Schülern leicht, die Hausaufgaben vollständig zu erledigen (N = 143)	3,31 (,619)
Schüler äußern, dass die Hausaufgabenmenge zu groß ist (N = 139)	1,95 (,501)
Schüler äußern, dass die Hausaufgaben zu schwierig sind (N = 142)	1,88 (,453)
Eltern beschweren sich, dass ihre Kinder zu viel Zeit für die Hausaufgaben benötigen (N = 135)	1,82 (,621)

92 Von 123 gegebenen Antworten (9 nicht verwertbare Antworten).

93 Nach beispielsweise 31 Aussagen ist das Kind unkonzentriert oder trödelt; dass das Kind keine Lust zu den Hausaufgaben hat, wird in 21 Aussagen hervorgehoben.

94 In 48 Aussagen wurde grundsätzlich „zu viel/zu wenig“ angegeben, 22 Lehrerauskünften zufolge halten Eltern die Hausaufgabenmenge für zu gering und nach 11 Aussagen ist sie zu umfangreich. Lediglich in 9 Auskünften zeigten sich die Eltern nach Ansicht der Lehrkräfte mit der Hausaufgabenmenge zufrieden.

95 Die häufigsten Aussagen wurden dazu gemacht, dass Hausaufgaben zu häuslichem Stress bzw. Ärger führen. Ebenfalls in hohem Maß angesprochen wird von Eltern nach Ansicht der Lehrkräfte, in wieweit und auf welche Weise die Eltern ihr Kind unterstützen können, gefolgt von der Aussagen, dass die Eltern die Hausaufgaben nicht verstanden haben (was indirekt auch als Unterstützungsversuch der Eltern ihren Kindern gegenüber gewertet werden kann).

51 % (31 % + 20 %) der Schülerinnen und Schüler antworten, dass die Hausaufgaben manchmal zu schwer für sie sind. Andererseits antworten 76 % (31 % + 45 %), dass die Hausaufgaben manchmal zu leicht für sie sind. Dass sie die Aufgabenstellung der Hausaufgaben manchmal nicht verstehen, geben 53 % (33 % + 20 %) der Heranwachsenden an. 69 % (27 % + 42 %) der Befragten strengen die Hausaufgaben manchmal sehr an.

Tab. 6.28: Schülerinnen und Schüler: eigene Anstrengung und Belastung

Anstrengung und Belastung der Schülerinnen und Schüler in ihrer eigenen Einschätzung	**Mittelwert (SD)**
Manchmal sind die Hausaufgaben zu leicht für mich (N = 2040)	3,10 (,992)
Manchmal strengen mich die Hausaufgaben sehr an (N = 2046)	2,98 (1,060)
Manchmal verstehe ich die Aufgabenstellung der Hausaufgaben nicht (N = 2008)	2,55 (1,008)
Manchmal sind die Hausaufgaben zu schwer für mich (N = 2036)	2,50 (1,019)

79 % (46 % + 33 %) der Eltern geben an, dass ihrem Kind die Anfertigung der Hausaufgaben leicht fällt. Entsprechend lehnen 77 % (42 % + 35 %) der Befragten die Aussage ab, dass ihr Kind durch die Anfertigung der Hausaufgaben wenig Freizeit hat.

Tab. 6.29: Eltern: Anstrengung und Belastung der Schülerinnen und Schüler

Anstrengung und Belastung der Schülerinnen und Schüler in der Einschätzung der Eltern	**Mittelwert (SD)**
Meinem Kind fällt die Anfertigung der Hausaufgaben leicht (N = 2725)	3,07 (,837)
Mein Kind hat durch die Anfertigung der Hausaufgaben zu wenig Freizeit (N = 2718)	1,93 (,852)

Interpretation

Insgesamt erweckt die Summe der Bewertungen durch die Lehrkräfte den Eindruck, dass die Kinder gut mit den Hausaufgaben zurechtkommen, da es nach ihrer Ansicht vielen leicht fällt, die Aufgaben zu erledigen, verbunden mit der anscheinend nur sehr geringen Anzahl von Fällen, in denen die Schüler äußern,

die Aufgaben seien zu schwierig bzw. die Menge zu groß. Beide Items „Schüler äußern, dass die Menge an Hausaufgaben zu viel ist“ und „Die Schüler äußern, dass die Hausaufgaben zu schwer sind“ wurden mit der Aussage „Ich erteile differenzierte Hausaufgaben“ gekreuzt. Dabei zeigten sich leichte Signifikanzen. Von allen Lehrkräften, die angeben, dass ihre Schüler nicht äußern (N = 125), zu viele Hausaufgaben aufzuhaben, erteilen 53 % differenzierte Hausaufgaben[96]. Bezogen auf die Schwierigkeit der Hausaufgaben besteht eine Übereinstimmung von 54 %[97]. Der Zusammenhang fällt somit nicht übermäßig stark aus.
Auch die Eltern sprechen nach Ansicht der Lehrpersonen nur in seltenen Fällen davon, dass ihre Kinder zu viel Zeit mit den Aufgaben verbringen. Dennoch wird durch die Angaben in der offenen Frage erkennbar, dass, wenn die Eltern mit den Lehrkräften über Hausaufgaben sprechen, insbesondere Probleme bei der Aufgabenbearbeitung angesprochen werden. Dabei geht es in der überwiegenden Zahl der Fälle um motivationale Schwierigkeiten, die den Eltern Sorge bereiten, gefolgt von Beschwerden über die Menge an gestellten Aufgaben. Die Klage über zu wenig Hausaufgaben scheint häufiger durch die Lehrer wahrgenommen zu werden, als solche über zu viele Aufgaben. Allerdings stellt sich die Frage, ob die Kinder und ihre Eltern gegenüber den Lehrkräften ehrlich sind oder ob Schwierigkeiten mit den Hausaufgaben, möglicherweise aus Sorge um den Eindruck, den ein so verstandenes „Leistungsversagen“ erzeugen könnte, verschwiegen werden (vgl. Chatzidimou 1994).
Die anscheinend vor allem vorliegenden Motivationsprobleme der Schülerinnen und Schüler bei der Aufgabenbearbeitung könnten durch den vorwiegend übenden und wiederholenden bzw. reproduzierenden Charakter dieser verursacht sein. Auf die Bedeutung der Motivation haben Trautwein et al. (2006) hingewiesen, die einen (erheblichen) Einfluss auf die Qualität der Aufgabenbearbeitung durch die Schüler in den 7. bis 9. Klassen haben. Werden Grundschulkinder möglicherweise noch vergleichsweise konsequenter durch Eltern und/oder das Personal der Hausaufgabenbetreuung zur Aufgabenerledigung angehalten, kann dennoch vermutet werden, dass die fehlende Motivation einen langfristig negativen Einfluss auf die Einstellung der Kinder Hausaufgaben gegenüber hat.
Die Schülerinnen und Schüler geben weit überwiegend an, dass die Hausaufgaben manchmal zu leicht für sie sind. Ein zu geringes Anforderungsniveau macht die Aufgaben langweilig, auch dies dürfte sich nicht förderlich auf die Motivation auswirken. Dass die Aufgaben sie manchmal sehr anstrengen (M = 2,98), weist – verbunden mit der überwiegenden Zustimmung der Kinder, dass die Aufgaben ge-

96 Korrelation nach Spearman; = ,054; näherungsweise Signifikanz = ,528 (basierend auf normaler Näherung).

97 Korrelation nach Spearman= -,100; näherungsweise Signifikanz = ,240 (basierend auf normaler Näherung)

legentlich zu schwer für sie sind (sie können diese somit nicht ohne Unterstützung lösen) – darauf hin, dass die Hausaufgaben nicht dem Leistungsvermögen optimal angepasst sind. Es kann daher nicht davon ausgegangen werden, dass diesen Schülern vornehmlich differenzierte Aufgaben erteilt werden. Das Antwortverhalten deutet eher darauf hin, dass selten differenzierte Hausaufgaben gestellt werden bzw. die Differenzierung sich nicht angemessen an dem Lernstand der Kinder orientiert und es zu einem Passungsproblem kommt. Zugleich versteht immerhin die Hälfte der Heranwachsenden manchmal die Aufgabenstellung nicht.
Die Eltern sind in hohem Maße der Ansicht, dass ihrem Kind die Anfertigung der Hausaufgaben leicht fällt. Entsprechend wird die Aussage, dass das eigene Kind durch die Aufgabenanfertigung zu wenig Freizeit hat, größtenteils abgelehnt (M = 1,93). Insgesamt entsteht der Eindruck, dass die Eltern mehrheitlich mit dem Hausaufgabenverhalten ihrer Kinder zufrieden sind und nach ihrer Ansicht die Kinder einen angemessenen Freiraum für ihre Nachmittaggestaltung haben. Umgekehrt fällt aber immerhin den Kinder von einem Fünftel der Eltern die Anfertigung der Hausaufgaben nicht leicht, nach Meinung von fast einem Viertel der Eltern haben ihre Kinder durch die Hausaufgaben zu wenig Freizeit. Unter Beachtung der Maßgabe des nordrhein-westfälischen Hausaufgabenerlasses sind diese Prozentzahlen wiederum als Hinweis darauf zu werten, dass die Aufgaben nicht optimal dem Leistungsstand dieser Kinder angepasst sind und somit den expliziten Forderungen des Erlasses nicht entsprechen.

9. Hausaufgabendauer, Effektivität der Zeitnutzung, Hausaufgabenmenge, -umfang
Eine knappe Mehrheit von 55 % (24 % + 31 %) der Lehrkräfte stimmt zu, dass die Schülerinnen und Schüler ihre Hausaufgaben nicht im Unterricht beginnen dürfen. Dass sie im Vergleich zu anderen Lehrkräften eher wenig Hausaufgaben aufgeben, wird von 52 % (24 % + 28 %) der Befragten abgelehnt, 25 % antworten mit *weiß nicht*.

Tab. 6.30: Lehrkräfte: Hausaufgabendauer

Hausaufgabendauer, Effektivität der Zeitnutzung, Hausaufgabenmenge, -umfang aus der Sicht der Lehrkräfte	**Mittelwert (SD)**
Es kommt vor, dass die Schüler ihre Hausaufgaben im Unterricht beginnen dürfen (N = 142)	2,27 (1,046)
Im Vergleich zu anderen Lehrkräften gebe ich eher wenig Hausaufgaben auf (N = 107) *weiß nicht = 25 % (N = 143)*	2,30 (,993)

90 % (13 % + 77 %) der Schülerinnen und Schüler erklären, gerne im Unterricht mit den Hausaufgaben anzufangen. Dass sie zu viele Hausaufgaben aufbekommen, wird von 5 % immer, von 31 % häufig so gesehen. 60 % der Kinder geben hier selten und 5 % nie an.

Tab. 6.31: Schülerinnen und Schüler: Hausaufgabendauer

Hausaufgabendauer, Effektivität der Zeitnutzung, Hausaufgabenmenge, -umfang aus der Sicht der Schülerinnen und Schüler	**Mittelwert (SD)**
Ich mag es, wenn wir im Unterricht mit den Hausaufgaben anfangen (N = 2073)	3,63 (,789)
Wir bekommen zu viele Hausaufgaben auf (N = 2100)	2,64 (,652)

Von den Eltern sind 94 % (34 % + 60 %) der Ansicht, dass ihr Kind weiß, welche Hausaufgaben es anfertigen soll. Die Befragten stimmen mit 95 % (50 % + 45 %) der Aussage zu, dass ihr Kind seine Aufgaben inhaltlich richtig erledigt, nach Ansicht von 92 % (60 % + 32 %) versteht es die Aufgabenstellung. 88 % (53 % + 35 %) denken, dass ihr Kind seine Hausaufgaben ordentlich anfertigt. Nach Ansicht von 66 % (33 % + 33 %) der Eltern sollten jeden Tag Hausaufgaben aufgegeben werden. Dass die Leistungen besser werden, je mehr Hausaufgaben das Kind macht, wird von 70 % (33 % + 37 %) abgelehnt. 91 % (45 % + 46 %) sind der Meinung, dass ihr Kind sich bei der Erledigung der Aufgaben Mühe gibt und der überwiegende Teil der Befragten ist mit 61 % (38 % + 23 %) auch nicht der Ansicht, dass es bei den Hausaufgaben bummelt.

Tab. 6.32: Eltern: Hausaufgabendauer

Hausaufgabendauer, Effektivität der Zeitnutzung, Hausaufgabenmenge, -umfang aus der Sicht der Eltern	**Mittelwert (SD)**
Mein Kind weiß, welche Hausaufgaben es anfertigen soll (N = 2718)	3,54 (,615)
Ich bin der Ansicht, dass mein Kind seine Hausaufgaben inhaltlich richtig anfertigt (N = 2716)	3,40 (,595)
Mein Kind versteht die Aufgabenstellung der Hausaufgaben (N = 2706)	3,22 (,613)
Mein Kind gibt sich bei der Erledigung der Hausaufgaben Mühe (N = 2723)	3,36 (,666)

Ich bin der Ansicht, dass mein Kind seine Hausaufgaben ordentlich anfertigt (N = 2720)	3,22 (,665)
Mein Kind bummelt bei den Hausaufgaben (N = 2693)	2,24 (,900)
Es sollen jeden Tag Hausaufgaben aufgegeben werden (N = 2708)	2,87 (1,014)
Je mehr Hausaufgaben mein Kind macht, desto besser werden seine Leistungen (N = 2676)	2,03 (,982)

Interpretation
Mehrheitlich dürfen die Schülerinnen und Schüler nicht in den Unterrichtsstunden mit den Hausaufgaben beginnen. Möglicherweise spielt die knappe Unterrichtszeit eine Rolle oder aber die feste Überzeugung, dass Hausaufgaben Aufgaben repräsentieren, die ausschließlich zu Hause zu bearbeiten sind. Hausaufgaben werden darüber hinaus vorwiegend zum Ende des Unterrichts vergeben[98], so dass überwiegend keine Zeit mehr verbleibt, die Aufgabenbearbeitung zu beginnen. Im Allgemeinen gehen die Lehrkräfte nicht davon aus, dass sie weniger Hausaufgaben als ihre Kollegen aufgeben, möglicherweise greifen sie für diese Einschätzung auf mit den Kolleginnen und Kollegen geführte Gespräche zurück, eventuell bereiten Teams gemeinsam Unterrichtseinheiten vor, in denen bereits Hausaufgabenentwürfe enthalten sind. Allerdings antworten 25 % der Stichprobe mit *weiß nicht*. Diese vergleichsweise hohe Zahl könnte wiederum als Hinweis darauf gewertet werden, dass in den Lehrerkollegien eher selten über die eigene Hausaufgabenpraxis gesprochen wird, und somit kein Vergleich zum Umgang mit Hausaufgaben bei den Kollegen gezogen werden kann. Durchaus möglich ist, dass die Vorgehensweisen in den verschiedenen Schulen sehr unterschiedlich sind und es daher zu diesen Werten kommt.
Die Heranwachsenden hingegen mögen es, bereits im Unterricht mit den Hausaufgaben anzufangen. Möglicherweise hat dies für die Kinder eine motivationsfördernde Wirkung, denn sie müssen die Aufgaben dann zu Hause nur noch „fertigstellen“, haben schon einen Teil geschafft. Dieses Antwortverhalten unterstützt einen Vorschlag aus der Hausaufgabenforschung (vgl. Petersen u.a. 1990, 214), die Schülerinnen und Schüler bereits im Unterricht mit den Hausaufgaben beginnen zu lassen, um sicherzustellen, dass die Aufgabenstellung verstanden wurde.

98 Nach Auskunft von 64 % der Schülerinnen und Schüler (N = 2102) werden die Hausaufgaben am Ende der Unterrichtsstunde vergeben, 9 % antworten „nach der Schulstunde“.

Die Heranwachsenden bevorzugen eventuell die sich hierdurch bietende Gelegenheit, Aufgaben gemeinsam zu lösen[99], Verständnisfragen stellen zu können und im Gegensatz zum nachmittäglichen „wieder Aufraffen“, noch im Arbeitsfluss zu sein. Zugleich entspricht diese Vorstellung in gewisser Weise dem Wunsch, statt Hausaufgaben lieber mehr Unterricht zu haben und demzufolge am Nachmittag von schulischen Arbeiten weitgehend entlastet zu sein. Mit dem Umfang der Hausaufgaben scheinen die Kinder grundsätzlich zurecht zu kommen, allerdings zeigt sich eine Tendenz dahingehend, dass die Aufgaben für manche gelegentlich zu viele sind.

Die Antworten der Eltern können unterschieden werden zwischen solchen, die über didaktische und inhaltliche Aspekte Auskunft geben, und denen, die über das Arbeitsverhalten des Kindes berichten sowie über die Häufigkeit bzw. Menge von Hausaufgaben. Hinsichtlich des Arbeitsverhaltens ihrer Kinder bei der Aufgabenbearbeitung zeigen sich die Eltern weitgehend zufrieden. So wissen die Heranwachsenden, welche Aufgaben anzufertigen sind und geben sich bei der Erledigung Mühe. Sie fertigen diese inhaltlich richtig und ordentlich an, da sie in der Regel die Aufgabenstellungen verstehen. Dass ein Kind bei der Aufgabenanfertigung trödelt, kommt unterdurchschnittlich häufig vor. Nicht ganz in dem Maße der großen Bedeutung angemessen, die Eltern den Hausaufgaben hinsichtlich eines guten Schulunterrichts und ihrer Lernwirksamkeit zugestehen, sollten nach ihrer Ansicht auch jeden Tag Hausaufgaben erteilt werden (M = 2,87). Möglicherweise zeigt sich an diesem Antwortverhalten, dass die Eltern durchaus differenziert über die Aufgabenqualität denken, Hausaufgaben nach ihrer Ansicht somit nicht um ihrer selbst willen gestellt werden sollten, sondern ausschließlich vor dem Hintergrund ihrer Lernwirksamkeit für die Heranwachsenden. Diese Sichtweise würde u.a. auch begründen, warum überwiegend von den Eltern die Aussage abgelehnt wird, dass ein Mehr an Aufgaben die Leistungen des Kindes verbessert.

10. Unterstützung durch Eltern oder andere Personen

Mit 61 % (47 % + 14 %) sind die Lehrkräfte mehrheitlich der Ansicht, dass den Eltern das didaktische Grundwissen für eine konstruktive Unterstützung ihrer Kinder bei den Hausaufgaben fehlt. Dass die Schüler mehr Zeit für die Hausaufgaben benötigen, als von der Lehrkraft eingeschätzt wurde, weil sie nicht genügend zuhause gefördert werden, weisen 88 % (46 % + 42 %) zurück.

99 Vgl. die Aussagen der Schüler zu dem Item „Ich möchte meine Hausaufgaben gerne zusammen mit anderen Kindern lösen“ unter 6.2.1.2.

Tab. 6.33: Lehrkräfte: Unterstützung durch Eltern

Die Mitarbeit der Eltern aus der Perspektive der Lehrkräfte	**Mittelwert (SD)**
Eltern fehlt das didaktische Grundwissen für eine konstruktive Unterstützung ihrer Kinder bei den Hausaufgaben (N = 135)	2,68 (,807)
Die Schüler brauchen mehr Zeit für ihre Hausaufgaben als von mir eingeschätzt, weil sie nicht genügend zuhause gefördert werden (N = 129)	1,71 (,678)

Eine Mehrheit von 84 % (28 % + 56 %) der Schülerinnen und Schüler, die nicht die Betreuung im offenen Ganztag wahrnehmen, findet es gut, wenn ihnen ihre Eltern bei den Hausaufgaben helfen. Auf die Frage nach der Art und Weise, wie die Eltern helfen sollen, antworten 83 % Tipps geben, 82 % nach Fehlern suchen, 51 % auf Vollständigkeit prüfen, 12 % richtige Antwort vorsagen und 5 % gar nicht[100].

Tab. 6.34: Schülerinnen und Schüler: Unterstützung durch Eltern

Die Mitarbeit der Eltern aus der Perspektive der Schülerinnen und Schüler	**Mittelwert (SD)**
Ich finde es gut, wenn mir meine Eltern bei den Hausaufgaben helfen (N = 1814)	3,33 (,889)

Von den Eltern geben 83 % (50 % + 33 %) an, dass ihr Kind die Hausaufgaben selbständig erledigt. Dass die Hausaufgaben zu Verstimmungen führen, wird von der Mehrheit 72 % (50 % + 22 %) abgelehnt. 10 % (7 % + 3 %) der Befragten fühlen sich überfordert, wenn sie ihrem Kind bei den Hausaufgaben helfen sollen. Die überwiegende Mehrheit von 87 % (33 % + 54 %) der Eltern gibt an, einen Überblick über die zu erledigenden Hausaufgaben des Kindes zu haben.

100 Mehrfachnennungen möglich

Tab. 6.35: Eltern: Unterstützung durch Eltern

Die Mitarbeit der Eltern aus der Perspektive der Eltern	**Mittelwert (SD)**
Mein Kind erledigt seine Hausaufgaben selbstständig (N = 2721)	3,13 (,752)
Hausaufgaben führen bei uns zu Verstimmungen (N = 2674)	2,10 (,778)
Ich bin überfordert, wenn ich meinem Kind bei den Hausaufgaben helfen soll (N = 2700)	1,43 (,747)
Ich habe einen Überblick darüber, welche Hausaufgaben mein Kind zu erledigen hat (N = 2706)	3,38 (,774)

Interpretation

Die Lehrkräfte sprechen den Eltern vorwiegend das Know-How ab, ihre Kinder lerneffektiv bei den Hausaufgaben zu unterstützen. Dem entspricht die mehrheitliche Ablehnung der Aussage, dass Schüler aufgrund der Unterstützung durch ihre Eltern die Hausaufgaben in der vorgesehenen Zeit anfertigen können. Die Tatsache, dass es vor dem Hintergrund der Forderungen des Hausaufgabenerlasses in Nordrhein-Westfalen überhaupt, wenn auch äußerst gering, eine Zustimmung gibt, verwundert. Denn es lässt darauf schließen, dass immerhin eine Zahl von Lehrkräften die aktive Mitarbeit von Eltern bei den Hausaufgaben voraussetzt bzw. möglicherweise sogar aktiv einfordert.

Die Grundschüler in unserer Studie, die ihre Hausaufgaben im Elternhaus anfertigen, haben eine positiv ausgeprägte Haltung gegenüber der Mitarbeit ihrer Eltern bei den Hausaufgaben. Dies könnte als Hinweis darauf verstanden werden, dass die Unterstützung durch die Eltern im Allgemeinen in einer relativ angenehmen und entspannten Atmosphäre stattfindet, und von den Heranwachsenden selbst als förderlich erlebt wird. Dass sie dabei auf produktive Unterstützung durch ihre Eltern setzen, belegen die Antworten auf das Auswahlitem „Wie sollen dir deine Eltern bei den Hausaufgaben helfen?“. Weit überwiegend wünschen die Kinder sich Tipps (bei Verständnisschwierigkeiten und Arbeitsabläufen) und Hilfe bei der Suche nach Fehlern. Nur 12 % möchten die richtige Antwort „vorgesagt“ bekommen. Grundschulkinder haben anscheinend ein recht genaues Gespür dafür, was gut für sie und ihr Lernen ist, und sie möchten ihre Eigenständigkeit bei der Erledigung der Hausaufgaben nicht abgeben. Vielmehr wünschen sie sich, wenn sie auf Schwierigkeiten stoßen, konkrete sowie informative Hinweise für ihre selbstständige Weiterarbeit. Diese Haltung verweist auf die u.a. von Niggli et al. (2007) vorliegenden Erkenntnisse zum Selbstkonzept leistungsstarker und leistungsschwacher Schüler.

Auch aus der Perspektive der Eltern erledigen die Kinder ihre Hausaufgaben vornehmlich selbst. Dennoch haben die Eltern im Allgemeinen einen Überblick über die zu erledigenden Aufgaben. Die Eltern sind ebenfalls mehrheitlich nicht der Ansicht, dass Hausaufgaben in ihrer Familie zu Spannungen bzw. Verstimmungen führen. Insgesamt scheint dieses Thema für die von uns befragten Eltern und Kinder kein Problemfeld darzustellen, so fühlen sich die Eltern weit mehrheitlich auch nicht fachlich überfordert, wenn sie ihr Kind bei Aufgaben unterstützen sollen.

11. Beliebtheit, Motivation, positive Erwartungshaltung, die Hausaufgaben zufriedenstellend erledigen zu können

Dass sie mit den Schülerinnen und Schüler den Sinn und Zweck von Hausaufgaben besprechen, kommt bei 60 % der Lehrerinnen und Lehrern häufig, bei 18 % immer vor. Darüber hinaus stellen 44 % der Befragten häufig sicher, dass alle Schüler die Hausaufgaben verstanden haben, 56 % machen dies immer. Regeln für die erfolgreiche Erledigung der Hausaufgaben mit ihren Schülern erarbeitet haben 67 % der Lehrkräfte.

Tab. 6.36: Lehrkräfte: Vorbereitung der Hausaufgabenerledigung

Einschätzungen zu Beliebtheit, Motivation, der positiven Erwartungshaltung, die Hausaufgaben zufriedenstellend erledigen zu können durch die Lehrkräfte	**Mittelwert (SD)**
Ich stelle sicher, dass alle Schüler die Hausaufgabenstellung verstanden haben (immer – nie) (N = 142)	3,55 (,513)
Ich bespreche mit den Schülern den Sinn und Zweck von Hausaufgaben (immer – nie) (N = 141)	2,92 (,698)
Ich habe mit den Schülern Regeln für die erfolgreiche Erledigung der Hausaufgaben erarbeitet (N = 139)	Ja = 67 %

Von den Schülerinnen und Schülern stimmen 61 % (27 % + 34 %) zu, dass die Lehrerin ihnen erklärt, warum Hausaufgaben wichtig sind, 11 % antworten hier *weiß nicht*. Der Ansicht, die Lehrerin erkläre die Hausaufgaben so, dass sie sie gut verstehen, sind 93 % (28 % + 65 %) der Heranwachsenden. Regeln für das Anfertigen von Hausaufgaben halten 79 % (33 % + 46 %) für wichtig, 17 % antworten *weiß nicht*. Von den Befragten bekommen 82 % (20 % + 62 %) ein schlechtes Gewissen, wenn sie ihre Hausaufgaben nicht gemacht haben. Dass sie ihre Hausaufgaben gut lösen, denken 91 % (41 % + 50 %), und ihnen diese Spaß machen, meinen 12 % immer, 38 % häufig, 39 % selten und 10 % nie.

Tab. 6.37: Schülerinnen und Schüler: Hausaufgabenerledigung

Einschätzungen zu Beliebtheit, Motivation, der positiven Erwartungshaltung, die Hausaufgaben zufriedenstellend erledigen zu können durch die Schülerinnen und Schüler	**Mittelwert (SD)**
Die Lehrerin erklärt die Hausaufgaben so, dass ich sie gut verstehe (N = 2065)	3,57 (,675)
Ich glaube, dass ich meine Hausaufgaben gut löse (N = 1995)	3,37 (,739)
Wenn ich meine Hausaufgaben nicht gemacht habe, bekomme ich ein schlechtes Gewissen (N = 2015)	3,36 (,963)
Regeln sind für das Anfertigen von Hausaufgaben wichtig (N = 1756) *weiß nicht = 17 % (N = 2108)*	3,15 (,976)
Die Lehrerin erklärt uns, warum Hausaufgaben wichtig sind (N = 1882) *weiß nicht = 11 % (N = 2106)*	2,76 (1,128)
Hausaufgaben machen mir Spaß (N = 2075)	2,48 (,841)

Nach der mehrheitlichen Ansicht von 85 % (36 % + 49 %) der Eltern hängt die Freude der Schüler an den Hausaufgaben stark von der Vielseitigkeit der Aufgabenstellung ab.

Tab. 6.38: Eltern: Schülermotivation

Einschätzungen zu Beliebtheit, Motivation und der positiven Erwartungshaltung, die Hausaufgaben zufriedenstellend erledigen zu können durch die Eltern	**Mittelwert (SD)**
Die Freude der Schüler an Hausaufgaben hängt stark von der Vielseitigkeit der Aufgabenstellung ab (N = 2539)	3,29 (,831)

Interpretation
Als Experten für Unterricht ist den Lehrkräften bewusst, wie wichtig das Verständnis der Aufgabenstellung als Voraussetzung für die spätere Bearbeitung durch die Schülerinnen und Schüler ist. Dementsprechend äußern sie, dass sie dieses Verständnis bei den Kindern sicherstellen. Ein weiterer wichtiger Weg, die Motivation für die Aufgabenbearbeitung zu aktivieren, liegt in der Vermittlung des Sinns und Nutzens, den diese für das Lernen der Kinder haben (vgl. Trautwein et al. 2006). Dies wird ebenfalls von den Lehrkräften nach eigener Auskunft in

hohem Maße umgesetzt. Ebenso wie sie angeben, Regeln für eine erfolgreiche Aufgabenerledigung mit den Kindern zu erarbeiten. Dies kann die positive Erwartungshaltung unterstützen, Hausaufgaben zufriedenstellend lösen zu können. Die Schülerinnen und Schüler sind mit den Erläuterungen ihrer Lehrkräfte zu den Hausaufgaben in hohem Maße zufrieden und bestätigen somit die Auskunft der Lehrerinnen. Die hohe Zustimmung zu der Aussage, dass sie ihre Aufgaben gut lösen, verweist auf ein augenscheinlich recht positives Selbstkonzept. Dass die Kinder den Hausaufgaben eine wichtige Funktion zuweisen, die sie selbst sehr ernst nehmen, zeigt sich darin, dass diese ein „schlechtes Gewissen" haben, wenn sie ihre Aufgaben nicht erledigt haben. Die Schüler halten Regeln für die Hausaufgabenanfertigung für wichtig. Die auffällig hohe weiß-nicht-Quote von 17 % könnte ein Hinweis für eine unklare Fragestellung sein. Sie könnte aber auch darauf schließen lassen, dass Regeln bezüglich der Hausaufgabenanfertigung im Unterricht dieser Kinder bisher nicht thematisiert worden sind und sich die Heranwachsenden mit dieser Frage daher bislang nicht auseinandergesetzt haben. Die gleiche Überlegung gilt für die relativ hohe weiß-nicht-Quote hinsichtlich der Erläuterung der Bedeutung von Hausaufgaben durch den Lehrer. Mehrheitlich sind die Heranwachsenden nicht der Ansicht, dass ihnen Hausaufgaben Spaß machen. Das mag an den Aufgabenstellungen liegen, kann aber auch dadurch begründet sein, dass Hausaufgaben einen Zwangscharakter aufweisen und den Kindern somit keine Wahl bleibt. Dass ihnen die Aufgaben zumeist leicht fallen, scheint jedenfalls nicht zu einer größeren Freude an der Bearbeitung beizutragen. Obwohl sie überwiegend über keinen fachwissenschaftlich gestützten Expertenstatus verfügen, ist für die Eltern der Abwechslungsreichtum der erteilten Aufgabenstellungen durchaus ein wichtiges Kriterium für die Freude an der Bearbeitung durch die Kinder. Möglicherweise verbindet sich für sie mit vielfältigeren Aufgaben die Hoffnung auf eine Entspannung in der nachmittäglichen Hausaufgabenerledigung, da sie denken, dass die Kinder dann die Hausaufgaben lieber erledigen.

6.2.4 Rückmeldung auf angefertigte Hausaufgaben

12. Hausaufgabenkontrolle, Hausaufgaben-Rückmeldung, Individuelles Feedback

Die Anfertigung der Hausaufgaben durch alle Schüler wird von 89 % (37 % + 52 %) der Befragten, die inhaltliche Richtigkeit der Aufgaben aller Schüler von 62 % (38 % + 24 %) in jeder Unterrichtsstunde kontrolliert. Lehrerinnen und Lehrer sind mit 78 % (36 % + 42 %) überwiegend der Ansicht, dass Hausaufgaben in der Grundschule intensiv besprochen werden müssen. 93 % (49 % + 44 %) geben an, die Aufgaben in der folgenden Unterrichtsstunde mit den Kindern durchzusprechen. 68 % (48 % + 20 %) halten bei der Hausaufgabenerledigung den Lösungsweg für wichtiger als das Ergebnis und 78 % (33 % + 45 %) nehmen unvollständige Hausaufgaben bei vielen Schülern zum Anlass, den Unterrichtsstoff zu wiederholen. Nach Ansicht von 58 % (29 % + 29 %) müssen die Aufgaben immer vollständig erledigt sein. Von den Befragten sammeln 46 % die Hefte häufig, 9 % immer zur Kontrolle ein. Dass die Hausaufgaben für die Leistungsorientierung der Heranwachsenden manchmal von ihnen benotet werden, lehnen 94 % (19 % + 75 %) der Lehrkräfte ab.

Tab. 6.39: Lehrkräfte: Kontrolle und Feedback

Hausaufgabenkontrolle, Hausaufgaben-Rückmeldung, Individuelles Feedback, eingeschätzt durch die Lehrkräfte	**Mittelwert (SD)**
Ich kontrolliere in jeder Unterrichtsstunde, ob alle Kinder ihre Hausaufgaben angefertigt haben (N = 142)	3,37 (,794)
Ich bespreche die gestellten Hausaufgaben in der folgenden Unterrichtsstunde (N = 142)	3,35 (,644)
Hausaufgaben müssen in der Grundschule intensiv besprochen werden (N = 141)	3,18 (,798)
Unvollständige Hausaufgaben bei vielen Schülern nehme ich zum Anlass, den Unterrichtsstoff zu wiederholen (N = 139)	3,15 (,932)
Bei den Hausaufgaben zählt der Lösungsweg mehr als das Ergebnis (N = 136)	2,79 (,864)
Ich kontrolliere in jeder Unterrichtsstunde, ob alle Schüler ihre Hausaufgaben inhaltlich richtig haben (N = 144)	2,70 (,990)
Zur Kontrolle sammele ich die Hefte mit den Hausaufgaben ein (immer –nie) (N = 141)	2,62 (,662)
Für die Leistungsorientierung der Schüler werden manchmal die Hausaufgaben von mir benotet (N = 142)	1,34 (,662)

Schülerinnen und Schüler sind mit 94 % (17 % + 77 %) der Meinung, dass Hausaufgaben im Unterricht ausführlich besprochen werden sollten. 63 % (32 % + 31 %) der Kinder lesen ihre Aufgaben gerne vor. Dem Item, dass die Lehrerin die Hausaufgaben zur Kontrolle einsammeln sollte, stimmen 50 % (23 % + 27 %) der Heranwachsenden zu. 71 % (21 % + 50 %) der Befragten möchten, dass ihnen die Lehrerin am nächsten Tag hilft, wenn sie ihre Aufgaben nicht konnten.

Tab. 6.40: Schülerinnen und Schüler: Kontrolle und Feedback

Hausaufgabenkontrolle, Hausaufgaben-Rückmeldung, Individuelles Feedback, eingeschätzt durch die Schülerinnen und Schüler	**Mittelwert (SD)**
Hausaufgaben sollen im Unterricht ausführlich besprochen werden (N = 2072)	3,69 (,661)
Wenn ich meine Hausaufgaben nicht konnte, möchte ich, dass mir die Lehrerin am nächsten Tag hilft (N = 1975)	3,05 (1,129)
Ich lese meine Hausaufgaben gerne vor (N = 2041)	2,76 (1,070)
Die Lehrerin soll die Hausaufgaben zur Kontrolle einsammeln (N = 2029)	2,46 (1,181)

Nach Ansicht von 96 % (16 % + 80 %) der Eltern soll die Lehrkraft kontrollieren, ob alle Schüler ihre Hausaufgaben gemacht haben, 93 % (24 % + 69 %) erwarten, dass sie kontrolliert, ob alle ihre Aufgaben inhaltlich richtig haben. Ebenfalls stimmen sie mit 95 % (25 % + 70 %) zu, dass die Aufgaben im Unterricht besprochen werden sollen. Eine gelegentlich Benotung der Hausaufgaben wünschen sich 55 % (31 % + 24 %).

Tab. 6.41: Eltern: Kontrolle und Feedback

Hausaufgabenkontrolle, Hausaufgaben-Rückmeldung, Individuelles Feedback, eingeschätzt durch die Eltern	**Mittelwert (SD)**
Der Lehrer soll kontrollieren, ob alle Schüler ihre Hausaufgaben gemacht haben (N = 2729)	3,73 (,589)
Hausaufgaben sollen im Unterricht besprochen werden (N = 2715)	3,61 (,644)
Der Lehrer soll kontrollieren, ob alle Schüler ihre Hausaufgaben inhaltlich richtig haben (N = 2737)	3,60 (,673)
Hausaufgaben sollen gelegentlich benotet werden (N = 2677)	2,55 (1,106)

Nach Ansicht von 77 % (51 % + 26 %) der Betreuer zählt bei den Hausaufgaben der Lösungsweg mehr als das Ergebnis.

Tab. 6.42: Personal der Hausaufgabenbetreuung: Kontrolle und Feedback

Hausaufgabenkontrolle, Hausaufgaben-Rückmeldung, Individuelles Feedback, eingeschätzt durch die Lehrkräfte Personal der Hausaufgabenbetreuung	**Mittelwert (SD)**
Bei den Hausaufgaben zählt der Lösungsweg mehr als das Ergebnis (N = 74)	2,95 (,858)

Interpretation
Die angefertigten Aufgaben aller Kinder werden nach Auskunft der überwiegenden Mehrheit der Befragten in jeder Unterrichtsstunde von den Lehrkräften überprüft und besprochen. Allerdings gibt es einen klaren Unterschied zwischen der Zustimmung zur Kontrolle über die Aufgabenanfertigung und der Kontrolle über die inhaltliche Richtigkeit. Dabei zeigt sich ein deutlicher Bruch hinsichtlich der Frage nach der inhaltlichen Lösungskorrektheit. So antwortet immerhin ein Drittel der Befragten weniger bejahend auf dieses Item. Die große Differenz in der Zustimmung der Befragten, jeden Tag die Anfertigung der Hausaufgaben aller Schüler zu kontrollieren im Vergleich zur Bejahung der Frage, die inhaltliche Richtigkeit der Aufgaben aller Kinder zu überprüfen, entfaltet für die Schülerinnen und Schüler zwei unterschiedliche Signalwirkungen. Auch wenn die Heranwachsenden mit der regelmäßigen und verlässlichen Feststellung des Anfertigens ihrer Hausaufgaben erfahren wahrgenommen zu werden, stellt diese Kultur der Rechenschaftslegung über ihre häusliche Arbeit als reiner Kontroll-Mechanismus eine deutliche Reduzierung der pädagogisch-didaktischen Arbeit gegenüber Verfahren der sachorientierten Rückmeldung von Lernprozessen und -produkten dar. Bei der bloßen Erledigungskontrolle geht es zunächst ausschließlich um die Überprüfung, ob der durch die Lehrerin erteilte Auftrag pflichtgemäß erfüllt worden ist. Es handelt sich also durchaus um eine Machtdemonstration (die möglicherweise vielen Befragten nicht wirklich bewusst ist). Erst die inhaltliche Überprüfung weist die Schüler darauf hin, dass es der Lehrkraft um die pädagogische Würdigung einer Lernwirkung geht. Die Optimierung des Lernens ist jedoch auf kontinuierliche, inhaltliche Rückkopplungen und Orientierungen hinsichtlich von Weiterlernoptionen angewiesen (Lipowsky et al. 2004). Es ist anzunehmen, dass über dieses Wissen auch die befragten Lehrkräfte verfügen sollten. Dennoch stimmen nur zwei Drittel zu, in der Hausaufgabenpraxis eine entsprechende Rückmeldekultur zu implementieren (vgl. Standop 2011b). Dieses Antwortverhalten steht zugleich in einem Widerspruch zu der großen Zustimmung zur Aussage, dass es in der Grundschule notwendig ist, Hausaufgaben intensiv zu besprechen. Dieser lässt sich auflösen, wenn die Lehrkräfte hierunter das Vorlesen der Hausaufgaben bzw. der richtigen Lösungen in Klassenunterricht

verstehen und nicht (auch) die individuelle Fehleranalyse beim einzelnen Kind. Schülerinnen und Schüler haben auf diese Weise die Möglichkeit festzustellen, ob ihre Lösungen passend sind. Sind aber Fehler in den Aufgaben, mangelt es an inhaltlicher Rückkopplung. Die Heranwachsenden sind darauf angewiesen, ihre Fehler ohne Unterstützung zu klären, denn angesichts der folgenden Aussagen wird nicht davon ausgegangen, dass im weiteren Unterrichtsverlauf eine vertiefte Auseinandersetzung stattfindet.

Hausaufgaben beanspruchen durch ihre Kontrolle und die damit eigentlich verbundene sachinformative Rückmeldung einen nicht unerheblichen Teil der Unterrichtszeit. Unter der Prämisse, dass die Schule den Anspruch und die Aufgabe hat, im Unterricht den Kindern vor allem aktive Lernzeit zu ermöglichen (Helmke 2007), müssten häusliche Arbeiten allein aufgrund der von ihnen beanspruchten Unterrichtszeit eine hohe Lernwirksamkeit zugesprochen werden. Da die Lehrkräfte nicht in sehr ausgeprägtem Maße von der Lernwirksamkeit überzeugt sind (M = 2,77), stellt sich die Frage, warum diese dennoch im Unterricht (intensiv) besprochen werden. Aufgaben, deren Bearbeitung den zeitlichen Umfang von 30 bis 60 Minuten einnehmen (vgl. Hausaufgabenerlass NRW 2010), werden nicht in wesentlich kürzerer Zeit (intensiv) besprochen werden können. Möglicherweise trägt gerade dieser Umstand zur Zustimmung zu dem Item bei „Anstelle von Hausaufgaben wäre zusätzlicher Unterricht effektiver" (M = 2,86). In der Kreuztabelle (N =131) der beiden Items „Anstelle von Hausaufgaben wäre zusätzlicher Unterricht effektiver" und „Hausaufgaben müssen in der Grundschule intensiv besprochen werden" zeigt sich, dass von den 66 % der Befragten, die dem ersten Item zustimmen 53 % ebenfalls der zweiten Aussage zustimmen[101]. Deutlich wird, dass die Mehrheit der Lehrkräfte, die die unterrichtliche Aufarbeitung von Hausaufgaben grundsätzlich für notwendig hält, zusätzlichen Unterricht vorziehen würden.

Unvollständige Hausaufgaben bei vergleichsweise vielen Schülern werden von einer großen Mehrheit der Lehrkräfte zum Anlass genommen, den Unterrichtsstoff zu wiederholen. Eine nicht übermäßige Anzahl von Befragten ist der Ansicht, dass der Lösungsweg mehr zählt als das Ergebnis. Die Bedeutung des Lösungswegs wird von den Lehrkräften zwar mehrheitlich als wichtiger eingeschätzt, als die Lösung selbst, verweist dieser doch auf die Strategie des Vorgehens durch den Schüler. Die nicht sehr ausgeprägte Zustimmung lässt darauf schließen, dass vielmehr eine ganze Reihe von Lehrkräften – möglicherweise vor dem Hintergrund der von ihnen erteilten Aufgaben (so wird beim klassischen „Päckchenrechnen" beispielsweise nur das Ergebnis notiert) – zumindest die Lösung für gleich wichtig

101 Bzw. von 100 % der Befragten, die dem ersten Item zustimmen, stimmen 78 % auch der zweiten Aussage zu. Die Korrelation nach Spearman beträgt ,079, die näherungsweise Signifikanz = ,370 (basierend auf normaler Näherung).

zu halten scheint. Diese Sichtweise, die sicherlich auch vom unterrichteten Fach abhängt[102], deutet auf eine Produktorientierung bei den ablehnenden Befragten hinsichtlich der erteilten Hausaufgaben hin, die dem heutigen prozessorientierten Lernverständnis widerspricht. Diesem modernen Verständnis entspricht u.a. auch die Erteilung von differenzierten Hausaufgaben. Die Kreuztabelle mit beiden Items verdeutlicht, dass von allen Befragten die angeben, differenzierte Hausaufgaben zu erteilen, 75 % den Lösungsweg für wichtiger halten als das Ergebnis[103]. Weit überwiegend werden die Aufgaben von den Lehrkräften nicht benotet, was durchaus den Empfehlungen des nordrhein-westfälischen Hausaufgabenerlasses entspricht. Die selbstständige Anfertigung durch das Kind sollte weitgehend ohne Notendruck erfolgen. Darüber hinaus begleitet häusliche Aufgaben das bereits angesprochene immanente Problem, dass ihre Urheberschaft letztlich nicht eindeutig gewährleistet ist. Auch dies dürfte ein Grund für die Zurückhaltung bei der zensurenmäßigen Beurteilung sein.

Schülerinnen und Schüler sind weit überdurchschnittlich der Ansicht, dass Hausaufgaben im Unterricht ausführlich besprochen werden sollten. Neben dem Wunsch nach einer Würdigung ihrer Arbeitsleistungen vom Nachmittag des Vortags entspricht dies dem Bedürfnis, dass die geleistete Arbeit eine Fortsetzung in der folgenden Unterrichtsstunde findet – also nicht nur „für das Schulheft" gearbeitet wurde (vgl. Trautwein et al. 2006). Damit einher geht eine hohe Zustimmung zu dem Wunsch, dass die Lehrerin in der folgenden Unterrichtsstunde hilft, wenn es nicht gelungen ist, die Hausaufgaben anzufertigen. Vor dem Hintergrund der Überlegungen, dass das Antwortverhalten nach sozialer Erwünschtheit im Grundschulalter noch nicht so stark ausgeprägt ist, zeigt sich hieran, dass die Schüler zumeist noch recht offen mögliche Lernprobleme der Lehrkraft gegenüber äußern (vgl. Chatzidimou 1996) mit der positiven Unterstellung, dass diese ihnen wohlwollend und ermutigend hilft.

Eine nicht ganz so hohe, aber immer noch überdurchschnittliche Zustimmung erfährt die Aussage, dass die Kinder ihre Hausaufgaben gerne vorlesen. Die Antworttendenz ist sicherlich in hohem Maße abhängig von dem gesamten Lern- und Leistungserfolg der Antwortenden, ihrem Selbstwertgefühl und davon, wie erfolgreich sie die jeweilige Hausaufgabenerledigung einschätzen. Dass die Lehrerin die Hefte mit den Aufgaben einsammeln sollte, wird mehrheitlich abgelehnt. Möglicherweise spielt eine generelle Abneigung gegen „Vereinnahmung des eigenen Heftes" durch die Lehrkraft eine Rolle, die dadurch einen viel genaueren Einblick

102 Allerdings ist die Variation der unterrichteten Fächer bei den Lehrerinnen und Lehrern in der Grundschule nicht so ausgeprägt, wie in den weiterführenden Schulen.

103 Die Korrelation nach Spearman beträgt ,147, die näherungsweise Signifikanz = ,089 (basierend auf normaler Näherung).

in die grundsätzliche Arbeitsweise, die Anfertigung früherer Aufgaben, erhalten kann[104].

Die Eltern sind weit überwiegend der Meinung, dass die Lehrkraft die Anfertigung der Aufgaben bei allen Kindern kontrollieren soll, ebenso wie sie die Überprüfung der inhaltlichen Richtigkeit wünschen. Wie im Antwortverhalten der Lehrkräfte ergibt sich ein Unterschied in der Zustimmung (0,13), die bei der ersten Aussage höher ausfällt. Es ist nicht bekannt, wie viele der antwortenden Eltern ebenfalls Lehrerinnen und Lehrern sind, möglicherweise schätzen eine Reihe von Eltern realistischerweise den Aufwand einer inhaltlichen Prüfung als wesentlich höher und somit als nicht durchführbar ein. Die meisten Eltern unserer Studie legen jedoch Wert auf die inhaltliche Prüfung. Vermutlich ist ihnen die Würdigung der Arbeit ihrer Kinder wichtig und die große Bedeutung eines Feedbacks auf die geleistete Arbeit bewusst. Dies bestätigt sich in der überwiegenden Zustimmung der Eltern zu der Aussage, dass die Aufgaben im Unterricht besprochen werden sollen. Auffällig ist die leicht überdurchschnittliche Zustimmung, dass die Hausaufgaben gelegentlich benotet werden sollen. Möglicherweise sehen viele Eltern in einer solchen Maßnahme eine zusätzliche Unterstützung für die „Motivation" der Kinder, die keine große Bereitschaft zur Anfertigung der Aufgaben haben – gleichwohl es sich in diesem Fall um einen größeren und direkteren „Druck" von außen handelt. Auch bestünde auf diesem Weg für die Eltern und andere die Anfertigung der Aufgaben unterstützende Personen die Gelegenheit, die Kinder direkter in dem Erwerb guter Noten zu unterstützen.

Den Mitarbeitern in der Hausaufgabenbetreuung wurde hinsichtlich der Rückmeldung auf die Anfertigung von Hausaufgaben nur eine Frage zur Aufgabenbearbeitung der Kinder gestellt. Weit überwiegend stimmten die Hausaufgabenbetreuer der Aussage zu, dass der Lösungsweg mehr zählt als das Ergebnis. Das Personal der Betreuung scheint die lernwirksame Bedeutung des Verständnisses für den Lösungsweg in den Aufgaben hoch einzuschätzen. Eine Betreuung, die den Schülerinnen und Schülern nicht nur räumlich und organisatorisch die Anfertigung der Hausaufgaben ermöglichen will, sondern darüber hinaus auch bei Bedarf unterstützend aktiv werden will, muss sich entsprechend mit den möglichen Lösungswegen für die vorliegenden Aufgaben vertraut machen. Darüber hinaus muss sie in der Lage sein, ihre Hilfe an den Lernstand des Kindes anzupassen. Es stellt sich die Frage, inwieweit die Mitarbeiter des Ganztags durch Fortbildungen zu didaktischen und diagnostischen Aspekten auf diese Vorgehensweise angemessen vorbereitet sind.

104 Diese Interpretation zeigt allerdings einen Bruch zu der obigen Annahme, nach der die Kinder auf das Wohlwollen der Lehrkraft ihrem Lernen gegenüber setzen.

6.2.5 Die Hausaufgabenthematik im offenen Ganztag

13. Bedeutung der Hausaufgabenbetreuung für die Wahl der Ganztagsschule

Die Eltern, deren Kind die Hausaufgabenbetreuung des offenen Ganztags besucht[105], sind zu 59 % der Ansicht, dass die Betreuung u.a. dazu dient, die Schülerinnen und Schüler individuell zu fördern. 81 % (27 % + 54 %) der antwortenden Eltern verbinden mit der Teilnahme ihres Kindes an der Hausaufgabenbetreuung den Wunsch, dass ihr Kind seine fachlichen Leistungen verbessert und 80 % (32 % + 48 %), dass ihr Kind seine sozialen Fähigkeiten entwickelt.

Tab. 6.43: Eltern: Hausaufgabenbetreuung und Wahl der Ganztagsschule

Die Bedeutung der Hausaufgabenbetreuung für die Wahl der Ganztagsschule aus der Sicht der Eltern	**Mittelwert (SD)**
Die Hausaufgabenbetreuung dient meiner Meinung nach … … nur der Erledigung der Hausaufgaben 44 % … auch dazu, die Schüler individuell zu fördern 56 % (N = 302)	1,56 (,497) (2er-Sklg)
Die Teilnahme an der Hausaufgabenbegleitung soll meinem Kind helfen, seine fachlichen Leistungen zu verbessern (N = 305)	3,23 (,929)
Die Teilnahme an der Hausaufgabenbegleitung soll meinem Kind helfen, seine sozialen Fähigkeiten zu entwickeln (N = 299)	3,21 (,900)

Nach Ansicht von 97 % (27 % + 70 %) der Befragten der Hausaufgabenbegleitung wünschen sich die Eltern, dass ihr Kind bei inhaltlichen Verstandnisschwierigkeiten von der Betreuung unterstützt wird. Von den Betreuern sind 91 % (35 % + 56 %) der Überzeugung, dass die Eltern sich eine Förderung ihres Kindes durch die Hausaufgabenbetreuung bei Lernschwierigkeiten wünschen. 12 % der Antworten entfallen auf die Antwortkategorie *weiß nicht.* Darüber hinaus sind 55 % (37 % + 18 %) der Ansicht, dass die Lehrkräfte die Möglichkeiten in der Betreuung überschätzen, Schülern bei Lernschwierigkeiten zu unterstützen. Hier wählen 12 % *weiß nicht.*

105 N = 342.

Tab. 6.44: Personal der Hausaufgabenbetreuung: Hausaufgabenbetreuung und Wahl der Ganztagsschule

Die Bedeutung der Hausaufgabenbetreuung für die Wahl der Ganztagsschule aus der Sicht des Personals der Hausaufgabenbetreuung	**Mittelwert (SD)**
Eltern wünschen sich, dass ihr Kind bei inhaltlichen Verständnisschwierigkeiten zu den Hausaufgaben von der Hausaufgabenbegleitung unterstützt wird (N = 70)	3,67 (,531)
Eltern wünschen sich, dass ihr Kind bei Lernschwierigkeiten durch die Hausaufgabenbegleitung gefördert wird (N = 66) *weiß nicht = 12 % (N = 75)*	3,45 (,706)
Lehrkräfte überschätzen die Möglichkeiten in der Hausaufgabenbegleitung, Schüler bei Lernschwierigkeiten zu unterstützen (N = 67) *weiß nicht = 12 % (N = 76)*	2,63 (,902)

Interpretation
Eltern haben hohe Anforderungen an die Qualität der Hausaufgabenbetreuung. Sie wünschen nicht nur, dass die Aufgabenerledigung von den Kindern durch den offenen Ganztag organisiert wird, sondern darüber hinaus auch deren individuelle Förderung. Wie sich weiter zeigt, betrifft dies nicht nur die kognitiven Leistungen im Fach sondern ebenso sozio-emotionale Aspekte. Möglicherweise drückt sich damit das Dilemma der Eltern aus, nicht selbst die (zeitliche) Möglichkeit für die Übernahme der individuellen Erziehungsleistungen zu haben, die dann durch das Personal des offenen Ganztags mindestens ebenso gut erbracht werden sollen. Das pädagogisch tätige Personal des Ganztags ist ebenfalls weit überwiegend der Ansicht (eventuell aufgrund von Gesprächen mit diesen), dass die Eltern nicht nur Unterstützung in inhaltlichen Fragen wünschen, sondern darüber hinaus die konkrete Förderung bei Lernschwierigkeiten. Allerdings zeigt die weiß-nicht-Wahl von 12 % hier bestehende Unsicherheiten bei den Befragten.

14. Hausaufgabenbetreuung im Gesamtkonzept der Ganztagsschule
68 % (16 % + 52 %) der Eltern, deren Kind die Hausaufgabenbetreuung des offenen Ganztags besucht, sind der Meinung, ihr Kind soll zu Hause die Hausaufgaben fertig stellen, die es während der Hausaufgabenbegleitung nicht geschafft hat.

Tab. 6.45: Eltern: Hausaufgabenbetreuung im Gesamtkonzept der Ganztagsschule

Hausaufgabenbetreuung im Gesamtkonzept der Ganztagsschule in der Einschätzung der Eltern	**Mittelwert (SD)**
Mein Kind soll zuhause die Hausaufgaben fertig stellen, die es während der Hausaufgabenbegleitung nicht geschafft hat (N = 308)	3,02 (1,160)

Nach Ansicht von 97 % (32 % + 65 %) der Mitarbeiterinnen und Mitarbeiter erwarten die Eltern, dass die Schüler ihre Hausaufgaben in der Hausaufgabenbetreuung vollständig erledigen. Dass die Lehrkräfte die vollständige Erledigung der Hausaufgaben in der Betreuung von den Schülern erwarten, denken 69 % (42 % + 27 %) der Betreuer. Von den Befragten sind 88 % (36 % + 52 %) der Ansicht, dass die Hausaufgabenbetreuung einen hohen Stellenwert im Ganztagskonzept ihrer Schule einnimmt. Allerdings antworten hier 12 % mit *weiß nicht*. Nach Angabe von 75 % des Personals in der Hausaufgabenbetreuung hat ihre Schule ein Konzept für diese. Auf die offene Frage „Wer hat das Konzept für die Hausaufgabenbetreuung entwickelt?“[106] geben 17 Befragte an, dass dies vom offenen Ganztag(steam) entwickelt wurde, nach Auskunft von sieben Befragten stammt das Konzept vom Kollegium der Schule und lediglich fünf antworten, dass das Konzept gemeinsam vom Personal des offenen Ganztags und dem Kollegium der Schule erstellt wurde[107]. Acht Befragte antworten hier mit *weiß nicht*. Immerhin befand sich unter den Antworten eine Aussage, nach der auch Eltern an der Entwicklung des Hausaufgabenkonzepts mitgewirkt haben.

Tab. 6.46: Personal der Hausaufgabenbetreuung: Hausaufgabenbetreuung im Gesamtkonzept der Ganztagsschule

Hausaufgabenbetreuung im Gesamtkonzept der Ganztagsschule in der Einschätzung des Personals der Hausaufgabenbetreuung	**Mittelwert (SD)**
Die Eltern erwarten, dass die Schüler ihre Hausaufgaben in der Hausaufgabenbegleitung vollständig erledigen (N = 76)	3,59 (,615)
Die Lehrkräfte erwarten, dass die Schüler ihre Hausaufgaben in der Hausaufgabenbegleitung vollständig erledigen (N = 71)	2,89 (,887)
Die Hausaufgabenbegleitung nimmt im Ganztagskonzept unserer Schule einen hohen Stellenwert ein (N = 67) *weiß nicht = 12 % (N = 76)*	3,40 (,698)
Unsere Schule hat ein Konzept für die Hausaufgabenbegleitung (N = 71)	Ja = 75 %

106 Insgesamt beantworteten 42 Mitarbeiter des Ganztags diese Frage (schließlich noch 3 sonstiges, 2 Träger).

107 Allerdings ist nicht bekannt, ob die antwortenden Personen möglicherweise an derselben Schule arbeiten.

Interpretation
Das Antwortverhalten der Eltern deutet wiederum darauf, dass ihnen anscheinend der Hausaufgabenerlass nicht bekannt ist. Zugleich zeigt sich möglicherweise die Besorgnis, dass ihr Kind, sofern es mit unvollständigen Hausaufgaben in den Unterricht geht, einen „schlechten Eindruck“ bei der Lehrkraft hinterlässt. Darüber hinaus weisen Eltern den Hausaufgaben eine hohe Lernwirksamkeit zu, nicht bzw. unvollständig oder fehlerhaft erledigte Hausaufgaben bedeuten somit für sie eine entgangene Lerngelegenheit ihrer Kinder.
Das Personal der Betreuung ist überwiegend der Ansicht, dass die Lehrpersonen die lückenlose Erledigung der Aufgaben in der Hausaufgabenbetreuung erwarten. Dieser „Druck“ könnte von den Eltern an das Personal der Betreuung weitergegeben worden sein. Diese sind vornehmlich der Meinung, dass auch die Eltern die umfassende Erledigung der Aufgaben im offenen Ganztag erwarten. Dass die Hausaufgabenbetreuung im Ganztagskonzept einen hohen Stellenwert einnimmt, verweist noch einmal auf die große Bedeutung, die den Hausaufgaben von allen Befragten in unserer Studie eingeräumt worden ist. Zugleich deutet es auf den hohen unterrichtsbezogenen Einfluss, den die Schule auf die Gestaltung des Ganztags hat. Möglicherweise gehören zu der unentschiedenen Gruppe solche Mitarbeiter, die ausschließlich für die Hausaufgabenbetreuung in die Schule kommen, darüber hinaus aber nicht weiter in den Ganztag eingebunden sind und somit den Stellenwert der Hausaufgabenbetreuung im Ganztagskonzept der Schule nicht so genau einschätzen können. Eine weitere Interpretationsspielart könnte sein, in diesem Antwortverhalten die geringe Zusammenarbeit mit dem Kollegium der Schule zu sehen. Die Begleiter haben demnach keine Beurteilungsgrundlage, da sie die Einstellungen des Kollegiums der Schule nicht kennen – sofern der Ganztag der betroffenen Schule nicht gemeinsam vom Kollegium und dem weiteren pädagogisch tätigen Personal geplant und organisiert wird.

15. Durchführung der Hausaufgabenbetreuung im offenen Ganztag
Nach Ansicht von 71 % (39 % + 32 %) der Lehrkräfte haben die Kinder in der Hausaufgabenbetreuung ausreichend Ruhe, um ihre Hausaufgaben zu erledigen, 26 % der Befragten haben keine Meinung. Dass es zu wenig Betreuer gibt, um den Schülerinnen und Schülern bei ihren Problemen mit den Hausaufgaben umfangreich zu helfen, denken 62 % (34 % + 28 %) der Befragten, 24 % antworten *weiß nicht.* Dass die Hausaufgabenbetreuung stets von den gleichen pädagogischen Kräften durchgeführt wird, geben 83 % (35 % + 48 %) an, 16 % der Lehrkräfte wählen hier *weiß nicht.* Die Befragten stimmen mit 65 % (29 % + 36 %) der Aussage zu, dass das pädagogische Personal in der Hausaufgabenbetreuung für didaktisches Arbeiten zu wenig ausgebildet ist. 30 % haben hierzu keine Meinung. Die Mitarbeit der Lehrkräfte in der Hausaufgabenbetreuung halten 74 % (27 % +

47 %) für sinnvoll, 13 % der Befragten haben augenscheinlich keine eindeutige Meinung. 48 % der Lehrkräfte glauben, dass die Kinder sich in der Betreuung häufig untereinander helfen können, 24 % sind der Ansicht, dass dies immer möglich ist, 40 % geben an, dies nicht zu wissen.
Der Aussage, dass die Hausaufgabenbetreuung nicht für die inhaltliche Richtigkeit der Aufgaben der Kinder zuständig ist, stimmen 55 % der Probanden zu. 70 % der Befragten sind nicht der Ansicht, die Betreuung sei dafür zuständig, dass die Schüler mit fertig gestellten Hausaufgaben nach Hause gehen.

Tab. 6.47: Lehrkräfte: Durchführung der Hausaufgabenbetreuung

Lehrkräfte und ihre Sicht der Durchführung der Hausaufgabenbetreuung im offenen Ganztag	**Mittelwert (SD)**
Es ist gewährleistet, dass die Hausaufgabenbegleitung stets von den gleichen pädagogischen Kräften durchgeführt wird (N = 118) *weiß nicht = 16 % (N = 140)*	3,24 (,912)
Es ist sinnvoll, dass die Lehrkräfte in der Hausaufgabenbegleitung mitarbeiten (N = 118) *weiß nicht = 13 % (N = 135)*	3,08 (1,042)
Das pädagogische Personal in der Hausaufgabenbegleitung ist für didaktisches Arbeiten zu wenig ausgebildet (N = 98) *weiß nicht = 30 % (N =139)*	2,91 (,996)
Die Schüler haben in der Hausaufgabenbegleitung ausreichend Ruhe, um Ihre Hausaufgaben zu erledigen (N = 102) *weiß nicht = 26 % (N = 138)*	2,97 (,906)
In der Hausaufgabenbegleitung können die Schüler sich untereinander bei den Hausaufgaben helfen (N = 81) *weiß nicht = 40 % (N = 136)*	2,91 (,794)
Es gibt zu wenig Begleiter, um Schülern bei ihren Problemen mit den Hausaufgaben umfangreich zu helfen (N = 107) *weiß nicht = 24 % (N = 140)*	2,77 (1,005)
Die Hausaufgabengruppen sind zu groß, um eine konzentrierte Atmosphäre erzeugen zu können (N = 110) *weiß nicht = 21 % (N =139)*	2,32 (,986)
Die Hausaufgabenbegleitung der OGGS ist nicht dafür zuständig, dass die Hausaufgaben der Schüler inhaltlich richtig sind (N = 132)	Ja = 55 %
Die Hausaufgabenbegleitung der OGGS ist dafür zuständig, dass die Schüler mit fertig gestellten Hausaufgaben nach Hause gehen (N = 139)	Nein = 70 %

Auf die Frage „Wie soll das Personal der Hausaufgabenbetreuung dir bei den Hausaufgaben helfen?“ antworten 77 % Schülerinnen und Schüler *Tipps geben*, 51 % wünschen sich, dass die Aufgaben auf Vollständigkeit geprüft werden, 68 % möchten, dass die Betreuer nach Fehlern suchen, 11 % hätten gern die richtige Antwort vorgesagt und 7 % wollen gar keine Hilfe.

Tab. 6.48: Schülerinnen und Schüler: Durchführung der Hausaufgabenbetreuung

Schülerinnen und Schüler und ihre Sicht der Durchführung der Hausaufgabenbetreuung im offenen Ganztag	
Wie soll das Personal der Hausaufgabenbetreuung dir bei den Hausaufgaben helfen?	
Tipps geben	77 %
Aufgaben auf Vollständigkeit prüfen	68 %
Nach Fehlern suchen	51 %
Die richtige Antwort vorsagen	11 %
Gar keine Hilfe	7 %

Von den Eltern, deren Kind *nicht* den offenen Ganztag besucht, stimmen 74 % der Aussage zu „Wenn mein Kind an der Hausaufgabenbetreuung teilnehmen würde, sollte die Betreuung durch Lehrkräfte durchgeführt werden“. Darüber hinaus sind diese Eltern mit der 66 % Ansicht, dass eine Durchführung der Hausaufgabenbetreuung durch pädagogisch ausgebildetes Personal zwingend notwendig ist.

Die Eltern, deren Kind am offenen Ganztag teilnimmt, sind mit 89 % (24 % + 65 %) der Ansicht, dass das Personal der Hausaufgabenbetreuung für die vollständige Erledigung der Hausaufgaben durch die Schülerinnen und Schüler während dieser Zeit sorgen soll. 88 % (24 % + 64 %) sind darüber hinaus der Ansicht, es soll auch für inhaltlich richtige Hausaufgaben sorgen. Damit einhergehend stimmen 94 % (19 % + 75 %) der Befragten der Aussage zu, „das Personal der Hausaufgabenbetreuung soll über genügend Fachwissen verfügen, um alle inhaltlichen Fragen meines Kindes beantworten zu können“. Dass das Personal der Hausaufgabenbetreuung sich genug Zeit nimmt, alle Fragen ihres Kindes zu beantworten, wünschen sich 87 % (27 % + 60 %). Eine ausreichende Personaldecke in der Betreuung für die Schüler vermuten 54 % (25 % + 29 %) der Eltern, 19 % antworten *weiß nicht*. 79 % (36 % + 43 %) geben an, dass ihr Kind durch die Teilnahme an der Hausaufgabenbegleitung die Aufgaben vollständig erledigt hat. Gegenseitige Unterstützung der Schüler in der Betreuung, wird von 63 % (38 % + 25 %) der Eltern gewünscht, 10 % haben keine Meinung.

Tab. 6.49: Eltern: Durchführung der Hausaufgabenbetreuung

Eltern und ihre Sicht der Durchführung der Hausaufgabenbetreuung im offenen Ganztag	**Mittelwert (SD)**
Wenn mein Kind an der Hausaufgabenbetreuung teilnehmen würde, sollte die Betreuung durch Lehrkräfte durchgeführt werden (N = 2437)	Ja 74 %
Wenn mein Kind an der Hausaufgabenbetreuung teilnehmen würde, wäre es zwingend notwendig, dass pädagogisch ausgebildetes Personal die Hausaufgabenbegleitung durchführt (N = 2375)	Ja 66 %
Das Personal der Hausaufgabenbegleitung soll dafür sorgen, dass alle Schüler in der Hausaufgabenbegleitung die Hausaufgaben vollständig erledigen (N = 307)	3,49 (,785)
Das Personal der Hausaufgabenbegleitung soll dafür sorgen, dass die Hausaufgaben inhaltlich richtig sind (N = 310)	3,54 (,774)
Das Personal der Hausaufgabenbetreuung soll über genügend Fachwissen verfügen, um alle inhaltlichen Fragen meines Kindes beantworten zu können (N = 305)	3,73 (,568)
Das Personal der Hausaufgabenbegleitung soll sich Zeit nehmen, alle Fragen meines Kindes zu beantworten (N = 304)	3,48 (,770)
Für die Schüler steht genug Personal der Hausaufgabenbegleitung zur Verfügung (N = 255) *weiß nicht = 19 % (N =313)*	2,89 (1,043)
Durch die Teilnahme an der Hausaufgabenbegleitung hat mein Kind seine Hausaufgaben vollständig erledigt (N = 392)	3,14 (,921)
In der Hausaufgabenbegleitung sollen die Schüler sich untereinander bei den Hausaufgaben helfen (N = 301) *weiß nicht = 8 % (N = 328)*	2,73 (1,026)

Nach Angabe von 94 % (19 % + 75 %) des Personals der Betreuung wurden von ihnen Regeln für die Schülerinnen und Schüler in der Hausaufgabenbegleitung aufgestellt. Dass die Schüler genug Ruhe haben, meinen 68 % (43 % +25 %). 95 % (28 % + 67 %) der Befragten geben an, dass die Betreuung stets von den gleichen pädagogischen Kräften durchgeführt wird. Die Probanden verneinen mit 51 % (43 % + 8 %), dass Schüler Schwierigkeiten haben, sich in der Hausaufgabenbetreuung zu konzentrieren. Zugleich bezeichnen 70 % (55 % + 15 %) die Kinder durch den Schulunterricht als erschöpft. Nach Meinung von 76 % (59 % + 17 %) wissen die Schüler, welche Hausaufgaben sie aufhaben. 64 % (35 % + 29 %) der Betreuer stimmen der Aussage zu, dass die Hausaufgabenbegleitung für die inhaltliche Richtigkeit der Hausaufgaben zuständig ist. Die Aussage, dass die

Menge der gestellten Aufgaben in der vorgegebenen Zeit nicht erledigt werden kann, lehnen 58 % (41 % + 17 %) der Befragten ab.
Unter einer guten Hausaufgabenbetreuung versteht das Personal der Betreuung zu
- 99 % (8 % + 91 %), für genügend Ruhe im Raum zu sorgen.
- 97 % (8 % + 89 %), störende Schüler zu ermahnen.
- 83 % (47 % + 36 %), dass die Schüler in der vorgegebenen Zeit ihre Aufgaben vollständig erledigen.
- 98 % (8 % + 90 %), die Schüler zum selbständigen Arbeiten zu erziehen.
- 100 % (7 % + 93 %), den Schülern bei Verständnisfragen zu helfen.
- 52 % (45 % + 7 %) die Schüler auf Fehler in den Aufgaben hinzuweisen.

Von den Befragten fühlen sich 88 % (30 % + 58 %) für die richtige Aufgabenerledigung der Schüler verantwortlich. Nach Ansicht von 91 % (35 % + 56 %) wünschen die Eltern sich die Förderung ihres Kind bei Lernschwierigkeiten durch die Betreuung, 12 % haben hierzu keine Meinung. Dass es zeitlich möglich ist, auf alle inhaltlichen Fragen der Schüler einzugehen, wird von 57 % (36 % + 21 %) abgelehnt.
52 % (45 % + 7 %) der Befragten sind der Meinung, dass die Schüler in der Hausaufgabenbetreuung ihre Aufgaben auch gemeinsam erledigen können sollten. Dass die Anzahl der Schüler in den Gruppen ist zu groß ist, wird von 55 % (26 % + 29 %) abgelehnt. Vom Personal der Betreuung wird mit 59 % (33 % + 26 %) mehrheitlich abgelehnt, dass Unterrichtsmaterial (z.B. Arbeitsblätter, Schulbücher) notwendig ist, um die Aufgabenstellungen nachvollziehen zu können. Nach Ansicht von 77 % (34 % + 43 %) können aus Gründen der Gleichbehandlung aller Schüler in der Betreuung einzelne Schüler nicht intensiv unterstützt werden.

Tab.: 6.50: Personal der Hausaufgabenbetreuung: Durchführung der Hausaufgabenbetreuung

Personal der Hausaufgabenbetreuung und ihre Sicht der Durchführung der Hausaufgabenbetreuung im offenen Ganztag	**Mittelwert (SD)**
Wir haben für die Schüler Regeln in der Hausaufgabenbegleitung aufgestellt (N = 75)	3,67 (,644)
Die Schüler haben in der Hausaufgabenbegleitung genug Ruhe (N = 76)	2,86 (,890)
Die Schüler sind durch den Unterricht erschöpft (N = 76)	2,84 (,654)
Die Schüler haben Schwierigkeiten, sich in der Hausaufgabenbetreuung zu konzentrieren (N = 75)	2,51 (,760)

Die Anzahl der Schüler in den Gruppen der Hausaufgabenbegleitung ist zu groß (N = 76)	2,30 (1,046)
Es ist zeitlich möglich, auf alle inhaltlichen Fragen der Schüler einzugehen (N = 76)	2,29 (,877)
Die Menge der gestellten Hausaufgaben kann in der vorgegebenen Zeit nicht erledigt werden (N = 76)	2,28 (,776)
Die Hausaufgabenbegleitung wird stets von den gleichen pädagogischen Kräften durchgeführt (N =76)	3,59 (,677)
Ich fühle mich verantwortlich dafür, dass die Schüler in der Hausaufgabebegleitung ihre Hausaufgaben richtig erledigen (N = 76)	3,41 (,836)
Aus Gründen der Gleichbehandlung aller Schüler können in der Hausaufgabenbegleitung einzelne Schüler nicht intensiv unterstützt werden (N = 74)	3,14 (,926)
Die Hausaufgabenbegleitung ist dafür zuständig, dass die Hausaufgaben der Schüler inhaltlich richtig sind (N = 75)	2,87 (,920)
Das pädagogische Personal benötigt Unterrichtsmaterial (z.B. Arbeitsblätter, Schulbücher), um die Hausaufgabenstellungen nachvollziehen zu können (N = 73)	2,32 (1,039)
Eltern wünschen sich, dass ihr Kind bei Lernschwierigkeiten durch die Hausaufgabenbegleitung gefördert wird (N = 66) *weiß nicht = 12 % (N = 75)*	3,45 (,706)
Unter einer guten Hausaufgabenbegleitung verstehe ich, … den Schülern bei Verständnisfragen zu helfen (N = 76)	3,93 (,250)
… die Schüler zum selbständigen Arbeiten zu erziehen (N = 75)	3,89 (,352)
… für genügend Ruhe im Raum zu sorgen (N = 76)	3,89 (,349)
… störende Schüler zu ermahnen (N = 76)	3,87 (,411)
… die Schüler auf Fehler in den Aufgaben hinzuweisen (N = 76)	3,50 (,683)
… dass die Schüler in der vorgegebenen Zeit ihre Aufgaben vollständig erledigen (N = 76)	3,14 (,795)
In der Hausaufgabenbegleitung sollen Schüler ihre Hausaufgaben auch gemeinsam erledigen dürfen (N = 73)	2,41 (,863)

Interpretation
Hinsichtlich der Durchführung der Hausaufgabenbetreuung legt das gesamte Antwortverhalten der Lehrkräfte nahe, dass diese zu erheblichen Teilen wenig Kontakt zum Ganztag ihrer Schule haben. So deuten die auffällig hohen weiß-nicht-Quoten von bis zu 40 % auf eine große Unwissenheit bzw. Unsicherheit bezüglich der Organisation der Betreuung. Die höchste Zustimmung erhält in diesem Kontext die Aussage, dass die Begleitung der Hausaufgaben relativ konstant von den gleichen Personen durchgeführt wird. Dieser Sachverhalt ist den meisten Lehrkräften u.a. dadurch bekannt, dass die Betreuung in den von uns untersuchten Grundschulen im Allgemeinen durch eine feste Gruppenzuordnung organisiert ist, die den Lehrerkollegien der Schulen mitgeteilt wird. Darüber hinaus werden den Lehrkräften möglicherweise gelegentlich durch die Schüler Informationen übermittelt. Insbesondere, wenn Hausaufgaben nicht fertiggestellt wurden oder Schwierigkeiten bei der Bearbeitung aufgetreten sind, wird dies von den Begleitern im Hausaufgabenheft der Heranwachsenden schriftlich vermerkt, und dieses am folgenden Unterrichtstag den Lehrkräften vorgelegt. Dennoch erstaunt die weiß-nicht-Quote von 16 %. Eine weitere Erklärung könnte sein, dass es sich bei dieser Gruppe vorwiegend um Personen handelt, die Fächer mit geringem bis gar keinem Hausaufgabenaufkommen unterrichten und die sich aus diesem Grund nicht mit der Betreuung auseinandersetzen müssen. Zugleich kann davon ausgegangen werden, dass diese Befragten auch in Konferenzen, Schulpflegschaftssitzungen oder anderen Arbeitsgruppen zu diesem Thema nicht mitgearbeitet haben.
Die zweithöchste Zustimmung (und die geringste weiß-nicht-Quote) erhält die Aussage, dass sinnvollerweise Lehrkräfte in der Betreuung mitarbeiten sollten. Dies erstaunt insofern, als Lehrerinnen und Lehrer einerseits die Qualität der Hausaufgabenbetreuung insgesamt als zufriedenstellend beurteilen (vgl. Punkt 17 Zufriedenheit mit der Hausaufgabenbetreuung, M = 3,01, SD = ,925), andererseits laut Erlass Schülerinnen und Schüler ihre Aufgaben doch selbstständig anfertigen sollen. Insgesamt arbeiten nur wenige Lehrkräfte unserer Studie in der Hausaufgabenbetreuung mit (vgl. Kap. 6.1.2). Diese geringe Bereitschaft ist allerdings nicht auf die Haltung bei ihnen zurückzuführen, die Mitarbeit in der Betreuung würde zu einer Ungleichbehandlung der Kinder führen, wie die hohe Ablehnung des zugehörigen Items zeigt. Die Kreuzung dieses Items mit der nachfolgenden Aussage zeigt eine hohe Signifikanz[108]. Von allen Befragten, die der Mitarbeit von Lehrkräften in der Betreuung zustimmen, halten 71 % das Personal für zu wenig ausgebildet, um didaktisch arbeiten zu können. Die Mitarbeit scheint sich somit für die Lehrkräfte insbesondere dadurch zu begründen, dass das

108 Näherungsweise nach Spearman = ,071.

Personal der Hausaufgabenbetreuung Unterstützung bzw. Qualifikationsmaßnahmen in (fach-)didaktischer Hinsicht benötigt.
In einer offenen Frage wurden die Lehrkräfte nach den Gründen für ihre Zustimmung auf das Item „Es ist sinnvoll, dass die Lehrkräfte in der Hausaufgabenbegleitung mitarbeiten" befragt. Die 168 kategorisierten Aussagen verteilten sich folgendermaßen[109]:

Tab. 6.51: Lehrkräfte: Gründe für die Mitarbeit in der Hausaufgabenbetreuung

Kategorisierte Antworten der Lehrkräfte auf die offene Frage: Gründe für die Antwort auf die geschlossene Frage „Es ist sinnvoll, dass die Lehrkräfte in der Hausaufgabenbegleitung mitarbeiten"	**168**
Zustimmung:	**83 %**
1. Lehrkräfte verfügen über eine größere Kompetenz	93 (55 %)
2. Lehrkräfte erhalten so Rückmeldung für die eigene Berufspraxis	22 (13 %)
3. Stärkung der Kooperation von Lehrkräften und Hausaufgabenbetreuern	12 (7 %)
4. Zusätzliche Vorteile für die Schülerinnen und Schüler	7 (4 %)
5. Sonstiges	5 (3 %)
Ablehnung:	**17 %**
6. Selbstständige Erledigung der Hausaufgaben	5
7. Gleichbehandlung der Schüler, die an der Hausaufgabenbetreuung teilnehmen mit denen, die nicht daran teilnehmen	4
8. Eine gute Hausaufgabenbetreuung funktioniert ohne Lehrkräfte	11
9. Unterstützung durch Lehrkräfte wäre Nachhilfe	6
10. Lehrkräfte sollten ihre Zeit und Kraft für den eigentlichen Unterricht sowie für die Vorbereitung des Unterrichts, die Elternarbeit und andere Aufgaben nutzen. Damit sind sie ausgelastet.	1
11. Lehrerarbeitszeit woanders besser nutzbar	1

Die weit überwiegende Menge der von den Lehrkräften gegebenen zustimmenden Aussagen stellt die vermeintlich größere *Kompetenz der Lehrkraft* in den Vordergrund, die insbesondere mit der durch die Ausbildung dokumentierte

109 Von 113 Probanden erhielten wir Antworten. Diese konnten häufig in mehrere Aussagen zerlegt werden, so dass insgesamt 13 Aussagen ausgewertet wurden. Von diesen waren 5 nicht einer Kategorie zuordbar.

fachlich-didaktischen Kompetenz[110] begründet wird. Mit großem Abstand folgt die bemängelte Qualifikation der Hausaufgabenbegleiter, die sich u.a. in der fehlenden pädagogischen und didaktischen Ausbildung[111] zeigt. Weiter sehen sich die Lehrkräfte insbesondere zuständig für Schülerinnen und Schüler mit Leistungsschwächen[112], die ihrer Meinung nach einer besonderen Unterstützung bei der Anfertigung der Hausaufgaben bedürfen. Auffällig wird an diesen Aussagen zum wiederholten Male, dass die antwortenden Lehrkräfte zu einem großen Teil den Hausaufgabenerlass des Landes Nordrhein-Westfalen nicht kennen bzw. diesen nicht zur Kenntnis nehmen, da sie anscheinend keine Hausaufgaben erteilen, die *alle* Schülerinnen und Schüler ihrer Klasse selbstständig erledigen können. Denn die zuzustehende eigenständige Erledigung impliziert nun gerade, dass eine inhaltliche oder methodische Unterstützung nicht notwendig ist (und die Kinder, die ihre Aufgaben zu Hause anfertigen, werden vermutlich ebenfalls nicht selbstverständlich auf eine professionelle Hilfe zurückgreifen können).
Einen weiteren Aussagenbereich stellt die *Rückmeldung für die eigene Unterrichtspraxis* mit 13 % dar. Viele Lehrkräfte sehen durchaus die Chancen der Mitarbeit in der Hausaufgabenbetreuung in dem Feedback, das sie durch die Beobachtung und Begleitung der Aufgabenanfertigung der Schülerinnen und Schüler erhalten und für ihre unterrichtliche Weiterarbeit aber auch zukünftige Hausaufgabenvorbereitung aufnehmen können. Eine *Stärkung der Zusammenarbeit von Lehrkräften und dem Personal der Hausaufgabenbetreuung* wird von 7 % als wichtiger Grund für die Mitarbeit[113] genannt. Für eine Reihe von Lehrkräften ist möglicherweise die gemeinsame Tätigkeit in der Hausaufgabebetreuung eine passende Gelegenheit, über die dort anfallenden Probleme und deren konkrete Lösungserarbeitung die Kooperation von Betreuern und Lehrkräften zu stärken. In der Tat scheint die unmittelbare sachbezogene Zusammenarbeit eine wichtige Brücke für den gegenseitigen Austausch und die Erprobung gemeinsamer Lösungen darzustellen, sofern eine solche unter „gleichberechtigten" Partnern stattfindet.

110 Zum Beispiel „Lehrer erkennen schneller die Bedeutsamkeit bestimmter Inhalte."
„Lehrkräfte sind didaktisch und methodisch besser geschult und ausgebildet und können gezielter Hilfestellungen leisten."
„Die Lehrer kennen die schulischen Anforderungen besser! Sie sind qualifizierter!"

111 Zum Beispiel „die Begleiter neigen zum Vorsagen und brauchen Anleitungen, um sinnvolle Hilfestellungen zu geben."
„Die Hausaufgabenbegleitung ist fachlich nicht ausgebildet und versteht die Aufgabenstellung nicht immer."
„Man braucht eine fachdidaktische Ausbildung, um Hausaufgaben sinnvoll begleiten zu können (vor allem bei leistungsschwachen Kindern). Diese haben die Hausaufgabenbegleiter leider nicht."

112 Zum Beispiel „Lehrer sollten für zusätzliche Förderung eingesetzt werden. Lehrer können auf Lernschwierigkeiten besser eingehen."

113 Zum Beispiel „Austausch zwischen Lehrer und Betreuer wichtig. Lehrkräfte und Hausaufgabenbegleiter sollten eng zusammenarbeiten, um Probleme schnell erkennen und lösen zu können."

Überwiegend sind die Lehrkräfte der Auffassung, dass die Kinder in der Betreuung genug Ruhe für die Aufgabenbearbeitung haben und sich gegenseitig bei den Aufgaben helfen können. Allerdings deuten wiederum die weiß-nicht-Quoten (26 % und 40 %) darauf hin, dass ein hoher Prozentsatz der Befragten sich nicht in der Lage sieht, diese Aussagen zu beurteilen. Auch halten die Lehrkräfte mehrheitlich die Betreuungsgruppen in ihrer Größe (vgl. Punkt 15 Durchführung der Hausaufgabenbetreuung im offenen Ganztag) für angemessen, um den Heranwachsenden die konzentrierte Arbeit zu ermöglichen, neben wiederum einem mit 21 % umfangreichen Anteil von Befragten, die hier keine Meinung äußern können. Es zeigen sich Widersprüche zu der großen Ablehnung, dass die Hausaufgabenbetreuung nicht dafür zuständig ist, dass die Schüler mit fertiggestellten Aufgaben nach Hause gehen bzw. die Lehrkräfte mit etwas mehr als die Hälfte der Befragten der Aussage zustimmen, dass die Begleitung nicht für inhaltlich richtige Aufgaben zuständig ist. Zugleich ist zu konstatieren, dass immerhin 45 % dieser Lehrkräfte die Verantwortung für inhaltlich richtige Hausaufgaben bei den Betreuern im offenen Ganztag sehen und damit deutlich machen, dass sie die Inhalte des Hausaufgabenerlasses nicht umsetzen. Dies gilt gleichermaßen für die immerhin 30 % der Befragten, die die Betreuung dafür zuständig sehen, dass die Heranwachsenden ihre Hausaufgaben dort fertigstellen.
Schülerinnen und Schüler haben an das Unterstützungsverhalten des Personals der Hausaufgabenbetreuung ähnliche Erwartungen wie an das ihrer Eltern. Die überwiegende Mehrheit wünscht sich Hilfe in Form von Tipps, gefolgt von dem Wunsch, dass die Betreuer nach Fehlern in den bearbeiteten Aufgaben suchen, gut die Hälfte der Befragten möchte, dass die Aufgaben auf Vollständigkeit geprüft werden und lediglich 11 % hätten gern die Antwort vorgesagt, 7 % möchten überhaupt keine Unterstützung.
Die Eltern der Kinder, die bislang nicht am offenen Ganztag teilnehmen, äußern in unserer Befragung hohe Erwartungen an die Qualifikation des Personals in der Hausaufgabenbetreuung. Allerdings fehlen Hinweise für mögliche Begründungen dieser Einstellungen, da diese nicht weiter erfragt wurden.
Die Erwartungen der Eltern, deren Kinder die Hausaufgabenbetreuung des offenen Ganztags besuchen, entsprechen weitgehend den Vermutungen des Personals aus der Betreuung. So sind sie weit überwiegend der Ansicht, dass in der Betreuung für die Erledigung der Aufgaben aller Kinder gesorgt werden sollte. Zugleich sollen die Betreuer dafür sorgen, dass die Aufgaben inhaltlich richtig sind. Auch wenn die Eltern der Kinder, die am offenen Ganztag teilnehmen, nicht explizit danach gefragt wurden, ist anzunehmen, dass auch sie einer Betreuung durch die Lehrkräfte überwiegend zustimmen würden. Darüber hinaus wünschen die befragten Eltern, dass sich das Personal der Betreuung Zeit für alle Fragen Ihres Kindes nimmt. Dieser Wunsch drückt einerseits aus, dass die Kinder in der Betreuung

eine ebensolche Unterstützung erhalten sollen, wie die Eltern sie zu Hause geben würden bzw. dass andererseits durch den Besuch des offenen Ganztags eventuelle Defizite im Elternhaus möglichst optimal kompensiert werden. Aufgrund der geringen Zustimmung zu der Aussage „Ich bin überfordert, wenn ich meinem Kind bei den Hausaufgaben helfen soll" (M = 1,43, SD = .747) scheint dieses Motiv eher unwahrscheinlich zu sein, es sei denn, hier läge eine Antworttendenz zur sozialen Erwünschtheit vor. Für die überwiegende Mehrheit der Familien scheint zuzutreffen, dass die Kinder mit vollständig erledigten Hausaufgaben aus dem offenen Ganztag nach Hause kommen. Mehrheitlich sind die befragten Eltern der Ansicht, dass für die Kinder ausreichend Personal in der Betreuung ist. Wie sich weiter hinten noch einmal zeigen wird, sind die Eltern hinsichtlich einer Reihe von Aspekten bezogen auf die Hausaufgabenbetreuung erstaunlich uninformiert vor dem Hintergrund der Bedeutsamkeit, die diese den Hausaufgaben zuweisen. So können auf dieses Item 19 % der Befragten keine Meinung angeben. Ebenso ist es hinsichtlich der Aussage, dass die Schüler sich untereinander in der Betreuung helfen können. Auch hier stimmen die Eltern zwar mehrheitlich zu, aber immerhin 10 % antworten auch hier *weiß nicht*.

Das Personal der Hausaufgabenbetreuung hat sehr konkrete Vorstellungen von einer guten Begleitung. Diese lassen sich in organisatorische Rahmenbedingungen sowie mögliche didaktische und erzieherische Aufgaben der Betreuung unterscheiden. Darüber hinaus wird im Folgenden zwischen der Beurteilung des Status Quo und den Vorstellungen einer optimalen Betreuung unterschieden.

Zunächst wird die Beurteilung einiger wesentlicher organisatorischer Rahmenbedingungen vorgestellt. Vorwiegend werden in den Gruppen für die Kinder Regeln aufgestellt, um die möglichst reibungslose Durchführung der Begleitung zu sichern. Darüber hinaus gibt die Mehrheit der Befragten an, dass die Schülerinnen und Schüler ausreichend Ruhe zum Arbeiten haben. Allerdings ist der Mittelwert mit M = 2,86 recht moderat (vgl. das Antwortverhalten der Schüler). Zugleich stimmt das Personal der Hausaufgabenbetreuung mit knapper Mehrheit der Aussage zu, dass es den Kindern schwer fällt, sich zu konzentrieren. Das Antwortverhalten ist möglicherweise als Hinweis zu werten, dass es dem Betreuungspersonal anscheinend häufig nicht gelingt, die erforderliche Ruhe herzustellen[114]. Die von der Befragten überwiegend konstatierte Erschöpfung der Kinder durch den Schulunterricht (M = 2,84, SD = ,654) könnte hierfür eine Ursache sein. Zugleich mag das unterschiedliche Antwortverhalten durch die Heranwachsenden auf ein Spannungsverhältnis hindeuten, in dem sich die Hausaufgabenbetreuer befinden. Dieses äußert sich in dem Aufeinandertreffen des Auftrags durch den Träger des Ganztags, der Elternerwartungen, der Lehrereinstellungen sowie der

114 Die Schüler stimmen diesem Item („In der Hausaufgabenbegleitung habe ich genug Ruhe, um meine Hausaufgaben zu erledigen", M = 2,73, SD = 1,126) nicht in dem gleichen Maße zu.

Bedürfnisse der Schülerinnen und Schüler. Für das Ganztagspersonal dürfte es sehr problematisch sein, allen Aspekten gleichermaßen gerecht zu werden.
Mehrheitlich abgelehnt wird die Aussage, dass das inhaltliche Eingehen auf alle Fragen während der Betreuung zeitlich möglich ist. Dieser Umstand wirft für das pädagogische Personal Fragen auf, denn sie müssen entscheiden, auf welche Bedürfnisse von welchen Schülerinnen und Schülern sie eingehen und auf welche Fragen nicht. Zugleich lehnen die Befragten die Aussage ab, dass die Anzahl der Heranwachsenden in der Betreuung zu groß ist. Hierdurch ergibt sich ein Widerspruch im Antwortverhalten, denn wenn es zeitlich nicht möglich ist, auf alle Fragen der Schüler einzugehen, hängt dies offensichtlich auch mit der Anzahl der anwesenden Kinder zusammen. Sofern die Befragten nicht die Gruppengröße für diesen Umstand verantwortlich machen, stellt sich die Frage, welche Ursache diese zeitliche Beschränkung ihrer Ansicht nach hat. Darüber hinaus ergibt sich ein weiterer Widerspruch durch die mehrheitliche Zustimmung, dass die Aufgabenmenge in der vorgegebenen Zeit von den Kindern erledigt werden kann. Gäbe es schwerwiegende Verständnisfragen zu einzelnen Aufgaben bei vielen Kindern, könnte dies nicht ohne weiteres zutreffen.
Ihre grundlegenden didaktischen und erzieherischen Aufgaben betreffend offenbaren die Betreuer ein hohes Arbeitsethos, wenn sie sich weit überwiegend dafür verantwortlich fühlen, dass die Schüler ihre Aufgaben richtig erledigen. Interessanterweise scheinen eine Reihe von Befragten in dieser Aufgabe durchaus zwischen dem Anspruch an sich selbst und dem allgemeinen Arbeitsauftrag der Hausaufgabenbetreuung zu unterscheiden, denn der Aussage „Die Hausaufgabenbetreuung ist dafür zuständig, dass die Hausaufgaben der Schüler inhaltlich richtig sind", wird zwar ebenfalls zugestimmt, insgesamt aber erheblich geringer. Zugleich kollidiert dieser Eigenanspruch mit der vorwiegenden Zustimmung zu der Aussage, dass einzelne Schüler aufgrund der allen zustehenden Gleichbehandlung nicht intensiv unterstützt werden können. Dieser eher resignativen Haltung widerspricht das persönliche Verantwortungsgefühl der meisten Betreuer sowie dem „allgemeinen Auftrag". Zugleich dürfte diese Haltung möglicherweise in der alltäglichen Situation der Betreuung nicht unbedingt ausschlaggebend sein aufgrund der Tatsache, dass nicht alle Kinder im gleichen Maße der Unterstützung durch die Begleiter bedürfen[115]. Wie das Antwortverhalten belegt, werden die einzelnen Gruppen immer von demselben pädagogisch tätigen Personal der Hausaufgabenbetreuung durchgeführt, um den Kindern eine Kontinuität in der Arbeitsatmosphäre zu gewährleisten. Mehrheitlich abgelehnt wurde hingegen, dass

115 Unsere nicht-teilnehmende Beobachtung der Hausaufgabenbetreuung über insgesamt 40 Stunden in unterschiedlichen Gruppen und bei verschiedenen Begleiterinnen und Begleitern hat ebenfalls gezeigt, dass in der Hausaufgabenbetreuung überwiegend nicht nach Gleichbehandlung, sondern nach individueller „Notlage" gehandelt wurde.

die Mitarbeiter Unterrichtsmaterial zum Nachvollzug der Aufgabenstellungen benötigen. Anscheinend sind die Fragestellungen für die Mehrheit der Befragten ohne weitere Erläuterungen nachvollziehbar. Dennoch bliebe zu klären, warum immerhin fast die Hälfte zusätzliches Material wünscht.
Die Erwartungen der Eltern an die Hausaufgabenbetreuung nehmen die Mitarbeiter überwiegend präzise und zutreffend wahr, möglicherweise aufgrund von Gesprächen mit diesen. Immerhin 12 % der Befragten sind in dieser Frage aber unentschlossen.
Danach gefragt, welche Elemente für sie sonst noch zu einer guten Hausaufgabenbegleitung gehören[116], werden von den Mitarbeitern des Ganztags überwiegend (31 Aussagen) sozio-emotionale Aspekte angesprochen[117]. Daran schließen sich Unterstützungsmöglichkeiten für die Kinder durch Gestaltung der Rahmenbedingungen und/oder durch inhaltliche Unterstützung bzw. Förderung (22 Aussagen)[118], und der Wunsch nach Kooperation mit den Lehrkräften sowie mit den Eltern (16 Aussagen)[119]. Für das Personal der Hausaufgabenbetreuung ist somit auch die sozio-emotionale Stärkung der Kinder ein relevanter Faktor, dem sie im Rahmen der Betreuung gern zusätzlich Rechnung tragen würden.

16. Kooperation

Von den befragten Lehrerinnen und Lehrern sprechen sich 53 % häufig und 14 % immer mit den in der Klasse unterrichtenden (Fach-) Lehrkräften über die anfallende Hausaufgabenmenge ab. 74 % (36 % + 38 %) geben an, durch den Austausch mit dem Personal des offenen Ganztags einen umfassenden Einblick in das Hausaufgabenverhalten einzelner Schüler zu bekommen. Von den Lehrkräften sind 62 % (42 % + 20 %) der Ansicht, dass durch die Zusammenarbeit mit dem Personal des offenen Ganztags für sie inhaltliche Probleme der Schüler bei den Hausaufgaben transparenter werden. Nach Ansicht von 58 % (= ja) der Lehrkräfte existieren Kriterien für die Hausaufgabenbetreuung an ihrer Schule. Dass das Personal des Ganztags die erforderlichen Unterrichtsmaterialien für die Haus-

116 Offene Frage „Welche Elemente gehören für Sie sonst noch zu einer guten Hausaufgabenbetreuung?“. Hierauf haben 57 Befragte geantwortet, da Mehrfachantworten möglich waren, konnten diese teilweise in mehrere Aussagen zerlegt werden. Insgesamt wurde 97 Aussagen ermittelt.

117 Zum Beispiel „Unbedingt auch ein Miteinander und Spaß. Einander helfen“, „Schüler zu unterstützen, d.h. zu loben, zu ermuntern“, „Eine Gemeinschaft innerhalb der Gruppe zu erzeugen“, „Selbstvertrauen stärken“, „Ängste, Nöte, Freude der Kinder wahrnehmen, zuhören“, „Dass sich das einzelne Kind in seiner Individualität erkannt bzw. gemocht fühlt, motiviert meines Erachtens enorm“.

118 Beispielsweise „Nicht verstandene Aufgaben erklären“, „Gegenseitige Unterstützung der Schüler“, „Hilfe zur Selbsthilfe (Umgang mit Wörterbüchern, Lexika,…)“, aber auch „Lernschwache Kinder fördern“.

119 Zum Beispiel „Mit den Eltern, Lehrern ein gutes Netzwerk pflegen“, „Förderbedarf an die Lehrer weitergeben“, „Regelmäßiger Austausch zwischen Lehrkräften und Hausaufgabenbegleitung“.

aufgabenbetreuung erhält, antworten 57 % (31 % + 26 %), 23 % der Befragten entscheiden sich hier für *weiß nicht*. 44 % der Befragten geben den Betreuern selten Hinweise, welche Arbeits- und Hilfsmittel für die individuelle Förderung der Schülerinnen und Schüler sinnvoll sind, 17 % tun dies nie. Von den Lehrkräften führen 12 % Gespräche mit Eltern, deren Kind im offenen Ganztag ist, bei Schwierigkeiten mit den Hausaufgaben immer gemeinsam mit dem Personal der Betreuung, 20 % machen dies häufig, 37 % selten und 31 % nie.
Auf die offene Frage „Wie erhalten die Hausaufgaben-Begleiter Informationen über die anzufertigenden Hausaufgaben?", antworten die Befragten wie folgt[120]: Laut 125 Antworten werden die Informationen durch die Schülerinnen und Schüler vermittelt, und zwar sowohl per Hausaufgabenheft als auch durch mündliche Mitteilung. Dass schriftliche Kommunikationsmittel für die Informationsweitergabe (ein Mitteilungsheft der Betreuer, ein Ordner im Lehrerzimmer, Hausaufgabenplan u.a.m.) eingesetzt werden, wird 26 mal angegeben. Auf den direkten Austausch zwischen Lehrkräften und dem Personal des offenen Ganztags verweisen 18 Befragte.

Tab. 6.52: Lehrkräfte: Kooperation mit dem Personal der Hausaufgabenbetreuung

Kooperation aus der Perspektive der Lehrkräfte	**Mittelwert (SD)**
Ich spreche mich mit den in der Klasse unterrichtenden (Fach-)Lehrern über die anfallende Hausaufgabenmenge ab (N = 137)	2,70 (,835)
Durch den Austausch mit dem Personal der OGGS bekomme ich einen umfassenden Einblick in das Hausaufgabenverhalten der einzelnen Schüler (N = 129)	3,06 (,899)
Durch die Zusammenarbeit mit dem Personal der OGGS werden für mich inhaltliche Probleme der Schüler bei den Hausaufgaben transparenter (N = 128)	2,70 (,944)
Die Hausaufgabenbegleiter erhalten die erforderlichen Unterrichtsmaterialien für die Hausaufgabenbegleitung (N = 100) *weiß nicht = 23 % (N = 129)*	2,62 (1,090)
Ich gebe den Hausaufgabenbegleitern Hinweise, welche Arbeits- und Hilfsmittel für die individuelle Förderung der Schüler sinnvoll sind (N = 129)	2,26 (,796)
Ich führe Gespräche mit Eltern, deren Kind in der OGGS ist, bei Schwierigkeiten mit den Hausaufgaben gemeinsam mit dem pädagogischen Personal der Hausaufgabenbegleitung (N = 121)	2,14 (,994)

120 Insgesamt wurden 175 Aussagen gemacht.

Eltern, deren Kind den offenen Ganztag besucht, stimmen mit 85 % (21 % + 64 %) der Aussage zu, dass Lehrkräfte und Mitarbeiter sich über das Arbeitsverhalten der einzelnen Schüler in der Betreuung austauschen sollen.

Tab. 6.53: Eltern: Kooperation der Lehrkräfte und des Personals der Hausaufgabenbetreuung

Kooperation aus der Perspektive der Eltern	**Mittelwert (SD)**
Lehrer und Personal der Hausaufgabenbegleitung sollen sich über das Arbeitsverhalten der einzelnen Schüler in der Hausaufgabenbegleitung austauschen (N = 373)	3,44 (,867)

85 % (26 % + 59 %) des Personals in der Hausaufgabenbetreuung lehnt die Aussage ab, dass die Lehrkräfte ihnen die individuelle Lernentwicklung eines jeden einzelnen Schülers mitteilen. Von 77 % (36 % + 41 %) der Befragten wird darüber hinaus verneint, dass sie von den Lehrkräften Hinweise über die individuelle Lernentwicklung einzelner Schüler erhalten. Ebenso verneinen 78 % (36 % + 42 %) der Probanden, dass die Lehrkräfte ihnen über sozialemotionale Schwierigkeiten einzelner Schüler berichten. Und nach Aussage von 83 % (22 % + 61 %) der Betreuer stellen die Lehrkräfte keine Hilfsmittel für die Hausaufgabenbetreuung zur Verfügung. Von 85 % wird die Aussage „ich hospitiere im Unterricht einzelner Klassen" abgelehnt. Insgesamt sind 50 % (36 % + 14 %) der befragten Erziehungsberechtigten mit der Zusammenarbeit zwischen dem Personal des Ganztags und den Lehrkräften nicht zufrieden.

Dass die Lehrkräfte in der Hausaufgabenbetreuung mitarbeiten sollen, wird von 52 % (nein auf zweistufiger Skala) der Betreuer abgelehnt. Auch den Hausaufgabenbegleitern wurde im Anschluss an das geschlossene Item „Die Lehrkräfte sollen in der Hausaufgabenbegleitung mitarbeiten" die offene Frage nach ihren Gründen für ihre Antwort gestellt[121] (vgl. Kap. 6.2.1.5).

121 Insgesamt haben 69 von insgesamt 76 Befragten geantwortet, die Antworten wurden zerlegt in 88 Einzelaussagen. Von den Antworten waren 4 nicht zuordbar.

Tab. 6.54: Personal der Hausaufgabenbetreuung: Begründung, warum Lehrkräfte mitarbeiten sollen oder nicht

Kategorisierte Antworten der Betreuer auf die offene Frage: Gründe für die Antwort auf die geschlossene Frage „Die Lehrkräfte sollen in der Hausaufgabenbegleitung mitarbeiten“	**84**
Zustimmung:	52 (62 %)
1. Austausch zwischen Lehrkräften und Begleitern	17 (20 %)
2. Lehrkräfte lernen HA-Situation, Umgang der Schüler mit den HA kennen	12 (14 %)
3. Lehrkraft verfügt über Fachwissen	10 (12 %)
4. Unterstützung der Begleitung	5 (6 %)
5. Lehrkräfte kennen die Schülerinnen und Schüler	4 (5 %)
6. Spezielle Förderung einzelner Schüler	2 (2 %)
7. Sonstiges*	2 (2 %)
Ablehnung:	**32 (38 %)**
1. HA-Begleitung kommt alleine zurecht	6 (7 %)
2. Lehrkräfte stören	6 (7 %)
3. Selbstständiges Arbeiten der Schülerinnen und Schüler	6 (7 %)
4. Kinder brauchen zusätzliche „andere“ Ansprechpartner als Lehrkräfte	5 (6 %)
5. HA gleich gerecht für alle Kinder	4 (5 %)
6. Sonstiges**	4 (5 %)
7. Lehrkräfte sollten Förderunterricht anbieten	2 (2 %)

* Zum Beispiel „Hin und wieder ist es sinnvoll, um zu sehen, dass sich die Kinder auf die Hausaufgabenbegleiter verlassen und nicht die Lehrperson um Hilfe fragen“.

** Zum Beispiel „Probleme werden in einem „Heft der Klasse“ den Lehrern mitgeteilt“.

Die Chance eines Austausches wird auch vom Personal der Hausaufgabenbetreuung erkannt und mehrheitlich als Grund für die Mitarbeit von Lehrkräften in der Begleitung genannt. Ebenfalls wichtig ist den Begleitern, dass die Lehrkräfte die Situation der Aufgabenanfertigung und die Vorgehensweise der Kinder bei der Hausaufgabenbearbeitung kennenlernen. Vermutlich erleben die Begleiter häufiger die Sorgen von Schülerinnen und Schülern bei Schwierigkeiten mit der Bearbeitung der gestellten Aufgaben haben. Unter Umständen sehen sie die Chance, dass die Lehrkräfte, wenn sie ihre Schüler während der Hausaufgabenanfertigung begleiten und deren Nöte erfahren, Umfang und Aufgabenstellung mehr dem

Lernstand der Kinder anpassen können. Zugleich wünschen eine Reihe von Begleitern auch inhaltliche und methodische Unterstützung durch die Lehrkräfte; sie nehmen die vielfältigeren Unterstützungsmöglichkeiten aufgrund der entsprechenden Ausbildung deutlich wahr[122] und würden diese daher gerne zur Unterstützung in der Begleitung einbinden, damit sie selbst und die Schüler von dem professionellen Know-How profitieren können.
Hinsichtlich der Ablehnung einer Mitarbeit der Lehrkräfte wird von den Hausaufgabenbegleitern vorwiegend argumentiert, dass sie alleine zurechtkommen und die Lehrkräfte als „Störfaktoren" wahrgenommen werden, die darüber hinaus oftmals die persönliche Autorität der Begleiter zu „untergraben" scheinen. Zugleich wird auch vom Personal der Hausaufgabenbetreuung betont, dass die Aufgaben von den Schülerinnen und Schülern selbstständig angefertigt werden sollen.

Tab. 6.55: Personal der Hausaufgabenbetreuung: Kooperation mit den Lehrkräften

Kooperation aus der Perspektive des Personals der Hausaufgabenbetreuung	**Mittelwert (SD)**
Die Lehrkräfte teilen uns die individuelle Lernentwicklung jedes einzelnen Schülers mit (N = 76)	1,58 (,804)
Die Lehrkräfte stellen uns Hilfsmittel (Arbeitsblätter, Unterrichtsunterlagen) für die Hausaufgabenbegleitung zur Verfügung (N = 76)	1,63 (,921)
Die Lehrkräfte geben mir Hinweise über die individuelle Lernentwicklung einzelner Schüler (N = 75)	1,85 (,865)
Die Lehrkräfte berichten uns über sozial-emotionale Schwierigkeiten einzelner Schüler (N = 76)	1,86 (,890)
Lehrkräfte sollen in der Hausaufgabenbegleitung mitarbeiten (N = 73)	2,49 (1,100)
Wie zufrieden sind Sie mit der Zusammenarbeit zwischen dem pädagogischen Personal der Hausaufgabenbegleitung und den Lehrkräften? (N = 72)	2,56 (,963)
Ich hospitiere im Unterricht einzelner Klassen (N = 76)	Nein = 89 %

Interpretation
Hinsichtlich der Kooperation im Lehrerkollegium gibt eine nicht übermäßig große Mehrheit an, sich mit den in den Klassen unterrichtenden Kollegen über die anfallende Hausaufgabenmenge abzusprechen. Überwiegend scheinen die Lehrerinnen einer Klasse miteinander zu kooperieren, allerdings wird trotz allem nicht klar, wie intensiv dies erfolgt. Im Hinblick auf die Bedeutsamkeit der Hausaufga-

122 Zum Beispiel „Können besser fördern, weil sie die entsprechende Ausbildung haben".

ben für die Kinder sowie deren möglichen Überforderung durch zu viele bzw. zu schwere Aufgaben ist die Zusammenarbeit eher verhalten. Überdurchschnittlich geben die Lehrkräfte an, durch die Kommunikation mit der Betreuung wichtige Informationen über das Hausaufgabenverhalten der teilnehmenden Schülerinnen und Schüler zu erhalten und somit von der Hausaufgabenbetreuung zu „profitieren". Wenn auch nicht im selben Maße scheinen durch diese Kommunikation auch wichtige Informationen über die inhaltlichen Schwierigkeiten der teilnehmenden Kinder weitergegeben zu werden, die für die zukünftige Unterrichtsgestaltung durchaus von Bedeutung sein können, wenn inhaltliche Probleme der gleichen Art bei verschiedenen Kindern in gehäufter Form auftreten. Dass die Betreuer die erforderlichen Unterrichtsmaterialien erhalten, wird mit knapper Mehrheit bestätigt. Allerdings signalisiert fast ein Viertel der Lehrerschaft mit ihrem Antwortverhalten (*weiß nicht*), dass sie sich mit der Klärung dieser Frage bislang nicht auseinandergesetzt hat. Unterdurchschnittlich wird dem Item zugestimmt, dass die Begleiter konkrete Hinweise für die Lernbegleitung einzelner Schülerinnen und Schüler erhalten. Ebenfalls unterdurchschnittlich erfolgt die Bejahung, Elterngespräche zum Thema Hausaufgaben gemeinsam mit dem Personal zu führen – sofern das Kind die Betreuung des offenen Ganztags besucht. Dabei dürfte diese Vorgehensweise für alle Beteiligten aufgrund der ganzheitlicheren Betrachtungsmöglichkeit und eventueller einheitlicher Absprachen über zukünftige Vorgehensweisen zielführend in der Lernbegleitung des Kindes sein. Augenscheinlich wird, dass die Kooperation zwischen Lehrkräften und Hausaufgabenbetreuern bislang keine „Selbstverständlichkeit" an offenen Ganztagsgrundschulen ist.

Nicht zuletzt den Eltern ist diese Kooperation zwischen den beiden Personengruppen, die in der offenen Ganztagsschule für die zuverlässige Lernbegleitung ihrer Kinder zuständig sind, sehr wichtig. Ein produktives Arbeitsverhalten stufen sie dabei als besonders wichtig ein (vgl. Punkt 16 Kooperation); durch den Besuch ihres Kindes im Ganztag haben sie selbst nicht die Möglichkeit, dieses in seinem nachmittäglichen Lernen zu begleiten bzw. zu kontrollieren und wünschen daher die gemeinschaftliche Übernahme dieser Kontrolle durch die Fachleute vor Ort.

Dass die Mitarbeiter der Hausaufgabenbetreuung mit der Zusammenarbeit zwischen den Lehrkräften und ihnen selbst nur durchschnittlich zufrieden sind, lässt sich u.a. durch die Beantwortung der weiteren Items zu diesem Thema erklären. Nicht nur die Kommunikation über den laufenden Unterricht zwischen diesen beiden Gruppen scheint nach Auskunft der Betreuer nicht in nennenswerter Form stattzufinden, auch über die individuellen und sozial-emotionalen Befindlichkeiten von Schülerinnen und Schülern erhalten diese anscheinend in nur sehr geringem Maße Informationen. Letztlich ist dieses Aussageverhalten eine Widerspiegelung der häufigen, auffallend hohen weiß-nicht-Quote der Lehrkräfte in ihrer Beurteilung der Durchführung der Hausaufgabenbetreuung und ihren Aussagen zur Kooperation. Auch die geringe Hospitationsquote bestätigt dies. Allerdings muss berücksichtigt werden, dass die Mitarbeiter des Ganztags solche Hospitationen nur in geringem Umfang (wenn überhaupt) durch ihre Arbeitgeber als Arbeitszeit honoriert bekommen, die Unterrichtsbesuche daher vor allem dem persönlichen Engagement für die Hausaufgabenbetreuung entspringen. Wenn die Zufriedenheit mit der Zusammenarbeit demnach eher mäßig ist, lässt sich nachvollziehen, warum auch die Aussage „Die Lehrkräfte sollen in der Hausaufgabenbegleitung mitarbeiten" nur geringe Zustimmung erhält. Die mangelhafte Kooperation kann möglicherweise als fehlende Bereitschaft der Lehrkräfte gesehen werden, die Mitarbeiter des Ganztags als gleichwertige Partner bei der Lern- bzw. Entwicklungsbegleitung der Schülerinnen und Schüler anzuerkennen. Eine solche Vermutung könnte zu Berührungs- bzw. Kontrollängsten auf Seiten der Betreuer und zur Ablehnung einer gemeinsamen Durchführung der Hausaufgabenbegleitung vor dem Hintergrund der sich eventuell bildenden Hierarchie führen.

17. Zufriedenheit mit der Hausaufgabenbetreuung

Nach überwiegender Meinung der Lehrkräfte mit 73 % (48 % + 25 %) haben Kinder, die an der Betreuung teilnehmen, ihre Aufgaben vollständig. Dass die Hausaufgabengruppen zu groß für eine konzentrierte Atmosphäre sind, verneinen 60 % (37 % + 23 %), 21 % antworten *weiß nicht.* 57 % (37 % + 20 %) der Befragten sind nicht der Ansicht, dass die an der Hausaufgabenbetreuung teilnehmenden Kinder sich hinsichtlich ihrer fachlichen Leistungen besser entwickeln, 23 % können diese Frage nicht beantworten. Ebenso eine bessere Entwicklung ihrer sozial-emotionalen Fähigkeiten bestätigen Lehrkräfte für diese Schülerinnen und Schüler mit 60 % (33 % + 27 %) nicht, in diesem Fall antworten 27 % *weiß nicht.* Dass die Qualität der Betreuung zufriedenstellend ist, denken 74 % (39 % + 35 %) der Befragten.

Tab. 6.56: Lehrkräfte: Zufriedenheit mit der Hausaufgabenbetreuung

Lehrkräfte und ihre Zufriedenheit mit der Hausaufgabenbetreuung	**Mittelwert (SD)**
Die Qualität der Hausaufgabenbegleitung ist zufriedenstellend (N = 126)	3,01 (,925)
Schüler, die an der Hausaufgabenbetreuung teilnehmen, haben ihre Hausaufgaben vollständig (N = 128)	2,90 (,868)

Schüler, die an der Hausaufgabenbetreuung teilnehmen, entwickeln sich hinsichtlich ihrer fachlichen Leistungen besser (N = 107) *weiß nicht = 23 % (N =139)*	2,29 (,847)
Schüler, die an der Hausaufgabenbetreuung teilnehmen, entwickeln sich hinsichtlich ihrer sozial-emotionalen Fähigkeiten besser (N = 101) *weiß nicht = 27 % (N =139)*	2,23 (,947)

Insgesamt stimmen 81 % (34 % + 47 %) der Schülerinnen und Schüler zu, dass sie durch die Betreuung bei ihren Aufgaben weniger Fehler machen. Mit 61 % (29 % + 32 %) antwortet eine knappe Mehrheit, in der Hausaufgabenbetreuung genug Ruhe für die Aufgabenerledigung zu haben.

Tab. 6.57: Schülerinnen und Schüler: Zufriedenheit mit der Hausaufgabenbetreuung

Schülerinnen und Schüler und ihre Zufriedenheit mit der Hausaufgabenbetreuung	**Mittelwert (SD)**
Durch die Hausaufgabenbegleitung mache ich bei meinen Hausaufgaben weniger Fehler (N = 272)	3,16 (,991)
In der Hausaufgabenbegleitung habe ich genug Ruhe, um meine Hausaufgaben zu erledigen (N = 287)	2,73 (1,126)

Eltern, deren Kind die Betreuung besucht, stimmen mit 79 % (36 % + 43 %) der Aussage zu, dass durch die Teilnahme ihr Kind seine Hausaufgaben vollständig erledigt. Dass während der Hausaufgabenbetreuung genügend Ruhe herrscht, damit ihr Kind konzentriert arbeiten kann, denken 69 % (29 % + 40 %), 14 % antworten *weiß nicht*. Insgesamt 89 % (35 % + 54 %) der Befragten sind der Ansicht, das Personal der Betreuung könnte gut mit Kindern umgehen. 10 % können diese Frage nicht beantworten. Eltern von Kindern, die die Hausaufgabenbetreuung besuchen, zeigen sich zu 83 % (37 % + 46 %) zufrieden mit der Organisation der Betreuung an ihrer Schule, mit der Ausstattung der Räumlichkeiten mit Arbeitsmaterialien (z.B. Lineale, Scheren) zu 84 % (31 % + 53 %) und mit Lernhilfen (z.B. Abakus, Wörterbuch, Steckwürfel) zu 83 % (40 % + 43 %). Die Fähigkeiten des Personals finden 86 % (43 % + 43 %), die Gruppengröße in der Betreuung 77 % (34 % + 43 %) und die Gruppenzusammenstellung (z.B. Geschlechterverhältnis, Jahrgangsstufen) 82 % (37 % + 45 %) zufriedenstellend.

Tab. 6.58: Eltern: Zufriedenheit mit der Hausaufgabenbetreuung

Eltern und ihre Zufriedenheit mit der Hausaufgabenbetreuung	**Mittelwert (SD)**
Während der Hausaufgabenbegleitung herrscht genug Ruhe, so dass mein Kind konzentriert arbeiten kann (N = 269) *weiß nicht = 14 % (N =313)*	2,98 (,985)
Das Personal der Hausaufgabenbegleitung kann gut mit Kindern umgehen (N = 276) *weiß nicht = 10 % (N = 308)*	3,43 (,733)
Wie zufrieden sind Sie … mit der Organisation der Hausaufgabenbegleitung? (N = 297) *weiß nicht = 6 % (N = 316)*	3,26 (,812)
… mit der Ausstattung der Räumlichkeiten mit Arbeitsmaterialien? (N =244) *weiß nicht = 22 % (N =312)*	3,35 (,774)
… mit der Ausstattung der Räumlichkeiten mit Lernhilfen? (N =282) *weiß nicht = 31 % (N =311)*	3,22 (,814)
… mit den Fähigkeiten des Personals der Hausaufgabenbegleitung? (N = 271) *weiß nicht = 13 % (N =313)*	3,26 (,765)
… mit der Gruppengröße in der Hausaufgabenbegleitung? (N = 268) *weiß nicht = 12 % (N =305)*	3,13 (,932)
… mit der Gruppenzusammenstellung (z.B. Geschlechterverhältnis, Jahrgangsstufen)? (N = 259) *weiß nicht = 17 % (N =310)*	3,25 (,819)

Die Hausaufgabenbetreuung für personell ausreichend besetzt halten 70 % (29 % + 41 %) des weiteren pädagogisch tätigen Personals. Mit dem Konzept der Hausaufgabenbetreuung zufrieden sind 89 % (46 % + 43 %), 13 % antworten *weiß nicht*. Vom Ganztagspersonal sind 89 % (29 % + 60 %) mit den Räumlichkeiten für die Hausaufgabenbetreuung zufrieden, mit dem für die Betreuung zur Verfügung stehenden zeitlichen Rahmen insgesamt 78 % (35 % + 43 %). Die Zusammenarbeit zwischen dem pädagogischen tätigen Personal und den Lehrkräften halten 50 % (36 % + 14 %) der Befragten nicht für zufriedenstellend.

Tab. 6.59: Personal der Hausaufgabenbetreuung: Zufriedenheit mit der Hausaufgabenbetreuung

Das Personal des Ganztags und seine Zufriedenheit mit der Hausaufgabenbetreuung	**Mittelwert (SD)**
Die Hausaufgabenbegleitung ist personell ausreichend besetzt (N = 73)	3,03 (,986)
Zufriedenheit mit dem Konzept der Hausaufgabenbegleitung an der Schule (N = 65) *weiß nicht = 13 % (N = 75)*	3,29 (,744)
Zufriedenheit mit den Räumlichkeiten für die Hausaufgabenbegleitung (N = 75)	3,47 (,759)
Zufriedenheit mit dem zeitlichem Umfang, der für die Hausaufgabenbegleitung zur Verfügung steht (N = 75)	3,12 (,944)
Zufriedenheit mit der Zusammenarbeit zwischen dem pädagogischen Personal der Hausaufgabenbegleitung und den Lehrkräften (N = 72)	2,56 (,963)

Interpretation

Drei Viertel der befragten Lehrkräfte bestätigen, dass die Qualität der Hausaufgaben zufriedenstellend ist. Zugleich sind zwei Drittel der Befragten der Ansicht, dass das Personal für die didaktische Arbeit zu wenig ausgebildet ist. Allerdings zeigt die enorm hohe weiß-nicht-Quote von 30 %, dass die Lehrkräfte zu diesem Item keine eindeutige Position beziehen können (vgl. Punkt 15 Durchführung der Hausaufgabenbetreuung im offenen Ganztag). Wie bereits bei den früheren, erstaunlich hohen Ausfällen der Beurteilungsfähigkeit hinsichtlich der Hausaufgabenbetreuung im offenen Ganztag scheint sich auch hier anzudeuten, dass die Befragten sich zu einem hohen Prozentsatz bislang gar nicht oder sehr am Rande mit der Organisation und Qualität der Betreuung der Hausaufgaben befasst haben. Möglicherweise wird von den Lehrkräften zum großen Teil kein Wert auf eine bessere Ausbildung des Betreuungspersonals für didaktisches Arbeiten gelegt, denn die Kreuzung dieser beiden Items zeigt, dass von allen Befragten[123], die mit der Qualität der Hausaufgabenbegleitung zufrieden sind, 54 % die Meinung vertreten, dass das Personal für didaktisches Arbeiten zu wenig ausbildet ist[124]. Dieser scheinbare Widerspruch im Antwortverhalten kann möglicherweise damit erklärt werden, dass die Lehrkräfte die Situation der Hausaufgabenbegleitung mit der Situation im Elternhaus gleichsetzen, denn die Mehrheit der Eltern dürfte eben-

123 N = 63.

124 Korrelation nach Spearman = -,285, näherungsweise Signifikanz = ,006.

falls nicht für didaktisches Arbeiten ausgebildet sein[125]. Vor diesem Hintergrund könnte einerseits der Grundsatz der Gleichbehandlung aller Schüler eine Rolle spielen. Die Kinder in der Begleitung sollen keinen Vorteil gegenüber denjenigen haben, die ihre Aufgaben zu Hause anfertigen. Andererseits scheinen Lehrkräfte, die sich in ihrer Aufgabenerteilung am nordrhein-westfälischen Hausaufgabenerlass orientieren, der Auffassung zu sein, dass die Kinder ihre Aufgaben selbstständig erledigen können und keine didaktische Unterstützung benötigen. Dies deutet sich an, wenn das Antwortverhalten der befragten Lehrkräfte zum Item „Das Personal ist für didaktisches Arbeiten zu wenig ausgebildet" mit der Aussage „Ich erteile differenzierte Hausaufgaben" gekreuzt wird. Von allen Probanden, die der ersten Aussage zustimmen[126], erteilen 62 % differenzierte Hausaufgaben[127]. Es liegt keine Signifikanz vor, allerdings eine Tendenz des überzufälligen Zusammenhangs. Dass die Zufriedenheit mit der Hausaufgabenbetreuung sich vor allem an der vollständigen Erledigung der Aufgaben orientiert, äußert sich in der relativ hohen Zustimmung zu diesem Item und der unterdurchschnittlichen Zustimmung zu den beiden folgenden Items, die nach der Entwicklung der fachlichen wie auch der sozial-emotionalen Fähigkeiten der Kinder in der Hausaufgabenbegleitung in der Einschätzung der Lehrkräfte fragen. Zugleich haben wir mit 23 % und 27 % wieder jeweils sehr hohe weiß-nicht-Quoten, d.h. jeweils ca. ein Viertel der Befragten sieht sich nicht in der Lage, eine Einschätzung zu diesen Fragen abzugeben.

Mehr als drei Viertel der Schülerinnen und Schüler sind der Auffassung, durch die Betreuung bei ihren Hausaufgaben weniger Fehler zu machen. Für viele Kinder scheint der Besuch der Hausaufgabenbetreuung nach eigener Einschätzung in der Summe einen positiven Einfluss zu haben. Darüber hinaus sind zwei Drittel der Heranwachsenden der Ansicht, in der Betreuung ausreichend Ruhe für die Hausaufgabenerledigung zu haben. Dieser Wert ist nicht zufriedenstellend, da für zwei Fünftel der Schülerinnen und Schüler offenbar zu viel Unruhe während der Hausaufgabenanfertigung herrscht. Dies dürfte sich negativ auf die Qualität ihrer Aufgabenerledigung, auf ihren persönlichen Erschöpfungsgrad und ihren potentiellen Lernerfolg auswirken.

Bei der Einschätzung der Hausaufgabenbetreuung sehen sich viele Eltern nicht in der Lage, in den angesprochenen Bereichen ein Urteil abzugeben. Dies ist erstaunlich vor dem Hintergrund der Ansprüche und Wünsche, die sie an die Begleitung haben. Zugleich deutet es darauf hin, dass möglicherweise ein bestimmter Teil der

---

125 Vgl. das Item „Eltern fehlt das didaktische Grundwissen für eine konstruktive Unterstützung ihrer Kinder bei den Hausaufgaben (M = 2,68, SD = ,807), Punkt 10 Unterstützung durch Eltern oder andere Personen.

126 N = 61.

127 Korrelation nach Spearman = ,051, näherungsweise Signifikanz = ,624.

Eltern in der Tat seine Kinder in der Schule „abgibt" ohne sich umfassend darüber informiert zu haben, mit welchen Personen und unter welchen organisatorischen und strukturellen Bedingungen der Tag für die Kinder im Allgemeinen abläuft. Dennoch gibt der überwiegende Teil der Eltern eine Einschätzung zu wichtigen Aspekten der Hausaufgabenbetreuung. So ist die weit überwiegende Mehrheit der Befragten der Ansicht, dass das Personal der Betreuung gut mit Kindern umgehen kann. Diese positive Einschätzung findet sich auch hinsichtlich der Fähigkeiten des Personals in der Begleitung der Hausaufgaben. Auch die Organisation, die Ausstattung der Räumlichkeiten mit Arbeitsmaterialien sowie Lernhilfen wird von den Eltern sehr positiv beurteilt. Dies erstaunt insofern, als nach Aussage der Begleiter die Räume nicht mit Arbeitsmaterialien ausgestattet sind. Auch Gruppengröße und Gruppenzusammenstellung in der Betreuung beurteilen die Eltern überdurchschnittlich positiv. Da der offene Ganztag an Grundschulen erst seit ein paar Jahren zunehmend in Nordrhein-Westfalen eingerichtet wird, und viele Eltern daher noch über keine Erfahrungen verfügen, erfolgt die Beurteilung auf einer „geringen Datenvergleichsbasis" und wird möglicherweise gelegentlich auch durch den Wunsch beeinflusst, mit der Situation zufrieden sein zu wollen.
Das Personal in der Hausaufgabenbetreuung ist ebenfalls im Großen und Ganzen mit der Betreuung zufrieden. So sind die Befragten überdurchschnittlich mit den Räumlichkeiten einverstanden und auch der zeitliche Umfang entspricht ihren Vorstellungen in hohem Maße. Diese Antwort kommt unerwartet vor dem Hintergrund, dass die Begleiter überwiegend nicht der Meinung sind, inhaltlich auf alle Fragen der Kinder im gegebenen Zeitrahmen eingehen zu können. Daher wurden die Items miteinander gekreuzt. Von 77 % aller Befragten, die mit dem zeitlichen Rahmen der Hausaufgabenbetreuung zufrieden sind, ist jeweils die eine Hälfte der Antwortenden der Ansicht, dass es zeitlich möglich ist, auf alle Fragen der Schülerinnen und Schüler einzugehen, die andere Hälfte ist nicht dieser Meinung[128]. Allerdings wurde von den Befragten mehrheitlich ausgesagt, dass die Aufgabenmenge in der vorgegebenen Zeit von den Kindern erledigt werden kann; sie bestätigen damit die Zufriedenheit mit dem zeitlichen Rahmen für die Betreuung. Letztlich bleibt daher die Frage offen, warum die Begleiter anscheinend nicht auf alle inhaltlichen Fragen der Kinder eingehen können, und welche Konsequenzen dies für die Hausaufgabenbetreuung hat.
Vor dem Hintergrund der insgesamt weit überdurchschnittlichen Zustimmungen bei dem Personal der Hausaufgabenbetreuung ist auffällig, dass die Zufriedenheit über die Zusammenarbeit mit den Lehrkräften nur knapp mehrheitlich ausfällt. In dieser Antwortverteilung spiegelt sich vermutlich die von den Begleitern als unzureichend empfundene Kooperation mit den Lehrkräften wider (vgl. Kap. 6.2.1.5).

128 Korrelation nach Spearman = ,223, näherungsweise Signifikanz = ,054.

Dieser Eindruck wird unterstützt durch die Auswertung der an das Personal der Hausaufgabenbegleitung gestellten offenen Frage „Welche Veränderungen/Verbesserungen sind Ihrer Meinung nach für die Hausaufgabenbetreuung an Ihrer OGGS erforderlich?“ (vgl. Tabelle 6.60)[129]. Die überwiegenden Verbesserungsvorschläge werden zu unterschiedlichen Aspekten des Bereiches „Rahmenbedingungen der Organisation“ (33 Nennungen) und sehr gebündelt zur „Kooperation zwischen Lehrkräften und Hausaufgabenbegleitern“ (25 Nennungen) genannt.

Tab. 6.60: Personal der Hausaufgabenbetreuung: Notwendige Veränderungen

Rahmenbedingungen der Organisation	**33 (42 %)**
- Die HA-Gruppen sollten kleiner sein.	9
- Mehr Zeit für die Hausaufgaben (1,5 Std.)	8
- Einzelbetreuung	7
- Flexiblere HA-Zeiten	4
- Kinder, die mit ihren HA fertig sind, müssen außerhalb der Gruppe betreut werden, sonst ist viel zu viel Unruhe im Raum, zum Nachteil der Kinder, die noch nicht fertig sind.	3
- mehr Personal	3
Kooperation zwischen Lehrkräften und Begleitern	**25 (32 %)**
- Besserer Informationsaustausch zw. HA-Begleitern und Lehrkräften	19
- Eine engere Zusammenarbeit mit den Lehrkräften	6
Kommunikation mit Eltern (Zusammenarbeit, Gespräche)	3
Rahmenbedingungen der Ausstattung (Materialien, Räumlichkeiten)	6 (8 %)
Rahmenbedingungen der Berufsausübung (Fortbildungen, bezahlte Zusatzstunden, Zusammenarbeit der Begleiter)	6 (8 %)
Nicht zuordenbare Aussagen	5

Zur ersten Kategorie wünschen sich die Befragten vor allem „Mehr Zeit für die Hausaufgaben“ (9 Nennungen), womit der Zeitumfang der Betreuung gemeint ist. Vielleicht möchten die Begleiter die Betreuungszeit flexibler strukturieren können, um lernschwächere Kinder besser betreuen zu können (unter der Maßgabe, dass auch diese die Hausaufgaben im Sinne des durch die Lehrkraft erteilten Auftrags fertigstellen – laut Erlass sollen alle Kinder nicht mehr als die für ihr

129 52 Probanden beantworteten diese Frage. Die Antworten ließen sich in 78 Aussagen zerlegen, diese wiederum wurden verschiedenen Kategorien zugeordnet.

Alter vorgegebene Zeit mit der Fertigstellung der Hausaufgaben verbringen). Es wurde aber auch angemerkt, dass es den Kindern schwer fällt, eine Stunde lang ohne Pause konzentriert zu arbeiten. Entwicklungspsychologisch ist dieser Einwand nachvollziehbar (Oerter/Montada 2002). Allerdings führt der Zusatz „Besonders die Erstklässler werden schnell müde" zu der Frage, ob diese ebenfalls eine Zeitstunde in der Betreuung verbringen (vgl. Beginn von Kap. 6). Dies scheint in der Tat in einigen Gruppen, aufgrund der beschriebenen fehlenden Betreuung dieser Kinder, der Fall zu sein (vgl. Kap. 10). Eventuelle Störungen werden dadurch nachvollziehbar[130]. Auch wünschen sich die antwortenden Betreuer kleinere Gruppen (8 Nennungen) und Einzelbetreuung (7 Nennungen). Entgegen der Erlassvorgabe, dass die Schülerinnen und Schüler die Aufgaben selbständig erledigen sollen sowie der analogen Aussage der Lehrkräfte, gehen die Mitarbeiter der Hausaufgabenbetreuung sehr wohl von einer unterstützenden, beratenden pädagogischen Arbeit ihrerseits aus, wie bereits in ihrem früheren Antwortverhalten offensichtlich wurde. Hinsichtlich ihrer Kooperation mit den Lehrkräften ist den Begleitern vor allem ein besserer Informationsaustausch (19 Nennungen) wichtig; diese Antwort bestätigt ebenfalls frühere Aussagen.

6.2.6. Hausaufgaben und die eigene Professionalität

Lehrerinnen und Lehrer lehnen mit 70 % (20 % + 50 %) die Aussage „in meinem Studium habe ich mich mit der Theorie der Hausaufgaben auseinandergesetzt" ab. Der Aussage „in meinem Referendariat habe ich mich mit der Hausaufgabenpraxis auseinandergesetzt", stimmen 53 % (31 % + 22 %) der Befragten zu. Gegenwärtig informieren 68 % (46 % + 22 %) der Lehrerinnen und Lehrer sich selten oder nie über wissenschaftliche Erkenntnisse zur Hausaufgabenforschung.

Tab. 6.61: Lehrkräfte: Förderung der eigenen Professionalität

Professionalität der Lehrkräfte in der Auseinandersetzung mit Hausaufgaben	**Mittelwert (SD)**
In meinem Studium habe ich mich mit der Theorie der Hausaufgaben auseinandergesetzt (N = 136)	1,93 (1,086)
In meinem Referendariat habe ich mich mit der Hausaufgabenpraxis auseinandergesetzt (N = 137)	2,46 (1,125)
Ich informiere mich über wissenschaftliche Erkenntnisse der Hausaufgabenforschung (immer – nie) (N = 135)	2,14 (,784)

130 Auch die immerhin drei Mal inhaltlich gleiche Äußerung, „Kinder, die mit den Hausaufgaben fertig sind, müssen außerhalb der Gruppe betreut werden, sonst ist zu viel Unruhe im Raum, zum Nachteil der Kinder, die noch nicht fertig sind", deutet in diese Richtung.

Dass sie an Fortbildungen zu Methoden der Hausaufgabenbetreuung teilnehmen, geben 81 % (24 % + 57 %) der Betreuer an.

Tab. 6.62: Personal der Hausaufgabenbetreuung: Förderung der eigenen Professionalität

Professionalität des Personals der Hausaufgabenbetreuung in der Auseinandersetzung mit Hausaufgaben	Mittelwert (SD)
Ich nehme an Fortbildungen zu Methoden der Hausaufgabenbegleitung teil (N = 74)	3,28 (,986)

Interpretation
Betrachtet man den Umgang mit Hausaufgaben durch die Lehrkräfte, deren Vorbereitung und Planung, ihre Erteilung im Unterricht und die Wiederaufnahme der Aufgabenbearbeitungen durch die Schüler in der folgenden Unterrichtsstunde vor dem Hintergrund der geforderten Professionalität im Lehrerberuf[131] wird erkennbar, dass von einer wissenschaftlichen theoriegeleiteten Praxis anscheinend nicht die Rede sein kann. So hat während des Studiums nur bei einem unterdurchschnittlichen Teil der angehenden Lehrkräfte nach eigenen Angaben eine Auseinandersetzung mit hausaufgabenbezogenem Theoriewissen stattgefunden. Weit überdurchschnittlich haben die Lehrkräfte sich im Laufe ihres Studiums nicht weiter mit Hausaufgaben auseinandergesetzt. Die Analyse der Lehrerbildungscurricula verschiedener Universitäten und Hochschulen im Rahmen der HOfGans-Studie (vgl. Standop 2011a, vgl. Kap. 9) veranschaulicht, dass dies für Studierende im Rahmen von konkreten Lehrveranstaltungen in der Tat schwierig ist. Sollte es ein solches Element in der Ausbildung gegeben haben, scheint es zumindest nicht von der überwiegenden Mehrheit der befragten Lehrkräfte gewählt worden zu sein. Erstaunlich ist, dass auch im Referendariat das Thema Hausaufgaben nur knapp durchschnittlich als Ausbildungsgegenstand erfahren wurde. Dies irritiert um so mehr, als die Referendare regelmäßig in der Ausbildungsschule sind, sich in Begleitung von Mentoren befinden und bereits (eigenständigen) Unterricht erteilen bzw. beobachten. Wie die Untersuchung nachweist, wird Unterricht nach wie vor durch Hausaufgaben ergänzt (vgl. Kap. 6.2.1), demnach ist davon auszugehen, dass auch die angehenden Lehrkräfte mit Hausaufgaben konfrontiert werden. Sollte dieses nicht in den Studienseminaren geschehen (vgl. Standop 2011a), müssen die angehenden Lehrkräfte aufgrund ihres Ausbildungsunterrichts in den Schulen sich mit dem Thema Hausaufgaben für den von ihnen

131 Nach Herzog (2011, S. 68) handelt eine Lehrkraft professionell, „wenn sie fähig ist, die vielschichtige Wissensbasis ihres Berufs flexibel zu nutzen, situativ zu verdichten und durch Reflexion ihrer Erfahrungen kontinuierlich zu erweitern", (vgl. Baumert und Kunter 2006).

gegebenen Unterricht auseinander setzen. Vor dem Hintergrund des Antwortverhaltens in der HofGans-Studie scheint dies aber gerade in der Hälfte der Fälle geschehen zu sein, die restlichen Befragten haben somit nach eigener Auskunft diesem Thema keine weitere Aufmerksamkeit geschenkt. Durch die Kreuzung der beiden Fragestellungen[132] wird klar erkennbar, dass ein enger Zusammenhang zwischen der studiumsbezogenen und referendariatsbezogenen Befassung mit Hausaufgaben besteht. So haben von all den Befragten, die sich im Studium mit dem Thema Hausaufgaben auseinandergesetzt haben, 85 % dies ebenfalls im Referendariat getan. Insgesamt haben sich allerdings nur 36 % der Befragten sowohl im Studium als auch im Referendariat mit dem Thema auseinandergesetzt gegenüber 43 %, die weder das eine noch das andere getan haben. Da auch im Anschluss an ihre Ausbildungszeit und bis zur Gegenwart bei der überwiegenden Zahl der Befragten keine Beschäftigung mit den wissenschaftlichen Erkenntnissen zur Hausaufgabenforschung erfolgt[133], kann man resümieren, dass hinsichtlich ihrer Hausaufgabenpraxis die Lehrkräfte überwiegend unprofessionell d.h. laienhaft zu agieren scheinen (vgl. Herzog 2011).

Das Personal der Hausaufgabenbegleitung stimmt weit überdurchschnittlich dem Item zu, Fortbildungen zu Methoden der Hausaufgabebegleitung zu besuchen. Allerdings wurde nicht weiter geklärt, wie häufig die Befragten an solchen Weiterbildungen teilgenommen haben. Auch wurde nicht erfragt, um welche Fortbildungen es sich handelt. Es gibt keine Angaben über die Institution, die Inhalte oder die Qualität. Möglicherweise handelt es sich um spezielle Qualifizierungs- und Vorbereitungsmaßnahmen durch den Ganztagsträger.

6.3 Zusammenfassung der wichtigsten Ergebnisse

Von allen befragten Personengruppen liegt eine hohe Zustimmung zum Sinn und Wert von Hausaufgaben vor. Die Mehrheit der Lehrkräfte scheint vom allgemeinen Wert der Hausaufgaben überzeugt zu sein, allerdings ist diese Zustimmung, auch im Vergleich zu den anderen befragten Personengruppen, eher gemäßigt ausgeprägt. Im Gegensatz dazu erhielt dieses Item durch die Eltern eine sehr hohe Zustimmung, die höchste erhalten Hausaufgaben in der Beurteilung durch die Schülerinnen und Schüler. Eine Beeinflussung durch die Eltern kann allerdings nicht ausgeschlossen werden. Eine große Akzeptanz liegt ebenso bei den Mitarbei-

132 N = 135.

133 Diese Frage haben wir mit der studienbezogenen Befassung mit Hausaufgaben gekreuzt (N = 129). Es zeigte sich, dass von allen Befragten 12,5 % sich sowohl im Studium mit Theorien der Hausaufgaben als auch in der Zeit der Berufsfähigkeit sich mit wissenschaftlichen Erkenntnisse der Hausaufgabenforschung befassen gegenüber 51 %, die weder das eine nach das andere (bislang) getan haben.

tern der Hausaufgabenbetreuung vor. Aufgrund der zumeist nicht vorhandenen pädagogischen Ausbildung kann ebenfalls von allgemeinen Einstellungen bzw. Vorurteilen ausgegangen werden, die auch aus der Bedeutung der Hausaufgaben für die eigene Tätigkeit im offenen Ganztag resultieren. Dies legt nicht zuletzt die geringe Forschungslage und deren nur geringe Rezeption durch die Praxis nahe. Bezogen auf Hausaufgaben scheint eine „Tradition“ vorzuliegen, die – in ihrem Sinn unhinterfragt – fortgeschrieben wird.

Hinsichtlich der Zielsetzung, die im Unterricht gelernten Inhalte zu wiederholen und zu vertiefen, messen Lehrkräfte den häuslichen Aufgaben einen sehr hohen Stellenwert zu und sind überdurchschnittlich der Meinung, dass Hausaufgaben die Wiederholungsphasen im Unterricht verringern. Vor dem Hintergrund dieser Aussagen erscheint es widersprüchlich, dass nach Ansicht der Lehrkräfte regelmäßige Hausaufgaben nicht zugleich den Unterricht entlasten, ebenso wie nach Aussage der Befragten durch die regelmäßige Erteilung häuslicher Aufgaben Unterrichtsinhalte nicht zügiger durchgenommen werden können. Denn immerhin deutet die Reduzierung von Wiederholungsphasen objektiv insofern auf eine Entlastung des Unterrichts hin, da dieser andere, neue Inhalte thematisieren kann.

Dass häusliche Aufgaben nicht zur Fertigstellung unvollendeter Unterrichtsinhalte durch die Schüler ohne professionelle Begleitung eingesetzt werden, spricht für ein überwiegend pädagogisch-didaktisch orientiertes Verständnis von Hausaufgaben bei den Lehrkräften.

Hinsichtlich der Bedeutung von Hausaufgaben für Schülerinnen und Schüler kann zwischen eher erzieherischen und eher didaktischen Aussagen unterschieden werden. Die größte Zustimmung liegt bei den Items mit erzieherischen Inhalten. Demnach hat für die Lehrkräfte die Förderung der Verantwortungsübernahme bei den Heranwachsenden für ihr eigenes Lernen einen hohen Stellenwert. Gleichermaßen findet die selbstständige Aufgabenbearbeitung eine hohe Zustimmung. Diese ermöglicht den Heranwachsenden festzustellen, ob die am Vormittag vermittelten Inhalte tatsächlich verstanden wurden. Auffällig ist, dass es demgegenüber für die Lehrkräfte selbst kein vorrangiges Kriterium ist, durch Hausaufgaben den Lernfortschritt der Heranwachsenden zu erfassen. Dass heißt, dieses für die Schüler als sinnvoll erachtete diagnostische Mittel des Lernfortschritts nutzen die Lehrkräfte selbst nicht für die eigene Lerndiagnose und eine sich möglicherweise daran anschließende Lernberatung ihrer Schüler. Die Unsicherheit darüber, wer die Aufgaben letztlich angefertigt hat bzw. die eventuelle Befürwortung oder Einforderung von (elterlicher) Unterstützung bei den Hausaufgaben durch die Lehrkräfte sorgen dafür, dass das Vorliegen der angefertigten Aufgaben keinen eindeutigen Nachweis eines Lernfortschritts bei den Schülern darstellt. Zugleich wird eine Lehrkraft, die den Hausaufgaben keinen großen didaktischen Wert zugesteht, diese nicht als Hinweis für einen Lernfortschritt bei ihren Schülern ansehen. Das nur durchschnittliche Zugeständnis, produktive Aufgaben mit der Möglichkeit des Wissenstranfers und unterschiedlichen Lösungswegen zu erteilen, deutet darauf hin, dass für Lehrerinnen und Lehrer die Aufgabenbearbeitung vor allem einen Nachweis der ordnungsgemäßen Übernahme vorgegebener Lösungsverfahren durch die Kinder darstellt.

Die sehr hohe Zustimmung zu der Aussage, dass die Erteilung von Hausaufgaben in der Grundschule eine hohe didaktische Sorgfalt erfordert, verweist auf einen hohen Anspruch an die *Professionalität* ihrer *Berufsausübung*. Auch für die Freude der Schüler an den Hausaufgaben wird weit überdurchschnittlich die Lehrkraft hinsichtlich ihrer didaktischen Kreativität als verantwortlich angesehen. Die konstatierte Herausforderung der didaktischen Passung der häuslichen Aufgaben zum Unterrichtsergebnis verweist auf einen engen Zusammenhang zwischen der Vorbereitung der Hausaufgaben, einer der Unterrichtsplanung zugrunde liegenden wissenschaftlichen Theorie sowie den eingesetzten Methoden und Medien.

In noch größerem Maße als die Lehrkräfte sind die befragten Eltern der Ansicht, dass ihre Kinder durch Hausaufgaben im Unterricht Gelerntes wiederholen sowie vertiefen und bei dieser Gelegenheit ihr Verständnis der erarbeiteten Inhalte überprüfen können. Nach Elternmeinung tragen häusliche Aufgaben zur Entwicklung von Verantwortungsübernahme und Selbständigkeit bei. Auch hier verweist das bislang weitgehende Fehlen eindeutiger Forschungserkenntnisse auf eine Tradierung von seit jeher mit schulischen Hausaufgaben verbundenen Überzeugungen und Hoffnungen. Dies scheint ebenso auf das Personal der Hausaufgabenbetreuung zuzutreffen, das von den erzieherischen Funktionen, Selbständigkeitsentwicklung und Verantwortungsübernahme, ebenfalls in hohem Maße überzeugt ist.

Zwischen den von uns befragten Mädchen und Jungen lassen sich keine nennenswerten Unterschiede in ihrem Antwortverhalten aufzeigen, sondern lediglich Tendenzen. Letztlich sind diese Unterschiede aber zu gering, um stichhaltige und schlussfolgernde Interpretationen zuzulassen.

Von allen Befragten wird den Hausaufgaben ebenfalls weit überdurchschnittlich eine Lernwirksamkeit zugeschrieben. Die Zustimmung der Lehrkräfte bleibt allerdings im unteren Viertel und liegt sehr nahe zum Mittelwert der Aussage, dass Hausaufgaben ein elementarer Bestandteil guten Schulunterrichts sind. Die befragten Lehrinnen und Lehrer scheinen nicht durchgehend vom Lernerfolg durch Hausaufgaben und von der Lernwirksamkeit ihrer Aufgabenstellungen überzeugt zu sein. Diese Einstellung resultiert vermutlich eher aus der eigenen Berufspraxis als aus der Kenntnis von Forschungsergebnissen. Bestätigt wird diese Zurückhaltung durch die unerwartete mehrheitliche Zustimmung zu der Aussage, dass zusätzlicher Unterricht effektiver wäre. Möglicherweise nimmt die überwiegende Mehrheit der befragten Lehrkräfte sehr wohl wahr, dass Schüler mit Lernschwierigkeiten im unterrichtsfreien Raum ohne pädagogisch-didaktische Unterstützung die Aufgaben vielfach nicht so anfertigen können, dass sie einen Lernfortschritt erzielen. Genau diesen Effekt könnten sie eventuell zusätzlichem Unterricht unterstellen. Ein Zusammenhang lässt sich auch herstellen mit der hohen Ablehnung, über die häuslichen Aufgaben den Lernfortschritt der Kinder erfassen zu wollen. Eine Erhöhung der Unterrichtsstunden unter Verzicht auf Hausaufgaben könnte für die Lehrkräfte sinnvoller bzw. zielführender erscheinen. Die Frage stellt sich, warum Lehrkräfte an den Hausaufgaben festhalten, obwohl sie nicht durchgängig von deren Lernwirksamkeit überzeugt sind, ihnen die Diagnose der Lernentwicklung ihrer Schülerinnen und Schüler hierdurch nicht möglich ist, und zugleich die Erteilung und Kontrolle der Hausaufgaben einen erheblichen zeitlichen und didaktischen Aufwand zumindest im Unterricht mit sich bringt.

Neben der möglicherweise damit verbundenen Hoffnung, dass die vielfach nicht sehr beliebten Hausaufgaben durch die Erfolgszuschreibung einen Sinn erhalten, nähert sich die Schülermeinung der Elternauffassung an, dass Hausaufgaben den Lernerfolg erhöhen. Andererseits ist die relativ hohe Bevorzugung zusätzlichen Unterrichts gegenüber weniger Hausaufgaben durch die Heranwachsenden auffällig. Die von Hausaufgaben insbesondere betroffenen Personengruppen, Lehrkräfte wie Schüler, würden überwiegend zusätzlichen Unterricht vorziehen, zumindest behaupten sie dies[134].

Hingegen glauben die befragten Eltern an die Lernwirksamkeit der häuslichen Aufgaben und lehnen zusätzlichen Unterricht ab. Gleichwohl deutet die ausgeprägte weiß-nicht-Quote auf eine bestehende Skepsis hin. Überzeugt von der Lernwirksamkeit ist ebenfalls das Personal der Hausaufgabenbetreuung, das mit der Betonung der grundsätzlichen Wichtigkeit von Hausaufgaben den eigenen Arbeitsplatz aufwertet. Zugleich kann bei allen Befragten davon ausgegangen werden, dass erst die vermutete Lernwirksamkeit den häuslichen Aufgaben – der eingebrachten Zeit, Unterstützung und Anstrengung – entsprechenden Sinn verleiht.

Die Lehrermeinung, dass leistungsschwache Schülerinnen und Schüler viel Unterstützung bei der Erledigung der Hausaufgaben brauchen, lässt einerseits darauf schließen, dass von diesen keine hinreichend passgenau differenzierten Aufgaben erteilt werden. Andererseits dokumentiert diese Ansicht, dass Lehrerinnen sich nicht die Frage stellen, wie sie eine zusätzliche Unterstützung gemäß Hausaufgabenerlass sichern könnten[135]. Dass die meisten Lehrkräfte es zugleich nicht für

134 Mehr Unterricht würde die Stundentafel ausweiten etc.

135 Beispielsweise könnte bei Kindern mit Sprachschwierigkeiten aufgrund ihres Migrationshintergrunds eine zusätzliche zeitlich befristete Unterstützung sinnvoll sein, um ihnen einen fachbezogenen Anschluss an die Unterrichtsinhalte zu ermöglichen und die Gefahr eines sprachlich bedingten Lernrückstands zu vermeiden.

schwierig ansehen, leistungsschwachen Schülern leistungsgerechte Hausaufgaben zu stellen, deutet auf ein bestehendes Missverhältnis, dass letztlich die betroffenen Kinder auszutragen haben, die entsprechend bei der Aufgabenanfertigung auf Hilfe angewiesen sind. Allerdings scheinen bei allen hierzu Befragten (Lehrkräfte, Eltern, Personal der Betreuung) Einstellungsmuster vorzuliegen, nach denen leistungsschwache Schüler mehr Unterstützung brauchen, unter der Prämisse, dass für alle Kinder die gleichen Leistungsanforderungen gelten und somit das insbesondere für die Grundschule hervorgehobene Prinzip der Leistungsdifferenzierung anscheinend nicht berücksichtigt wird.

Schülerinnen und Schüler mit Migrationshintergrund benötigen nach Ansicht der Befragten (Lehrkräfte, Personal der Betreuung) ebenfalls mehr Unterstützung bei den Hausaufgaben. Auch hier stellt sich die Frage nach der Vergabe differenzierter Aufgabenstellungen. Zugleich erzeugt die hohe Ablehnung der Lehrkräfte, dass Schüler mit Migrationshintergrund Probleme bei der Erledigung der Hausaufgaben haben, einen klaren Widerspruch, der möglicherweise eine Diskrepanz zwischen allgemeinen Vorurteilen und der alltäglichen Unterrichtserfahrung widerspiegelt. Vielleicht stellen sich die Lehrkräfte aber gar nicht die Frage danach, wie und mit welcher Unterstützung diese Kinder ihre Hausaufgaben anfertigen, da sie nur die vollständige (und evtl. inhaltliche richtige) Erledigung kontrollieren.

Vor allem das Aufgabenverständnis scheint nach Ansicht der Lehrkräfte bei Kindern mit Migrationshintergrund häufig nicht gegeben zu sein, was insbesondere mit sprachlichen Verständnisproblemen begründet wird. Darüber hinaus wird die fehlende häusliche Unterstützung beklagt, die nach Lehrermeinung zu einer nicht zufriedenstellenden Aufgabenbearbeitung führt. Ein nicht unerheblicher Teil der Lehrkräfte scheint – insbesondere bei Kindern mit Zuwanderungsgeschichte – die häusliche Unterstützung bei der Hausaufgabenbearbeitung für wichtig zu halten bzw. vorauszusetzen. Und das, obwohl zugleich nolens volens wahrgenommen wird, dass auch engagierten Eltern aufgrund eigener Sprachprobleme zumeist die optimale Unterstützung ihrer Kinder gar nicht möglich ist. Wie wichtig die Funktion der Eltern als „Hilfslehrer“ für die Lehrkräfte zu sein scheint, wird noch in anderen Zusammenhängen auffällig. So wird die mangelhafte elterliche Unterstützung in sozial unterprivilegierten Familien auch für die Unterschiede zwischen Kindern aus verschiedenen Sozialschichten verantwortlich gemacht. Mehr als die Hälfte der Antwortenden stimmt der Ansicht zu, dass Hausaufgaben die Unterschiede der Schülerinnen und Schüler aus den unterschiedlichen sozialen Schichten verstärken. Unter der Prämisse, dass dies tatsächlich so ist, scheint die Ursache dafür nach Ansicht einer ganzen Reihe von Lehrkräften in der mangelnden Unterstützung der Eltern zu liegen – ein Umstand, dem gegenüber die Kinder hilflos ausgeliefert und deshalb ja gerade auf Hilfe durch die Schule angewiesen sind.

Die mehrheitliche Ablehnung der Zunahme sozialer Ungleichheit durch Hausaufgaben durch das Personal der Betreuung korrespondiert mit der Haltung, dass durch die Hausaufgabenbegleitung im offenen Ganztag diese Kinder entsprechend unterstützt und mögliche häusliche Defizite durch diese Maßnahmen kompensiert werden können.

Mehrheitlich erteilen die Lehrkräfte in jeder Unterrichtsstunde Hausaufgaben. Dieses routinisierte Handlungsschema scheint für sie keine zeitliche Belastung im Unterricht darzustellen, allerdings lassen sich keine Schlüsse auf die Qualität der Aufgabenerteilung ziehen.

Der Bedeutung differenzierter Hausaufgaben für die individuelle Leistungsförderung ihrer Schülerinnen und Schüler sind sich nahezu alle Lehrkräfte bewusst. Dennoch sind nur knapp über die Hälfte der Befragten in der Lage und/oder bereit, diese Erkenntnis in der täglichen Hausaufgabenvergabe umzusetzen, und differenzierte Hausaufgaben zu erteilen. Da dies nicht am Fehlen eigener Ideen für die Entwicklung entsprechender Aufgaben zu liegen scheint, stellt sich die Frage, ob der Aufwand als zu groß betrachtet wird. In mit den Lehrkräften geführten Interviews fanden sich darauf Hinweise (vgl. die Fußnoten 100, 101). Auch die Unsicherheit der Befragten, mit welcher Häufigkeit sie differenzierte Hausaufgaben erteilen, verweist auf eine überwiegend eher zufällig vorgenommene Differenzierung. Für die Lehrkräfte scheint es – trotz nicht realisierter Differenzierung – kein Problem zu sein Aufgaben zu stellen, deren Anforderungen die überwiegende Zahl der Schüler bewältigen können, ohne sich dabei am „Lernschwächsten" zu orientieren. Nicht bekannt ist, ob die Lehrkräfte klären, inwieweit ein Kind seine Hausaufgaben selbstständig oder mit Unterstützung erledigt hat und – sofern die Aufgaben mit Hilfe angefertigt wurden – es die Inhalte tatsächlich verstanden hat. Eine große Mehrheit der Befragten gibt leistungsstarken Kindern Zusatzaufgaben. Mehrheitlich wird verneint, dass alle Kinder die gleichen Hausaufgaben erteilt bekommen. Dabei scheint die Differenzierung methodisch häufig einzig in der Menge des zu Bearbeitenden eingesetzt zu werden.

Die Lehrkräfte verfügen anscheinend über ausreichend eigene Vorstellungen für Aufgabenstellungen und greifen im Allgemeinen nicht auf Vorschläge von Kolleginnen oder schulpraktische Literatur zurück. Denkbar ist auch, dass sie genügend Vorschläge in den Lehrerhandbüchern der eingesetzten Lehrwerke finden, die eine weitergehende Suche überflüssig erscheinen lassen. Die Vergabe von praktischen Hausaufgaben wird überwiegend nicht realisiert, auch Aufgabenstellungen über mehrere Tage z.B. im Rahmen von Wochen- oder Arbeitsplänen werden vorwiegend nicht vergeben. Es entsteht der Eindruck, dass vor allem Wiederholungs- und Übungsaufgaben erteilt werden, die über kurze Zeiträume – im Allgemeinen von einem Schultag auf den nächsten – vergeben werden.

Dass bereits Grundschulkinder Hausaufgaben beurteilen und unterschiedliche Bewertungskriterien anlegen können, zeigt ihr Antwortverhalten. Dezidiert nehmen sie wahr, inwieweit Aufgaben sich ähneln bzw. monoton werden und wünschen sich in hohem Maße eine Aufgabenvielfalt, die oftmals nicht gegeben zu sein scheint. Außerdem scheinen Schülerinnen und Schüler der dritten und vierten Klassen durchaus die Bedeutung des Passungsverhältnisses von Hausaufgabe und Lernstand wahrzunehmen. Das Antwortverhalten der Heranwachsenden deutet darauf hin, dass die häuslichen Aufgaben überwiegend nicht differenziert werden. Die Kinder würden ihre Aufgaben mehrheitlich gerne mit anderen zusammen erledigen, wie das Antwortverhalten der Kinder zeigt, die nicht die Hausaufgabenbetreuung des offenen Ganztags besuchen.
Nach Meinung der Eltern sollte jedes Kind seinem Lernstand entsprechende Aufgaben erhalten. Darüber hinaus wünschen sie, dass auch praktische Aufgaben erteilt werden sollten.
Die Vergabe von Hausaufgaben als Mittel der Disziplinierung ist in Nordrhein-Westfalen untersagt, daher erstaunt der Mittelwert von 2,06 zu der Aussage „In der Schulpraxis kommt es vor, dass Lehrkräfte Hausaufgaben als Disziplinierungsmittel einsetzen“. Das Ergebnis kann als Anhaltspunkt gewertet werden, dass Eltern den Erziehungsauftrag der Schule durchaus mit Strafe und Disziplin verbinden. Möglicherweise auch deshalb, weil in der familiären Erziehung ebenfalls auf derartige Methoden zurückgegriffen wird. Ebenso unterstützen immerhin 26 % der befragten Lehrkräfte die Vergabe zusätzlicher Aufgaben als „Erziehungsmaßnahme“. Diese scheinen durchaus bereit zu sein, Schülerinnen und Schüler im Widerspruch zu geltenden Vorschriften mit zusätzlichen Hausaufgaben zu disziplinieren, da sie den entsprechenden geltenden Erlass nicht kennen, sich nicht daran halten oder Schule eben so sein soll.
Interessant ist ein Vergleich mit der parallelen Schüleraussage. Diese sind mit einem Mittelwert von 2,40 in noch höherem Maße der Meinung, dass Kinder zusätzliche Hausaufgaben als Strafe aufbekommen.
Nach Aussage der Lehrkräfte kommen die Kinder insgesamt gut mit den Hausaufgaben zurecht. Das Kreuzen der entsprechenden Items mit der Aussage „Ich erteile differenzierte Hausaufgaben“ zeigt schwache Signifikanzen zugunsten differenzierter Hausaufgaben.
Auch die Eltern klagen nach Lehrersicht nur selten darüber, dass ihre Kinder zu viel Zeit mit den Aufgaben verbringen. Die Auswertung der offenen Frage zeigt, dass insbesondere Probleme bei der Aufgabenbearbeitung Thema von Eltern-Lehrer-Gesprächen über Hausaufgaben sind. Dabei geht es überwiegend um motivationale Schwierigkeiten, gefolgt von Beschwerden über die Aufgabenmenge. Die Klage über zu wenige Hausaufgaben scheint häufiger durch die Lehrkräfte wahrgenommen zu werden, als die über zu viele. Fraglich ist, ob Kinder und

Eltern gegenüber den Lehrkräften in diesem Aspekt immer ehrlich sind oder ob Schwierigkeiten mit den Hausaufgaben möglicherweise verschwiegen werden. Die insbesondere vorliegenden Motivationsprobleme der Kinder könnten an dem vorwiegend übenden und wiederholenden bzw. reproduzierenden Charakter der Aufgaben liegen. Werden Grundschulkinder möglicherweise noch vergleichsweise konsequenter durch Eltern und/oder das Personal der Hausaufgabenbetreuung zur Aufgabenerledigung angehalten, kann dennoch vermutet werden, dass fehlende Motivation langfristig einen negativen Einfluss auf die Einstellung gegenüber Hausaufgaben hat.

Auf eine mangelhafte Passung zwischen Hausaufgaben und Lernvoraussetzungen bzw. Vorwissen verweist das Antwortverhalten der Schülerinnen und Schüler, die jeweils weit überwiegend angeben, dass die Hausaufgaben manchmal zu leicht, gelegentlich zu schwer für sie sind und sie manchmal sehr anstrengen. Auch dies kann als Beleg dafür gewertet werden, dass die Kinder vornehmlich nicht differenzierte Aufgaben erhalten bzw. die Differenzierung sich nicht angemessen am Lernstand der Kinder orientiert. Zugleich versteht immerhin die Hälfte der Heranwachsenden manchmal die Aufgabenstellung nicht.

Insgesamt sind die Eltern mehrheitlich mit dem Hausaufgabenverhalten ihrer Kinder zufrieden, die nach ihrer Ansicht noch einen angemessenen Freiraum für ihre Nachmittaggestaltung haben. Zugleich fällt aber immerhin nach der Aussage von einem Fünftel ihren Kindern die Hausaufgabenanfertigung nicht leicht, nach Meinung von fast einem Viertel der Eltern haben ihre Kinder durch die Hausaufgaben zu wenig Freizeit. Auch dies kann eine Erklärung dafür sein, dass die Aufgaben anscheinend nicht optimal dem Leistungsstand angepasst sind bzw. möglicherweise erhebliche Motivationsprobleme vorliegen, die letztlich ebenfalls auf ein Passungsproblem verweisen.

Die Heranwachsenden dürfen überwiegend nicht in den Unterrichtstunden mit den Hausaufgaben beginnen. Darüber hinaus werden diese vorwiegend zum Ende des Unterrichts vergeben, so dass keine Bearbeitungszeit mehr verbleibt. Im Allgemeinen gehen die Lehrkräfte nicht davon aus, dass sie weniger Hausaufgaben als ihre Kollegen aufgeben, allerdings antworten 25 % der Gesamtpopulation mit *weiß nicht*. Durchaus möglich ist, dass die Vorgehensweisen in den verschiedenen Schulen sehr unterschiedlich sind und es daher zu diesen Werten kommt.

Für Schülerinnen und Schüler ist es vermutlich motivationsfördernd, bereits im Unterricht mit den Hausaufgaben anzufangen, da sie diese später „nur noch fertigstellen" müssen. Zugleich entspricht diese Vorstellung in gewisser Weise dem Wunsch, statt Hausaufgaben lieber mehr Unterricht zu haben, Aufgaben gemeinsam zu lösen, Verständnisfragen stellen zu können, im Gegensatz zum nachmittäglichen „wieder Aufraffen" noch im Arbeitsfluss und nachmittags von schulischen Arbeiten weitgehend entlastet zu sein. Mit dem Aufgabenumfang kommen die Kinder grundsätzlich zurecht, tendenziell zeigt sich für manche gelegentlich eine zu große Aufgabenmenge.

Zwar wünschen die Eltern überwiegend tägliche Hausaufgaben, die Zustimmung entspricht in ihrem Umfang aber nicht ganz der großen Bedeutung, die diese den Aufgaben im Hinblick auf einen guten Schulunterricht und ihrer Lernwirksamkeit zugestehen. Die meisten Eltern glauben nicht, dass ein Mehr an Aufgaben die Leistungen ihres Kindes verbessert.

Die Lehrkräfte sprechen den Eltern vorwiegend das Know-How ab, ihre Kinder lerneffektiv bei den Hausaufgaben zu unterstützen. Zugleich gibt eine unterdurchschnittliche Zahl von Lehrkräften an, dass Schüler aufgrund der Unterstützung durch ihre Eltern die häuslichen Aufgaben in der vorgesehenen Zeit anfertigen können. Das lässt darauf schließen, dass diese die aktive Elternmitarbeit bei Hausaufgaben möglicherweise voraussetzt bzw. sogar aktiv einfordert. Was eigentlich widersinnig ist, denn Eltern werden von den Lehrerinnen als Hilfslehrer eingefordert, obwohl ihnen gleichzeitig das angemessene „Hilfe-leisten-Können'" abgesprochen wird.

Grundschüler, die ihre Hausaufgaben im Elternhaus anfertigen, haben eine positiv ausgeprägte Haltung gegenüber der Mitarbeit ihrer Eltern. Dies deutet darauf hin, dass die Unterstützung durch die Eltern im Allgemeinen in einer angenehmen Atmosphäre stattfindet. Die Heranwachsenden setzen vorwiegend auf produktive Unterstützung und wünschen sich Tipps (bei Verständnisschwierigkeiten und Arbeitsabläufen) sowie Hilfe bei der Suche nach Fehlern.

Auch aus der Perspektive der Eltern erledigen die Kinder ihre Hausaufgaben vornehmlich selbst. Diese verneinen ebenfalls mehrheitlich, dass Hausaufgaben zu Verstimmungen führen. Insgesamt scheint dieses Thema für die von uns befragten Eltern und Kinder kein Problemfeld darzustellen, so fühlen sich die Eltern weit mehrheitlich auch nicht überfordert, wenn sie ihr Kind bei Aufgaben unterstützen sollen.

Als Experten für Unterricht stellen die Lehrkräfte das Verständnis der Aufgabenstellung bei den Kindern sicher. Auch den Sinn und Nutzen der Aufgaben für das Lernen vermitteln die Lehrkräfte nach eigener Auskunft in hohem Maße, ebenso wie sie Regeln für die erfolgreiche Erledigung mit den Heranwachsenden erarbeiten.

Die Schülerinnen und Schüler sind mit den Erläuterungen ihrer Lehrkräfte zu den Hausaufgaben in hohem Maße zufrieden. Die hohe Zustimmung zu der Aussage, dass sie ihre Aufgaben gut lösen, verweist auf ein positiv ausgeprägtes Selbstkonzept. Dass sie den Hausaufgaben eine wichtige Funktion zuweisen, belegt ihr „schlechten Gewissen" bei Nichterledigung. Die Schüler halten Regeln für die Hausaufgabenanfertigung überdurchschnittlich für wichtig. Zugleich verweist die hohe weiß-nicht-Quote darauf, dass Regeln bezüglich der Hausaufgabenanfertigung im Unterricht dieser Kinder möglicherweise bisher nicht thematisiert wurden bzw. sie sich mit dieser Frage bislang nicht auseinandergesetzt haben. Die gleiche Überlegung gilt für die relativ hohe weiß-nicht-Quote hinsichtlich der Erläuterung der Bedeutung von Hausaufgaben durch den Lehrer. Den Heranwachsenden machen Hausaufgaben mehrheitlich keinen Spaß, auch der Umstand, dass ihnen diese zumeist leicht fallen, scheint nicht zu einer größeren Freude an der Bearbeitung beizutragen.

Obwohl überwiegend „Nichtexperten", ist für die Eltern der Abwechslungsreichtum der Aufgabenstellungen ein wichtiges Kriterium für die Freude an der Bearbeitung durch die Kinder.

Die angefertigten Aufgaben aller Kinder werden von der überwiegenden Mehrheit der Lehrkräfte in jeder Unterrichtsstunde überprüft und besprochen. Es existiert jedoch eine deutliche Differenz zwischen der Zustimmung zur Kontrolle über die Aufgabenanfertigung und der Prüfung über deren inhaltliche Richtigkeit. Dabei zeigt sich ein deutlicher Bruch hinsichtlich der Frage nach der inhaltlichen Lösungskorrektheit, die von einem Drittel weniger überprüft wird. Der große Unterschied in der Zustimmung bezüglich der täglichen Kontrolle der Aufgabenanfertigung bei allen Kindern einerseits und der Überprüfung der inhaltlichen Richtigkeit andererseits entfaltet für die Schülerinnen und Schüler unterschiedliche Signalwirkungen. Zwar erfahren die Heranwachsenden mit der regelmäßigen und verlässlichen Feststellung ihrer Hausaufgabenanfertigung wahrgenommen zu werden. Aber diese Kultur der Rechenschaftslegung über ihre häusliche Arbeit als reiner Kontroll-Mechanismus stellt eine deutliche Reduzierung der pädagogisch-didaktischen Arbeit gegenüber Verfahren der Rückmeldung von Lernprozessen und -produkten dar (Bastian u.a. 2007). Die Optimierung des Lernens ist auf kontinuierliche, inhaltliche Rückkopplungen und Orientierungen hinsichtlich von Weiterlernoptionen angewiesen, dennoch stimmen nur zwei Drittel der Lehrkräfte zu, in der Hausaufgabenpraxis eine entsprechende Rückmeldekultur zu implementieren. Dies steht zugleich im Widerspruch zu der großen Zustimmung, die das Item „in der Grundschule ist es notwendig, Hausaufgaben intensiv zu besprechen" erhält. Dieser lässt sich nur auflösen, wenn die Lehrkräfte hierunter das Vorlesen der Hausaufgaben bzw. der Lösungen in Klassenunterricht verstehen und nicht die individuelle Fehleranalyse beim einzelnen Kind. Hausaufgaben beanspruchen durch Kontrolle und eventueller förderdiagnostischer Rückmeldung einen erheblichen Teil der Unterrichtszeit. Sind die Lehrkräfte nicht in sehr ausgeprägtem Maße von der Lernwirksamkeit der Aufgaben überzeugt, stellt sich die Frage, warum diese dennoch im Unterricht besprochen werden. Aufgaben, deren Bearbeitung den zeitlichen Umfang von 30 bis 60 Minuten einnehmen, können nicht in wesentlich kürzerer Zeit besprochen werden. Das Kreuzen entsprechender Items zeigt, dass die Mehrheit der Lehrkräfte, die die unterrichtliche

Aufarbeitung von Hausaufgaben grundsätzlich für notwendig hält, zusätzlichen Unterricht vorziehen würde.
Unvollständige Aufgaben bei vielen Schülern werden von einer großen Mehrheit der Lehrkräfte zum Anlass genommen, den Unterrichtsstoff zu wiederholen. Die Bedeutung des Lösungswegs wird zwar mehrheitlich als wichtiger eingeschätzt, als die Lösung selbst, verweist dieser doch auf die Strategie des Vorgehens durch den Schüler. Die nicht sehr ausgeprägte Zustimmung lässt jedoch darauf schließen, dass vielmehr eine ganze Reihe von Lehrkräften zumindest die Lösung für gleich wichtig zu halten scheint. Dieser Sichtweise könnte eine Produktorientierung hinsichtlich der erteilten Hausaufgaben zugrunde liegen, die dem prozessorientierten Lernverständnis widerspricht. Diesem modernen Verständnis entspricht u.a. auch die Erteilung von differenzierten Hausaufgaben. Das Kreuzen verdeutlichte, dass von allen Befragten die angeben, differenzierte Hausaufgaben zu erteilen, 75 % den Lösungsweg für wichtiger halten als das Ergebnis.
Schülerinnen und Schüler sind weit überdurchschnittlich der Ansicht, dass Hausaufgaben im Unterricht ausführlich besprochen werden sollten. Neben dem Wunsch nach einer Würdigung ihrer Arbeitsleistungen, entspricht dies dem Bedürfnis, dass die geleistete Arbeit eine Fortsetzung in der folgenden Unterrichtsstunde findet. Damit einher geht der Wunsch, dass die Lehrerin in der folgenden Unterrichtsstunde hilft, wenn es Probleme bei der Hausaufgabenanfertigung gab. Eine überdurchschnittliche Zustimmung erfährt die Aussage, dass die Kinder ihre Hausaufgaben gerne vorlesen. Mehrheitlich abgelehnt wird hingegen, dass die Lehrerin die Hefte mit den Aufgaben einsammelt. Schülerinnen und Schüler sind offensichtlich schon sehr gute Experten ihres Lernens!
Nach Ansicht der Eltern soll die Lehrkraft die Aufgabenanfertigung bei allen Kindern kontrollieren und die inhaltliche Richtigkeit überprüfen. Bemerkenswert ist die leicht überdurchschnittliche Zustimmung, dass die Hausaufgaben gelegentlich benotet werden sollen. Möglicherweise sehen viele Eltern hierin eine zusätzliche Unterstützung in der „Motivierung" der Kinder, die keine große Bereitschaft zur Aufgabenanfertigung haben.
Weit überwiegend behaupten die Mitarbeiter der Hausaufgabenbetreuung, dass der Lösungsweg bei der Aufgabenbearbeitung mehr zählt als das Ergebnis. Das Personal der Betreuung scheint die lernwirksame Bedeutung des Verständnisses für den Lösungsweg in den Aufgaben hoch einzuschätzen.
An die Qualität der Hausaufgabenbetreuung haben die Eltern hohe Anforderungen. Neben der Organisation der Aufgabenerledigung durch den offenen Ganztag wünschen sie die individuelle Förderung der Kinder. Dies betrifft nicht nur die kognitiven Leistungen im Fach sondern auch sozial-emotionale Aspekte.
Das pädagogisch tätige Personal des Ganztags sieht ebenfalls weit mehrheitlich die Elternwünsche nicht nur in der inhaltlichen Unterstützung, sondern zugleich

in der konkreten Förderung bei Lernschwierigkeiten. Allerdings deutet die weiß-nicht-Quote von 12 % auf bestehende Unsicherheiten.
Vermutlich aufgrund ihrer hohen Überzeugung von deren Lernwirksamkeit sind die Eltern überwiegend der Meinung, ihr Kind sollte nicht in der Betreuung erledigte Aufgaben zu Hause fertig stellen. Möglicherweise zeigt sich hierin eine Besorgnis über den Eindruck, den das Kind bei der Lehrkraft erzeugt, falls es mit unvollständigen Hausaufgaben in den Unterricht geht.
Das Personal der Betreuung ist überdurchschnittlich der Ansicht, dass die Lehrpersonen die lückenlose Aufgabenerledigung in der Betreuung erwarten. Dass die Hausaufgabenbetreuung im Ganztagskonzept einen hohen Stellenwert einnimmt, verweist noch einmal auf die große Relevanz, die den Hausaufgaben von allen Befragten in der Studie eingeräumt wurde. Zugleich zeugt es von einem hohen unterrichtsbezogenen Einfluss, den die Schule auf die Gestaltung des Ganztags hat.
Befragt zu der Durchführung der Hausaufgabenbetreuung legt das gesamte Antwortverhalten der Lehrkräfte nahe, dass diese zu erheblichen Teilen wenig Kontakt zum Ganztag ihrer Schule haben. Die auffällig hohen weiß-nicht-Quoten von bis zu 40 % lassen eine große Unwissenheit bezüglich der Organisation der Betreuung vermuten. Die höchste Zustimmung erhält die Aussage, dass die Begleitung relativ konstant von den gleichen Personen durchgeführt wird. Dennoch erstaunt die weiß-nicht-Quote von 16 %. Die zweithöchste Zustimmung (und die geringste weiß-nicht-Quote) erhält die Aussage, dass sinnvollerweise Lehrkräfte in der Betreuung mitarbeiten sollten. Dies erstaunt insofern, da diese die Qualität der Hausaufgabenbetreuung als zufriedenstellend beurteilen und die Heranwachsenden ihre Aufgaben laut Erlass ja selbstständig anfertigen sollen. Von allen Befragten, die der Mitarbeit von Lehrkräften in der Betreuung zustimmen, halten 71 % das Personal für zu wenig ausgebildet, um didaktisch adäquat arbeiten zu können. Die Mitarbeit scheint sich somit für die Lehrkräfte insbesondere dadurch zu begründen, dass das Personal der Hausaufgabenbetreuung Unterstützung in (fach-)didaktischer Hinsicht benötigt. Die weit überwiegende Menge der von den Lehrkräften gegebenen zustimmenden Aussagen stellt die vermeintlich größere *Kompetenz der Lehrkraft* in den Vordergrund, die insbesondere mit den durch die Ausbildung dokumentierten fachlich-didaktischen Kompetenzen begründet wird. Mit großem Abstand in der Zustimmungshöhe folgt die bemängelte Qualifikation der Hausaufgabenbetreuer, die u.a. an der fehlenden pädagogischen und didaktischen Ausbildung verortet wird. Weiter sehen sich die Lehrkräfte insbesondere zuständig für Schülerinnen und Schüler, die ihrer Meinung nach einer besonderen Unterstützung bei der Hausaufgabenanfertigung bedürfen. Einen weiteren Aussagenbereich stellt die *Rückmeldung für die eigene Unterrichtspraxis* dar und auch eine *Stärkung der Zusammenarbeit von Lehrkräften und dem Personal der Hausaufgabenbetreuung* wird als Grund für die Mitarbeit genannt.

Überwiegend sind die Lehrkräfte der Auffassung, dass die Kinder in der Betreuung genug Ruhe für die Aufgabenbearbeitung haben und sich gegenseitig bei den Aufgaben helfen können. Die vergleichsweise hohen bzw. sehr hohen weiß-nicht-Quoten (26 % und 40 %) verweisen darauf, dass ein großer Teil der Befragten sich nicht in der Lage sieht, diese Aussagen zu beurteilen. Auch die Größe der Betreuungsgruppen halten sie mehrheitlich für angemessen, um den Heranwachsenden die konzentrierte Arbeit zu ermöglichen, neben wiederum 21 % Befragten, die hier keine Meinung äußern. Überwiegend halten sie die Betreuung nicht dafür verantwortlich, dass die Schüler mit fertiggestellten Aufgaben nach Hause gehen bzw. sind die Betreuer nicht für inhaltlich richtige Aufgaben zuständig. Andererseits sehen immerhin 45 % der Befragten die Verantwortung für inhaltliche richtige Hausaufgaben sehr wohl bei den Betreuern und 30 % halten die Betreuung dafür zuständig, dass die Heranwachsenden ihre Hausaufgaben dort fertigstellen.
Die Schülerinnen und Schüler haben an das Unterstützungsverhalten des Personals der Hausaufgabenbetreuung ähnliche Erwartungen wie an das ihrer Eltern. Die überwiegende Mehrheit wünscht sich Hilfe in Form von Tipps, gefolgt von dem Wunsch, dass die Betreuer nach Fehlern in den bearbeiteten Aufgaben suchen.

Die Eltern der Kinder, die bislang nicht am offenen Ganztag teilnehmen, zeigen hohe Erwartungen an die Qualifikation des Personals in der Hausaufgabenbetreuung. Allerdings fehlen Hinweise für mögliche Begründungen dieser Einstellungen, die nicht weiter erfragt wurden.

Die Erwartungen der Eltern, deren Kinder die Hausaufgabenbetreuung des offenen Ganztags besuchen, entsprechen weitgehend den Vermutungen des Personals der Betreuung. So sind sie weit überwiegend der Ansicht, dass für die inhaltlich richtige Erledigung der Aufgaben aller Kinder gesorgt werden sollte. Darüber hinaus wünschen die Eltern, dass sich das Personal Zeit für alle Fragen Ihres Kindes nimmt. Für die überwiegende Mehrheit der Familien scheint zuzutreffen, dass die Kinder mit vollständig erledigten Hausaufgaben aus dem offenen Ganztag nach Hause kommen. Überdurchschnittlich antworten die befragten Eltern, dass für die Kinder ausreichend Personal in der Betreuung ist. Auffällig ist, dass die Eltern hinsichtlich einer Reihe von Aspekten bezogen auf die Hausaufgabenbetreuung erstaunlich uninformiert sind vor dem Hintergrund der Bedeutsamkeit, die sie den Hausaufgaben zuweisen.

Das Personal der Hausaufgabenbetreuung hat sehr konkrete Vorstellungen von einer guten Begleitung. Eher moderat stimmen die Befragten mehrheitlich zu, dass die Schülerinnen und Schüler ausreichend Ruhe zum Arbeiten haben. Da das Betreuungspersonal zugleich knapp überwiegend zustimmt, dass es den Kindern schwer fällt, sich zu konzentrieren, deutet sich an, dass es ihm anscheinend häufig nicht gelingt, die erforderliche Ruhe herzustellen. Mehrheitlich abgelehnt wird die Aussage, dass das inhaltliche Eingehen auf alle Fragen während der Betreuung zeitlich möglich ist. Das pädagogische Personal muss somit entscheiden, auf welche Fragen von welchen Schülerinnen und Schülern es eingeht. Dennoch verneinen die Befragten, die Anzahl der Heranwachsenden in der Betreuung sei zu groß. Wenn es zeitlich nicht möglich ist, auf alle Fragen der Schüler einzugehen, muss dies offensichtlich auch mit der Anzahl der anwesenden Kinder zusammenhängen. Sofern die Befragten nicht die Gruppengröße für diesen Umstand verantwortlich machen, stellt sich die Frage, welche Ursache(n) diese zeitliche Beschränkung ihrer Ansicht nach hat (haben). Ein weiterer Widerspruch entsteht durch die mehrheitliche Zustimmung, dass die Aufgabenmenge in der vorgegebenen Zeit von den Kindern erledigt werden kann. Gäbe es schwerwiegende Verständnisfragen zu einzelnen Aufgaben bei vielen Kindern, könnte dies nicht ohne weiteres zutreffen.

Hinsichtlich ihrer didaktischen und erzieherischen Aufgaben zeigen die Betreuer ein hohes Arbeitsethos. Sie fühlen sich weit überwiegend dafür verantwortlich, dass die Schüler ihre Aufgaben richtig erledigen. Interessanterweise unterscheiden eine Reihe von Befragten hier zwischen dem Anspruch an sich selbst und dem allgemeinen Arbeitsauftrag der Hausaufgabenbetreuung, letzterem wird zwar ebenfalls zugestimmt, insgesamt aber erheblich geringer. Zugleich kollidiert dieser Eigenanspruch mit der vorwiegenden Zustimmung, dass einzelne Schüler aufgrund der allen zustehenden Gleichbehandlung nicht intensiv unterstützt werden können. Potentiell wird diese Haltung in der alltäglichen Situation der Betreuung nicht unbedingt Anwendung finden aufgrund der Tatsache, dass nicht alle Kinder im gleichen Maße der Unterstützung bedürfen. Um eine Kontinuität in der Arbeitsatmosphäre zu gewährleisten, werden die einzelnen Gruppen immer von demselben pädagogisch tätigen Personal betreut. Die Erwartungen der Eltern an die Hausaufgabenbetreuung nehmen die Mitarbeiter überwiegend präzise und zutreffend wahr. Immerhin 12 % der Befragten sind in dieser Frage aber unentschlossen.

Danach gefragt, welche Elemente für sie sonst noch zu einer guten Hausaufgabenbegleitung gehören, werden vor allem sozio-emotionale Aspekte angesprochen. Daran an schließen sich Unterstützungsmöglichkeiten für die Kinder durch Gestaltung der Rahmenbedingungen und/oder durch inhaltliche Unterstützung bzw. Förderung sowie der Wunsch nach Kooperation mit den Lehrkräften und mit den Eltern. Für die Mitarbeiter der Hausaufgabenbetreuung ist die sozio-emotionale Unterstützung der Kinder ein relevanter Faktor, dem sie im Rahmen der Betreuung gern zusätzlich Rechnung tragen würden.

Bezüglich der Kooperation im Lehrerkollegium gibt eine moderate Mehrheit an, sich mit den in den Klassen unterrichtenden Kollegen über die anfallende Hausaufgabenmenge abzusprechen. Durch die Kommunikation mit der Betreuung erhalten die Lehrkräfte wichtige Informationen über das Hausaufgabenverhalten der teilnehmenden Schülerinnen und Schüler. Wenn auch nicht im selben Maße scheinen durch diese Kommunikation auch wichtige Informationen über die inhaltlichen Schwierigkeiten der teilnehmenden Kinder weitergegeben zu werden, die für die zukünftige Unterrichtsgestaltung von Bedeutung sein können, wenn inhaltliche Probleme der gleichen Art bei verschiedenen Kindern auftreten. Dass die Betreuer die erforderlichen Unterrichtsmaterialien erhalten, wird mit knapper Mehrheit bestätigt. Allerdings signalisiert fast ein Viertel der Befragten mit ihrem Antwortverhalten (*weiß nicht*), dass sie sich mit der Klärung dieser Frage bislang nicht auseinandergesetzt hat. Augenfällig wird auch in unserer Befragung, dass die Kooperation zwischen Lehrkräften und Hausaufgabenbetreuern bislang keine „Selbstverständlichkeit" an offenen Ganztagsgrundschulen ist (Arnoldt 2007, Rollett 2007).

Den Eltern ist die Kooperation zwischen den beiden Personengruppen für die zuverlässige Lernbegleitung ihrer Kinder sehr wichtig.

Die Mitarbeiter der Hausaufgabenbetreuung sind mit der Zusammenarbeit zwischen den Lehrkräften nur durchschnittlich zufrieden. Nicht nur die Kommunikation über den laufenden Unterricht scheint nicht in nennenswerter Form stattzufinden, auch über die individuellen und sozial-emotionalen Befindlichkeiten von Schülerinnen und Schülern erhalten diese anscheinend in nur geringem Maße Informationen. Dieses Aussageverhalten ist eine Widerspiegelung der häufigen, teilweise hohen weiß-nicht-Quote der Lehrkräfte in ihrer Beurteilung der Durchführung der Hausaufgabenbetreuung und ihren Aussagen zur Kooperation. Weiter erhält die Aussage „Die Lehrkräfte sollen in der Hausaufgabenbegleitung mitarbeiten" nur eine geringe Zustimmung. Die mangelhafte Kooperation kann vielleicht als fehlende Bereitschaft der Lehrkräfte gesehen werden, die Mitarbeiter des Ganztags als gleichwertige Partner bei der Lern- bzw. Entwicklungsbegleitung der Schülerinnen und Schüler anzuerkennen.

Von den befragten Lehrkräften bestätigen drei Viertel, dass die Qualität der Hausaufgaben von Kindern, die die nachmittägliche Betreuung besuchen, zufriedenstellend ist. Zugleich sind die Befragten weit mehrheitlich der Ansicht, dass das Personal für didaktische Arbeiten zu wenig ausgebildet ist. Die weiß-nicht-Quote von 30 % deutet auf eine unzureichende Informiertheit vieler Lehrkräfte zu dieser Aussage. Auch in diesem Fall deutet sich an, dass die Befragten sich zu einem hohen Teil bislang nicht mit der Organisation und Qualität der Betreuung der Hausaufgaben befasst haben. Das Kreuzen von Items zeigt, dass von den Lehrkräften zum großen Teil kein Wert auf eine bessere Ausbildung des Betreuungspersonals für didaktisches Arbeiten gelegt wird. Eine Erklärung für dieses Antwortverhalten könnte sein, dass die Lehrkräfte die Situation der Hausaufgabenbegleitung mit der im Elternhaus gleichsetzen. So spielt möglicherweise der Grundsatz der

Gleichbehandlung aller Schüler eine Rolle. Dass die Zufriedenheit mit der Hausaufgabenbetreuung sich vor allem an der vollständigen Erledigung der Aufgaben orientiert, zeigt sich in der relativ hohen Zustimmung.
Mehr als drei Viertel der Schülerinnen und Schüler meinen, durch die Betreuung bei ihren Hausaufgaben weniger Fehler zu machen. Für viele Kinder scheint der Besuch der Hausaufgabenbetreuung in der Summe einen positiven Einfluss zu haben. Darüber hinaus sind sie mehrheitlich der Ansicht, in der Betreuung ausreichend Ruhe für die Hausaufgabenerledigung zu haben. Auf alle Kinder bezogen ist dieser Wert jedoch nicht zufriedenstellend, denn die fehlende Ruhe dürfte sich negativ auf die Qualität ihrer Aufgabenerledigung, ihren persönlichen Erschöpfungsgrad sowie ihren potentiellen Lernerfolg auswirken.
Die weit überwiegende Mehrheit der Eltern vertritt die Meinung, dass das Personal der Betreuung gut mit Kindern umgehen kann. Ebenso werden die Fähigkeiten des Personals in der Begleitung der Hausaufgaben positiv beurteilt sowie die Organisation, die Ausstattung der Räumlichkeiten mit Arbeitsmaterialien und Lernhilfen. Dies erstaunt, da nach Aussage der Begleiter die Räume häufig nicht mit Arbeitsmaterialien ausgestattet sind. Gruppengröße und Gruppenzusammenstellung in der Betreuung beurteilen die Eltern ebenfalls überdurchschnittlich positiv. Viele können die angesprochenen Bereiche der Hausaufgabenbetreuung aber nicht recht beurteilen (hohe weiß-nicht-Quoten). Dies macht stutzig vor dem Hintergrund der Ansprüche und Wünsche, die sie an diese Maßnahme haben und deutet darauf hin, dass möglicherweise ein Teil der Eltern seine Kinder in der Schule abgibt ohne zu wissen, mit welchen Personen und unter welchen organisatorischen und strukturellen Bedingungen der Tag für die Kinder im Allgemeinen abläuft.
Das Personal in der Hausaufgabenbetreuung ist mehrheitlich mit den Räumlichkeiten einverstanden und auch der zeitliche Umfang entspricht seinen Vorstellungen. Diese Antwort erstaunt etwas, da die Begleiter überwiegend nicht der Meinung sind, inhaltlich auf alle Fragen der Kinder im gegebenen Zeitrahmen eingehen zu können. Allerdings wurde von den Befragten überwiegend ausgesagt, dass die Aufgabenmenge in der vorgegebenen Zeit von den Kindern erledigt werden kann; sie bestätigen damit die Zufriedenheit mit dem zeitlichen Rahmen für die Betreuung. Letztlich bleibt die Frage offen, warum die Begleiter offensichtlich nicht auf alle inhaltlichen Fragen der Kinder eingehen können und welche Konsequenzen dies für die Hausaufgabenbetreuung hat. Die Zufriedenheit über die Zusammenarbeit mit den Lehrkräften fällt nur knapp mehrheitlich aus. Die überwiegenden Verbesserungsvorschläge für die Hausaufgabenbetreuung werden zu verschiedenen Aspekten des Bereiches „Rahmenbedingungen der Organisation" und sehr gebündelt zur „Kooperation zwischen Lehrkräften und Hausaufgabenbegleitern" genannt.

Vor dem Hintergrund der geforderten Professionalität im Lehrerberuf kann von einer bildungswissenschaftlichen theoriegeleiteten Praxis nicht die Rede sein. Weit überdurchschnittlich haben die Lehrkräfte sich im Laufe ihres Studiums nicht mit Hausaufgaben schwerpunktmäßig auseinandergesetzt. Auch im Referendariat wurde das Thema Hausaufgaben nur knapp durchschnittlich als Ausbildungsgegenstand erfahren. Die Kreuzung der beiden Fragestellungen weist auf einen engen Zusammenhang zwischen der studiums- und referendariatsbezogenen Auseinandersetzung mit Hausaufgaben hin.

Das Personal der Hausaufgabenbegleitung stimmt weit überdurchschnittlich zu, Fortbildungen zu Methoden der Hausaufgabebegleitung zu besuchen. Allerdings wurde nicht weiter geklärt, wie häufig an solchen Weiterbildungen teilgenommen wird und um welche Fortbildungen es sich inhaltlich handelt.

7 Die Ergebnisse vor dem Hintergrund der Fragestellungen der vorliegenden Untersuchung

Die gewonnenen Daten der Untersuchung sollen dabei helfen, die Ausgangsfragen aus der Problemstellung zu klären. Die vorliegenden Ergebnisse werden daher unter den folgenden Perspektiven strukturiert (vgl. Kap. 1.3):

- Welche Aufgaben und Funktionen verbinden sich für die befragten Personengruppen mit den Hausaufgaben?
- Welche erkennbaren didaktischen Prinzipien liegen der Erteilung von Hausaufgaben und deren Integration in den Unterricht zugrunde; nach welchen pädagogisch-didaktischen Grundsätzen planen, erteilen und kontrollieren Lehrkräfte die Hausaufgaben?
- Welche Erwartungen stellen Lehrpersonen, Eltern und Schüler an die Hausaufgabenbetreuung?
- Wie stellt sich die Kooperation von Lehrkräften und dem Personal der Hausaufgabenbetreuung dar?
- Gibt es eine didaktisch-methodische Konzeption, die der bislang durchgeführten Hausaufgabenbetreuung an den untersuchten Ganztagsgrundschulen zugrunde liegt?

7.1 Aufgaben und Funktionen von Hausaufgaben in der Sicht der befragten Personengruppen

Alle befragten Personengruppen stimmen dem Sinn und dem Wert von Hausaufgaben in hohem Maße zu und unterstellen diesen darüber hinaus weit überdurchschnittlich eine Lernwirksamkeit. Es liegen Einstellungsmuster bei Lehrkräften, Eltern und dem Personal der Betreuung vor, nach denen leistungsschwache Schüler mehr Unterstützung brauchen, unter der Prämisse, dass für alle Kinder die gleichen Leistungsanforderungen gelten. Somit wird das insbesondere für die Grundschule hervorgehobene Prinzip der Leistungsdifferenzierung anscheinend nicht berücksichtigt. Auch Schülerinnen und Schüler mit Migrationshintergrund benötigen nach Ansicht der Befragten (Lehrkräfte, Personal der Betreuung) mehr Unterstützung bei den Hausaufgaben.

Mehrheitlich sind die Lehrkräfte vom allgemeinen Wert der Hausaufgaben überzeugt, allerdings ist diese Zustimmung im Vergleich zu den anderen befragten Personengruppen eher gemäßigt ausgeprägt. Die befragten Lehrerinnen und Lehrer scheinen darüber hinaus nicht durchgehend vom Lernerfolg durch Hausaufgaben und von der Lernwirksamkeit ihrer Aufgabenstellungen überzeugt zu sein, sie stimmen dieser Aussage nur knapp überdurchschnittlich zu. Diese Haltung resultiert vermutlich vor allem aus der eigenen Berufspraxis und weniger aus der Kenntnis von Forschungsergebnissen. Bestätigt wird diese Zurückhaltung durch die unerwartete mehrheitliche Zustimmung zu der Aussage, dass zusätzlicher Unterricht effektiver wäre. Möglicherweise nimmt die überwiegende Mehrheit der befragten Lehrkräfte sehr wohl zur Kenntnis, dass Schüler mit Lernschwierigkeiten im schulfreien Raum ohne pädagogisch-didaktische Unterstützung die Aufgaben vielfach nicht so anfertigen können, dass sie einen Lernfortschritt erzielen. Genau diesen Effekt könnten sie zusätzlichem Unterricht unterstellen. Gestützt wird diese Vermutung durch die hohe Ablehnung, über die häuslichen Aufgaben den Lernfortschritt der Kinder zu erfassen. Für die Lehrkräfte könnten hier zusätzliche Unterrichtsstunden bei gleichzeitigem Verzicht auf Hausaufgaben zielführender sein. Zugleich ist denkbar, dass die Lehrkräfte sich ihrer unzulänglichen Hausaufgabenpraxis durchaus bewusst und aus diesem Grund bereit sind, auf die Hausaufgaben ganz zu verzichten. Die Frage stellt sich, warum Lehrkräfte an Hausaufgaben festhalten, wenn sie nicht durchgängig von deren Lernwirksamkeit überzeugt sind, ihnen die Diagnose der Lernentwicklung ihrer Schülerinnen und Schüler auf diese Weise nicht möglich ist, und zugleich die Erteilung und Kontrolle der Hausaufgaben einen erheblichen zeitlichen und didaktischen Aufwand zumindest im Unterricht mit sich bringt (vgl. Kap. 6.2.1, 6.2.2, 6.2.4).

Bezogen auf die Zielsetzung, die im Unterricht gelernten Inhalte zu wiederholen und zu vertiefen, messen Lehrkräfte den häuslichen Aufgaben einen sehr hohen Stellenwert zu. Hinsichtlich der eher erzieherischen und eher didaktischen Bedeutung von Hausaufgaben für Schülerinnen und Schüler liegt die größte Zustimmung der Lehrkräfte bei den Items zu den Aspekten, die der Förderung der Verantwortungsübernahme bei den Heranwachsenden für ihr eigenes Lernen durch Hausaufgaben einen hohen Stellenwert beimessen. Auch erhält die selbstständige Aufgabenbearbeitung eine hohe Zustimmung. Diese ermöglicht den Heranwachsenden nach Ansicht der Lehrkräfte festzustellen, ob die am Vormittag vermittelten Inhalte tatsächlich verstanden wurden (Dies allerdings nur, wenn die Lehrkräfte diesem Ziel insofern Rechnung tragen, als die Kinder tatsächlich die Aufgaben selbstständig bearbeiten können (s.v.)).

Im Gegensatz zu den Lehrkräften sind die Eltern weit überwiegend überzeugt vom allgemeinen Sinn und Wert der Hausaufgaben. Sie glauben zugleich in hohem Maße an die Lernwirksamkeit der häuslichen Aufgaben und lehnen zusätzlichen Unterricht ab. Gleichwohl deutet eine ausgeprägte weiß-nicht-Quote auf eine bestehende Skepsis hin. Deutlicher als die Lehrkräfte vertreten die Eltern die Ansicht, dass ihre Kinder durch Hausaufgaben im Unterricht Gelerntes wiederholen sowie vertiefen und bei dieser Gelegenheit ihr Verständnis der gelehrten

Inhalte überprüfen können. Auch tragen nach ihrer Meinung häusliche Aufgaben zur Entwicklung von Verantwortungsübernahme und Selbständigkeit bei. Das bislang fehlende Vorliegen eindeutiger Forschungserkenntnisse zu diesen Aspekten verweist auf eine Tradierung von seit jeher mit schulischen Hausaufgaben verbundenen Überzeugungen und Hoffnungen hin.

Die höchste Zustimmung erhalten häusliche Aufgaben in der Beurteilung der Schülerinnen und Schüler, allerdings kann eine Beeinflussung durch die Eltern nicht ausgeschlossen werden. Neben der möglicherweise damit verbundenen Hoffnung, dass die vielfach nicht sehr beliebten Hausaufgaben hierdurch einen Sinn erhalten, nähert sich die Schülermeinung der Elternauffassung an, dass Hausaufgaben den Lernerfolg erhöhen. Andererseits ist auch in diesem Fall die relativ hoch ausgeprägte Bevorzugung zusätzlichen Unterrichts gegenüber weniger Hausaufgaben durch die Heranwachsenden auffällig. Zwischen den von uns befragten Mädchen und Jungen lassen sich keine nennenswerten Unterschiede in ihrem Antwortverhalten aufzeigen sondern lediglich Tendenzen. Letztlich sind diese Unterschiede aber zu gering, um stichhaltige Interpretationen zuzulassen.

Bei den Mitarbeitern in der Ganztagsbetreuung liegt eine große Überzeugung bezogen auf den Sinn von Hausaufgaben wie auch auf deren Lernwirksamkeit vor. Ebenso ist das Personal von den erzieherischen Funktionen hinsichtlich der Selbständigkeitsentwicklung und Verantwortungsübernahme in hohem Maße überzeugt. Aufgrund der zumeist nicht vorhandenen pädagogischen Ausbildung muss an dieser Stelle vor allem von allgemeinen Einstellungen bzw. Vorurteilen beim Betreuungspersonal ausgegangen werden, die nicht zuletzt aus der Bedeutung der Hausaufgaben für die eigene Tätigkeit im offenen Ganztag resultieren. Die mehrheitliche Ablehnung der Zunahme sozialer Ungleichheit durch Hausaufgaben korrespondiert mit der Haltung, dass durch die Begleitung im offenen Ganztag diese Kinder entsprechend unterstützt und mögliche häusliche Defizite hierdurch kompensiert werden können.

Bezogen auf Hausaufgaben scheint somit bei allen Befragten eine „Tradition“ vorzuliegen, die – in ihrem Sinn unhinterfragt – fortgeschrieben wird. Hausaufgaben „gehören zur Schule einfach dazu“ und waren „immer schon ein notwendiges, wenngleich störendes Übel“.

7.2 Pädagogisch-didaktische Grundsätze der Lehrkräfte für die Planung, Erteilung und Überprüfung von Hausaufgaben und deren Integration in den Unterricht

Im Folgenden werden die Antworten der Lehrkräfte zusammengefasst, gelegentlich erweitert um Parallelantworten von Schülerinnen und Schülern bzw. Eltern. Auf diese Weise können Übereinstimmungen und Diskrepanzen im Antwortverhalten herausgearbeitet werden. Auffällig ist, dass die Erfassung des Lernfortschritts der Heranwachsenden für die Lehrkräfte selbst kein vorrangiges Kriterium darstellt. Das heißt, dieses von ihnen nach eigener Aussage für die Schüler als sinnvoll erachtete diagnostische Mittel des Lernfortschritts nutzen die Lehrkräfte selbst nicht für die eigene Lerndiagnose und eine sich daran anschließende Lernberatung ihrer Schüler. Die mögliche Unsicherheit darüber, wer die Aufgaben letztlich angefertigt hat bzw. die explizite Befürwortung oder Einforderung von (elterlicher) Unterstützung bei den Hausaufgaben durch die Lehrkräfte führt dazu, dass das Vorliegen sachgerecht angefertigter Aufgaben keinen eindeutigen Nachweis eines Lernfortschritts bei den Schülern darstellt. Und schließlich wird ebenso eine Lehrkraft, die häuslichen Aufgaben keinen großen didaktischen Wert zugesteht, diese nicht als Hinweis für einen Lernfortschritt bei ihren Schülern ansehen. Das nur durchschnittliche Zugeständnis, produktive Aufgaben mit der Möglichkeit des Wissenstranfers und unterschiedlichen Lösungswegen zu erteilen, verweist darauf, dass für Lehrerinnen und Lehrer die Aufgabenbearbeitung vor allem einen Nachweis der ordnungsgemäßen Übernahme vorgegebener Lösungsverfahren durch die Kinder darstellt.

Lehrkräfte sind überdurchschnittlich häufig der Meinung, dass Hausaufgaben die Wiederholungsphasen im Unterricht verringern. Vor diesem Hintergrund erscheint es widersprüchlich, dass nach Ansicht der Lehrkräfte regelmäßige häusliche Aufgaben nicht zugleich den Unterricht entlasten, ebenso wie nach ihrer Aussage durch deren regelmäßige Erteilung Unterrichtsinhalte nicht zügiger durchgenommen werden können. Immerhin deutet die Reduzierung von Wiederholungsphasen insofern auf eine Entlastung des Unterrichts hin, da dieser andere, neue Inhalte thematisieren kann. Es sei denn, die verringerten Wiederholungsphasen werden durch die Überprüfung der Hausaufgaben kompensiert. Es fragt sich, was hinsichtlich der Lernwirksamkeit sinnvoller ist. Dass häusliche Aufgaben nicht zur Fertigstellung unvollendeter Unterrichtsinhalte durch die Schüler ohne professionelle Begleitung eingesetzt werden, spricht für ein eher pädagogisch-didaktisch orientiertes Verständnis von Hausaufgaben bei den Lehrkräften.

Die wiederum sehr hohe Zustimmung zu der Aussage, dass die Erteilung von Hausaufgaben in der Grundschule eine hohe didaktische Sorgfalt erfordert, verweist auf einen erweiterten Anspruch der Lehrerinnen an die *Professionalität* ihrer *Berufsausübung*. Auch für die Freude der Schüler an den Hausaufgaben wird weit überdurchschnittlich die Lehrkraft hinsichtlich ihrer didaktischen Kreativität als verantwortlich angesehen. Die konstatierte Herausforderung der didaktischen Passung der häuslichen Aufgaben zum Unterrichtsergebnis verweist auf einen engen Zusammenhang zwischen der Vorbereitung der Hausaufgaben und einer der Unterrichtsplanung notwendigerweise zugrunde liegenden Theorie[136] sowie den eingesetzten Methoden und Medien.

Mehrheitlich erteilen die Lehrkräfte in jeder Unterrichtsstunde Hausaufgaben. Dies scheint für sie keine zeitliche Belastung im Unterricht darzustellen, allerdings lassen sich daraus keine Schlüsse auf die Qualität der Aufgabenerteilung ziehen. Das Bewusstsein über die Bedeutung differenzierter Hausaufgaben für die individuelle Leistungsförderung ihrer Schülerinnen und Schüler ist bei fast allen Befragten vorhanden. Allerdings ließe sich das Ergebnis auch so erklären, dass sich das Antwortverhalten an der sozialen Erwünschtheit orientiert, denn leider sind nur knapp über die Hälfte der Lehrkräfte in der Lage und/oder bereit, diese Erkenntnis in der Hausaufgabenvergabe durch die Erteilung differenzierter Aufgaben umzusetzen. Dies liegt nach eigener Aussage nicht am Fehlen eigener Ideen für die Entwicklung entsprechender Aufgaben und somit stellt sich die Frage, ob den Lehrkräften der Aufwand hierfür zu groß ist. In den mit Lehrerinnen und Lehrern geführten Interviews fanden sich darauf Hinweise. Auch die Unsicherheit der Befragten, mit welcher Häufigkeit sie differenzierte Hausaufgaben erteilen, deutet auf eine überwiegend eher zufällig vorgenommene Differenzierung. Für die Lehrkräfte scheint es nach eigener Aussage trotz nicht realisierter Differenzierung kein Problem zu sein Aufgaben zu stellen, deren Anforderungen die überwiegende Zahl der Schüler bewältigen können, ohne sich dabei am Lernschwächsten zu orientieren. Nicht bekannt ist, ob die Lehrkräfte klären, inwieweit ein Kind seine Hausaufgaben selbstständig oder mit Unterstützung erledigt hat und – sofern die Aufgaben mit Hilfe angefertigt wurden – es die Inhalte tatsächlich verstanden hat. Die Lehrersicht, dass leistungsschwache Schülerinnen und Schüler viel Unterstützung bei der Erledigung der Hausaufgaben brauchen, lässt darauf schließen, dass keine bzw. nicht angemessen differenzierte Aufgaben erteilt werden. Wenn die meisten Lehrkräfte es zugleich nicht für schwierig ansehen, leistungsschwachen Schülern leistungsgerechte Hausaufgaben zu stellen, deutet dies auf ein bestehendes Missverhältnis, das letztlich die betroffenen Kinder auszutragen haben, die entsprechend bei der Aufgabenanfertigung auf Hilfe durch Dritte angewiesen sind (eine Hilfe, um deren Qualität und Durchführung sich die Lehrkräfte im Allgemeinen nicht weiter kümmern). Leistungsschwächeren Kindern keine

136 Dabei kann es sich um eine wissenschaftliche, aber auch um eine subjektive Theorie handeln.

Hausaufgaben zu erteilen, kommt für die Lehrkräfte überdurchschnittlich nicht in Frage. Der Umstand, dass sich die Lehrkräfte bei der Hausaufgabenerteilung weit mehrheitlich nicht am lernschwächsten Schüler orientieren[137], zugleich aber leistungsstarken Schülern Zusatzaufgaben erteilen[138], zeigt hinsichtlich der Hausaufgabenplanung eine Parallele zum fragend-entwickelnden Unterrichtsgespräch. Anscheinend planen die befragten Lehrkräfte die Hausaufgaben überwiegend orientiert an einem „virtuellen Durchschnittsschüler". Nach diesem Lernniveau sollen sich die leistungsschwachen Schülerinnen und Schüler „strecken". Mit den Aufgaben wird ihnen gezeigt: Hier müsstest du eigentlich sein, also bemühe dich, dorthin zu gelangen. Im Zweifelsfall eben mit der Unterstützung durch Dritte. Eine große Mehrheit der Befragten gibt leistungsstarken Kindern Zusatzaufgaben, „um sie nicht zu unterfordern". Hier wird also eine zusätzliche Förderung wirksam. Bestätigt wird durch diese Aussage noch einmal die „soziale Disparität" der Grundschule (Maaz et al. 2010; Ehmke/Baumert 2008; Wissenschaftlicher Beirat f. Familienfragen 2002, S. 29-30). Zugleich wird überwiegend verneint, dass alle Kinder die gleichen Hausaufgaben erteilt bekommen. Dabei scheint die Differenzierung häufig einzig in der Menge des zu Bearbeitenden zu liegen (vgl. z.B. Kap. 6.2.2).
Schülerinnen und Schüler mit Migrationshintergrund benötigen nach Ansicht der befragten Lehrkräfte ebenfalls mehr Unterstützung bei den Hausaufgaben. Und auch in diesem Fall kann die Nicht-Erteilung bzw. nicht angemessene Erteilung differenzierter Aufgabenstellungen unterstellt werden. Zugleich entsteht durch die hohe Ablehnung der Lehrkräfte gegenüber der Aussage, dass Schüler mit Migrationshintergrund Probleme bei der Erledigung der Hausaufgaben haben, ein Widerspruch, der eine Diskrepanz zwischen allgemeinen Vorurteilen und der alltäglichen Unterrichtserfahrung widerspiegeln könnte. Eine andere Erklärung ist, dass Lehrkräfte sich gar nicht die Frage danach stellen, wie und mit welcher Unterstützung diese Kinder ihre Hausaufgaben anfertigen, da sie nur die vollständige (und evtl. inhaltlich richtige) Erledigung kontrollieren.
Vor allem das Aufgabenverständnis scheint nach Ansicht der Lehrkräfte bei Kindern mit Migrationshintergrund häufig nicht gegeben zu sein, was von diesen insbesondere mit sprachlichen Verständnisproblemen begründet wird. Darüber hinaus wird fehlende häusliche Unterstützung beklagt, die nach Lehrermeinung zu einer nicht zufriedenstellenden Aufgabenbearbeitung führt. Ein nicht unerheblicher Teil der Lehrkräfte scheint – insbesondere bei Kindern mit Zuwanderungsgeschichte – die häusliche Unterstützung bei der Hausaufgabenbearbeitung für notwendig zu halten bzw. vorauszusetzen. Und das, obwohl zugleich deutlich wahrgenommen wird, dass auch engagierten Eltern aufgrund eigener Sprachpro-

137 M = 1,79.
138 M = 3,01.

bleme die optimale Unterstützung ihrer Kinder zumeist gar nicht möglich ist. Die fehlende didaktische Aufgabenaufbereitung angepasst an den Lernstand der Heranwachsenden durch die Lehrkräfte wird von diesen anscheinend an die Eltern delegiert, die diesen Mangel als „Nicht-Professionelle" kompensieren sollen. Wie bedeutsam die Funktion der Eltern als „Hilfslehrer" für die Lehrkräfte zu sein scheint, zeigt sich noch in anderen Zusammenhängen. So wird u.a. die mangelhafte elterliche Unterstützung in sozial unterprivilegierten Haushalten für die Unterschiede zwischen Kindern aus verschiedenen Sozialschichten verantwortlich gemacht. Mehr als die Hälfte der Antwortenden stimmen der Ansicht zu, dass Hausaufgaben die Unterschiede der Schülerinnen und Schüler aus den verschiedenen sozialen Schichten verstärken. Unter der Prämisse, dass dies tatsächlich so ist, scheint die Ursache hierfür nach Ansicht einer ganzen Reihe von Lehrkräften in der mangelnden Unterstützung der Eltern zu liegen – ein Umstand, dem gegenüber die Kinder hilflos ausgeliefert und daher besonders auf Hilfe durch die Schule und Lehrpersonen angewiesen sind.

Die Lehrkräfte verfügen anscheinend über ausreichend eigene Vorstellungen für Aufgabenstellungen und greifen im Allgemeinen nicht auf Vorschläge von Kolleginnen oder schulpraktische Literatur zurück. Denkbar ist auch, dass sie ausreichend Vorschläge in den Lehrerhandbüchern der eingesetzten Lehrwerke finden, die eine weitergehende Suche überflüssig machen. Die Vergabe von praktischen Hausaufgaben wird überwiegend nicht realisiert, auch Aufgabenstellungen über mehrere Tage z.B. im Rahmen von Wochen- oder Arbeitsplänen werden vorwiegend nicht vergeben. Es entsteht der Eindruck, dass vor allem Wiederholungs- und Übungsaufgaben erteilt werden, die über kurze Zeiträume – im Allgemeinen von einem Schultag auf den nächsten – anzufertigen sind. Dass den Schülern durch die Aufgaben ermöglicht wird, erlerntes Wissen auf neue Probleme anzuwenden oder sie unterschiedliche Lösungswege wählen können, gibt nur etwas mehr als der Durchschnitt der Befragten an.

Die von uns befragten Grundschulkinder hingegen wünschen sich in hohem Maße eine Aufgabenvielfalt, außerdem scheinen Schülerinnen und Schüler der dritten und vierten Klassen durchaus die Bedeutung des Passungsverhältnisses von Hausaufgabe und Lernstand wahrzunehmen. Das Antwortverhalten der Heranwachsenden deutet darauf hin, dass die häuslichen Aufgaben überwiegend nicht differenziert werden.

Die Vergabe von Hausaufgaben als Mittel der Disziplinierung ist in Nordrhein-Westfalen gesetzlich untersagt, daher erstaunt der Mittelwert von immerhin 2,06 zu der Aussage „In der Schulpraxis kommt es vor, dass Lehrkräfte Hausaufgaben als Disziplinierungsmittel einsetzen". Ebenso unterstützen immerhin 26 % der befragten Lehrkräfte die Vergabe zusätzlicher Aufgaben als „Erziehungsmaßnahme". Diese scheinen durchaus bereit zu sein, Schülerinnen und Schüler im Widerspruch zu geltenden Vorschriften mit zusätzlichen Hausaufgaben zu disziplinieren. Möglicherweise kennen sie den entsprechenden geltenden Erlass nicht oder sie halten sich nicht daran. Interessant ist auch in diesem Fall ein Vergleich mit der parallelen Schüleraussage. Diese geben in noch höherem Maße an, dass Kinder zusätzliche Hausaufgaben als Strafe erhalten.

Nach Aussage der Lehrkräfte kommen die Kinder insgesamt gut mit den Hausaufgaben zurecht. Durch das Kreuzen des entsprechenden Items mit der Aussage „Ich erteile differenzierte Hausaufgaben“ zeigen sich schwache Signifikanzen zugunsten differenzierter Hausaufgaben. Auf eine mangelhafte Passung zwischen erteilten Hausaufgaben und eigenem Leistungsvermögen deutet demgegenüber das Antwortverhalten der Schülerinnen und Schüler, die jeweils weit überwiegend angeben, dass die Hausaufgaben manchmal zu leicht, gelegentlich zu schwer für sie sind und sie manchmal sehr anstrengen. Dies wiederum deutet auf vornehmlich nicht passgenau differenzierte Aufgaben bzw. die vorgenommene Differenzierung scheint sich nicht angemessen am Lernstand der Kinder zu orientieren. Zugleich versteht immerhin die Hälfte der Heranwachsenden manchmal die Aufgabenstellung nicht. Es stellt sich die Frage, ob diese große Variationsbreite bei den Schülerinnen im Erleben der Aufgabenschwierigkeit möglicherweise u.a. mit der Hausaufgabenerteilung zusammenhängt. Diese nimmt nach eigener Auskunft der Lehrkräfte nicht viel Zeit in Anspruch, vielleicht wird aber das Aufgabenverständnis bei den Heranwachsenden nicht so abgesichert, dass ihnen die Bearbeitung eindeutig klar ist. An dieser Stelle deutet sich an, dass die Lehrkräfte diese Unterrichtsphase genauer und mit mehr zeitlichem Spielraum planen sollten.

Überwiegend dürfen die Kinder während der Unterrichtstunden mit den Hausaufgaben beginnen. Diese werden allerdings vorwiegend zum Ende des Unterrichts erteilt, so dass keine Bearbeitungszeit mehr verbleibt. Im Allgemeinen gehen die Lehrkräfte nicht davon aus, dass sie weniger Hausaufgaben als ihre Kollegen aufgeben, jedoch antworten 25 % der Gesamtpopulation auf diese Frage mit *weiß- nicht*. Vorstellbar ist, dass der Umgang mit Hausaufgaben und die Kommunikation darüber in den Kollegien zwischen den verschiedenen Schulen sehr variiert und es daher zu diesen schwankenden Werten kommt. Für Schülerinnen und Schüler ist es möglicherweise motivationsfördernd, bereits im Unterricht mit den Hausaufgaben anzufangen, da sie diese später „nur noch fertigstellen“ müssen, und sie wünschen sich dieses Vorgehen weit mehrheitlich. Zugleich entspricht diese Vorstellung in gewisser Weise dem Wunsch, statt Hausaufgaben lieber mehr Unterricht zu haben, Aufgaben gemeinsam lösen und Verständnisfragen stellen zu können; im Gegensatz zum nachmittäglichen „wieder Aufraffen“ noch im Arbeitsfluss und am Nachmittag von schulischen Arbeiten weitgehend entlastet zu sein. Mit dem Aufgabenumfang kommen die Kinder grundsätzlich zurecht, eine Tendenz deutet sich an, dass es für manche gelegentlich zu viele Aufgaben sind.

Eltern klagen nach Lehrermeinung nur selten darüber, dass ihre Kinder zu viel Zeit mit den Aufgaben verbringen. Die Auswertung der offenen Frage zeigt allerdings, dass insbesondere Probleme bei der Aufgabenbearbeitung Thema von Eltern-Lehrer-Gesprächen über Hausaufgaben sind. Dabei geht es überwiegend um motivationale Schwierigkeiten, gefolgt von Beschwerden über die Aufgabenmenge. Die Klage über zu wenige Hausaufgaben scheint durch die Lehrkräfte häufiger wahrgenommen zu werden, als die über zu viele. Fraglich ist, ob Kinder und Eltern gegenüber den Lehrkräften hier immer ehrlich sind oder ob Schwierigkeiten mit den Hausaufgaben möglicherweise verschwiegen werden. Die vorliegenden Motivationsprobleme der Kinder könnten an dem vorwiegend übenden und wiederholenden bzw. reproduzierenden Charakter der Aufgaben liegen. Werden auch Grundschulkinder vermutlich noch vergleichsweise konsequenter durch Eltern und/oder das Personal der Hausaufgabenbetreuung zur Aufgabenerledigung angehalten als ältere Schüler, kann dennoch angenommen werden, dass sich die fehlende Motivation langfristig negativ auf die Einstellung gegenüber Hausaufgaben auswirkt.

Die Lehrkräfte sprechen den Eltern vorwiegend das Know-How ab, ihre Kinder lerneffektiv bei den Hausaufgaben zu unterstützen. Zugleich gibt eine unterdurchschnittliche Zahl von Lehrkräften an, dass Schüler aufgrund der Unterstützung durch ihre Eltern die häuslichen Aufgaben in der vorgesehenen Zeit anfertigen können. Das lässt vermuten, dass immerhin diese Lehrerinnen die aktive Elternmitarbeit bei Hausaufgaben möglicherweise voraussetzt bzw. sogar aktiv einfordert. Diese Erwartung steht im Widerspruch zu der Aussage, dass Eltern das nötige Know-How hierfür fehlt.

Als Experten für Unterricht stellen die Lehrkräfte nach eigener Auskunft das Verständnis der Aufgabenstellung bei den Kindern sicher, nach den obigen Ausführungen stellt sich die Frage, ob sie das Vorhandensein dieses Verständnisses tatsächlich bei den Kindern angemessen überprüfen. Auch den Sinn und Nutzen der Aufgaben für das Lernen vermitteln die Lehrkräfte den Kindern nach eigener Auskunft in hohem Maße, ebenso wie sie angeben, Regeln für die erfolgreiche Erledigung mit den Heranwachsenden zu erarbeiten.

Die Schülerinnen und Schüler sind mit den Erläuterungen ihrer Lehrkräfte zu den Hausaufgaben in hohem Maße zufrieden. Immerhin etwas mehr als die Hälfte der Heranwachsenden verstehen aber die Aufgabenstellung der Hausaufgaben manchmal nicht (vgl. weiter oben). Die hohe weiß-nicht-Quote verweist darauf, dass Regeln bezüglich der Hausaufgabenanfertigung im Unterricht dieser Kinder möglicherweise bisher nicht thematisiert wurden bzw. sie sich mit dieser Frage bislang nicht auseinandergesetzt haben. Die gleiche Überlegung gilt für die relativ hohe weiß-nicht-Quote hinsichtlich der Erläuterung der Bedeutung von Hausaufgaben durch den Lehrer. Den Heranwachsenden machen Hausaufgaben mehr-

heitlich keinen Spaß, auch der Umstand, dass ihnen diese nach eigener Auskunft zumeist leicht fallen, scheint nicht zu einer größeren Freude an der Bearbeitung beizutragen. Vielmehr deutet sich die Gefahr der Unterforderung mit den möglichen (langfristigen) Konsequenzen für die Motivation der Heranwachsenden an, die Hausaufgaben überhaupt anzufertigen (vgl. Heckhausen/Heckhausen 2010).
Die angefertigten Aufgaben aller Kinder werden nach Ansicht der überwiegenden Mehrheit der Lehrkräfte in jeder Unterrichtsstunde von ihnen überprüft und besprochen. Es existiert jedoch eine deutliche Differenz zwischen der Zustimmung zur Kontrolle über die Aufgabenanfertigung und der Prüfung über deren inhaltliche Richtigkeit. Dabei zeigt sich ein deutlicher Bruch hinsichtlich der Frage nach der inhaltlichen Lösungskorrektheit, denn diese wird von einem Drittel Lehrkräfte weniger überprüft. Der große Unterschied in der Zustimmung zwischen der täglichen Kontrolle über die Aufgabenanfertigung durch alle Kinder und der Überprüfung deren inhaltlicher Richtigkeit entfaltet für die Schülerinnen und Schüler unterschiedliche Signalwirkungen. Zwar erfahren die Heranwachsenden mit der regelmäßigen und verlässlichen Feststellung ihrer Hausaufgabenanfertigung, vom Lehrer wahrgenommen zu werden. Aber diese Kultur der Rechenschaftslegung über ihre häusliche Arbeit als reiner Kontroll-Mechanismus stellt eine deutliche Reduzierung der pädagogisch-didaktischen Arbeit gegenüber Verfahren der Rückmeldung von Lernprozessen und -produkten dar (vgl. Standop 2011b). Die Optimierung des Lernens ist auf kontinuierliche, inhaltliche Rückkopplungen und Orientierungen hinsichtlich von Weiterlernoptionen angewiesen, dennoch stimmen nur zwei Drittel der Lehrkräfte zu, in der Hausaufgabenpraxis eine entsprechende Rückmeldekultur zu implementieren. Dies steht zugleich im Widerspruch zu der großen Zustimmung, die das Item „in der Grundschule ist es notwendig, Hausaufgaben intensiv zu besprechen“ erhält. Dieser lässt sich nur auflösen, wenn die Lehrkräfte hierunter das Vorlesen der Hausaufgaben bzw. der Lösungen im Klassenunterricht verstehen und nicht zugleich auch die individuelle Fehleranalyse beim einzelnen Kind.
Hausaufgaben beanspruchen durch Kontrolle und eventueller Rückmeldung einen erheblichen Teil der Unterrichtszeit. Sind die Lehrkräfte nicht in sehr ausgeprägtem Maße von der Lernwirksamkeit der Aufgaben überzeugt, stellt sich die Frage, warum diese dennoch im Unterricht besprochen werden. Aufgaben, deren Bearbeitung den zeitlichen Umfang von 30 bis 60 Minuten einnehmen, können nicht in wesentlich kürzerer Zeit besprochen werden, es sei denn, die Lehrkräfte beschränken sich auf ein reines „Vorlesen der richtigen Ergebnisse“ durch sie selbst oder die Schüler. Deutlich wird durch das Kreuzen entsprechender Items, dass die Mehrheit derjenigen Lehrkräfte, die die unterrichtliche Aufarbeitung von Hausaufgaben grundsätzlich für notwendig hält, zusätzlichen Unterricht vorziehen würde. Möglicherweise verbinden die Lehrkräfte einen pädagogisch-didaktischen

Anspruch mit Hausaufgaben, den sie nach eigener Ansicht optimaler in weiterem Unterricht umsetzen könnten. Zugleich kann nicht ausgeschlossen werden, dass eine Reihe von Lehrkräften zusätzlichen Unterricht vorziehen würden, da ihnen bekannt ist, unter welchen schwierigen häuslichen Umständen eine Reihe ihrer Schülerinnen und Schüler die Hausaufgaben anfertigen müssen (vgl. Schwemmer 1980).

Unvollständige Aufgaben bei vielen Schülern werden von einer großen Mehrheit der Lehrkräfte zum Anlass genommen, den Unterrichtsstoff zu wiederholen. Die Bedeutung des Lösungswegs wird zwar mehrheitlich als wichtiger eingeschätzt, als die Lösung selbst, verweist dieser doch auf die Strategie des Vorgehens durch den Schüler. Die nicht sehr ausgeprägte Zustimmung lässt jedoch darauf schließen, dass eine ganze Reihe von Lehrkräften die Lösung für zumindest gleich wichtig zu halten scheint. Diese Sichtweise deutet auf eine Produktorientierung hinsichtlich der erteilten Hausaufgaben, die einem prozessorientierten Lernverständnis widerspricht. Diesem wiederum entspricht u.a. die Erteilung differenzierter Hausaufgaben. Das Kreuzen verdeutlicht, dass von allen Befragten die angeben, differenzierte Hausaufgaben zu erteilen, 75 % den Lösungsweg für wichtiger halten als das Ergebnis.
Vor dem Hintergrund der geforderten Professionalität im Lehrerberuf kann von einer theoriegeleiteten Praxis nicht die Rede sein. Weit überdurchschnittlich haben die Lehrkräfte sich im Laufe ihres Studiums nicht mit Hausaufgaben auseinandergesetzt. Auch im Referendariat wurde das Thema Hausaufgaben nur knapp durchschnittlich als Ausbildungsgegenstand erfahren. Die Kreuzung der beiden Fragestellungen macht deutlich, dass ein enger Zusammenhang zwischen der studiums- und referendariatsbezogenen Auseinandersetzung mit Hausaufgaben besteht.
Die Tatsache, dass nur ein unterdurchschnittlicher Teil der Befragten (M = 2,14) angibt, sich mit wissenschaftlicher Literatur zu diesem Thema zu befassen, lässt den Schluss zu, dass auch im weiteren aktiven Berufsleben die weit überwiegende Mehrheit der Lehrkräfte nicht eine theoriegeleitete didaktische Auseinandersetzung mit diesem Thema durchführt. Vielmehr scheint es so zu sein, dass Hausaufgaben als zur Schule gehörend einzig auf der Grundlage eigenen Ermessens, eigener Erfahrung und subjektiver Theorien erteilt werden.

7.3 Erwartungen der Lehrpersonen, Eltern und Heranwachsenden an die Hausaufgabenbetreuung und ihre Beurteilung durch diese

Die Hausaufgabenbetreuung nimmt im offenen Ganztag der von uns befragten Grundschulen einen eigenständigen Raum ein, der mit der Bedeutung, die den Hausaufgaben von den betroffenen Personen zugemessen wird, an Wichtigkeit zunimmt. In der Befragung zeigten sich z.T. auffällige Brüche zwischen den Erwartungen der Befragten an die Hausaufgabenbetreuung und ihrer Informiertheit über die Organisation und Arbeitsweise dieser.
Befragt zu der Durchführung der Hausaufgabenbetreuung legt das gesamte Antwortverhalten der Lehrkräfte nahe, dass diese zu erheblichen Teilen wenig Kontakt zum Ganztag ihrer Schule haben. Die auffällig hohen weiß-nicht-Quoten von bis zu 40 % deuten auf eine große Unwissenheit bezüglich der Organisation der Betreuung hin. Die höchste Zustimmung erhält die Aussage, dass die Begleitung relativ konstant von den gleichen Personen durchgeführt wird. Dennoch erstaunt auch hier die weiß-nicht-Quote von immerhin 16 %. Die zweithöchste Zustimmung (und geringste weiß-nicht-Quote) erhält die Aussage, dass sinnvollerweise Lehrkräfte in der Betreuung mitarbeiten sollten. Dies erstaunt insofern, da diese die Qualität der Hausaufgabenbetreuung als zufriedenstellend beurteilen und die Heranwachsenden ihre Aufgaben laut Erlass selbstständig anfertigen sollen. Von allen Befragten, die der Mitarbeit von Lehrkräften in der Betreuung zustimmen, halten 71 % das Personal für zu wenig ausgebildet, um didaktisch arbeiten zu können (vgl. Kap. 6.2.5). Die Mitarbeit scheint sich somit für die Lehrkräfte insbesondere dadurch zu begründen, dass nach ihrer Meinung das Personal der Betreuung Unterstützung in (fach-)didaktischer Hinsicht benötigt. Die weit überwiegende Menge der von den Lehrkräften gegebenen zustimmenden Aussagen stellt die vermeintlich größere *Kompetenz der Lehrkraft* in den Vordergrund, die insbesondere mit der durch die Ausbildung dokumentierte fachlich-didaktischen Kompetenz begründet wird. Mit großem Abstand folgt die bemängelte Qualifikation der Hausaufgabenbetreuer, die u.a. in der fehlenden pädagogischen und didaktischen Ausbildung verortet wird. Weiter sehen sich die Lehrkräfte insbesondere zuständig für Schülerinnen und Schüler, die ihrer Meinung nach einer besonderen Unterstützung bei der Hausaufgabenanfertigung bedürfen. Hinzu kommt ein Aussagenbereich über die *Rückmeldung für die eigene Unterrichtspraxis* und eher nachrangig wird eine *Stärkung der Zusammenarbeit von Lehrkräften und dem Personal der Hausaufgabenbetreuung* als Grund für die Mitarbeit genannt.
Überwiegend sind die Lehrkräfte der Auffassung, dass die Kinder in der Betreuung genügend Ruhe für die Aufgabenbearbeitung haben und sich gegenseitig

bei den Aufgaben helfen können. Allerdings verweisen auch hier die weiß-nicht-Quoten (26 % und 40 %) darauf, dass ein großer Teil der Befragten sich nicht in der Lage sieht, diese Aussagen zu beurteilen. Ebenso halten sie mehrheitlich die Größe der Betreuungsgruppen für angemessen, um den Heranwachsenden die konzentrierte Arbeit zu ermöglichen (neben 21 %, die hier keine Meinung äußern). Eine knappe Mehrheit hält die Betreuung nicht dafür zuständig, dass die Schüler mit fertiggestellten Aufgaben nach Hause gehen bzw. die Betreuer nicht für inhaltlich richtige Lösungen verantwortlich. Andererseits sehen aber immerhin 45 % der Befragten die Verantwortung für inhaltliche richtige Hausaufgaben sehr wohl bei den Betreuern und 30 % halten die Betreuung dafür zuständig, dass die Heranwachsenden ihre Hausaufgaben dort fertigstellen.

Von den befragten Lehrkräften bestätigen drei Viertel, dass die Qualität der Hausaufgaben von Kindern, die die nachmittägliche Betreuung besuchen, zufriedenstellend ist. Zugleich sind die Befragten weit mehrheitlich der Ansicht, dass das Personal für didaktische Arbeiten zu wenig ausgebildet ist. Die weiß-nicht-Quote von 30 % verweist auf eine unzureichende Informiertheit vieler Lehrkräfte zu dieser Aussage. Auch hier deutet sich an, dass die Befragten sich zu einem hohen Teil bislang nicht mit der Organisation und Qualität der Betreuung befasst haben. Das Kreuzen von Items zeigt, dass von den Lehrkräften zum großen Teil kein Wert auf eine bessere Ausbildung des Betreuungspersonals für didaktisches Arbeiten gelegt wird. Dieser scheinbare Widerspruch im Antwortverhalten kann daher rühren, dass die Lehrkräfte die Situation der Hausaufgabenbegleitung mit der im Elternhaus gleichsetzen und möglicherweise der Grundsatz der Gleichbehandlung aller Schüler eine Rolle spielt. Dass die Zufriedenheit mit der Hausaufgabenbetreuung sich vor allem an der vollständigen Erledigung der Aufgaben orientiert, zeigt sich in der relativ hohen Zustimmung. Zugleich kann das „reflexhafte" Antwortverhalten über die mangelhafte pädagogische und didaktische Kompetenz der Hausaufgabenbegleiter ein Hinweis auf das nach wie vor vorhandene Bestreben vieler Lehrkräfte zu sein, sich von diesen abzugrenzen aufgrund einer vermeintlich größeren akademischen bzw. pädagogisch-didaktischen Kompetenz.

Schülerinnen und Schüler haben an das Unterstützungsverhalten des Personals der Hausaufgabenbetreuung ähnliche Erwartungen wie an das ihrer Eltern. Die überwiegende Mehrheit wünscht sich Hilfe in Form von Tipps, gefolgt von dem Wunsch, dass die Betreuer nach Fehlern in den bearbeiteten Aufgaben suchen. Mehr als drei Viertel der Heranwachsenden sind der Ansicht, durch die Betreuung bei ihren Hausaufgaben weniger Fehler zu machen. Für viele Kinder scheint der Besuch der Hausaufgabenbetreuung in der Summe eine positive Wirkung zu haben. Auch sind sie mehrheitlich der Ansicht, in der Betreuung ausreichend Ruhe für die Hausaufgabenerledigung zu haben. Auf alle Kinder bezogen ist die-

ser Wert[139] jedoch nicht zufriedenstellend, denn die fehlende Ruhe dürfte sich negativ auf die Qualität der Aufgabenerledigung, den persönlichen Erschöpfungsgrad sowie den potentiellen Lernerfolg auswirken.
Eltern, deren Kinder bislang nicht am offenen Ganztag teilnehmen, zeigen hohe Erwartungen an die Qualifikation des Personals in der Hausaufgabenbetreuung. Es fehlen jedoch Hinweise für mögliche Begründungen dieser Einstellungen, die nicht weiter erfragt wurden. Grundsätzlich kann davon ausgegangen werden, dass die Eltern sich die nach ihrer Meinung bestmögliche Ausbildung und Betreuung in der Schule wünschen und dieser Qualitätsanspruch zunimmt, je mehr Zeit die Kinder dort verbringen.
Insgesamt haben die Eltern, deren Kinder die Hausaufgabenbetreuung im offenen Ganztag besuchen, hohe Anforderungen an die Qualität der Betreuung. Neben der Organisation der Aufgabenerledigung durch den offenen Ganztag wünschen sie die individuelle Förderung der Kinder sowohl hinsichtlich der kognitiven Leistungen im Fach als auch bezogen auf sozial-emotionale Aspekte. Möglicherweise aufgrund ihrer hohen Überzeugung von deren Lernwirksamkeit sind die Eltern überwiegend der Meinung, ihr Kind sollte in der Betreuung nicht erledigte Aufgaben zu Hause fertig stellen. Dies kann u.a. auf die elterliche Besorgnis über den Eindruck, den das Kind bei der Lehrkraft erzeugt, falls es mit unvollständigen Hausaufgaben in den Unterricht geht, zurückgeführt werden.
Weiterhin sind die Eltern mehrheitlich der Ansicht, dass für die inhaltlich richtige Erledigung der Aufgaben aller Kinder gesorgt werden sollte. Darüber hinaus wünschen die Eltern, dass sich das Personal Zeit für alle Fragen Ihres Kindes nimmt. Für die deutliche Mehrheit der Familien scheint zuzutreffen, dass die Kinder mit vollständig erledigten Hausaufgaben aus dem offenen Ganztag nach Hause kommen. Überdurchschnittlich antworten die befragten Eltern, dass für die Kinder ausreichend Personal in der Betreuung ist.
Weit überwiegend vertreten die Eltern die Meinung, dass das Personal der Betreuung gut mit Kindern umgehen kann. Auch die Fähigkeiten des Personals in der Begleitung der Hausaufgaben werden positiv beurteilt sowie die Organisation, die Ausstattung der Räumlichkeiten mit Arbeitsmaterialien und Lernhilfen (dies erstaunt, da nach Aussage der Begleiter die Räume häufig nicht mit Arbeitsmaterialien ausgestattet sind). Auch Gruppengröße und Gruppenzusammenstellung in der Betreuung beurteilen die Eltern überdurchschnittlich positiv. Auffällig ist, dass diese hinsichtlich einer Reihe von Aspekten bezogen auf die Hausaufgabenbetreuung erstaunlich uninformiert sind vor dem Hintergrund der Bedeutsamkeit, die sie den Hausaufgaben zuweisen (hohe weiß-nicht-Quote sowie den Ansprüchen und Wünschen, die sie an diese haben. Es deutet sich an, dass möglicherweise ein

139 M = 2,73.

Teil der Eltern seine Kinder in der Schule abgibt ohne zu wissen, mit welchen Personen und unter welchen organisatorischen und strukturellen Bedingungen der Tag für die Kinder im Allgemeinen abläuft.

Die Erwartungen der Eltern, deren Kinder die Hausaufgabenbetreuung des offenen Ganztags besuchen, entsprechen weitgehend den Vermutungen des Personals der Betreuung. Das Personal der Hausaufgabenbetreuung hat sehr konkrete Vorstellungen von einer guten Begleitung. Eher moderat stimmen die Befragten mehrheitlich zu, dass die Schülerinnen und Schüler ausreichend Ruhe zum Arbeiten haben. Zugleich fällt es den Kindern nach knapp überwiegender Angabe des Betreuungspersonals schwer, sich zu konzentrieren. Diese Aussagen können als Hinweise darauf gedeutet werden, dass es den Betreuern anscheinend häufig nicht gelingt, die erforderliche Ruhe herzustellen. Mehrheitlich abgelehnt wird die Aussage, das inhaltliche Eingehen auf alle Fragen während der Betreuung sei zeitlich möglich. Das pädagogische Personal muss somit entscheiden, auf welche Fragen von welchen Schülerinnen und Schülern es eingeht. Dennoch verneinen die Befragten, die Anzahl der Heranwachsenden in der Betreuung sei zu groß. Wenn es zeitlich nicht möglich ist, auf alle Fragen der Schüler einzugehen, muss dies aber offensichtlich auch mit der Anzahl der anwesenden Kinder zusammenhängen. Sofern die Befragten nicht die Gruppengröße für diesen Umstand verantwortlich machen, bleibt zu klären, welche Ursache diese zeitliche Beschränkung ihrer Ansicht nach hat. Ein weiterer Widerspruch entsteht durch die mehrheitliche Zustimmung, dass die Aufgabenmenge in der vorgegebenen Zeit von den Kindern erledigt werden kann. Gäbe es schwerwiegende Verständnisfragen zu einzelnen Aufgaben bei vielen Kindern, könnte dies nicht ohne weiteres zutreffen.

Das pädagogisch tätige Personal des Ganztags sieht weit mehrheitlich die Elternwünsche nicht nur in der inhaltlichen Unterstützung, sondern zugleich in der konkreten Förderung bei Lernschwierigkeiten (die weiß-nicht-Quote von 12 % deutet auf bestehende Unsicherheiten). Nach Ansicht des Personals erwarten die Lehrpersonen die lückenlose Aufgabenerledigung in der Betreuung. Dass die Hausaufgabenbetreuung nach ihrer Aussage im Ganztagskonzept einen hohen Stellenwert einnimmt, verweist noch einmal auf die große Bedeutung, die den häuslichen Aufgaben von allen Befragten in der Studie eingeräumt wurde. Zugleich deutet dies auf den hohen unterrichtsbezogenen Einfluss, den die Schule auf die Gestaltung des offenen Ganztags hat.

Hinsichtlich ihrer didaktischen und erzieherischen Aufgaben zeigen die Antworten der Betreuer ein hohes Arbeitsethos. Sie fühlen sich weit überwiegend dafür verantwortlich, dass die Schüler ihre Aufgaben richtig erledigen. Interessanterweise unterscheiden eine Reihe von Befragten hier zwischen dem Anspruch an sich selbst und dem allgemeinen Arbeitsauftrag der Hausaufgabenbetreuung. Letzterem wird zwar ebenfalls zugestimmt, insgesamt aber erheblich geringer. Zugleich kollidiert dieser Eigenanspruch mit der vorwiegenden Zustimmung, dass einzelne Schüler aufgrund der allen zustehenden Gleichbehandlung nicht intensiv unterstützt werden können. Möglicherweise wird diese Haltung in der alltäglichen Situation der Betreuung zumeist keine Anwendung finden aufgrund der Tatsache, dass nicht alle Kinder im gleichen Maße der Unterstützung bedürfen. Um die Kontinuität in der Arbeitssituation zu gewährleisten, werden die einzelnen Gruppen immer von demselben pädagogisch tätigen Personal betreut. Die Erwartungen der Eltern an die Hausaufgabenbetreuung nehmen die Mitarbeiter überwiegend deutlich und zutreffend wahr (immerhin 12 % der Befragten sind in dieser Frage wiederum unentschlossen).

Das Personal in der Hausaufgabenbetreuung ist mehrheitlich mit den Räumlichkeiten einverstanden und auch der zeitliche Umfang entspricht seinen Vorstellungen. Diese Antwort erstaunt, da die Begleiter überwiegend nicht der Meinung sind, inhaltlich auf alle Fragen der Kinder im gegebenen Zeitrahmen eingehen zu können. Die mehrheitlich gewählte Aussage, dass die Aufgabenmenge in der vorgegebenen Zeit von den Kindern erledigt werden kann, bestätigt die Zufriedenheit mit dem zeitlichen Rahmen für die Betreuung. Letztlich bleibt die Frage offen, warum die Begleiter anscheinend nicht auf alle inhaltlichen Fragen der Kinder eingehen können und welche Konsequenzen dies für die Hausaufgabenbetreuung hat.

Danach gefragt, welche Elemente für sie noch zu einer guten Hausaufgabenbegleitung gehören, werden vor allem sozio-emotionale Aspekte angesprochen. Daran an schließen sich Unterstützungsmöglichkeiten für die Kinder durch die Gestaltung der Rahmenbedingungen und/oder durch inhaltliche Unterstützung bzw. Förderung sowie der Wunsch nach Kooperation mit den Lehrkräften und den Eltern. Für die Mitarbeiter der Hausaufgabenbetreuung ist die sozio-emotionale Unterstützung der Kinder ein relevanter Faktor, dem sie gern zusätzlich Rechnung tragen würden.

Die teilweise widersprüchlichen Aussagen des Personals der Betreuung verweisen auf die oftmals ebenso widersprüchliche und spannungsgeladene Situation. Häufig in geringfügigen Beschäftigungen[140] mit wenig Anschluss an die Schule und geringer Anerkennung durch die Lehrkräfte befinden die Hausaufgabenbegleiter sich im Spannungsfeld unterschiedlicher Erwartungen von Lehrkräften, Eltern und Schüler. Das ursprünglich vom Träger des Ganztags entwickelte Konzept für die Hausaufgabenbetreuung orientiert sich am Hausaufgabenerlass des Landes Nordrhein-Westfalen, dass die selbstständige Aufgabenerledigung der Kinder vorsieht (siehe vorne). Unter dieser Prämisse ist das Personal eingestellt und sind die Betreuungsgruppen in den Schulen organisiert worden. Wie die vorliegenden

140 Vom Personal der Hausaufgabenbetreuung sind 31 % geringfügig beschäftigt, 58 % arbeiten freiberuflich.

Ergebnisse bestätigen, scheinen die Lehrkräfte sich mit ihren Aufgabenstellungen für die Schüler oftmals nicht am Hausaufgabenerlass zu orientieren. Die Begleiter geraten somit wiederholt in die Situation, von Kindern um Hilfe gebeten zu werden, obwohl die Organisation der Betreuung diese Hilfe nicht wirklich vorsieht. Zugleich beschweren sich Eltern, wenn ihre Kinder am späten Nachmittag mit unvollständigen Hausaufgaben aus dem offenen Ganztag nach Hause kommen bei den Betreuern bzw. über die Betreuer (in der Schule, beim Träger des Ganztags). Diese sehen hierdurch ihre „Kompetenz zu helfen" in Frage gestellt, ebenso wie ihre oft unsichere Stellung in der Hausaufgabenbetreuung in Gefahr.

7.4 Die Kooperation zwischen den Lehrkräften und dem Personal der Hausaufgabenbetreuung

Für das Gelingen des Ganztags, der im Sinne einer Schule als Lebensraum für die Heranwachsenden geprägt ist durch Kontinuität und Ganzheitlichkeit, ist die konstruktive Zusammenarbeit von Lehrkräften und dem pädagogisch tätigen Personal eine wesentliche Erfolgsbedingung. Neben gemeinsamen erzieherischen Zielvorstellungen sind speziell für die Hausaufgabenbetreuung didaktische und methodische Zielsetzungen grundlegend, um die Unterrichtsarbeit vom Vormittag durch die Art der nachmittäglichen Betreuung und Unterstützung sinnvoll zu ergänzen.
Durch die Kommunikation mit der Betreuung erhalten die Lehrkräfte nach eigener Auskunft wichtige Informationen über das Hausaufgabenverhalten der teilnehmenden Schülerinnen und Schüler. Wenn auch nicht im selben Maße scheinen durch diese Kommunikation zugleich wichtige Informationen über inhaltliche Schwierigkeiten der teilnehmenden Kinder weitergegeben zu werden, die für die zukünftige Unterrichtsgestaltung von Bedeutung sein können, sofern inhaltliche Probleme der gleichen Art bei anderen Kindern auftreten. Dass die Betreuer die für die Begleitung der Kinder erforderlichen Unterrichtsmaterialien erhalten, wird mit knapper Mehrheit von den Lehrkräften bestätigt. Allerdings signalisiert fast ein Viertel der Befragten mit ihrem Antwortverhalten (*weiß nicht*), dass sie sich mit der Klärung dieser Frage bislang nicht auseinandergesetzt hat. Nur unterdurchschnittlich geben die Befragten an, dass sie den Begleitern Hinweise über sinnvolle Arbeits- und Hilfsmittel für die individuelle Förderung der Schüler geben. Darüber hinaus werden Gespräche mit Eltern, deren Kind den offenen Ganztag besucht, über Schwierigkeiten mit den Hausaufgaben hauptsächlich ohne Teilnahme der Betreuerin geführt. Deutlich wird auch in unserer Befragung, dass die Kooperation zwischen Lehrkräften und Hausaufgabenbetreuern bislang keine „Selbstverständlichkeit" an offenen Ganztagsgrundschulen ist.

Neben der von den Lehrkräften hervorgehobenen höheren Kompetenz könnte eine Ursache hierfür darin liegen, dass sich eine Reihe von Lehrkräften bislang nicht mit dem offenen Ganztag ihrer Schule befasst hat.
Die Mitarbeiter der Hausaufgabenbetreuung sind mit der Zusammenarbeit zwischen den Lehrkräften nur durchschnittlich zufrieden. Nicht nur die Kommunikation über den laufenden Unterricht scheint in nicht nennenswerter Form stattzufinden, auch über die individuellen Lernentwicklungen sowie die sozial-emotionalen Befindlichkeiten von Schülerinnen und Schülern erhalten die Betreuer anscheinend in nur geringem Maße Informationen. Dieses Aussageverhalten spiegelt die häufigen, teilweise hohen weiß-nicht-Quoten der Lehrkräfte wider, im Zusammenhang mit ihrer Beurteilung der Durchführung der Hausaufgabenbetreuung und ihren Aussagen zur Kooperation. Ebenso erhält die Aussage „Die Lehrkräfte sollen in der Hausaufgabenbegleitung mitarbeiten" nur eine geringe Zustimmung. Die mangelhafte Kooperation kann als fehlende Bereitschaft der Lehrkräfte gesehen werden, die Mitarbeiter des Ganztags als gleichwertige Partner bei der Lern- bzw. Entwicklungsbegleitung der Schülerinnen und Schüler anzuerkennen. Das Item „Ich hospitiere im Unterricht einzelner Klassen" wird von 89 Prozent der Befragten verneint.
Auch den Kindern wird die unzureichende Kommunikation zwischen Lehrkräften und Betreuern, die häufig einzig über das Hausaufgabenheft und/oder über die Berichterstattung der Kinder selbst stattfindet, nicht entgehen. Neben der hierdurch entstehenden Verunsicherung entstehen für manche Kinder „Schlupflöcher" durch nicht oder unvollständig weitergegebene Informationen.
Verbesserungsvorschläge werden von den Mitarbeitern des Ganztags insbesondere zu verschiedenen Aspekten des Bereiches „Rahmenbedingungen der Organisation"[141] und sehr gebündelt zur „Kooperation zwischen Lehrkräften und Hausaufgabenbegleitern"[142] aufgeführt.
Den Eltern ist die Kooperation zwischen den beiden Personengruppen für die zuverlässige Lernbegleitung ihrer Kinder sehr wichtig. So sollten sich ihrer weit überwiegenden Ansicht nach Lehrkräfte und Betreuer über das Arbeitsverhalten einzelner Schüler austauschen.

141 Zum Beispiel „Die Hausaufgabengruppen sollten kleiner sein".
142 Zum Beispiel „Mehr Austauschmöglichkeiten mit den Lehrkräften".

7.5 Didaktisch-methodische Konzeptionen der Hausaufgabenbetreuung an den von uns untersuchten offenen Ganztagsschulen

Neben dem grundsätzlichen Vorhandensein eines Konzepts für die Hausaufgabenbetreuung ist dessen Durchführungserfolg auf die konsequente und einheitliche Umsetzung in den verschiedenen Betreuungsgruppen angewiesen. Von den befragten Mitarbeitern der Hausaufgabenbetreuung wird überdurchschnittlich zugestimmt, dass ein Betreuungskonzept vorliegt. In der offenen Frage wurde deutlich, dass mehrheitlich die Ganztagsteams das Konzept ohne Zusammenarbeit mit der Schule entwickelt haben. Lediglich in fünf Antworten wurde in diesem Fall von einer Kooperation gesprochen. Der Träger des Ganztags in den von uns untersuchten Schulen hat auf unsere Nachfrage angegeben, dass ein Konzept zur Betreuung vorliegt, dass durch den Träger selbst entwickelt wurde. Dieses Konzept orientiert sich am Hausaufgabenerlass des Landes Nordrhein-Westfalen, in dem einerseits der zeitliche Umfang, den die Hausgaben in der schulfreien Zeit der Heranwachsenden einnehmen dürfen, festgeschrieben ist (für den 1. und 2. Jahrgang maximal 30 Minuten, in der dritten und vierten Klasse 60 Minuten). Andererseits wird hier die (bereits früher thematisierte) Forderung erhoben: „Hausaufgaben müssen in ihrem Schwierigkeitsgrad und Umfang die Leistungsfähigkeit der Schülerinnen und Schüler berücksichtigen und von diesen selbstständig, d. h. ohne fremde Hilfe, in angemessener Zeit gelöst werden können" (RdErl. d. Kultusministeriums v. 2. 3. 1974 in der Fassung vom 1.7.2011). Auf diese beruft sich der Träger, der entsprechend für sein Betreuungskonzept vorsieht, dass die Mitarbeiterinnen der Hausaufgabenbegleitung für die Aufsicht und die Herstellung einer angemessenen Arbeitsatmosphäre in den einzelnen Gruppen zu sorgen haben. Eine über diese Anforderungen hinausgehende Unterstützung bei der Aufgabenbewältigung, die Darbietung zusätzlicher Aufgabenangebote und insbesondere intensivere Einzelbetreuung sind somit vom Träger gar nicht vorgesehen. Und letztlich führt gerade diese enge und im Grunde angemessene Orientierung am Erlass durch den Träger dazu, den Bruch deutlich zu machen, der sich durch die nach wie vor unangemessene Hausaufgabenpraxis vieler Lehrkräfte ergibt: die Hausaufgaben werden ohne angemessene Berücksichtigung des Leistungstandes des einzelnen Kindes erteilt und es wird nicht hinterfragt, wie das Kind die Aufgaben im schulfreien Raum anfertigt, möglicherweise mit welcher Unterstützung bzw. in welcher Zeit. Gerade diese Situation, die sich in vielen Familien Tag für Tag in den Nachmittagsstunden wiederholt, wenn das Kind die Hausaufgaben anfertigen soll und dies nicht allein bewältigen kann, führt in vielen Familien zu den gezeigten hohen Erwartungen der Hausaufgabenbetreuung gegenüber. Die

Eltern erhoffen sich dort die angemessene, didaktisch geschulte Unterstützung für das Kind, die sie selbst möglicherweise nicht leisten können; zugleich haben sie den Wunsch, familiäre Spannungen, die durch die Probleme mit der Hausaufgabenanfertigung möglicherweise anfallen, zu verringern.
Auf dieses didaktische Arbeiten wird das Personal der Hausaufgabenbetreuung zumeist nicht konkret vorbereitet (zugleich fehlt die Kooperation mit den Lehrkräften, s.v.). Weit überdurchschnittlich stimmt das Personal der Hausaufgabenbegleitung zu, Fortbildungen zu Methoden der Hausaufgabenbegleitung zu besuchen. Allerdings wurde nicht weiter geklärt, wie häufig an solchen Weiterbildungen teilgenommen wird und um welche Fortbildungen es sich handelt.

7.6 Abschließende Bemerkungen

Die vorliegenden Daten zeigen, dass Hausaufgaben bei allen befragten Personengruppen in erster Linie die didaktische Funktion des Übens und Wiederholens von Inhalten aus dem Unterricht einnehmen. Dies mag zu einem großen Teil bei Eltern, Schülerinnen und Schülern sowie dem Personal der Hausaufgabenbetreuung daraus resultieren, dass sie während ihrer Schulzeit überwiegend bzw. ausschließlich diese Arten von Hausaufgaben zu bearbeiten hatten bzw. noch haben. Wenn möglicherweise die Lehrkräfte ebenfalls diese Erfahrungen als Schüler gemacht haben, haben die bisherige Lehrerausbildung und die anschließenden Praxiserfahrungen anscheinend nicht zu einer Veränderung dieser Sichtweise beitragen können. Weit überwiegend wird von allen befragten Gruppen der Lernwirksamkeit von Hausaufgaben zugestimmt, hierbei fallen die Lehrkräfte durch die geringste Zustimmung auf. Eine unmittelbare Erklärung für diese Zurückhaltung kann aus den vorliegenden Daten nicht gegeben werden. Möglicherweise tragen die tägliche Unterrichtserfahrung und das Wissen der Lehrkräfte um die Schwierigkeiten vor allem leistungsschwächerer Schülerinnen und Schüler, die überwiegend undifferenzierten Hausaufgaben anzufertigen, zu diesem Urteil bei.
Bei allen Befragten kann vermutet werden, dass anscheinend die unterstellte Lernwirksamkeit den häuslichen Aufgaben - der eingebrachten Zeit, Unterstützung und Anstrengung - ihren jeweiligen Sinn verleiht. Das bislang weitgehende Fehlen eindeutiger Forschungserkenntnisse verweist auf eine Tradierung von seit jeher mit schulischen Hausaufgaben verbundenen Überzeugungen und Hoffnungen.
In erzieherischer Hinsicht werden den Hausaufgaben wichtige Funktionen in ihrem Beitrag zur Selbstständigkeitserziehung sowie zur Verantwortungsübernahme durch die Heranwachsenden zugewiesen. Dass Lehrkräfte der Planung und Erteilung von Hausaufgaben sowie ihrer Rückmeldung darauf durchdachte didaktische Prinzipien zugrunde legen, kann aus den vorliegenden Daten nicht geschlossen werden. Im Gegenteil deutet sich hier eine stark aus der Alltagsroutine

erwachsene, wenig reflektierte, ritualisierte Hausaufgabenpraxis an. Das verdeutlichen nicht zuletzt die sich zeigenden Widersprüche, wenn einerseits den Eltern und dem Personal der Hausaufgabenbetreuung das didaktische Wissen für eine produktive Unterstützung der Heranwachsenden durch die Lehrkräfte abgesprochen wird, andererseits aber durchaus diese Unterstützung erwartet wird (z.B. bei leistungsschwachen Schülerinnen und Schülern oder Heranwachsenden mit Migrationshintergrund).

Die den Hausaufgaben zugeschriebenen Aufgaben und Funktionen sowie deren vermutete Lernwirkungen führen dazu, dass von allen Befragten hohe Erwartungen an die Hausaufgabenbetreuung gestellt werden. Dazu trägt die allgemeine Unkenntnis der aktuellen Erlasslage zur Hausaufgabenpraxis in Nordrhein-Westfalen bei. Insbesondere Eltern wünschen somit eine Betreuung, die ihr Kind bei auftretenden Schwierigkeiten unterstützt und dafür Sorge trägt, dass (weitgehend) alle Hausaufgaben vom Kind während der Betreuungszeit fertiggestellt werden. Auch das Personal der Hausaufgabenbetreuung weist sich selbst vielfältige Unterstützungsaufgaben bei der Aufgabenanfertigung durch die Heranwachsenden zu, wobei hier durchaus unterschiedliche Motive eine Rolle spielen mögen.

Für die in der vorliegenden Studie befragten Lehrkräfte und Hausaufgabenbetreuer scheint Kooperation ein noch verbesserungsbedürftiger Aspekt der (offenen) Ganztagsschule zu sein. Eine Reihe Lehrkräfte sehen keinen größeren Bedarf an Kooperation. Möglicherweise, weil sie sich bislang nicht eingehender mit der Organisation des Ganztags auseinandergesetzt haben und/oder weil sie der Ansicht sind, die Schülerinnen und Schüler des Ganztags durch eine stärkere Förderung gegenüber Schülern, die nicht den Ganztag besuchen zu bevorteilen[143]. Das Personal der Hausaufgabenbetreuung äußert insgesamt wenig Zufriedenheit bezüglich der Kooperation mit den Lehrkräften. Es wünscht eine stärkere Kommunikation und mehr Information über einzelne Schüler. Der Mitarbeit von Lehrkräften in der Hausaufgabenbetreuung stimmten zwar viele Betreuer zu. Allerdings gab es in der offenen Frage zur Begründung der jeweiligen Zustimmung bzw. Ablehnung einige Antworten, in denen die Mitarbeit der Lehrkräfte als problematisch für die eigene Arbeit betrachtet wurde (z.B. „Die Schüler wenden sich dann nur noch an die Lehrkräfte").

Die Frage, ob an den von uns untersuchten Schulen didaktisch-methodische Konzepte zur Hausaufgabenbetreuung existieren, kann zum gegenwärtigen Zeitpunkt nicht bejaht werden. Zwar liegen teilweise Konzepte zu den organisatorischen Rahmenbedingungen der Betreuung vor, diese enthalten aber keine reflektierten, didaktisch-methodischen Überlegungen. Da der Träger des offenen Ganztags der von uns befragten Schulen sein Betreuungskonzept auf den Hausaufgabenerlass

143 Diese Befürchtung wurde gelegentlich in den Interviews von den Lehrkräften geäußert.

des Landes Nordrhein-Westfalen abgestimmt hat, war dies zu erwarten. Eine intensivere Betreuung ist in diesem Konzept nicht vorgesehen. Daher zeigt sich an dieser Nahtstelle zwischen schulischem Unterricht und nachmittäglicher Ganztagsbetreuung besonders deutlich die Diskrepanz zwischen den institutionellen Vorgaben und der tatsächlichen Umsetzung durch die Lehrkräfte. Für das Personal der Hausaufgabenbetreuung entsteht dadurch die Schwierigkeit, unter den gegebenen Rahmenbedingungen dennoch Schülerinnen und Schüler, die bei der Aufgabenbearbeitung Schwierigkeiten haben, zu unterstützen. Einerseits aufgrund einer unmittelbaren Hilfsbereitschaft, da sie die Nöte der Kinder wahrnehmen, andererseits aber auch, um Konflikte mit den Eltern zu vermeiden, die erwarten, dass ihre Kinder mit fertiggestellten Hausaufgaben aus dem Ganztag kommen.

8 Synopse der aktuellen Erkenntnisse zur Hausaufgabenforschung

Die Zusammenführung der in der vorliegenden Studie gewonnenen Daten mit den bereits aufgeführten Ergebnissen früherer Untersuchungen (vgl. Kap. 5) wird entsprechend der bislang eingehaltenen Logik durchgeführt. Das heißt, ausgehend von allgemeinen Aspekten zum Thema werden Erkenntnisse aus den Bereichen Hausaufgabenvergabe, -anfertigung, Rückmeldung sowie Hausaufgaben im Ganztag zueinander in Beziehung zu gesetzt. Um Redundanzen zu vermeiden bzw. möglichst gering zu halten, wird weitgehend auf die Darstellung von Einzelwerten verzichtet.

8.1 Allgemeine Aspekte zur Hausaufgabenthematik

Die hohe Zustimmung aller befragten Personengruppen zum *Sinn und Wert von Hausaufgaben* bestätigt Ergebnisse früherer Studien (Schmidt 1984, Petersen et al 1990). Eine Ausnahme bilden die Antworten der pädagogischen Mitarbeiter; die Betreuerinnen und -betreuer der Hausaufgaben im offenen Ganztag wurden in früheren Untersuchungen nicht befragt.
Insbesondere bei den Lehrkräften liegt die Zustimmung zu häuslichen Aufgaben nicht in der Höhe wie in älteren Studien vor (Schmidt 1984, Petersen et al. 1990), sondern schwächt sich auffällig ab. Möglicherweise sehen Lehrerinnen und Lehrer heute die erzieherischen Funktionen von Hausaufgaben nicht mehr in demselben Maße als notwendig an, wie noch vor zwanzig Jahren. Hierzu könnte die nach wie vor nicht eindeutig nachgewiesene Lernwirkung der Hausaufgaben ebenso beitragen wie die Tatsache, dass für Lehrkräfte nie eindeutig geklärt ist, wer letztlich die häuslichen Aufgaben angefertigt hat.
Im Vergleich zu Studien der sechziger und siebziger Jahre (Wittmann 1972, Eigler und Krumm 1972) ist ebenfalls die nach wie vorher hohe Zustimmung der Eltern zurückgegangen. Diese lag bereits in der Studie von Petersen et al. bei „nur" 81,1 %, allerdings sollte bei der Betrachtung dieses Wertes berücksichtigt werden, dass hier den Eltern die Frage „Lehnen Sie Hausaufgaben ab?" gestellt wurde.
Dass Hausaufgaben ein wichtiger Baustein guten Schulunterrichts sind, bejahen die befragten Eltern weit mehrheitlich und bestätigen die Elternmeinung früherer Befragungen. Wenn auch bei weitem nicht in dem hohen Ausmaß, lässt sich ebenfalls eine geringfügige Abschwächung der Zustimmung über die Zeit erkennen[144].

---

144 Lag in den Befragungen von Wittmann (1972) sowie Eigler und Krumm (1972) die Zustim-

Schülerinnen und Schüler haben in unserer Untersuchung die höchsten Zustimmungswerte in ihrer Beurteilung des Nutzens von Hausaufgaben. Das ist erstaunlich und wurde u.a. mit einer altersspezifischen Anpassung an die vermutlich bekannten elterlichen Einstellungen erklärt. Allerdings zeigte sich in der Studie von Haag (1991) an Schülerinnen und Schülern der fünften bis elften Klasse des Gymnasiums, dass auch diese Hausaufgaben in hohem Maße für notwendig hielten. Und auch bei Wittmann (1972) waren fast alle der befragten Heranwachsenden der Ansicht, in den Hausaufgaben eine mehr oder minder große Hilfe zu finden. Insgesamt scheinen somit die Heranwachsenden selbst in ihrem nachmittäglichen Tun einen Sinn zu sehen bzw. sehen zu wollen.
Im Hinblick auf die Bedeutung für ihren eigenen Unterricht messen die Lehrkräfte häuslichen Aufgaben einen sehr hohen Stellenwert in ihrer *Funktion* zu, den Unterricht zu wiederholen und zu vertiefen. Betrachtet man die Items, die sich auf die Bedeutung für die Schülerinnen und Schüler beziehen, lässt sich eine Zweiteilung in eher erzieherische und eher didaktische erkennen, wobei die größte Zustimmung bei den Items mit erzieherischen Inhalten liegt. Demgemäß scheint für die Lehrkräfte die Förderung der Verantwortung der Heranwachsenden für ihr eigenes Lernen einen hohen Stellenwert zu haben. Nach Ansicht der Lehrerinnen und Lehrer haben junge Menschen durch das eigenständige Erledigen der Aufgaben ohne weitere Unterstützung durch die Lehrkraft und andere Dritte am Nachmittag die Möglichkeit festzustellen, ob sie die am Vormittag vermittelten Inhalte tatsächlich verstanden haben. Bei Wittmann (1972, 56) hielten noch nahezu alle befragten Lehrkräfte Hausaufgaben „in erziehlicher Hinsicht für notwendig", bei Petersen et al. (1990) sollten häusliche Aufgaben nach Ansicht der Lehrkräfte die Heranwachsenden v.a. dazu erziehen, auf sich allein gestellt zu arbeiten und die Zeit selbstständig einzuteilen, außerdem wurde Wert auf die Erziehung zu regelmäßiger Pflichterfüllung gelegt. In der Untersuchung von Schmidt (1984) wiesen knapp ein Viertel der Lehrkräfte den Hausaufgaben eine erziehliche Wirkung zu. Eine nur geringe Mehrheit der von uns befragten Lehrkräfte ist der Ansicht, dass die von ihnen gestellten Hausaufgaben auch die Möglichkeit zum Transfer bieten. Der produktive Aspekt einer Aufgabenstellung, die Verwendbarkeit des Gelernten scheint diesem Antwortverhalten nach kein ausschlaggebendes Kriterium für die Aufgabenerteilung zu sein. Bei den von Petersen et al. (1990) befragten Lehrerinnen und Lehrern wurden als häufigste didaktische Funktionen der Hausaufgaben die Wiederholung, Einübung und Festigung des Unterrichtsstoffes, das Einüben von Arbeitstechniken und von etwa mehr als drei Vierteln der Befragten die Übertragung des erworbenen Wissens auf andere Aufgabenstellungen genannt.

mung noch bei 98 % bzw. 97 %, erreicht diese bei Petersen et al. (1990) einen Wert von 81 %.

Die von Hascher und Hofmann (2008) befragen Lehrkräfte halten Hausaufgaben v.a. zum Zweck der Übung und Festigung des im Unterricht Gelernten und als zusätzliche Übungszeit für notwendig.
Gemessen an ihrem Antwortverhalten scheinen die befragten Eltern den Hausaufgaben wichtige didaktische und erzieherische Funktionen beizumessen. In weit größerem Maße als Lehrkräfte sind Eltern der Ansicht, dass ihre Kinder durch die Hausaufgaben das im Unterricht Gelernte wiederholen wie auch vertiefen und bei dieser Gelegenheit überprüfen können, ob sie die dargebotenen Inhalte verstanden haben. Ebenso tragen häusliche Aufgaben nach ihrer Ansicht zur Entwicklung von Verantwortungsübernahme und Selbstständigkeit bei. Die Zustimmung der von uns befragten Eltern übertrifft hierbei erheblich die Zustimmung der von Kirn (1978) befragten Eltern, von denen dreiviertel diese Ansicht vertraten. Dies trifft auch auf die didaktische Funktion des „Wiederholens" zu, die in unserer Studie eine nahezu vollständige Zustimmung durch die Eltern erhielt. Nicht zuletzt an diesen Ergebnissen zeigt sich, dass gerade heute für die Eltern Schule und die mit ihr verbundenen Aufgaben eine erheblich wichtigere Voraussetzung für die erfolgreiche Gestaltung des Lebensweges ihrer Kinder zu sein scheint als in früheren Jahren.
Die bislang aufgezeigten, eher geringen Erkenntnisse über mögliche *geschlechtsspezifische Unterschiede* konnten in unserer Untersuchung nicht bestätigt werden. Dies mag u.a. daran liegen, dass in der Grundschule eventuelle Unterschiede zwischen Mädchen und Jungen bei der Erledigung von Hausaufgaben altersbedingt noch nicht in signifikantem Maße auftreten. Tendenzen zeigten sich hinsichtlich der Strategien, die Hausaufgaben nicht zu vergessen, hier waren die Jungen mehr dazu geneigt, sich die Hausaufgaben gedächtnismäßig zu merken und nicht aufzuschreiben. Darüber hinaus zeigten Jungen bei dem Item „Hilfe bei den Hausaufgaben" eher die Bereitschaft, sich die richtige Antwort vorsagen zu lassen.
Mit dem von allen Befragten mehrheitlich erklärten allgemeinen Wert von Hausaufgaben verbindet sich auch die Überzeugung ihrer *Lernwirksamkeit*. Dies zeigt sich u.a. in der Höhe der jeweiligen Zustimmungen, die in unserer Untersuchung durchaus eine Nähe zueinander aufweisen. Die zwar ebenfalls mehrheitliche, aber stärker zurückhaltende Zustimmung der Lehrkräfte deutet darauf hin, dass diese nicht durchgehend vom Lernerfolg durch Hausaufgaben und auch nicht von der Lernwirksamkeit ihrer Aufgabenstellungen überzeugt sind. Bestätigt wird diese Zurückhaltung durch die andererseits zwar nicht übermäßige, aber insgesamt unerwartete mehrheitliche Bejahung der Aussage, dass zusätzlicher Unterricht effektiver wäre. Die Frage, ob Hausaufgaben lernwirksam sind, kann nicht bedingungslos mit ja oder nein beantwortet werden. Dennoch haben alle an der Vergabe und Erledigung der Hausaufgaben beteiligten Personen eine Meinung darüber, ob Hausaufgaben den Lernerfolg erhöhen oder nicht. So waren in der Studie

Wittmanns (1972) nahezu alle befragten Lehrkräfte der Ansicht, dass Hausaufgaben Bedeutung für die Steigerung der Leistung der Schüler haben. Und auch ihrer Bedeutung für die Erreichung des „stofflichen Zieles des Unterrichts" stimmten nur geringfügig weniger Befragte zu. Wittmann kam zu dem Ergebnis, dass „Schüler, Eltern und Lehrer (…) im Großen und Ganzen von der Notwendigkeit der Hausaufgaben überzeugt (sind) und glauben auch, dass diese eine wirkliche Hilfe für das Lernen seien" (a.a.O., 80). Diese grundsätzliche Bestätigung von Hausaufgaben und der Glaube an ihre Lernwirksamkeit finden sich ebenso in den anderen Untersuchungen. So sind die von Hascher und Hofmann befragten Lehrpersonen eher davon überzeugt, dass die von ihnen gestellten Hausaufgaben einen Lernfortschritt bei den (auch lernschwachen) Schülern bewirken. Die große Mehrheit der von Chatzidimou (1994) befragten Schülerinnen und Schüler befürwortet Hausaufgaben und gibt hierfür als Hauptgrund an, dass diese ihnen dabei helfen, den vom Lehrer vermittelten Stoff zu behalten.

8.2 Aspekte der Hausaufgabenvergabe

Der überwiegende Teil der befragten Lehrkräfte der bisherigen Studien hat für die *Hausaufgabenerteilung* nach eigenen Angaben einen Zeitbedarf von 3 – 5 Minuten. Deutlich wird bei diesen Ergebnissen allerdings weder, auf welchen für die Hausaufgaben geplanten zeitlichen Umfang bzw. auf wie viele Schulstunden sich diese Angaben beziehen. Darüber hinaus wird in den Untersuchungen nicht die Vorgehensweise der Lehrkräfte bei der Hausaufgabenerteilung thematisiert und in einen Zusammenhang zum Zeitbedarf für die Erteilung gestellt. Daher lässt sich abschließend wenig Konkretes aus diesen Ergebnissen schließen. In der vorliegenden Studie waren die befragten Lehrkräfte mehrheitlich nicht der Meinung, dass die Erteilung der Hausaufgaben im Unterricht viel Zeit in Anspruch nehme. Auch dieses Ergebnis lässt keine Schlüsse auf die Qualität der Aufgabenerteilung zu.

Die von Roßbach (1995) befragten Klassenlehrer für die zweiten Klassen in Grundschulen geben fast vollständig an, ihren Schülern täglich Hausaufgaben zu erteilen. In den vierten Klassen sind es fast drei Viertel der Klassenlehrer. Von den von uns befragten Lehrkräften der ersten bis vierten Jahrgangsstufe erteilen zwei Drittel täglich Hausaufgaben. Auf einen positiven Zusammenhang zwischen der Häufigkeit der Erteilung von Hausaufgaben in diesen Fächern und der Leistungsentwicklung im Mathematikunterricht an Realschulen und Gymnasien bzw. Sekundarstufen weisen Lipowsky et al. (2004) hin. Auch Trautwein et al. (2001) ermitteln einen positiven Effekt der Häufigkeit von Hausaufgaben auf die Leistungszuwächse in den von ihnen untersuchten 7. Jahrgangsstufen im Fach Ma-

thematik. Zu klären bleibt, ob diese Zusammenhänge auch auf andere Fächer übertragen werden können, was nach Ansicht der Autoren zu vermuten ist.
Nach den von Dietz und Kuhrt (1960) klassifizierten *Hausaufgabentypen* wurden von den Lehrkräften weit überwiegend „Hausaufgaben zur einfachen Festigung des Wissens und Könnens" erteilt. Auch nach Petersen et al. (1990) bevorzugten die befragten Lehrkräfte überwiegend Aufgaben zum Üben und Wiederholen. Die Bereitschaft, Hausaufgaben stärker zur Vorbereitung auf Lernprozesse im Unterricht zu nutzen, ist bei den Lehrkräften hingegen eher gering ausgeprägt (Hascher und Hofmann 2008). Auch wenn die genannten Studien eine Zeitspanne von fünf Jahrzehnten umfassen, kann vermutet werden, dass gleichfalls in der Gegenwart überwiegend Aufgaben zum Festigen und Üben der im Unterricht behandelten Inhalte erteilt werden. In der vorliegenden Studie messen die Lehrkräfte häuslichen Aufgaben ebenfalls einen sehr hohen Stellenwert zur Wiederholung und Vertiefung des Unterrichts bei und sehen entsprechend den Unterricht von Wiederholungsphasen entlastet.
Die Durchsicht früherer Untersuchungen (Wittmann 1972, Petersen et al. 1990, Sommerla 1978, Roßbach 1995, Schmidt 1984, Hascher und Hofmann 2008) zeigt, dass *differenzierte Hausaufgaben* im Schulalltag nicht die Regel sind, obwohl die Lehrkräfte von der Wichtigkeit der Differenzierung für die optimale Förderung der Schülerinnen und Schüler überzeugt scheinen. Dieses Ergebnis bestätigt zugleich die vorliegende Untersuchung, d.h. im Laufe von vierzig Jahren hat sich der Schulalltag in dieser Hinsicht nicht grundlegend geändert. Obwohl die Lehrkräfte weit mehrheitlich von der Notwendigkeit der Aufgabendifferenzierung überzeugt sind, scheinen nur knapp über die Hälfte der Lehrkräfte in der Lage und/oder bereit zu sein, diese Erkenntnis in der täglichen Hausaufgabenpraxis umzusetzen. Nach eigener Auskunft sind eigene Ideen für die Entwicklung entsprechender Aufgaben vorhanden, aber es ergaben sich in Interviews Hinweise darauf, dass den Lehrkräften der Aufwand für eine Differenzierung zu groß ist. Die Art der Ausdifferenzierung der Aufgaben scheint sich dabei vorwiegend auf den Umfang des zu Bearbeitenden zu beschränken.
Differenzierung bzw. individuelle Förderung von Schülerinnen und Schülern ist nach wie vor ein vielgepriesenes und gefordertes didaktisches Verfahren[145], das aber in der Lehrerausbildung noch immer unzureichend theoretisch vermittelt und praktisch erprobt wird – nicht zuletzt, weil didaktische Theorien oder Modelle hierzu bislang nicht vorliegen. Lehrkräfte sind somit stark auf Praxisratgeber und eigene kreative Entwicklungen angewiesen. Dies neben dem Schulalltag zu leisten, erfordert von ihnen einen zusätzlichen Einsatz. Darüber hinaus besteht nach wie vor spätestens zum Ende des Schuljahres für die Lehrkräfte das Problem,

145 Vgl. z.B. das Schulgesetz NRW: „§ 1 Recht auf Bildung, Erziehung und individuelle Förderung".

die Leistungen der einzelnen Schülerinnen und Schüler in Form von Zensuren anhand eines vergleichbaren Bewertungsmaßstabs auf einem Zeugnis zu platzieren. Und spätestens hiermit wird das gesamte Verfahren der Differenzierung konterkariert, die individuellen Fortschritte rücken gegenüber den allgemeinen Anforderungen an einen Jahrgang in den Hintergrund. Nachvollziehbar wird, dass angesichts dieser Konsequenz viele Lehrkräfte von vornherein diesen Maßstab für alle Schüler gleichermaßen als zu erreichendes Ziel beibehalten. Zugleich wird dieses Vorgehen vielfach von den Eltern gefordert, da diese eine Orientierung am durchschnittlichen Anforderungsmaßstab als angemessenere Förderung ihrer Kinder ansehen.
Hausaufgaben werden nach wie vor als *Disziplinierungsmittel* eingesetzt, nach Auskunft der Lehrkräfte in unserer Studie in geringerem Maße als in früheren Untersuchungen (vgl. Schmidt 1984, Petersen et al. 1990, Wittmann 1972). Allerdings deutet die unterschiedliche Wahrnehmung zwischen Lehrkräften und Schülern bezüglich der Häufigkeit dieser Vorgehensweise auf ein Antwortverhalten in Richtung der sozialen Erwünschtheit.

8.3 Aspekte der Hausaufgabenanfertigung

Nach eigener Auskunft scheinen die Heranwachsenden überwiegend mit den *Anstrengungen* zur Hausaufgabenerstellung zurechtzukommen (Petersen et al. 1990, Wittmann 1972), für mehr als zwei Drittel der Befragten sind die Hausaufgaben immerhin manchmal „zu schwer". In der vorliegenden Untersuchung erklären die Schülerinnen und Schüler weit überwiegend, dass die Hausaufgaben manchmal zu leicht für sie sind. Wenn andererseits die Aufgaben sie manchmal sehr anstrengen, deutet dies in Verbindung mit dem Auftreten von gelegentlich zu schweren Aufgaben darauf hin, dass die Hausaufgaben dem Leistungsvermögen nicht optimal angepasst sind. Zugleich versteht immerhin die Hälfte der Heranwachsenden manchmal die Aufgabenstellung nicht.
Nach Ansicht der Lehrkräfte kommen die Kinder insgesamt gut mit den Hausaufgaben zurecht, da die Aufgabenerledigung ihrer Wahrnehmung nach vielen leicht fällt und anscheinend nur in wenigen Fällen Schüler äußern, die Aufgaben seien zu schwierig bzw. die Aufgabenmenge zu groß.
Die Erwartungen der Lehrkräfte an die *Unterstützung durch Eltern oder andere Personen* bei der Erstellung der häuslichen Aufgaben sind in den gesichteten Studien sehr unterschiedlich. So wird einerseits die Mitwirkung der Eltern als nützlich angesehen oder abgelehnt. Ein hoher Prozentsatz der Befragten ist in dieser Frage aber unentschieden, so sieht z.B. knapp die Hälfte der Lehrkräfte in der Untersuchung von Wittmann (1972) die Unterstützung von unterschiedlichem

Wert, je nach Art des Elternhauses. Anzunehmen ist, dass die Unterschiede in der Einschätzung der Lehrkräfte auch durch das Alter der Kinder beeinflusst werden. So erwarten in der Befragung von Schmidt (1984) weit mehrheitlich die Grundschullehrer von den Eltern ihrer Schüler, sich bei der Hausaufgabenerledigung kontrollierend-helfend zu engagieren. In der vorliegenden Studie sprechen die Lehrkräfte den Eltern vorwiegend das Know-How ab, ihre Kinder lerneffektiv bei den Hausaufgaben zu unterstützen.

Schülerinnen und Schüler in der Studie von Petersen et al. (1990) erhalten eher selten Hilfe bei den Hausaufgaben. Die Schüler unserer Studie, die ihre Hausaufgaben im Elternhaus anfertigen, haben eine positiv Haltung bezüglich der Mitarbeit ihrer Eltern und setzen dabei auf produktive Unterstützung in Form von Tipps (bei Verständnisschwierigkeiten und Arbeitsabläufen) und Hilfe bei der Suche nach Fehlern.

Hausaufgaben erweisen sich als unterschiedlich *beliebt*, unabhängig von der Jahrgangsstufe und unabhängig vom Geschlecht. Insbesondere schulbezogene motivational-affektive Kennzeichen geben wichtige Hinweise zur Erklärung individueller Unterschiede in der Differenziertheit täglicher Hausaufgabenzeiten, der Wahrnehmung „etwas Wichtiges dazugelernt zu haben“ sowie einer Reihe weiterer motivationaler Prädikatorvariablen (z.B. intrinsische Motivation, Ängstlichkeit). Festgehalten werden kann, dass Heranwachsende sich insbesondere bei den Hausaufgaben in denjenigen Fächern anstrengen, in denen sie die Erledigung als nützlicher oder interessanter empfinden als in anderen Fächern und bei denen sie vergleichsweise hohe Kompetenzerwartungen (sowie hohe Vorkenntnisse) besitzen.

Die Schülerinnen und Schüler der vorliegenden Untersuchung stimmen der Aussage in hohem Maße zu, dass sie ihre Aufgaben gut lösen. Dass die Kinder den Hausaufgaben eine wichtige Funktion zuweisen, zeigt sich in ihrem „schlechten Gewissen“, wenn sie ihre Aufgaben nicht erledigt haben. Mehrheitlich sind die Heranwachsenden allerdings nicht der Ansicht, dass ihnen Hausaufgaben Spaß machen. Das mag an den Aufgabenstellungen liegen, kann aber auch dadurch begründet sein, dass Hausaufgaben einen Zwangscharakter aufweisen und den Kindern somit keine Wahl bleibt. Dass ihnen die Aufgaben zumeist leicht fallen, scheint nicht zu einer größeren Freude an der Bearbeitung beizutragen.

8.4 Rückmeldung auf angefertigte Hausaufgaben

Die angefertigten Aufgaben aller Schülerinnen und Schüler werden nach Auskunft der überwiegenden Mehrheit der Lehrkräfte in jeder Unterrichtsstunde von ihnen überprüft. Allerdings gibt es einen deutlichen Unterschied zwischen der wesentlich höheren Zustimmung zur Kontrolle der Aufgabenanfertigung und der Kontrolle ihrer inhaltlichen Richtigkeit. Gestützt wird dieses Ergebnis durch ältere Untersuchungen (Petersen et al. 1990, Hascher und Hofmann 2008). Wie problematisch dieses Vorgehen für die Lernwirksamkeit von Hausaufgaben plausibler Weise ist, darauf verweisen u.a. Lipowsky et al. (2004). Kontrolle wirkt sich ihnen zufolge dann positiv auf den Lernerfolg der Schülerinnen und Schüler aus, wenn mit der Kontrolle der Erledigung zugleich inhaltliche Rückmeldungen verbunden sind und die Lehrkraft prozessorientiert mit den Hausaufgaben umgeht (Thematisierung von Lösungsprozessen, Eingehen auf Fehler, vgl. Haag 1991).

8.5 Die Hausaufgabenthematik im Offenen Ganztag

Eltern haben *hohe Anforderungen an die Qualität der Hausaufgabenbetreuung* und wünschen neben der Organisation der Aufgabenerledigung ihrer Kinder im offenen Ganztag auch deren Unterstützung (vgl. Holtappels u.a. 2007) und individuelle Förderung (vgl. Beher et al. 2005) sowohl hinsichtlich kognitiver, fachlicher Leistungen als auch bezogen auf sozial-emotionale Aspekte. Eltern von Ganztagsschülern bewerten den Wegfall der Hausaufgaben für gut bzw. teilweise gut und fühlen sich hierdurch entlastet (Witting 1997). Dennoch bleibt der Umfang der elterlichen Mitarbeit bei den Hausaufgaben von Ganztagsschülern überraschend hoch.

Die vorliegende und die gesichteten aktuellen Studien zeigen, dass die *Hausaufgabenbetreuung im Ganztagskonzept einen hohen Stellenwert* im Gesamtkonzept der offenen Ganztagsschule einnimmt, sowohl beim Personal des Ganztags als auch auf der Schulleitungsebene. Die Betreuung der Hausaufgaben gehört zum Standardprogramm der meisten Ganztagsschulen und wird von nahezu allen Kooperationspartnern an Grundschulen angeboten. Neben der großen Bedeutung, die den Hausaufgaben eingeräumt wird, deutet dies auf den hohen unterrichtsbezogenen Einfluss, den Schule auf die Gestaltung des Ganztags hat.

Im Bereich der Ganztagsgrundschule wird die Betreuung der Hausaufgaben überwiegend von Personen mit sehr unterschiedlichen Ausbildungen und Vorerfahrungen durchgeführt. Entsprechend sehen Konzepte vor, dass die Kinder selbständig arbeiten und sich ausschließlich für kurzfristige Hilfestellung an die Betreuung wenden, wenn sie alleine nicht weiterkommen. Auch die Kontrolle der vollständigen Aufgabenbearbeitung wird in der Regel vom pädagogisch tätigen Personal durchgeführt, allerdings nicht die Überprüfung der erledigten Hausaufgaben auf Fehler bzw. die Besprechung von Überarbeitungen.

Einen hohen Einfluss auf die vollständige Erledigung der Hausaufgaben haben die selbstbestimmte Aktivität, die formale Unterstützung durch die Betreuungsperson sowie das Geschlecht (Wiechmann 2004, nach Zepp 2009). Der mit Ab-

stand wirkungsvollste Einfluss scheint in der Erfahrung einer didaktischen Unterstützung zu bestehen, auch das Erleben sozialer Nähe spielt eine deutliche Rolle. Insgesamt wurden keine Unterschiede in der durchschnittlich benötigten wöchentlichen Hausaufgabenzeit zwischen den Ganztagsgrundschulkindern und den Nicht-Ganztagskindern gefunden. Nach den Ergebnissen der Studie von Jäger et al. (2005) schafft es eine große Anzahl an Heranwachsenden der Primarstufe und Sekundarstufe I in der Lern- oder Hausaufgabenzeit der Ganztagsschule nicht die Hausaufgaben vollständig zu erledigen. Diese Aussage konnte durch die vorliegende Studie nicht bestätigt werden, hier scheint für die überwiegende Mehrheit der Familien zuzutreffen, dass die Kinder mit vollständig erledigten Hausaufgaben aus dem offenen Ganztag nach Hause kommen.
Wie sich in der vorliegenden und in den gesichteten Studien zeigt, sind die Lehrkräfte überwiegend der Ansicht, dass die Mitarbeit von Lehrerinnen und Lehrern in der Hausaufgabenbetreuung sinnvoll wäre.
In der Betreuung bewährt (Beher et al. 2005) haben sich nach Ansicht des weiteren pädagogisch tätigen Personals kleinere (7-10 Kinder) und jahrgangsstufenspezifische Gruppen, die ihren Erfahrungen nach ein differenziertes Eingehen auf einzelne Kinder möglich machen. Auch scheint hierdurch die Zufriedenheit der Kinder mit der Betreuung anzusteigen. Für eine reibungslose Durchführung sind nach der vorliegenden Studie darüber hinaus konkrete Regeln wichtig sowie eine angemessene Arbeitsruhe. Als weitere wichtige Elemente einer „guten" Hausaufgabenbetreuung werden sozio-emotionale Aspekte, Unterstützungsmöglichkeiten für die Kinder durch Gestaltung der Rahmenbedingungen und/oder durch inhaltliche Unterstützung bzw. Förderung und die Kooperation mit den Lehrkräften sowie mit den Eltern genannt. Die besondere Bedeutung einer guten Kooperation mit den Lehrkräften für die Zufriedenheit des weiteren pädagogisch tätigen Personals zeigt sich auch in anderen Studien (Holtappels et al. 2007). Dieses scheint nach unseren Ergebnissen aber überwiegend (noch) nicht gegeben zu sein, da die Mitarbeiter der Hausaufgabenbetreuung mit der Zusammenarbeit mit den Lehrkräften nur durchschnittlich zufrieden sind. Nicht nur die Kommunikation über den laufenden Unterricht scheint nach Auskunft der Betreuer nicht in nennenswerter Form stattzufinden, auch über die individuellen und sozial-emotionalen Befindlichkeiten von Schülerinnen und Schülern erhalten sie anscheinend in nur sehr geringem Maße Informationen. Zwischen Lehrkräften und den weiteren pädagogisch tätigen Mitarbeiter/-innen haben sich bzgl. der Hausaufgabenbetreuung verschiedene lose Formen der Zusammenarbeit entwickelt (z.B. der Austausch eines „Hausaufgabenheftes", das über die Schüler weitergeleitet wird (vgl. Beher et al. 2005).
Nicht zuletzt den Eltern ist die Kooperation zwischen den beiden Personengruppen, die in der offenen Ganztagsschule für die zuverlässige Lernbegleitung ihrer Kinder zuständig sind, sehr wichtig.

Von den befragten Lehrkräften zeigen sich drei Viertel mit der Qualität der Hausaufgaben zufrieden.
Von der Mehrheit der Schülerinnen und Schüler scheint der Besuch der Hausaufgabenbetreuung positiv wahrgenommen zu werden. Mehr als drei Viertel denken, durch die Betreuung bei ihren Aufgaben weniger Fehler zu machen.
Bei der Einschätzung der Hausaufgabenbetreuung sehen sich viele Eltern nicht in der Lage, in den angesprochenen Bereichen ein Urteil abzugeben. Der überwiegende Teil der Eltern ist der Ansicht, dass das Personal gut mit Kindern umgehen kann und die Erledigung der Hausaufgaben angemessen begleitet. Auch Gruppengröße und Gruppenzusammenstellung in der Betreuung, die Organisation, die Ausstattung der Räumlichkeiten mit Arbeitsmaterialien sowie Lernhilfen beurteilen die Eltern überdurchschnittlich positiv. Hier zeigen sich einige Unterschiede zu früheren Untersuchungen. So ist die Einschätzung der Eltern bezüglich der Angebote zur Hausaufgabenbetreuung und -hilfe nach Beher et al. (2005, 196) eher kritisch, zwar bewerten die Eltern knapp mehrheitlich die Hausaufgabenbeaufsichtigung positiv, die Frage nach der gezielten Hilfe bei den Hausaufgaben erreicht allerdings nur unterdurchschnittliche Zustimmung.
Das Personal in der Hausaufgabenbetreuung ist im Großen und Ganzen mit der Betreuung zufrieden. Gewünscht werden mehr Informationen über eingesetzte Schulbücher und die methodischen Vorgehensweisen in den einzelnen Fächern, um die Schülerinnen und Schüler bei Schwierigkeiten optimal unterstützen zu können. Problematisch wird die Arbeit mit Gruppen betrachtet, in denen alle Jahrgänge, Unterrichtsfächer und Leistungsstände gleichzeitig vertreten sind. Darüber hinaus wünscht sich das in der Hausaufgabenbetreuung tätige Personal Informationen darüber, wie die Heranwachsenden individuell gefördert oder besonders lernschwache Schüler unterstützt werden können (vgl. Beher et al. 2005). Damit einher geht auch der Wunsch nach Fortbildung bezogen auf eine Verbesserung der Diagnosekompetenz, für eine sachverständige Einschätzung des Arbeitsverhaltens der Kinder hinsichtlich möglicher Lernprobleme.
Vor dem Hintergrund, dass die Hausaufgabenbetreuung von den Eltern keinen hohen Zuspruch erhält, ist Rollett (2007) zuzustimmen, dass „bei der Weiterentwicklung des Ganztagsschulangebotes den Möglichkeiten der individuellen Förderung sowie der Unterstützung bei den Hausaufgaben ein besonderes Augenmerk geschenkt werden“ (2007, 301) sollte. Für eine konstruktive Weiterentwicklung scheint eine gleichwertige und produktive Kooperation von Lehrkräften und weiterem pädagogisch tätigem Personal des Ganztags Voraussetzung zu sein.

9 Leitgedanken einer hausaufgabendidaktischen Konzeption orientiert an der Perspektive schüleraktiven Unterrichts

Im folgenden Kapitel wird auf Überlegungen zurückgegriffen, die in einigen Teilen bereits an anderen Stellen (vgl. Standop 2011a und 2011b) thematisiert wurden. Folgende Fragestellungen werden der Entwicklung einer pädagogisch-didaktischen Konzeption einer lernwirksamen Hausaufgabenpraxis zugrunde liegen:

- Ist das Thema Hausaufgaben in der didaktischen Theorieentwicklung präsent? Es interessiert vor allem die Frage, inwieweit wurde das Thema bislang in der Allgemeinen Didaktik überhaupt wahrgenommen und theoretisch aufgearbeitet wurde.
- Was sind die wesentlichen Kennzeichen einer Hausaufgaben-Didaktik auf dem Hintergrund der aktuellen Forschungslage? Voraussetzung einer konzeptionellen Aufbereitung von Hausaufgaben ist die Klärung ihrer maßgeblichen Bestimmungsmomente.
- Ist eine von der Allgemeinen Unterrichtsdidaktik unabhängige, eigenständige Hausaufgabendidaktik überhaupt notwendig und pädagogisch-didaktisch sinnvoll?
- Die bekannten wissenschaftlichen Erkenntnisse über die Lernbedeutung schüleraktiver Unterrichtsverfahren dürften sich als ebenso relevant für die didaktischen Prinzipien von Hausaufgaben erweisen. Angesprochen ist damit die Erweiterung des eigenverantwortlichen Handlungsspielraums der Schülerinnen und Schüler hinsichtlich der methodisch-organisatorischen, didaktisch-inhaltlichen und pädagogisch-politischen Ebene.

Die unter diesen Aspekten entwickelte Konzeption verfolgt als übergreifende Zielvorstellungen positive Auswirkungen auf die Anstrengungsbereitschaft von Schülerinnen und Schülern hinsichtlich von Hausaufgaben sowie – damit einhergehend – auf ihren Lernerfolg.

9.1 Sind Hausaufgaben ein Thema in der Ausbildung angehender Lehrkräfte sowie der Schulpädagogik respektive den Bildungswissenschaften?

Die Auseinandersetzung mit der Bedeutung qualitätsvoller Hausaufgaben führt u.a. zu der Frage, wodurch angehende Lehrkräfte die Kompetenz für das Stellen solcher erlangen, d.h., wie wird systematisch sichergestellt, dass die Hausaufgabenplanung, -erteilung und -überprüfung pädagogisch-didaktisch angemessen erfolgt? Vor dem Hintergrund der Wichtigkeit, die den Hausaufgaben von allen Befragten in sämtlichen aufgefundenen Studien häuslichen Arbeit zugewiesen wird, wäre zu erwarten, dass dies einerseits in der Ausbildung erfolgt und darüber hinaus aufgrund seines i.d.R. täglichen Auftretens im Laufe der Berufsausübung andererseits über gesetzliche bzw. institutionelle Vorgaben gesichert wird. Zugleich stellt sich schließlich die Frage, inwieweit zu einer theoretischen Fundierung der Hausaufgabenthematik Impulse aus der didaktischen Theorieentwicklung kommen.

Zur Klärung dieser Überlegungen wurden im Sommersemester 2010 die Curricula zur Lehrer/-innenausbildung von neun Universitäten und einer Pädagogischen Hochschule[146] durchgesehen (vgl. Standop 2011a). Die Benennung und Beschreibung der für die bildungswissenschaftliche Lehrerbildung in Frage kommenden Module und Seminartitel sind jedoch zu allgemein gehalten, um auf eine Berücksichtigung des Themas Hausaufgaben schließen zu können[147]. Auf dieser Informationsbasis haben die Studierenden nur durch Zufall ein Seminar zum Thema Hausaufgaben (bzw. entsprechend der Interessenlage der an der jeweiligen Hochschule tätigen Dozenten) im Angebot. Diese relativ weite Unbestimmtheit war zu erwarten, da die Modulhandbücher den Universitäten einen möglichst großen Spielraum bieten müssen, um auf aktuelle Entwicklungen reagieren zu können, ohne die Handbücher jeweils erneut verwaltungstechnisch bestätigen lassen zu müssen.

Anschließend wurden aktuelle Veröffentlichungen zu den Anforderungen des-Lehrerberufs wie die Standards für die Lehrerbildung und die sogenannte Bremer Erklärung[148] auf Hinweise zu Hausaufgaben durchgesehen, ebenfalls ohne Erfolg.

---

146 PH Heidelberg, Uni Kassel, Uni Göttingen, TU Dresden, Uni Regensburg, Uni Hamburg, Uni Erfurt, Uni Kiel, Uni Mainz, Uni Potsdam, Uni Dortmund.

147 Zum Beispiel weist das Modulhandbuch "Master of Education" an der Universität Bielefeld in seinem Grundlegungsmodul M.3.4 im Profil „Organisation und Schulentwicklung" im Themengebiet M.3.4.2: Didaktik, Unterricht, Lehrerhandeln und -professionalisierung u.a. die Einzelthemen „Qualitätsmerkmale guten Unterrichts" und „Didaktische Modelle und Unterrichtsanalyse" aus.

148 Sekretariat der Ständigen Konferenz der Kultusminister der Länder in der Bundesrepublik Deutschland (2004), Gemeinsame Erklärung des Präsidenten der Kultusministerkonferenz und der Vorsitzenden der Bildungs- und Lehrergewerkschaften sowie ihrer Spitzenorganisationen Deutscher Gewerkschaftsbund DGB und DBB - Beamtenbund und Tarifunion 2000.

Und schließlich folgte die Überprüfung gesetzlicher bzw. institutioneller Vorgaben[149] für die zweite Phase der Lehrerausbildung – das Referendariat – auf Aussagen zu dem Thema Hausaufgaben. Ebenfalls erfolglos. Zusammenfassend lässt sich festhalten, dass Hausaufgaben keinerlei Erwähnung finden, somit auch nicht auf ihre Funktion eingegangen wird. Lediglich in den Kerncurricula verschiedener Studienseminare[150] wurde das Thema aufgefunden (vgl. a.a.O.). Der Umgang mit häuslichen Aufgaben zeigt sich allerdings als sehr heterogen, so dass auch hier nicht von konkreten theoretischen Konzepten gesprochen werden kann[151]. Die Auseinandersetzung mit Hausaufgaben findet für die angehenden Lehrkräfte auch hier eher zufällig statt. Aufgrund der fehlenden systematischen Berücksichtigung der Hausaufgabenthematik erfolgt diese überwiegend auf der Grundlage allgemein-didaktischer Prinzipien bzw. auf der Basis „Tradierung subjektiver Theorien“ vom jeweiligen Mentor zum Lehramtsanwärter.
Im nächsten Schritt wurde nach Hinweisen zu den Funktionen von Hausaufgaben in den gesetzlichen Grundlagen schulischer Bildung der einzelnen Bundesländer gesucht, und zwar in den einschlägigen Schulgesetzen, Amtsblättern und Erlassen. Auf diese Weise sollte geklärt werden, ob die im Beruf befindlichen Lehrkräfte auf konkrete Vorgaben zur Umsetzung und Durchführung ihrer Hausaufgabenpraxis zurückgreifen können. Zusätzlich wurden die jeweils zuständigen Ministerien im Sommer 2010 nach ihren Regelungen zum Thema Hausaufgaben befragt. Sechs Bundesländer geben keinerlei Hinweise zu Funktionen, Zwecke, Zielsetzungen von Hausaufgaben. Wenn häusliche Arbeit angesprochen wird, dann ausschließlich unter organisatorischen oder disziplinarischen Gesichtspunkten (vgl. Kap.3.1). Allein der Umfang der Ausführungen in den institutionellen Vorgaben deutet auf eine sehr unterschiedliche Gewichtung der Hausaufgaben

149 Durchgesehen wurden das Gesetz über die Ausbildung für Lehrämter an öffentlichen Schulen (Lehrerausbildungsgesetz – LABG) vom 12. Mai 2009; die Rahmenvorgabe für den Vorbereitungsdienst in Studienseminar und Schule. RdErl. d. Ministeriums – v. 1. 7. 2004, 11 Ordnung des Vorbereitungsdienstes und der Zweiten Staatsprüfung für Lehrämter an Schulen v. 11. Nov. 2003 geändert durch Verordnung v. 1. Dez. 2006 (SGV. NRW. 203010) mit 20 – 03 Nr. 11.1 Verwaltungsvorschriften zur Ordnung d. Vorbereitungsdienstes und d. Zweiten Staatsprüfung f. Lehrämter an Schulen (VVzOVP) RdErl. d. Ministeriums für Schule, Jugend und Kinder v. 30. 4. 2004.

150 Im Rahmen von Internetrecherchen im März 2010 wurden in einer Zufallsstichprobe verschiedener Studienseminare des Landes Nordrhein-Westfalen (9 von insgesamt 33 Seminaren aller allgemeinbildenden Schulformen in Nordrhein-Westfalen) Bezüge zum Thema in unterschiedlicher Weise hergestellt.

151 Beispielsweise werden in einem Hauptseminar für das Lehramt an Gymnasien und Gesamtschulen ausschließlich die Behandlung rechtlicher Aspekte zum Thema Hausaufgaben aufgefunden; ein Fachseminar Deutsch für das Lehramt für die Sekundarstufe I thematisiert die Funktionen und Möglichkeiten der Gestaltung von Hausaufgaben und auch ein Studienseminar GHR-Ge_Grundschule befasst sich laut Kerncurriculum mit Hausaufgabenfunktionen sowie mit dem Hausaufgabenerlass des Landes (vgl. Standop 2011a).

(Standop 2011a), zugleich wird die Übung und Festigung von im Unterricht erarbeiteten Inhalten als besonders wichtig angesehen. Zwar findet die Förderung der Selbstständigkeit bei den Heranwachsenden durch Hausaufgaben Berücksichtigung, allerdings bleiben die entsprechenden Hinweise überwiegend auf dem Niveau von Sollens- bzw. Könnensforderungen.

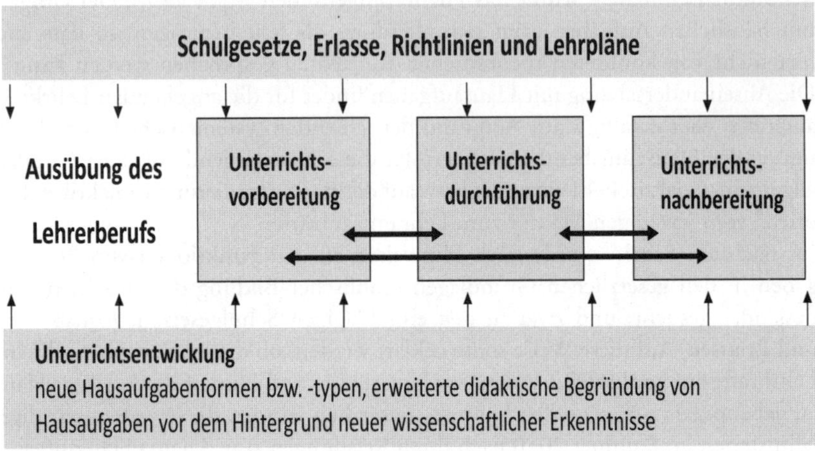

Abb. 9.1: Lehrerhandeln zwischen geseztlichen Rahmenvorgaben und Erkenntnissen der Unterrichtsforschung

Bezogen auf Unterrichtsforschung und -entwicklung hat sich Hugo Gaudig (1917/1922) bereits eingehend mit Hausaufgaben beschäftigt. Für ihn ist Selbsttätigkeit wesentliches Merkmal einer Schule im Dienste der Persönlichkeitserziehung und „Hausarbeit" dabei ein „unersetzliches Erziehungsmittel", denn diese ist „die am meisten von dem Einfluss der Schule emanzipierte und darum eine für die Kultur der Selbsttätigkeit äußerst wichtige Arbeitsform" (Gaudig 1917/1922, S.98). Häusliche Arbeit kann aber nur dann „ihre hochbedeutsame Aufgabe (…) erfüllen, wenn sie so möglich ist, wie sie von uns gedacht ist, eben als freie Arbeit" (a.a.O.). Mit „frei" bezeichnet Gaudig aus *freiem* Antrieb aufgenommene und in *freier* Selbsbestimmung fortgeführte Arbeiten, „die die Schule nicht aufgibt, denen sie aber mit geflissentlicher Vorsicht und Zurückhaltung ihr Interesse entgegenbringt" (a.a.O., S.99). Die folgenden zwei grundlegenden Forderungen wiederum stellt später Hans Aebli (1987) an häusliche Arbeiten: „1. Die Hausaufgabe kann und soll in die Abläufe des schulischen Lernens integriert werden. 2. Der Schüler soll die spezifischen Lernziele einer gestellten Hausaufgabe und die Verfahren zu ihrer Erreichung kennen und akzeptieren" (a.a.O., S. 210). Er ergänzt seine Überlegungen um praktisch-didaktische Hinweise, wie z.B. „je jünger und je weniger begabt die Schüler, desto kürzer die Hausarbeit" (a.a.O., S. 214) oder „Hausaufgaben sollen so offen wie möglich und so geschlossen wie nötig gestellt werden" (a.a.O.). Neben ihren auf Hausaufgaben bezogenen Forderungen und Empfehlungen im Rahmen ihrer didaktischen Theorien finden sich in den Arbeiten von Gaudig und Aebli keine weiteren Konkretisierungen einer didaktischen Implementierung von Hausaufgaben in die Allgemeine Unterrichtsdidaktik. Auch in den klassischen didaktischen Modellen, dem Berliner Modell (Heimann 1970), dem Hamburger Modell (Schulz 1976) oder der kritisch-konstruktiven Didaktik (Klafki 1996) sind Hausaufgaben kein explizit ausgewiesener didaktischer Aspekt. Ebenso ist in der jüngsten Unterrichtsforschung und -entwicklung eine tragfähige allgemein didaktische Aufarbeitung der Hausaufgaben bislang nicht erfolgt[152]. Mögliche Ursachen könnten hierfür sein, dass die pädagogisch-didaktischen Funktionen von häuslichen Aufgaben als solche nicht zur Kenntnis genommen werden bzw. Hausaufgaben betrachtet werden als ein dem Unterricht zu- und untergeordnetes didaktisches Element, aus welchem diese sich von selbst ergeben.

9.2 Zusammenhänge zwischen Hausaufgaben und Allgemeiner Unterrichtsdidaktik

Die institutionelle und unterrichtstheoretische Geringachtung widerspricht in hohem Maße der – subjektiv von Schülern und Eltern als sehr groß empfundenen – Bedeutung der Hausaufgaben für den *Schul*erfolg. Sei dieser als tatsächlicher Lernerfolg verstanden oder als „guter Eindruck" bei den Lehrkräften (womit der disziplinarische Aspekt häuslicher Aufgaben angesprochen wird[153]). Diese Bedeutsamkeit zeigt sich in

- *lerntheoretischer Hinsicht*, z.B. bezogen auf die Übung und Festigung im Unterricht neu vermittelter Inhalte. Werden Lernaktivitäten aus dem Unterricht ausgesondert und in den nachmittäglichen Bereich verlagert, „delegiert die Schule mehr oder weniger gezielt einen Teil der Verantwortung (nicht aber der möglichen Kompetenzen!) für den Lernerfolg ihrer Schüler den Eltern" (Steiner 1975, S. 89) und anderen Personen außerhalb der Schule. Dienen Hausaufgaben dem Üben[154] und Anwenden[155], so wird damit ein wichtiger Teil der Gesamtheit des unterrichtlichen Lernprozesses abgetrennt. „Der Lehrer ..., der solche Teile ... als Hausaufgabe aus seiner Verantwortung vollständig aus-

152 Interessante Anregungen geben Kamm/Müller (1977), Feiks/Rothermel (1981), Geisler/Plock (1970), Petersen et al. (1990) sowie aktuell bei Oser (1997a, 1997b).

153 Vgl. Klebers (1992)Ausführungen zu einer nicht-fundierten impliziten Persönlichkeitstheorie bei Lehrkräften.

154 Konsolidierung aufgebauter Begriffe und Operationen.

155 Übertragung aufgebauter Begriffe und Operationen.

klammert, wird seiner Aufgabe als *Lehrender*, d.h. als *Anreger* und Lenker von Lernprozessen, nicht gerecht" (a.a.O., S. 90), wenn er die mit diesen Aufgaben verbundenen Arbeiten der Heranwachsenden nicht entsprechend ihrer jeweiligen Lernbedürfnisse vorbereitet, die Schülerinnen und Schüler also in die Lage versetzt, die Aufgaben selbstständig zu bearbeiten. Schließlich ist das Elternhaus auf die Übernahme derartiger Lehrfunktionen nicht vorbereitet und es ist auch nicht seine Aufgabe!

– *sozial-emotionaler und motivationaler Hinsicht.* Häufig ist auf die Belastung der Eltern-Kind-Beziehung durch Hausaufgaben hingewiesen worden (z.B. Gaudig 1979/1922, Schwemmer 1980). Das Verhältnis zwischen Eltern und Kind wird oftmals mit Konflikten belastet (vor allem, wenn das Kind Schwierigkeiten mit der Aufgabenanfertigung hat), da die Eltern in disziplinarischer und didaktischer Hinsicht als „verlängerter Arm" der Schule eingesetzt werden (Cooper 1994) – ohne Berücksichtigung des sehr unterschiedlichen fachlichen und emotionalen Potentials der einzelnen Familie. Zugleich ergeben sich Probleme aufgrund der oftmals für die Hausaufgaben benötigten umfangreichen Zeit[156] bzw. der unzureichenden Fähigkeit der Lehrkräfte, die von den Heranwachsenden für die Aufgabenerledigung benötigte Zeit angemessen einzuschätzen. So bleibt für die nachmittägliche Freizeitgestaltung der Schülerinnen und Schüler häufig nicht mehr viel Freiraum. Werden Hausaufgaben von diesen selbst als wenig sinnvoll (in ihrer Lernbedeutsamkeit) oder als unlösbar (aufgrund fehlender Passung von Aufgabenstellung und Lernstand) eingeschätzt, gewinnen sie den Eindruck sinnloser Zeitinvestition mit allen nachteiligen Konsequenzen für die Motivation dem Fach bzw. der Schule gegenüber (vgl. Standop 2011a).

Die vorangehenden Ausführungen verdeutlichen die Notwendigkeit einer theoretisch-didaktischen Fundierung von Hausaufgaben:

– „für eine systematische Eingliederung der Hausaufgaben in die Unterrichtsplanung;
– zur Kontrolle, ob die jeweiligen Hausaufgaben zielführend sind;
– zur Überprüfung, ob die beabsichtigten Hausaufgaben notwendig sind;
– bezogen auf die Reflexion des eigenen Umgangs mit Hausaufgaben durch Lehrerinnen und Lehrern;
– als Prüffolie für die Frage, ob Vorschläge (aus Handbüchern, von Kollegen, in Fortbildungen) für Hausaufgaben den aktuellen Erkenntnissen der Bezugswissenschaften der Allgemeinen Didaktik entsprechen" (Standop 2011a, 85).

156 Einige Bundesländer machen konkrete Vorgaben für den zeitlichen Umfang, den die Hausaufgabenbearbeitung nicht überschreiten sollte. Spätestens in den weiterführenden Schulen werden diese Zeiten aber u.a. aufgrund mangelhafter Kommunikation der vielen Fachlehrer untereinander nicht eingehalten (Hardt 1978). Durch die Schulzeitverkürzung beim Gymnasium von neun auf acht Jahre scheinen diese Zeitvorgaben ebenfalls nicht mehr einhaltbar zu sein (vgl. Bürgerinitiative familiengerechte Bildung und Schule G-IB-8, http://www.g-ib-8.de).

Ein lernförderlicher Unterricht bedingt einen qualifizierten und methodischen Umgang der Lehrkräfte mit Hausaufgaben auf der Grundlage wissenschaftlicher Erkenntnisse. Es sei denn, die wesentliche Funktion häuslicher Aufgaben wird (in Schulen, Ministerien und Gesellschaft) vor allem in der Machtausübung (Hoos 1998, Schwemmer 1980) der Schule in den familiären Bereich hinein gesehen. Liegt der „Sinn" häuslicher Aufgaben letztlich in der familiären Anerkennung schulischer Anforderungen und der bereitwilligen Anpassung der Familien an diese, ist ein individueller Nutzen für die Schülerinnen und Schüler eher nachrangig und insbesondere vom individuellen Einsatz des jeweiligen Heranwachsenden bzw. seines Elternhauses abhängig.

Pädagogisch-didaktisch zielführende Hausaufgaben hingegen bedürfen entsprechender theoretischer Fundierung (vgl.a. Geisler/Plock 1970). In ihrer Auslegung nach Gegenstandsfeldern im Verständnis von Kron (2008), ist Didaktik im Anschluss an Dolch (1965, S. 45, zit. nach Kron 2008; vgl. Peterßen 2001, S. 14) „… die Wissenschaft (und Lehre) vom Lernen und Lehren überhaupt". Orientiert an der Optimierung didaktischen Handelns, konkret der Lehr- und Lernprozesse, kann Didaktik ebenso als Handlungswissenschaft definiert werden (vgl. a.a.O.), deren zentrale Intention nicht in der Legitimation, sondern in der Aufklärung und Förderung von Praxis liegt. Bezogen auf Didaktik als die Theorie und Wissenschaft vom Unterricht konzentriert sich dann das Interesse auf die Erklärung des „systematischen Zusammenhangs aller Faktoren, die Unterricht bedingen und bestimmen, wie z.B. Formen des Unterrichts, der Lehrplan, Unterrichtsgrundsätze" (a.a.O., S. 38). Andererseits verweist das Bestimmungsmoment Wissenschaft auf ein Forschungsinteresse, das sowohl Unterrichtsbereiche betrifft als auch Alltagssituationen, in welchen Lehren und Lernen auf selbst organisierte und legitimierte sowie nicht professionalisierte Weise realisiert wird. Bezogen auf Hausaufgaben ist festzustellen, dass diese einerseits zu den Faktoren gehören, die Unterricht bedingen, da sie sich an diesen anschließen oder zu ihm hinführen. Andererseits wird Lernen durch Hausaufgaben zwar nicht in großem Maße selbstbestimmt, aber zumindest selbst organisiert realisiert. Didaktik erfüllt sich auf diese Weise als „Theorie der Steuerung von Lernprozessen" (a.a.O., S. 40), deren erkenntnisleitendes und praktisches Interesse in der Lenkung und Optimierung von Lernprozessen liegt. Obwohl eher einen engen Gegenstandsbereich innerhalb des gesamten Aufgabenfeldes der Didaktik vertretend (a.a.O.), wird sie hier als ein Bereich aus dem Bestimmungsfeld der Didaktik als „Theorie und Wissenschaft vom Unterricht" (a.a.O.) verstanden. Denn die beabsichtigte Steuerung der Lernprozesse von Schülern im Rahmen von Hausaufgaben folgt letztlich auf der Grundlage der den *Unterricht* reglementierenden didaktischen Faktoren. Die Notwendigkeit einer theoretischen Fundierung von Hausaufgaben im Sinne der Didaktik als Handlungswissenschaft führt zu folgender Aussage:

Die Hausaufgabe als ein den Unterricht ergänzendes didaktisches Element trägt die dem Unterricht zugrunde liegenden allgemein-didaktischen Prinzipien in den schul- bzw. unterrichtsfreien[157] Raum" (Standop 2011a, 86f.).

Wird Unterricht also nach den Prinzipien der Schüleraktivität geplant und durchgeführt, müssen auch die erteilten Hausaufgaben diesen Ansprüchen genügen. Wird schulischer Unterricht nach den Grundsätzen der inneren Differenzierung organisiert, müssen auch die zu Hause fortzuführenden Aufgaben diesen Grundsätzen genügen (in Abhängigkeit von der jeweiligen Aufgabenstellung). Anders ergeben sich für die Schülerinnen und Schüler Widersprüche, wenn z.B. im Unterricht die Wahl der Medien stets vorgegeben wird, die Heranwachsenden am Nachmittag aber plötzlich die Wahl der Medien selbst bestimmen sollen[158]. Diese entstehenden inneren Widersprüche sind letztlich Störquellen im Lernen der Heranwachsenden. Ein theoretisches Konzept der Hausaufgaben verbindet sich somit unmittelbar mit der Allgemeinen Unterrichtsdidaktik und begründet sich aus den gleichen Lernzielen, Lerninhalten und Lehr-Lern-Arrangements, die dieser zugrunde liegen (vgl. Abb. 9.2). Nur auf diesem Fundament können rationale Entscheidungen getroffen werden hinsichtlich der mit den Hausaufgaben intendierten didaktischen (z.B. Anregung, Stützung und Förderung der Lernprozesse der Schüler, Nachbereitung vorangegangenen bzw. Vorbereitung des nachfolgenden Unterrichts) und erzieherischen Funktionen (im Sinne einer Erziehung zur Selbstständigkeit, das selbsttätige, eigenverantwortliche Lernen und Arbeiten, die Entwicklung eines Arbeitsethos), aus denen heraus sich wiederum die entsprechenden Aufgabenarten bzw. -typen[159] (z.B. mündliche oder schriftliche Recherche-, Übungs-, Wiederholungs- und Anwendungsaufgaben; Sammeln und Beobachten) ergeben.

157 Zum Beipiel in die Hausaufgabenbetreuung der Offenen Ganztagsschule.

158 So dürfte auch das Ansinnen, für das selbstregulierte Lernen erforderliche Teilfähigkeiten im Rahmen der Hausaufgaben aufzubauen, die aus einem lehrergesteuerten Unterricht erwachsen, wenig zielführend sein (vgl. Bruder u.a. 2004).

159 Korrespondierend mit Fachdidaktik und eventuell Bereichsdidaktik.

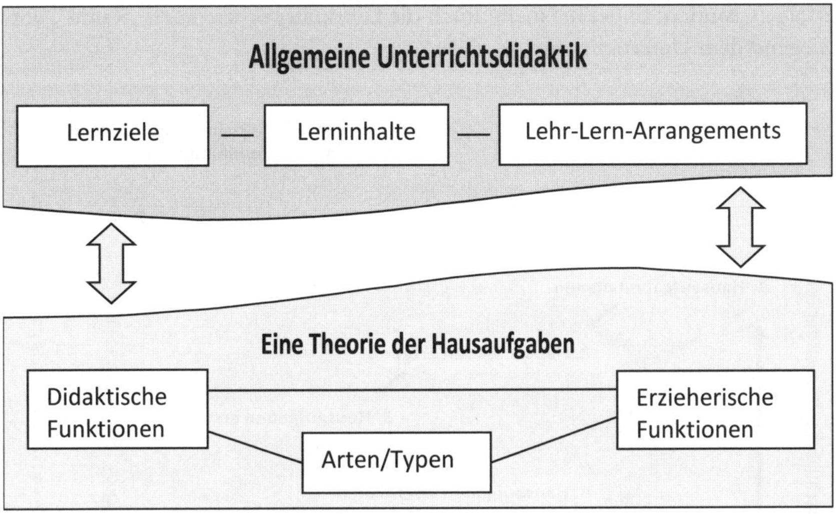

Abb. 9.2: Die drei Themenfelder einer Theorie der Hausaufgaben, integriert in die Allgemeine Unterrichtsdidaktik

Auf der Basis dieser Einschätzung stellt sich die Frage nach den grundlegenden Prinzipien einer didaktischen Theorie der Hausaufgaben (Standop 2011a).

9.3 Maßgebliche Bestimmungsmomente von Hausaufgaben als Grundlage einer theoretischen Konzeption

Ein kreisförmiger Ablauf der fünf Arbeitsfelder einer theoretischen Konzeption von Hausaufgaben (Abb. 9.3) verdeutlicht den Zusammenhang von Hausaufgabenplanung, -erteilung, -erstellung, -überprüfung sowie -reflexion bzw. -nachbereitung. Planung, Erstellung und Reflexion der Hausaufgaben sind sowohl im außerschulischen als auch im schulischen Bereich möglich. Obwohl die Organisation des offenen Ganztags häufig offizielle Schulräume einbezieht und insbesondere die Hausaufgabenbetreuung oftmals in Klassenräumen stattfindet[160], wird der offene Ganztag dem außerschulischen Bereich zugeordnet, da kein offizieller Unterricht stattfindet. Erteilung sowie Überprüfung der Hausaufgaben hingegen sind an den Unterricht bzw. die Lehrer-Schüler-Interaktion gebunden. Die Überprüfung der Hausaufgaben muss nicht ausschließlich durch die Lehrkraft

160 Im Rahmen von Teil II der HOfGans-Studie fand die Hausaufgabenbetreuung im Laufe von 40 Beobachtungsstunden über 34 Stunden in den Klassenräumen der jeweiligen Schule statt, die aber nicht notwendig die Klassenräume der anwesenden Schüler waren.

erfolgen, sondern findet in einem durch die Lehrkraft vorbereiteten „Raum", vorwiegend dem Unterricht, statt.

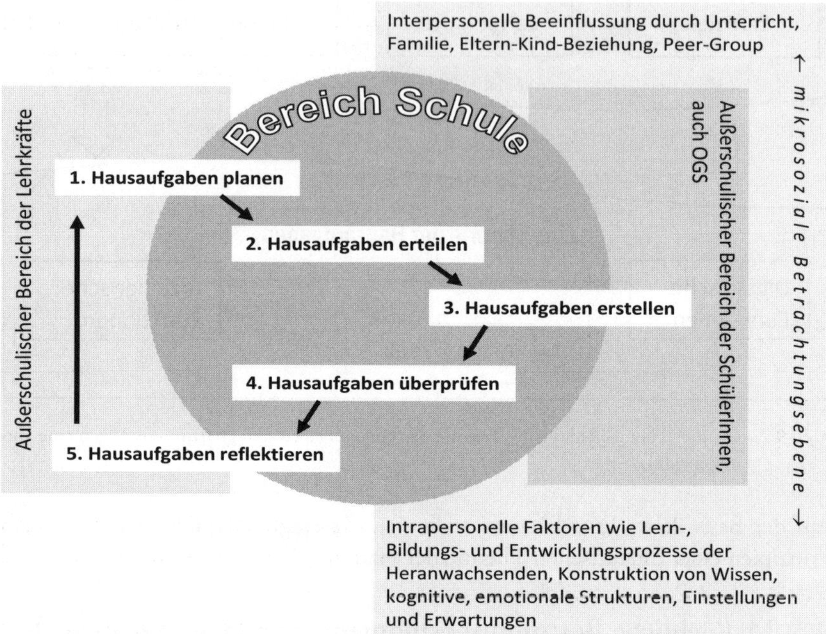

Abb. 9.3: Die fünf Arbeitsfelder einer Theorie der Hausaufgaben

Ebenfalls ist die gegenseitige Hausaufgabenkontrolle der Heranwachsenden untereinander (z.B. in Studierzeiten[161]) oder die Eigenkontrolle möglich. Und auch die weiterführende Einbindung der Hausaufgabenergebnisse in den nachfolgenden Unterricht ist eine praktikable, produktive Form der „Überprüfung". Die vorgenommene Konkretisierung allgemein-didaktischer Grundsätze auf mikrosozialer Betrachtungsebene berücksichtigt neben Interaktion und Kommunikation die interpersonale Beeinflussung durch Unterricht sowie Familie, Eltern-Kind-Beziehung und Peer-Group. Zugleich wird die intrapersonale Betrachtungsebene einbezogen in Form der Lern-, Bildungs- und Entwicklungsprozesse der handelnden Subjekte, der Konstruktion von Wissen sowie kognitiver, emotionaler Strukturen, Einstellungen und Erwartungen (vgl. Tillmann 1993 in Kron 2008, S. 46).

161 Dieser Begriff wird häufig in der gebundenen Ganztagsschule für die Stunden verwendet, in denen die Heranwachsenden die in den unterschiedlichen Fächern anfallenden Aufgaben anfertigen.

Professionelles didaktisches Handeln, verstanden als rational begründbares Handeln (Peterßen 2001, S. 231), demzufolge die Lehrkraft ihr eigenes Tun sowohl analysieren als auch für entstehende Probleme gezielt wissenschaftlich begründbare Lösungen entwickeln können sollte, verdeutlicht deren didaktisch-theoretische Angewiesenheit. Auf dem Fundament gesicherter Kategorien einer didaktischen Theorie ist die Lehrkraft in der Lage, die Voraussetzungen ihres Handelns zu erfassen, zu analysieren und daraus folgend weitere Handlungsentscheidungen zu treffen. Eine derart wissenschaftliche, durch intersubjektiv anerkannte Maßstäbe begründete „didaktische Theorie macht solche Erfassung, Analyse und Entscheidung nicht nur für den einzelnen handelnden Lehrer wieder nachvollziehbar, sondern für jeden, der über dieselbe Theorie verfügen kann“ (a.a.O.). Ausgehend von den fünf Arbeitsfeldern lassen sich die folgenden drei Handlungsabschnitte einer theoretisch-didaktischen Konzeption der Hausaufgaben konkretisieren (vgl. Tab. 9.1).

Tab. 9.1: Die drei Handlungsabschnitte einer theoretischen Konzeption der Hausaufgaben

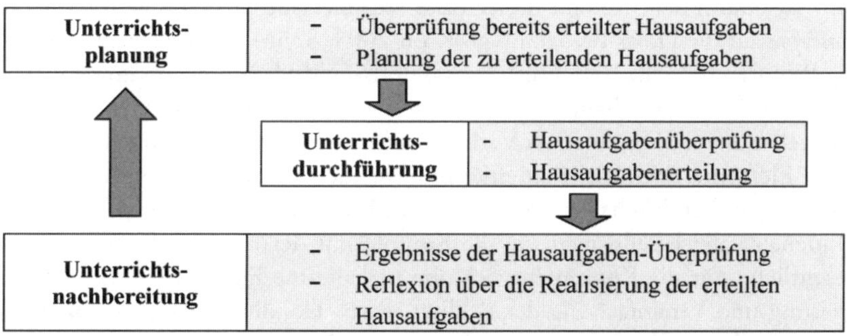

In der Phase der Unterrichtsplanung muss nicht nur berücksichtigt werden, welche Hausaufgaben im Anschluss an den geplanten Unterricht erteilt, sondern ebenso, wie die für die betroffene Stunde erteilten Aufgaben kontrolliert werden sollen. Soll diese Evaluation nicht immer nach dem gleichen Schema erfolgen, ist zu bedenken, welche organisatorischen Rahmenbedingungen zu berücksichtigen sind. Somit müssen jeweils die inhaltlichen als auch organisatorischen Aspekte der Hausaufgabenerteilung und -überprüfung mitbedacht werden. Darüber hinaus sind die an die jeweilige Klasse bzw. Schule gebundenen Eigenheiten (räumliche Gegebenheiten der Schule, zeitliche Organisation der Unterrichtsstunden bezogen auf das jeweilige Fach als auch auf die Kooperation der Lehrkräfte untereinander, Teilnahme der Schüler am offenen Ganztag u.a.m.) einzukalkulieren (Eine weitere Konkretisierung erfolgt weiter unten). Alle einer solche Handlungsplanung zugehörigen Schritte sind durch die übergreifenden Zielsetzungen der Schule und des Unterrichts zu begründen. Somit ergibt sich:

Eine Theorie der Hausaufgaben muss sich in ihren didaktischen Konstituenten an den grundlagentheoretisch begründeten Konstituenten der Allgemeinen Didaktik orientieren:

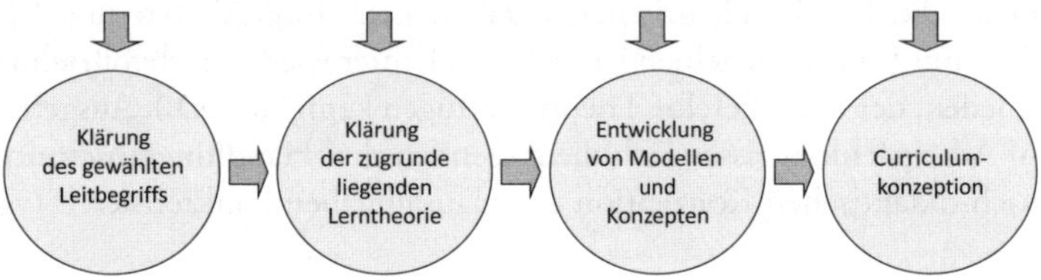

Abb. 9.4: Konstituenten der Allgemeinen Didaktik

Auf der Grundlage des gewählten *Leitbegriffs*[162] ist die entsprechende *Lerntheorie*[163] zu bestimmen, um auf dieser Basis angemessene theoretische *Modelle und Konzepte* auf die Praxis bezogen (vgl. Kron 2008, S. 56) zu entwickeln. Modelle, als „Prototyp für ganz bestimmte Interaktions- und Handlungszusammenhänge" (a.a.O., S. 57), veranschaulichen theoretische oder praktische Gegebenheiten bzw. Konstellationen. Sie können als Vorform einer Theoriebildung betrachtet werden, deren Elemente noch nicht zu einer umfassenden Lehre miteinander verknüpft wurden, die aber durchaus einer Hypothesengenerierung zugrunde gelegt werden können. Zugleich reduzieren sie die Komplexität der Handlungsstrukturen auf wesentliche, für die Konzeptentwicklung bedeutsame Elemente. Diese Schematisierung und Vereinfachung der Realität macht Handlungsplanung realisierbar, d.h. Modelle vermitteln zwischen Theorie und Praxis in heuristischer Funktion (a.a.O.). Konzepte als gedankliche Werkzeuge, die uns in unseren präzisen Handlungen unterstützen (vgl. Atkinson, et al. 1990), stellen nach Kron (a.a.O.) eine Art Handlungsentwurf dar, „den sich Menschen von allen kulturellen Dingen, Prozessen und Beziehungen machen, ja geradezu machen müssen, um erfolgreich agieren und interagieren zu können" (a.a.O., 58f.). Für den Konzeptbegriff spielen daher subjektive Vorstellungen über den Entwurf eigenen zukünftigen Handelns eine besondere Rolle. Die Erwägungen führen letztlich über den komplexen Bedingungs- und Aktionszusammenhang von Lehren und Lernen (Robinsohn

162 Zum Beispiel. Bildung, Lernen, Interaktion, Konstruktion.

163 Lernen am Modell, strukturgenetisches Lernen, konstruktivistisches Modell von Lernen, neurobiologische Erkenntnisse zum Lernen.

1975) zu einem Curriculum mit folgenden Strukturelementen: 1. Lebenssituation, 2. Grundwerte, 3. Struktur des Wissens, 4. Schüler, 5. Lehrer, 6. Methoden, 7. Medien, 8. Organisation, 9. Zeit, 10. Ziele, 11. Kontrollen, 12. Evaluation. Diese stellen die grundlegenden Momente der *Curriculumkonzeption* dar (a.a.O.). Für sämtliche Handlungsvollzüge fundamental ist die Berücksichtigung aktueller Erkenntnisse der Lehr-Lernforschung (z.B. hinsichtlich des Zusammenhangs von Instruktion und Konstruktion). Schließlich besteht in der vorliegenden Betrachtung der Anspruch, die Implementierung des Aktivitätsparadigmas und der Weiterentwicklung des schüleraktiven Unterrichts zu klären (Standop 2011a, 91, vgl. Kap. 9.5). Ausgehend von diesen prinzipiellen Überlegungen zur Allgemeinen Unterrichtsdidaktik ergeben sich für eine theoretische Konzeption zur Hausaufgabendidaktik spezielle Fragestellungen bezogen auf die didaktischen und erzieherische Funktionen sowie auf die konkret einzusetzenden Aufgaben. So ist zu klären, welche didaktischen Funktionen Hausaufgaben erfüllen können vor dem Hintergrund des gesamten schulischen Bildungs- und Erziehungsauftrags. Hausaufgaben sollen z.B. den Lernprozess der Heranwachsenden anregen, stützen und fördern, sie dienen der Nachbereitung vorangegangenen Unterrichts bzw. der Vorbereitung des nachfolgenden. Für die jeweils geplante Hausaufgabe ist anschließend zu klären, welche der didaktischen Funktionen im gegebenen Fall bevorzugt angesprochen werden soll.

Darüber hinaus ist zu definieren, welche erzieherischen Funktionen des schulischen Bildungs- und Erziehungsauftrags Hausaufgaben übernehmen können; beispielsweise im Sinne einer Erziehung zur Selbständigkeit das selbsttätige, eigenverantwortliche Lernen und Arbeiten oder vor dem Hintergrund des Ziels der Kooperationsfähigkeit die Bearbeitung von Aufgaben im Team etc. Konkretisiert werden die jeweiligen Zielsetzungen hinsichtlich der Funktionen durch die speziellen Arten/Typen von Hausaufgaben, z.B. durch mündliche oder schriftliche Recherche-, Übungs-, Wiederholungs- und Anwendungsaufgaben, das Sammeln von Informationen oder Materialien, Beobachtungsaufgaben usw. Zu unterscheiden ist anschließend zwischen Art und Form der Aufgabenstellung (z.B. offen oder geschlossen), der Vorgehensweise, dem angestrebten Ziel bzw. der Intention, dem Schwierigkeitsgrad/der Differenzierung und schließlich dem erwarteten Ergebnis. Bei der Durchsicht der vielfältigen Literatur zu Hausaufgaben lässt sich eine unterschiedliche Schwerpunktsetzung in den Aufgabentypen bei verschiedenen Autoren feststellen, z.B. orientiert an bestimmten didaktischen Modellen (vgl. Geißler/Plock 1974, Kamm/Müller 1977) oder unterschieden zwischen differenziert und undifferenziert. Interessanterweise findet diese Auseinandersetzung in der Allgemeinen Didaktik vorwiegend in den 70er- und 80er-Jahren statt und kommt in den 90er-Jahren zu einem Ende, in der Zeit, zu der auch die allgemeindidaktische Diskussion zurückgeht. Ohne eine Sammlung der verschiedenen

Nennungen durchzuführen, lässt sich eine zunehmend stärkere Orientierung der Autoren an differenzierten Hausaufgaben im Laufe der Zeit (v. Derschau 1977; Hahn/Rickers 1978; Feiks 1989, Rothermel 1981, Petersen et al. 1991) konstatieren. Die verschiedenen Hausaufgabenarten werden auf ihre unterschiedlichen didaktischen Funktionen hinunterteilt (z.B. Aufgaben zur Anwendung und Überprüfung bei v. Derschau 1977, nachbereitende und vorbereitende Aufgaben nach Geißler/Plock 1974 oder Aufgaben gedächtnismäßiger Wiederholung und Einprägung bei Hahn/Rickers 1978). Sehr strukturiert ist die Übersicht Coopers (1994), der ausgehend von einer Einteilung nach Menge, Zweck, beanspruchten Fähigkeitsbereichen, Individualisierungsgrad, den Wahlmöglichkeiten der Schülerinnen und Schüler, dem Fertigstellungstermin sowie dem sozialen Kontext jeweils weitere Unterscheidungen vornimmt (z.B. Individualisierung ausgerichtet auf den einzelnen Schüler bzw. auf eine Schülergruppe). Auch hinsichtlich der Aufgabenarten zeigt sich ein nahe liegender Zusammenhang zwischen dem theoretischen Konzept der Autoren und den von ihnen gewählten Hausaufgaben (vgl. Tab. 9.2), die insgesamt ein sehr vielfältiges Bild ergeben, dennoch aber ergänzt werden können hinsichtlich der Unterscheidung zwischen fachbezogenen und fächerübergreifenden Hausaufgaben, der Geschlossenheit bzw. Offenheit der gewählten Aufgabenstellung und dem unterschiedlichen Medieneinsatz.

Tab. 9.2: Hausaufgabenarten bzw. -typen nach vielfältigen Unterscheidungskrite rien bei verschiedenen Autoren

Autoren	**Arten/Typen von Hausaufgaben**		
Geißler und Plock (1974, S. 46f.) (Auf Grundlage der Didaktischen Analyse)	Nachbereitend: – Zusammenfassen – Üben – Übertragen (Transfer) – Wiederholen – Einprägen – Auswendig lernen	Vorbereitend*: – Sammeln – Erkunden – Beobachten – Sich informieren – Erlesen – Vergleichen	Als freiwillige Leistung
Kamm und Müller (1977,) (Auf Grundlage des Berliner Modells)	Produktive Hausaufgaben – Eigenständiges Erarbeiten eines neuen Unterrichtsstoffes – Bearbeiten eines Thema nach selbst gewählten Gesichtspunkten – Weiterarbeit nach eigenen Vorstellungen		

* „Die Schüler werden nach Maßgabe ihrer Möglichkeiten an der Erschließung neuer Unterrichtsgegenstände beteiligt. Diese Hausaufgaben können so bewirken, dass das Schüleraktivität bereits am Stundenanfang groß ist, dass die Interaktion zwischen den Schülern verstärkt wird, Informationen

v. Derschau (1977, 176f.)	– Aufgaben mechanisch-gedächtnismäßigen Einprägens – Aufgaben zur Anwendung und Überprüfung – Differenzierte Aufgaben – Gruppenaufgaben – Längerfristige Hausaufgaben (Anfertigen eines Referats, einer Chronik, einer Viertel jahresarbeit zu einem selbst gewählten Thema, längerfristige Beobachtungen und Erkundungen) – anwendungsbezogene Aufgaben, z.B. – besichtigen, beobachten, erkunden, befragen – sammeln, sichten, analysieren, zusammenstellen, systematisieren – planen, entwerfen, vorbereiten – experimentieren, erfinden, anfertigen, ausgestalten – referieren, auswerten, anwenden, verarbeiten
Hahn und Rickers (1978)	– Formale Übungen – Aufgaben gedächtnismäßiger Wiederholung und Einprägung – anwendungsbezogene Aufgaben – Aufgaben, die selbständiges Erarbeiten bis hin zum Problemsuchen, Problemfinden und Problemlösen fordern. Differenzierung: – im Sinne der Freiwilligkeit – nach Lerntempo – nach Schwierigkeiten – für Gruppen konzipiert – nach Interesse, Neigung, besonderen Vorkenntnissen
Rothermel (1981,40ff.)	Hausaufgabendifferenzierung als methodisches Konzept nach – Umfang – Schwierigkeitsgrad – Lerntyp (optisch-visuell/verbal-abstrakt/haptisch-experimentell/auditiv-kommunikativ)
Feiks (1989, 6f.)	Differenzierung als didaktisches Grundprinzip der Hausaufgabengestaltung nach – Umfang – Schwierigkeitsgrad – Inhaltsproblematik – Lösungsansätzen

durch Schüler weitergegeben werden, dass der Lehrer nicht mehr der einzige Informierte ist und so die Schüler nicht mehr reaktiv an seine Informationsvorgabe gebunden sind. Hausarbeiten haben so prinzipiell einen anderen didaktischen Ort und pädagogischen Wert, wenn sie zur Mitplanung und Mitorganisation des Unterrichts durch die Schüler eingesetzt werden. Hausarbeiten werden zu einem Stück Unterrichtsvorbereitung" (Geißler/Plock 1974, 40-42), vgl. (Haag 1991, 96).

Petersen et al. (1991)	– Besichtigen, Beobachten, Erkunden und Befragen – Sammeln, Sichten, Analysieren, Zusammenstellen und Systematisieren – Planen, Entwerfen und Vorbereiten – Experimentieren, Erfinden, Anfertigen und Ausgestalten – Referieren, Auswerten, Anwenden und Verarbeiten Differenzierungsmöglichkeiten nach: – Umfang und Lerntempo, – Schwierigkeitsgrad Differenzierung nach – Neigung oder Interesse – dem Grad von Lehr- und Lernhilfen – Lerntechniken und Bearbeitungsverfahren Individuelle Einzelarbeit Kooperativ zu lösende Hausaufgaben	
Cooper (1994, 2ff.)	**Classification**	**Within Classification**
	Amount	– Frequency – Length
	Purpose	Instructional – Practice – Preparation – Extension – Integration Noninstructional – Parent-child communication – Fulfilling directives – Punishment Community relations
	Skill area used	– Writing – Reading – Memory or retention
	Degree of individualization	– Geared to individual student – Geared to groups of students
	Degree of student choice	– Compulsory – With task options – Voluntary
	Completion deadlines	– Long-term – Short-term
	Social context	– Independent – Assisted (parent, sibling, other) – Student group

Sichtet man aktuelle Literatur zum Thema „Aufgaben“, wird aus der Perspektive der Lehr-Lern-Forschung beispielsweise unterschieden zwischen Lernaufgaben, Übungs- und Anwendungsaufgaben sowie Prüfungs- und Testaufgaben (Müller/ Helmke 2008, vgl. auch Astleitner 2008). Darüber hinaus existiert eine Differenzierung zwischen offenen (mehrere Lösungswege möglich) und geschlossenen Aufgaben (eine Lösung möglich) (Hascher/Hofmann 2008a). Gegenwärtig erfolgt u.a. die Auseinandersetzung mit der Fragestellung, welche Kriterien eine Aufgabe zu erfüllen hat, damit Schülerinnen und Schüler sich diese zu eigen, zu *ihrer* Aufgabe machen, also ein *Problembewusstsein* entwickeln (Thonhauser 2008). So implizieren unterschiedliche Lernvoraussetzungen bei den Heranwachsenden individuelle Zugänge zu den schulischen Inhalten (Hascher/Hofmann 2008). Die Themenfelder einer theoretischen Konzeption von Hausaufgaben konkretisieren jeweils die Aufgabe (vgl. Abb. 9.4) unabhängig vom fachlich-inhaltlichen Bezug. Deutlich wird dennoch der Stellenwert der Aufgabenqualität.

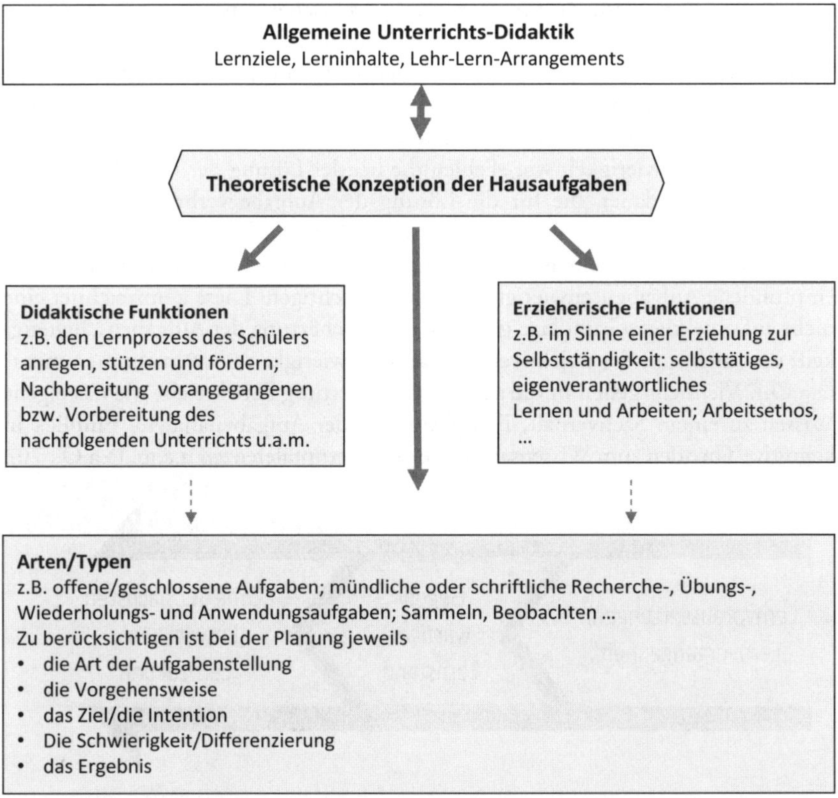

Abb. 9.5: Die vier Themenfelder einer theoretischen Konzeption der Hausaufgaben

Diese hat für den Lernerfolg generell eine hohe Relevanz (vgl. Thonhauser 2008), deren Tragweite für die eigenständige Bearbeitung im schulfreien Raum, ohne die Möglichkeit, auf die Expertise der Lehrkraft zurückgreifen zu können, noch zunimmt. Für die Qualität der Hausaufgabe maßgeblich ist dabei in besonderer Weise die Passung bzw. die Adaptivität hinsichtlich des Lernstands der Heranwachsenden, die die jeweiligen Aufgaben bearbeiten sollen (vgl. Abb. 9.6). Ein wesentlicher Aspekt der Passung und somit letztlich der Aufgabenqualität ist die Schwierigkeit einer Aufgabe.

Eine Aufgabe kann nur lernwirksam sein, wenn sie in ihrer Schwierigkeit sehr genau an den Lernstand einer Schülerin anschließt und diese auf ihrem Lernweg weiterführt zu neuen Kenntnissen und Befähigungen (vgl. z.B. das Prinzip der Zu-Mutung nach Oser 1994, die „Zone der nächsten Entwicklung" von Vygotsky 2002, das Prinzip des „Scaffolding" nach Bruner 1987). Und dies insbesondere dann, wenn die Aufgaben ohne potentielle Nachfragemöglichkeit bei der Lehrkraft zu erledigen sind. Zu unterscheiden ist zwischen einerseits der objektiven Schwierigkeit einer Aufgabe (auf der Grundlage der tatsächlichen Lösungsprozent bezogen auf die Frage, „Wie viel Prozent der Schülerinnen und Schüler lösen die betreffende Aufgabe, wenn sie damit konfrontiert werden?" (Astleitner 2008, 69), sowie bezogen auf eher prozessorientierte Informationen hinsichtlich der objektiven Aufgabenschwierigkeit wie „Fehler, die bei der Lösung der Aufgabe gemacht werden; die Zeitdauer, die für die Lösung der Aufgabe verbraucht wird oder Lernhilfen, die von den Schülerinnen und Schüler abgefragt bzw. eingeholt werden" (a.a.o.). Andererseits ist die subjektiv von der Schülerin bzw. dem Schüler empfundene Aufgabenschwierigkeit zu berücksichtigen. Diese kennzeichnet eine nicht auf objektiver Grundlage gewonnene Einschätzung der Aufgabenschwierigkeit, die „nicht mit der objektiven Aufgabenschwierigkeit übereinstimmen muss" (a.a.O.). Vielmehr gehen in die subjektive Bewertung Aspekte ein wie das eigene Wissen zu einem Sachverhalt, Fertigkeiten in der Aufgabenanalyse, Einblick in kognitive Theorien zum Wissensaufbau, eigene Lernpräferenzen u.a.m. (a.a.O., 70).

Abb. 9.6: Perspektive der Passung für die Qualität der Hausaufgabe

Daher kann durchaus postuliert werden, dass die Passung einer Hausaufgabe die Grundvoraussetzung ihrer selbstständigen Erledigung durch die Heranwachsenden ist. Diese Adaptivität ist gebunden an die diagnostische Kompetenz der Lehrkraft bzw. an die Erwartungshaltung bezüglich der Aufgabenbearbeitung (siehe weiter unten). Aus dem Projekt „Benchmarks von innen" (Thonhauser et al. 2003) berichtet Thonhauser allerdings über folgende Erkenntnisse hinsichtlich der pädagogischen Diagnostik von Lehrkräften:

- „Der *Zeitbedarf* erfolgreicher Schüler/innen wird von Lehrerinnen und Lehrern in allen Fächern sehr uneinheitlich eingeschätzt.
- Der Zeitbedarf erfolgreicher Schüler/innen wird von den Lehrerinnen und Lehrern generell *überschätzt* (in Deutsch um 100-200 %!).
- Der *tatsächliche Bedarf* an Arbeitszeit erfolgreicher Schüler/innen ist in allen Fächern extrem unterschiedlich.
- Die Lehrer/innen selektiver Schultypen (Allgemeinbildende höhere Schule sowie Hauptschule – erste Leistungsgruppe) *unterschätzen* in Deutsch und in Englisch die Erfolgsaussichten ihrer Schülerinnen.
- In M[athematik, J. S.] *überschätzen* die Lehrer/innen aller Schultypen die Erfolgsaussichten ihrer Schüler/innen.
- Die *Erfolgsschätzungen* der Lehrer/innen sind in allen Schultypen und Fächern sehr heterogen, insbesondere in Deutsch (was auf sehr unterschiedliche Konzepte für die Schätzungen hinweist).
- Die *tatsächlichen Erfolge* der Schüler/innen entsprechen hinsichtlich der schwierigkeitsrelevanten Merkmale den theoretischen Annahmen. Die *Schätzungen* der Lehrer/innen sind hingegen zum Teil erwartungswidrig." (Thonhauser 2008, 22).

Es werden Schwächen in der diagnostischen Kompetenz der Lehrkräfte deutlich, die sich ebenso, wenn nicht mit drastischeren Konsequenzen, auf die Planung der Hausaufgaben auswirken. Hinsichtlich der Passung von Aufgaben wird anscheinend noch ein weiteres Moment relevant, dass nicht unmittelbar an den Lernstand der Schülerinnen und Schüler gebunden ist, sondern vielmehr auf bestimmte persönlichkeitsrelevante Dispositionen bei Lehrkräften und Heranwachsenden hinweist. Unter Bezug auf Huber und Roth (1999) unterscheiden Hascher und Hofmann (2008, 56f.) zwischen „ungewissheitsorientierten" und „gewissheitsorientierten" Menschen. Ungewissheitsorientierte zeichnen sich danach aus durch:

- das Bedürfnis, etwas zu wissen und zu verstehen;
- die Wahrnehmung ambivalenter Situationen als Herausforderung ;
- das Bestreben, Neues über sich und andere zu erfahren;
- das Finden verschiedener alternativer Lösungsstrategien, von denen manche wieder verworfen werden;

- die Orientierung der Informationsverarbeitung an wichtigen Prinzipien (tiefere Informationsverarbeitung);
- höhere Empathiefähigkeit und soziale Akzeptanz;
- Profit in Situationen kooperativen und diskursiven Lernens (vgl. Hascher/Hofmann, 2008, S. 56; Huber/Roth 1999).

Eher gewissheitsorientierte Personen lassen sich beschreiben durch
- das Bedürfnis, neues Wissen – wenn es Ungewissheit erzeugt – abzuwehren;
- den Zwang, Klarheit über sich und andere aufrecht zu erhalten;
- das Bedürfnis, die eigenen Meinungen und Einstellungen zu bestätigen;
- Beendigung der Suche nach Lösungsstrategien, sobald eine Strategie gefunden wurde;
- Informationsverarbeitung orientiert an Experten- und Mehrheitsmeinung;
- geringe soziale Akzeptanz, geringes Durchsetzungsvermögen;
- Präferenz für Einzelarbeit oder direkte Instruktion (a.a.O.).

Entsprechend werden kooperative Lernformen von gewissheitsorientierten Lehrkräften eher als belastend oder überfordernd empfunden, ungewissheitsorientierte Lehrkräfte wiederum nehmen solche vielmehr als positiven Anreiz wahr. Weitere Ergebnisse werden von Hascher/Hofmann folgendermaßen wiedergegeben:

> „UO- und GO-Lehrpersonen unterscheiden sich demzufolge im Hinblick auf ihre Bereitschaft, Schüler/innen in Gruppen arbeiten zu lassen (vgl. Kempas 1994, S. 32): UO-Lehrpersonen bevorzugen einen Schüler/innen-orientierten, eher demokratisch-partnerschaftlichen Lehrstil. Sie sind im Hinblick auf die Gestaltung des Unterrichts risikobereiter, denn es müssen nicht immer alle Fäden zu jedem Zeitpunkt bei ihnen zusammenlaufen. Sie setzen sich auch Situationen aus, in denen sie nicht alles und alle unter Kontrolle haben und es fällt ihnen leichter, selbständiges Lernen zuzulassen, da sie kooperatives und offenes Lernen schätzen. GO-Lehrpersonen sind dagegen zu ihren Schüler/innen eher distanziert, sie haben ein großes Interesse an der Aufrechterhaltung der Sicherheit und ihrer Kontrolle und bevorzugen in ihrem Unterricht eher kompetitive Lernsettings. Interessant ist, das GO-Lehrkräfte, die kooperative Lernformen – aus welchen Gründen auch immer – trotzdem in ihrem Unterricht einsetzen, diese aber sehr wahrscheinlich so umsetzen, dass ihre Schüler/innen daraus keinen Lerngewinn ziehen: im Sinne einer self-fulfilling-prophecy agieren sie so, dass sich ihre Skepsis dieser Lernform gegenüber in den (zumeist eher bescheidenen) Lernergebnissen bestätigt (vgl. Sorrentino & Roney, 1999, 110)“ (Hascher/Hofmann 2008, 56f.).

Diese Haltung wirkt sich nicht nur auf die Gestaltung des Unterrichts und die damit einhergehende Wahl von Aufgabentypen aus, sondern charakterisiert gleichermaßen die Planung und Gestaltung von Hausaufgaben. Diese werden bei einer ungewissheitsorientierten Lehrkraft tendenziell offener gestaltet sein, als bei einer mit der gegenläufigen Persönlichkeitsdisposition. Zugleich betrifft die Gewiss- bzw. Ungewissheitsorientierung nicht nur Lehrkräfte, sondern ebenso Schülerinnen und Schüler. Für letztere lässt sich vermuten, dass gewissheitsorientierte Heranwachsende eher vom Unterricht gewissheitsorientierter Lehrkräfte profitieren; ungewissheitsorientierte Schülerinnen und Schüler wiederum werden möglicherweise einen höheren Lernerfolg bei Lehrkräften mit derselben Persönlichkeitsdisposition erzielen.

Aus dem Unterricht sich ergebende Faktoren für die Qualität der Hausaufgaben sind u.a. die Integration der Aufgaben in den Unterricht, die Rückmeldung auf die angefertigten Aufgaben sowie die Qualität der Aufgabenerteilung (vgl. Kap. 5.5). So ist die klar-verständliche, im zeitlichen Umfang bezogen auf die Komplexität der Aufgabe angemessene und im Unterrichtsverlauf in einer konkret eingeplanten Phase vorgenommene Erteilung der Hausaufgaben ein wesentlicher Baustein für deren spätere erfolgreiche Bearbeitung. Die Aufgabenerteilung hat somit unmittelbare Auswirkungen auf die sozial-emotionalen Schülerfaktoren (vgl. Abb. 9.6) und die selbstständige Aufgabenerledigung. Für die Heranwachsenden stellt die erwartete Integration der bearbeiteten Aufgaben in den nachfolgenden Unterricht einen unmittelbaren Bezug zu dem Nutzen dar, den diese in der Aufgabenbearbeitung sehen. Auch ein (zu erwartendes) sachbezogenes Feedback, dass die Schülerinnen und Schüler auf ihre Aufgabenerledigung erhalten, erhöht die Bereitschaft zur Bearbeitung der Hausaufgaben nicht nur aufgrund der damit einhergehenden Kontrolle. Vielmehr dokumentiert die Lehrkraft mit ihrer Rückmeldung die Bedeutung, die sie selbst der Erledigung der Aufgaben beimisst. Zugleich erhalten die Heranwachsenden durch ein sachbezogenes Feedback konkrete Hinweise auf ihren Lernweg bzw. Lernstand. Dies scheint sich nach Forschungsergebnissen deutlich auf den Lernerfolg auszuwirken (Jacobs 2008).

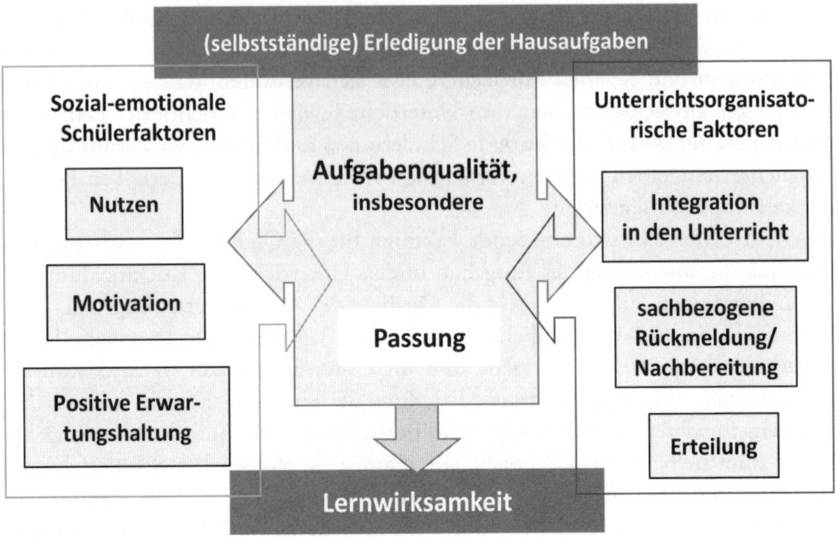

Abb. 9.7: Die Erledigung der Hausaufgaben und die ihre Lernwirksamkeit beeinflussenden Faktoren

Neben unterrichtsorganisatorischen Faktoren sind, wie erwähnt, in hohem Maße sozial-emotionale Faktoren auf Seiten der Schülerinnen und Schüler bedeutsam. Wie Trautwein u.a. (2006; vgl. Kap. 5) dargelegt haben, erweisen sich insbesondere der von den Heranwachsenden empfundene Nutzen der Aufgaben für das eigene Lernen und die positive Erwartungshaltung, die Aufgaben zufriedenstellend lösen zu können, als wesentliche Momente für die Bereitschaft der Schüler, die Hausaufgaben anzufertigen. Hascher und Hofmann (2008a) verweisen auf die mögliche Problematik, die sich für die Heranwachsenden ergeben kann, wenn deren individuellen Zugänge zu den vorgesehenen Lerninhalten von der Aufgabensystematik und der Intention der Lehrkraft abweichen. Die entstehende Diskrepanz birgt die Gefahr, von der Lehrkraft als Fehlleistung eingeschätzt zu werden, wenn diese die subjektiv gewählten Lösungsansätze nicht als adäquate Wege und eigenständige Schülerleistung wahrnimmt (a.a.O., 48f.). Vor dem Hintergrund einer solchen Konstellation entsteht für die Heranwachsenden ein Druck, „sich den erwarteten und sowohl anhand der Aufgabenstruktur als auch der Aufgabenkorrektur vorgegebenen Lösungsschritten anzupassen" (a.a.O.). Dies nicht zuletzt deshalb, da häufig (in Schule und Gesellschaft/Elternhaus) die Erwartung einer generellen Anpassung der Heranwachsenden an die schulischen Vorgaben durch die Lehrkraft existiert. Auf der Grundlage der Erkenntnis, dass Lehrkräfte nur bedingt die Anforderungen einer Aufgabe an die Heranwachsenden einschätzen können (vgl. das Zitat von Thonhauser weiter oben), ebenso wie der Frage, ob die

Aufgabe für die Schülerin oder den Schüler lösbar ist (Thonhauser 2008), erweist sich diese Vorstellung als kontraproduktiv für die Entwicklung einer positiven Erwartungshaltung gegenüber häuslichen Aufgaben.
Zu dem empfundenen Nutzen und der positiven Erwartungshaltung bezüglich der Aufgabenbewältigung gesellt sich als dritter, in enger Beziehung zu den beiden vorhergehenden stehender Aspekt die Motivation. Sie umfasst zugleich motivationale Prädikatorvariablen (wie Ängstlichkeit, Interesse u.a.m.). Alle drei sozial-emotionalen Faktoren sind wichtige Prüfkennzeichen für die Aufgabenqualität, indem sie die Schülerreaktion dokumentieren. Die einzelnen Faktoren stehen dabei in vielfältigen Zusammenhängen, was wiederum zu einer möglichen Überkomplexität der Hausaufgabenthematik führt. So wirkt sich die Qualität der Aufgabenerteilung (als unterrichtsorganisatorischer Faktor), die u.a. abhängig von der Aufgabenqualität ist, nicht nur auf die drei bereits angesprochenen Schülerfaktoren aus, sondern wiederum auf die spätere Erledigung der Hausaufgaben. Ebenso wie sich Passung als wesentliches diagnostisches Merkmal der Aufgabenqualität nicht nur auf die Motivation und die positive Erwartungshaltung der Heranwachsenden auswirkt, sondern zugleich auf die Qualität der Aufgabenerledigung.

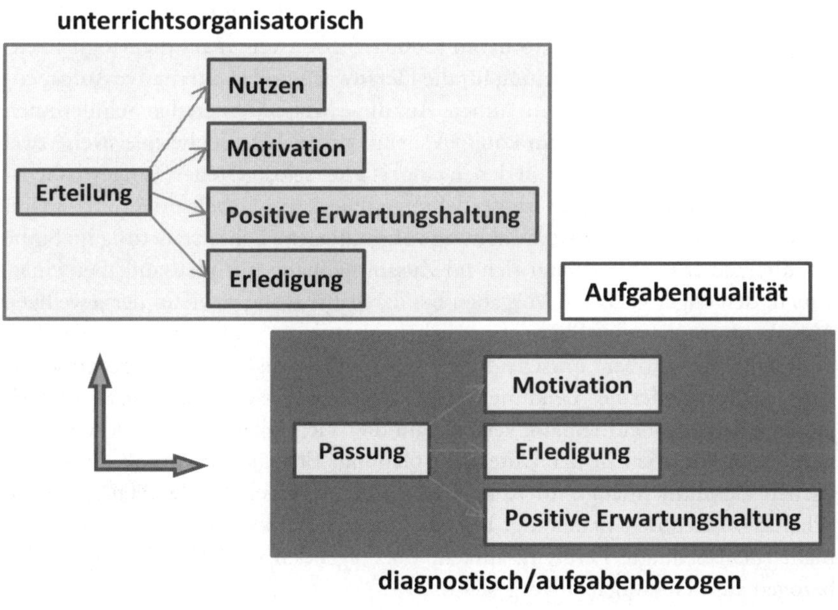

Abb.9.8: Beispiel der vielfältigen Verknüpfungen zwischen den die Bearbeitung der Hausaufgaben beeinflussenden Faktoren

Für die Planung der Hausaufgaben ist (neben fachspezifischen Aspekten) somit die Analyse der Aufgaben bezogen auf die oben genannten Faktoren für das Ziel, den Heranwachsenden möglichst lernwirksame Aufgaben zu erteilen, von großer Bedeutung. Thonhauser (2008) fasst die Anforderungen, die sich bezüglich intentionalen, schulisch organisierten Lernens an Aufgaben stellen, durch folgende Fragen zusammen. Diese stellen sich in höherem Maße für Hausaufgaben aufgrund der erwarteten eigenständigen Erledigung:

- „Kennen die Lernenden das Ziel (die allgemeine Gestalt der Aufgabenlösung)?
- Wissen sie, auf welchem Weg sie ans Ziel gelangen können?
- Sind sie in der Lage, diesen Weg ohne Hilfe zu beschreiben?
- Sind sie in der Lage zu überprüfen, ob bzw. inwieweit sie erfolgreich waren?
- Können ihnen Rahmenbedingungen, insbesondere zeitliche, so flexibel angeboten werden, dass möglichst alle damit zurechtkommen?“ (a.a.O., 18).

Die Antworten auf diese Fragen beruhen im Wesentlichen auf sozialer Interaktion. Gerade diese wiederum ist ein wichtiger Schlüssel des pädagogischen Ansatzes der Ko-Konstruktion[164], nach dem Lernen durch Zusammenarbeit stattfindet, also von Lehrkräften und Schülern gemeinsam generiert wird. Im Zentrum steht dabei die Auseinandersetzung mit der sozialen Realität aus der Unterschiedlichkeit von Perspektiven. Hascher und Hofmann (2008a, 52) verweisen auf die Möglichkeit, bereits in der Unterrichtsplanung für die Heranwachsenden alternative Aufgabenangebote bzw. Lernwege einzuräumen. Auf diese Weise können den Schülerinnen und Schülern bezogen auf ein konkretes, eindeutiges Lehrziel beispielsweise zwei Lernwege zur Wahl stehen, von denen einer stärker selbstgesteuert (ungewissheitsorientiert) und ein anderer stärker lehrergesteuert (gewissheitsorientiert) ausgerichtet ist. Die für den zweiten Lernweg vorgeschlagene Lehrersteuerung im Sinne der direkten Instruktion zeigt sich im Zusammenhang mit Hausaufgaben einerseits in den enger gefassten Vorgaben bei deren Erteilung sowie in der jeweiligen Aufgabenformulierung. Eher „ungewissheitsorientierte“ Aufgaben lassen den Heranwachsenden größere Entscheidungsfreiheit z.B. bezüglich der Vorgehensweise, der Sozialform oder der Dokumentation. Die sich abzeichnende Überkomplexität der Hausaufgabenthematik verweist auf die Wichtigkeit der Berücksichtigung häuslicher Aufgaben in der Unterrichtsplanung. Erst die Beachtung der didaktischen Zusammenhänge im Kontext der fünf Arbeitsfelder der Hausaufgaben (Planung, Erteilung, Erstellung, Rückmeldung, Nachbereitung) ermöglicht eine nicht zufallsbedingte Lernwirksamkeit. Im Folgenden wird ein Planungsmodell bezogen auf Hausaufgaben vorgestellt.

---

164 Die Ko-Konstruktion hat sich aus dem philosophischen Ansatz des Konstruktivismus herausgebildet.

9.4 Ein Modell über den Zusammenhang von Aufgabenqualität und Unterrichtsplanung für eine lernwirksame Hausaufgabenkultur

Die unterrichtliche Aufarbeitung der Hausaufgaben durch die Lehrkraft lässt sich in drei Phasen unterteilen, die jeweils wieder in verschiedene Schritte untergliedert sind. Für die Unterrichtsplanung kann zunächst unterschieden werden zwischen der Berücksichtigung der Hausaufgaben, die in der vorhergehenden Unterrichtsstunde erteilt wurden und in der zu planenden Stunde überprüft werden sollen sowie jenen, die in dieser Unterrichtsstunde erteilt werden sollen.

Tab. 9.3: Hausaufgaben in der Unterrichtsplanung

Unterrichtsplanung		
1.	**Überprüfung erteilter Hausaufgaben:** • Wann im Stundenverlauf findet die Überprüfung statt? • Überprüfung mit Feedback oder formale Kontrolle der Anfertigung? • Zeitlicher Umfang? • Überprüfung durch die Lehrkraft/Schüler/ Mitschüler? • Welche Sozialform? • Welche Methode (gegenseitiges Vorlesen, Korrekturblatt, Konferenzen, Präsentation, Ergebnisse als Grundlage für die Weiterarbeit im Unterricht)? ...*	} Nutzen Passung Positive Erwartungshaltung**

* Weitere Kriterien sind möglich. Zugleich soll den unterschiedlichen Konzepten der verschiedenen Schulen hierdurch Rechnung getragen werden.

** Die positive Erwartungshaltung bezieht sich an dieser Stelle auf Schülerinnen und Schüler, die nach eigener Ansicht ihre Hausaufgaben besonders gut bearbeitet haben und ihre Aufgaben daher besonders gerne präsentieren/Anerkennung dafür erhalten möchten.

2.	**Planung der zu erteilenden Hausaufgaben:** • Welche hauptsächliche Funktion sollen die Hausaufgaben haben (Üben, Wiederholen, Entwicklung eigener Lösungen, Fördern, Vorbereitung)? • Welche Art wird gewählt? • Differenzierte Hausaufgaben? • Zeitraum für die Bearbeitung (lang-, mittel-, kurzfristig)? • Werden Lernumfeld, Lernstand und Lernbedürfnisse der Schülerinnen und Schüler berücksichtigt? (z.B. Hausaufgabenbetreuung im offenen Ganztag?) ...	Nutzen Passung Positive Erwartungshaltung
3.	**Erteilung der Hausaufgaben:** • Wann im Stundenverlauf werden die Hausaufgaben erteilt? • Auf welche Weise werden die Hausaufgaben erteilt (durch die Lehrkraft, durch Schüler, schriftlich auf Arbeitsblatt; aber auch inhaltliche Klarheit berücksichtigen***)? • Zeitlicher Rahmen für die Erteilung der Hausaufgaben? ...	Positive Erwartungshaltung Motivation

*** Nach Meyer (2004, 57) bezieht sich inhaltliche Klarheit auf die Verständlichkeit der Aufgabenstellung, die Plausibilität des thematischen Gangs sowie Klarheit und Verbindlichkeit der Ergebnissicherung; diese Aspekte sind bei der Planung der Aufgaben durch die Lehrkraft zu berücksichtigen.

Sichtbar wird, welche Vielzahl von Entscheidungen für die Berücksichtigung der von den Heranwachsenden angefertigten Aufgaben in Unterricht grundsätzlich erforderlich ist, wenn diesen eine didaktische Funktion zugrunde liegt. Anschließend erfolgen die Überlegungen, welche Aufgaben die Schülerinnen und Schüler im Anschluss an die geplante Unterrichtsstunde anfertigen sollen. Für die Erteilung der Aufgaben muss die Lehrkraft neben der genauen Einschätzung des Zeitbedarfs nicht nur die Verständlichkeit der Aufgabenstellung sondern auch

die Verständlichkeit der Erteilung beachten und jeweils berücksichtigen, wie die Aufmerksamkeit der Heranwachsenden zu sichern ist. Dazu sind unterschiedliche Verfahren erforderlich, je nachdem, ob differenzierte oder für alle Schüler gleiche Hausaufgaben erteilt werden. Beispielhaft wird in der rechten Spalte der Zusammenhang zu den Hausaufgabenfaktoren dargestellt.
Die zweite Phase betrifft die Unterrichtsnachbereitung, in welcher die Überprüfung der von den Heranwachsenden für diese Stunde angefertigten Aufgaben reflektiert wird. Dabei wird unterschieden zwischen dem Verlauf der Überprüfung bezogen auf die Planung, der Qualität der von den Schülern erarbeiteten Ergebnisse sowie dem Erfolg ihrer Einbindung in den weiteren Unterrichtsverlauf. Phase 1 und 3 betreffen eher didaktische, Phase 2 betrifft eher inhaltliche Aspekte. Neben der Reflexion über die Schwierigkeiten, die manche Schüler mit den Aufgaben hatten, ist auch die Thematisierung besonders erfolgreicher Aufgabenbearbeitung wichtig, um die Lernwege der Heranwachsenden nachzuvollziehen.

Tab. 9.4: Unterrichtsnachbereitung von angefertigten Hausaufgaben

Unterrichtsnachbereitung I		
1.	**Ergebnisse der Hausaufgabenüberprüfung:** • Wie verlief die Hausaufgabenüberprüfung (in Abhängigkeit von der gewählten Form)? …	
2.	• Wurden die Hausaufgaben von allen Schülerinnen und Schülern erledigt? – Wenn nein: von welchen Schülern nicht? – Welche Begründung wurde hierfür gegeben (z.B. unzureichende inhaltliche Klarheit)? – Welche Lösung wurde gefunden? – Gab es herausragende Aufgabenbearbeitungen/Lösungen? • Wurden die Hausaufgaben erwartungsgemäß gelöst? – Wenn nicht: Fehlerdiagnose (klassenbezogen, auf einzelne Schülerinnen oder Schüler bezogen?).	} Nutzen Positive Erwartungshaltung Passung (selbstständige) Erledigung

3.	• Konnte der weitere Unterricht auf den Aufgabenergebnissen aufbauen? (didaktisch als auch inhaltlich?) …	Integration in den Unterricht

Schließlich erfolgt die Reflexion der geplanten Hausaufgaben. Es wird unterschieden zwischen der inhaltlichen Passung der Aufgaben in den Unterrichtsverlauf (Phase 4) und der organisatorischen Durchführung der Erteilung (Phase 5). Für diese bedeutsam ist beispielsweise die Frage nach der aktiven Lernzeit, die den Schülerinnen und Schülern zur Verfügung stehen sollte. Nach Weinert ist die „wichtigste Voraussetzung für wirkungsvolles und erfolgreiches Lernen (…) das Ausmaß der aktiven Lernzeit, das heißt der Zeit, in der sich die einzelnen Schüler mit den zu lernenden Inhalten aktiv, engagiert und konstruktiv auseinander setzen“ (Weinert 1996, 124). Wenn auch für die Erteilung der Hausaufgaben ausreichend Zeit einzuplanen ist, sollte also die aktive Lernzeit der Schüler in der Unterrichtsstunde hierdurch nicht verringert werden.

Tab. 9.5: Unterrichtsnachbereitung von neu erteilten Hausaufgaben

Unterrichtsnachbereitung II		
4.	**Reflexion über die Realisierung der erteilten Hausaufgaben:** • **Inhaltlich:** Waren die geplanten Hausaufgaben an den durchgeführten Unterricht anschlussfähig oder musste umdisponiert werden?	Passung
5.	• **Organisatorisch:** Wie fand die Durchführung der Hausaufgabenerteilung statt? (Wann? War es unruhig in der Klasse? Wurden Nachfragen gestellt/Gab es Verständnisschwierigkeiten? War die Zeit für die Erteilung zu knapp? …)	Passung Nutzen Positive Erwartungshaltung

6.	• Motivierung bzw. Aktivierung: Wie wurde die Hausaufgabe von den Heranwachsenden aufgenommen? Worauf bezogen sich Kommentare (Qualität, Umfang, ...)? ...	} Passung Nutzen Positive Erwartungshaltung

Die vorliegenden Tabellen ermöglichen eine genaue und plausible Schrittfolge bei der Planung und Nachbereitung der Hausaufgaben und sind in der Lehrerausbildung und in der Schulpraxis sinnvoll einsetzbar.

9.5 Implikationen schüleraktiver Lehr- und Lernformen für ein wirksames Hausaufgabenkonzept

Die didaktische Konzeptionierung von Hausaufgaben soll auf einem Niveau erfolgen, das der aktuellen Erkenntnislage der Lehr-Lern-Forschung und der Allgemeinen Didaktik entspricht. Ebenso wie eine angemessene Ausbalancierung von Instruktion und Konstruktion, die neben einer effektiven Führung ausreichend Raum für Selbsttätigkeit lässt (vgl. Helmke 2010, Köller/Möller 2012 u.a.m.), gehört hierzu die Aktivierung der Schülerinnen und Schüler hinsichtlich der Gestaltung der Lernsituation (Niggli 2000, Helmke 2010). Entscheidend für die Effektivität schüleraktiver Lehr- und Lernformen ist, ob und in welchem Maße die Lernenden auf die Gestaltung der lerninitiierenden Situation durch aktives (Mit-)Tun direkten Einfluss nehmen können. Dieses das Lernen begleitende Handeln begünstigt persönlich bedeutsames Lernen (vgl. Holzkamp 1995) und damit die (selbstmotivierte) Anbahnung von Lernzugängen sowie ein tieferes, nachhaltigeres Lernen. Lernsituationen und Unterrichtsarrangements, die der Schüleraktivität mit den damit einhergehenden (im Folgenden dargelegten) Zielen Rechnung tragen, sind geprägt durch entsprechende Lernmethoden (z.B. variantenreiche Formen entdeckend-problemlösenden Lernens), Lerndifferenzierung (z.B. selbstgesetzte Lernziele, individuelle Arbeitspläne), Lernberatung (einzelfallorientierte Diagnose), Lernkontrolle (selbst- und fremdkontrollierende Verfahren, das Führen eines Lerntagebuchs/Lernjournals durch die Heranwachsenden, Pensenbücher/Logbücher), Lerntätigkeiten (vollständige Lernprozesse, „ganzheitliches" Lernen, vielfältige Arbeits- und Lerntechniken, Lernstrategien etc.), Lernorganisation (tägliche/wöchentliche Zeitabläufe, Stundentafel etc.), Lernumwelt/Klassenraumgestaltung, Lernatmosphäre (symmetrische Kommunikation-/Interaktionsstruktur, klare Arbeits- und Verhaltensregeln etc.). Die Kerngedanken zum schüleraktiven Unterricht von Jürgens (2010) orientieren sich an verschiedenen Merkmalen des „guten" Unterrichts (vgl. a.a.O., 53ff.):

1. *Lernwirksamkeit verstetigen.* „Guter" Unterricht fördert alle Heranwachsenden auf individuell anspruchsvollem Niveau und ermöglicht ihnen Lernerfolge.
2. *Bildung durch fachliche und überfachliche Kompetenzen ermöglichen.* Guter Unterricht rekurriert auf das Grundprinzip von Bildung. Wissensvermittlung und -aufbau, Kompetenzentwicklung und Erwerb von Qualifikationen sowie Persönlichkeitsbildung sind daher im Zusammenhang zu sehen. „Der Anspruch des jungen Menschen auf Allgemeinbildung im Sinne einer zeitaktuellen, normativen Interpretation des „klassischen" Bildungsideals (vgl. beispielsweise Messner 2004, Jürgens 2004, Klafki 1996) bleibt weiterhin die Hauptsäule zur Legitimation der Schule als wichtigste gesellschaftliche Institution." (a.a.O., 54)
3. *Beziehungskultur entwickeln.* Basis ist ein Klima auf dem Fundament eines „pädagogischen Bezugs", der auf Vertrauen, Achtung, Fürsorge, Verantwortungsgefühl etc. basiert und in dem jeder Heranwachsende Akzeptanz erfährt. Dieser Bezug wird von den Lehrkräften angebahnt und gepflegt.
4. *Lernanforderungen gewachsen sein.* Alle Schülerinnen und Schüler sind auf individuell herausfordernde Lernarrangements angewiesen, durch die sie sich weiterentwickeln können. Unterforderung ist unbedingt zu vermeiden, da es die Heranwachsenden demotiviert und ihnen unnötig Zeit „raubt".
5. *Erziehung durch Aktivität.* Im „guten" Unterricht sind Schülerinnen und Schüler die Subjekte ihres Lernens und Arbeitens. Das Lernen – nicht das Lehren – steht im Mittelpunkt des Unterrichts und wird von den Heranwachsenden in schulischen Erziehungs- und Bildungsprozessen aktiv wahrgenommen.

Welche Zusammenhänge ergeben sich nun hinsichtlich der Schüleraktivität und eines didaktischen Konzepts für Hausaufgaben? Lassen sich die Forderungen der Unterrichtsprinzipien auf die Hausaufgabensituation übertragen?
Im Folgenden wird im Rahmen einer kurzen Darstellung der Kernmerkmale schüleraktiven Unterrichts im Hinblick auf deren Bedeutung für die Hausaufgabenthematik eingegangen, indem, wenn möglich, Analogien hergestellt werden.

Funktionelle und produktive Selbstständigkeit als Erziehungsziel schüleraktiven Unterrichts

Erziehung findet grundsätzlich im Spannungsfeld individueller Bedürfnisse und gesellschaftlicher Ansprüche statt. Eine moderne, kritisch-konstruktive Selbstständigkeitserziehung hat demzufolge diese Dialektik zu berücksichtigen. Sowohl in bildungspolitischer, -theoretischer als auch -praktischer Hinsicht richtungweisend ist die von Rülcker (1990) entworfene differenzierte Reflexion über den Begriff der Selbstständigkeit (vgl. a. Standop 2011a). „Funktionelle und produktive Selbstständigkeit, Selbstbestimmung und Selbstverantwortung sind alle zusammen Ziele und Aufgaben eines Schulsystems in einer demokratischen, humanen Gesellschaft, die sich durch die (selbst-)kritische Mündigkeit ihrer Bürger legitimiert (vgl. Bräu 2002,12) und weiterentwickelt" (a.a.O., 60). Die Anerkennung der Heranwachsenden als Subjekte ihres Lernens bedarf neben einem individuumsbezogenen Bildungsverständnis im Sinne von „Selbstbestimmung, Freiheit, Emanzipation, Autonomie, Mündigkeit, Vernunft, Selbsttätigkeit" (vgl. Klafki 1991, 19, nach Jürgens a.a.O.), der unbedingten justierenden Hinzufügung von Übereinkommen wie „Humanität, Menschheit und Menschlichkeit" (vgl. a.a.O.). Eine wesentliche erzieherische Funktion von Hausaufgaben ist die Förderung zur Selbstständigkeit. Die Selbstständigkeitserziehung ist zugleich eine Forderung jedes der Schulgesetze der sechszehn deutschen Bundesländer. Bis heute wurde in keinem von diesen auf die Unterscheidung von funktioneller und produktiver Selbstständigkeit eingegangen. Dennoch ist es möglich, durch Hausaufgaben diesen unterschiedlichen Zielperspektiven Rechnung zu tragen, z.B. durch die jeweilige Gestaltung der Aufgabenarten wie auch durch den von den Schülerinnen und Schülern anzuwendenden Bearbeitungsmodus. So kann dieser eher enggeführt sein, z.B. durch die Aufgabenstellung, die ausgeschlossene Wahl zwischen verschiedenen Aufgaben bzw. Aufgabenarten oder hinsichtlich von Vorgaben bzgl. der einzusetzenden Arbeitsmittel (beispielsweise wird von den Schülern erwartet, ein vorgegebenes Arbeitsmittel nach einem bestimmten Modus selbständig, also ohne fremde Hilfe, anzuwenden). Auf der anderen Seite kann den Heranwachsenden z.B. die Wahl zwischen verschiedenen Aufgabentypen oder -arten ermöglicht werden, ebenso die Wahl unterschiedlicher Arbeitsmittel. Diese sollen sie ebenfalls selbstständig, ohne fremde Hilfe anwenden, zugleich aber begründet eine eigene Wahl bzgl. des Arbeitsmittels (oder einer Aufgabe) treffen. In hohem Maße die produktive Selbstständigkeit fordernd ist beispielsweise die gänzlich freigestellte fachbezogene Wahl der Hausaufgaben, die im allgemeinen bestimmten, begründeten Kriterien entsprechen sollte (z.B.: Wo sehe ich einen möglichen Übungsbedarf in meinem Lernprozess? Wo sehe ich evtl. weiterführende Fragestellungen zu einem Thema, die ich erarbeiten und der Klasse präsentieren möchte?). Die Lehrkraft sollte daher bei der Hausaufgabenplanung die doppelsinnige Bedeutung des Selbstständigkeitsbegriffs berücksichtigen, um dem Erziehungsauftrag der Schule entsprechend Rechnung zu tragen.

Selbstregulation und Selbstbestimmung als Perspektive der Schüleraktivität

Lernende sind fähig zur Selbstregulation, wenn sie in der Lage sind, „sich selbstständig Lernziele zu setzen, dem Inhalt und Ziel angemessene Techniken und

Strategien auszuwählen und sie auch einzusetzen. Ferner halten sie ihre Motivation aufrecht, bewerten die Zielerreichung während und nach Abschluss des Lernprozesses und korrigieren – wenn notwendig – ihre Lernstrategien“ (Artelt u.a. 2001, 271, nach Jürgens a.a.O.). Im Verständnis von Zimmermann (2000, 14) wird Selbstregulation übergreifend definiert durch ein harmonisches Arrangement von Person, Handlung und Umwelt. Der Lernende lenkt seine Kognitionen und Affekte (z.B. Aufmerksamkeit) sowie Handlungen (z.B. Lerntechniken), parallel kontrolliert er die Umweltbedingungen, um seinen Zielen planmäßig und adaptiv nachgehen zu können. Nach Jürgens umfasst das Modell von Zimmermann drei zyklische Selbstregulationsphasen: Handlungsplanung, -ausführung und Selbstreflexion (a.a.O.). Der Handlungsplanung liegt die Aufgabenanalyse mit Zielsetzung und Strategiebereitstellung zugrunde. Die Handlungsausführung fokussiert auf Selbstkontrolle und -beobachtung, die Selbstreflexion umfasst Selbstbeurteilungsprozesse sowie -reaktionen und im Rahmen der Selbstkontrolle wiederum sind Selbstinstruktion und Lernstrategien von besonderer Wichtigkeit: Entscheidungen hinsichtlich der richtigen Ziele sowie angemessener Aufgabenbewältigungsstrategien werden in Selbstregulationsmodellen eine besondere Relevanz zugewiesen (vgl. Zimmermann 2000, Boekarts 1999, Schmitz 2001, Jürgens a.a.O.). Kennzeichnet selbstreguliertes Lernen somit insbesondere die Fähigkeiten, „sich Ziele zu setzen, Strategien zur Aufgabenbewältigung planen und anwenden, seine Motivation durch Selbstwirksamkeitsüberzeugungen aufrechterhalten und die Erarbeitungsprozesse fortlaufen selbst kontrollieren zu können“ (a.a.O., 62), haben diese für die außerunterrichtliche Hausaufgabenbewältigung eine herausragende Bedeutung, da die Heranwachsenden eigenständig eine „Aufgabenanalyse mit Zielsetzung“ vornehmen oder auch eine „Strategieplanung“ entwerfen sollen. Schließlich ist der Erfolg der Aufgabenbewältigung (vgl. Kapitel 5) in hohem Maße auf die motivationalen Selbststeuerungsfähigkeiten der Heranwachsenden angewiesen.

Jürgens definiert schulisches Lernen als selbstbestimmt, wenn es „Schülerinnen und Schüler systematisch in die Möglichkeiten der Selbstwahl und Selbstdefinition von Aufgaben, Vorhaben oder Themenstellungen einführt“ (a.a.O., 63) und beschreibt dies als „eine qualitative Erweiterung des selbstregulierten Lernens“ (a.a.O.). Die Implementierung einer eigenverantwortlichen (selbstregulierten und -bestimmten) Lernkultur unter Berücksichtigung anspruchsvoller Lern- und Leistungsaufgaben ist im Hinblick auf die Selbstständigkeitserziehung und (Persönlichkeits-)Bildung von Heranwachsenden eine grundlegende schulische Aufgabe. Zentral ist dabei die Akzeptanz und Ermutigung der Heranwachsenden als Treuhänder ihres Lernens, denen auf der Basis von Unterrichtsarrangements mit entsprechenden Freiräumen und Angeboten entsprechende Gelegenheiten für die zunehmende Entfaltung von Eigenverantwortlichkeit offeriert werden (a.a.O.).

Eine selbstbestimmte Hausaufgabenkultur sollte entsprechend Schülerinnen und Schülern die begründete Wahl zwischen unterschiedlichen Aufgabenarten oder-typen ermöglichen ebenso wie die oben bereits beschriebene selbstbestimmte Wahl hinsichtlich der didaktischen Funktion.

Aktives Lernen im Sinne entdeckenden, problemlösenden und handlungsorientierten Lernens

Das Aktivitätsparadigma ist ein wesentlicher Parameter moderner Lerntheorien, die auf die selbstmotivierende, konstruktive und tätige Rolle des Lernenden fokussieren (Niggli 2000, 32). Aktives Lernen realisiert sich, wenn der Lernende die Gestaltung der lernauslösenden Situation durch aktives (Mit-)Tun unmittelbar beeinflussen kann. Dieser Einfluss äußert sich u.a. durch eigenes Experimentieren, eigene Steuerung oder Wissensproduktion, eigene Interessen, das Äußern und Erweitern eigener (Vor-)Erfahrungen, durch eigene Vorschläge, Problemlösungen, durch Neugierde und Emotionen. „Denn allein durch diese das Lernen begleitende Faktoren (vgl. Holzkamp 1995) wird subjektiv bedeutsames Lernen begünstigt, was wiederum sowohl das (selbstmotivierende) Eröffnen von Lernzugängen als auch tieferes und somit nachhaltigeres Lernen erleichtert (Jürgens 2012, 64). Auch für Weinert (1997) ist aktives Lernen dadurch gekennzeichnet, „dass sich Schüler mit den Lerninhalten und mit den Lernsituationen aktiv auseinandersetzen und ihr eigenes Wissen konstruktiv aufbauen" (a.a.O., 13). Ein „aktives" Lernen erweist sich bezogen auf Hausaufgaben insofern als „selbstverständlich", als die Heranwachsenden die Aufgabenbewältigung selbst vornehmen müssen, wenn sie die Aufgaben eigenständig erledigen wollen Somit stellt sich vielmehr die Frage, inwiefern durch die Aufgabenarten, die Aufgabenschwierigkeit bzw. die eingesetzten Methoden die Bereitschaft zur Aufgabenbewältigung bei den Heranwachsenden erhöht bzw. abgesichert werden kann. Nach Feiks (1981) konstituiert sich eine Aufgabe „im Spannungsfeld zwischen dem Sachanspruch und dem durch diesen Anspruch geforderten Individuum". Die Beachtung der subjektiven Lernvoraussetzungen und die Berücksichtigung von Selbstverantwortung und Entscheidungsfreiheit beim Heranwachsenden befördern „die Chance, dass eine bloße Leistungsanforderung zur Aufgabe wird. Aufgaben in der Schule haben sich also an der ‚Individuallage' oder an den ‚anthropogenen Voraussetzungen' beim Schüler zu orientieren und sind – wo immer das möglich ist – als freie Angebote vorzustellen, unter denen der Schüler wählen und sich einer dieser Aufgaben bzw. einer Teilaufgabe innerhalb eines bestimmten Rahmens (…) stellen kann" (a.a.O., 9).

Instruktion und Konstruktion als die zwei Säulen erfolgreichen Lernens

Im Gegensatz zu früheren Positionierungen für die eine oder andere Seite dominiert im heutigen wissenschaftlichen Verständnis schulischen Lernens die Überzeugung, dass sich Instruktion und Konstruktion gegenseitig ergänzen und erst gemeinsam lernwirksamen Unterricht bewirken (vgl. Mandl 2010). So ist erfolgreiche Instruktion an die Beachtung „interindividueller Differenzen des kognitiven Entwicklungsstandes, des Vorwissens, der Lernmotivation und der Handlungskontrolle" gebunden (Weinert 1996, 148). Durch Führung und Lenkung werden im schüleraktiven Unterricht Freiräume zeitweise begrenzt, um die zukünftige, zunehmende Selbstständigkeit zu konsolidieren. „Der dialektische Widerspruch zwischen Führung und Selbsttätigkeit resp. Instruktion und Konstruktion ist im Grunde in jedem Unterricht enthalten, der darauf zielt, heranwachsende Menschen zu vernünftiger Selbstbestimmung zu befähigen" (Jürgens 2012, 68f.). Alle schüleraktiven Unterrichtschoreografien bergen diese Polarität in sich, die entsprechend stets neu geklärt werden muss. Für die außerunterrichtlichen Aufgaben stellt sich zunächst die Frage, inwiefern überhaupt Instruktion zum Tragen kommen sollte. Letztlich zeigt sich diese aber in einer überlegt und umsichtig ausgearbeiteten Arbeitsanweisung, die die Schülerinnen und Schüler in ihrer Aufgabenbewältigung dem Lernstand angemessen unterstützt. Auch die Erteilung der Aufgaben im Unterricht hat diesen Ansprüchen entsprechend Rechnung zu tragen. Die Instruktion hinsichtlich der Hausaufgaben bezieht sich insofern auf die Klarheit, Widerspruchsfreiheit und Lernstandsangemessenheit der Arbeitsanweisung zur Aufgabenbearbeitung sowie -erteilung im Unterricht. Sie ist der Aufgabenerledigung zeitlich vorgelagert und sollte (möglichst) verschriftlicht werden.

Die Beziehung von Emotion und Kognition im Lernprozess

Die Erkenntnisse über die emotionalen Einflüsse auf Lern- bzw. Gedächtnisprozesse legen nahe, dass Lernen grundsätzlich und dann umso besser gelingt, je eher Heranwachsende auf Lernangebote treffen, die positive emotionale Reaktionen hervorrufen bzw. in einem emotional positiven Situationskontext bearbeitet werden. Hierzu gehört insbesondere das Gefühl, etwas für sich und sein Leben Belangvolles und deshalb Sinnhaftes zu lernen. Zugleich beruht ein positiver Situationskontext auf einem sozial-emotionalen Klima des Vertrauens. „Vertrauen ist das Fundament, auf dem alle unsere Entwicklungs-, Bildungs- und Sozialisationsprozesse aufgebaut werden. Vertrauen braucht ein Kind auch später, wenn es erwachsen geworden ist, mehr als alles andere, um sich der Welt und anderen Menschen gegenüber offen, ohne Angst und Verunsicherung zuwenden und auch schwierige Situationen meistern zu können" (Hüther 2006, 46). Ein Klima des Misstrauens hingegen, das geprägt ist von (Versagens-)Ängsten, Stress, äußerem Druck oder Verunsicherung behindert den erfolgreichen Ablauf jener physiologi-

schen Prozesse, die für die Verarbeitung und Verknüpfung von Lernerfahrungen notwendig sind (a.a.O.).
Die dargelegten Beziehungen sind in mehrfacher Hinsicht von Belang für die Hausaufgabendidaktik. Neben der bereits ausgeführten hohen Bedeutung, die das Erkennen eines Sinns oder Nutzens in der (sorgfältigen) Erledigung der Aufgaben für die Heranwachsenden hat, stellt sich zugleich die Frage nach dem (Selbst-)Vertrauen, die Anforderungen der Aufgaben zufriedenstellend lösen zu können (Trautwein u.a. 2008) und nach dem Vertrauen in die Lehrkraft, nämlich z.B. dieser eingestehen zu können, wenn die Aufgaben nicht erfolgreich bewältigt werden konnten.

Komplementarität von Bedürfnissen und Lernerfolg
Zuwendung, Geborgenheit und Verständnis, empfunden als das Gefühl des Angenommenseins in seiner eigenen unverwechselbaren Individualität, sind aus anthropologischer Perspektive Merkmale des menschlichen Urbedürfnisses nach Sicherheit und Anerkennung (Maslow 1991). Auch Deci und Ryan (1993) gründen ihre Selbstbestimmungstheorie der Motivation hierauf. Die Erfüllung der angeborenen Bedürfnisse des Menschen nach Kompetenz und Effizienz, Autonomie und sozialer Eingebundenheit bzw. sozialer Zugehörigkeit führen als Eigenerfahrungen der Selbstwirksamkeit und Eigenverantwortlichkeit zu motivierenden Effekten (vgl. Jürgens 2010). Die Möglichkeit, eigene Ziel- und Handlungsentscheidungen (frei) wählen zu können, wird von Menschen grundsätzlich angestrebt. Diese ist aber an vergleichsweise stabile Vertrauensverhältnisse (s.o.) gebunden. Wirken Emotionen also nicht nur auf das Wissen und seine Verarbeitung, sondern ebenso auf motivationale und volitionale Prozesse, sind sie in hohem Maße dafür zuständig, ob etwas zu einer persönlichen Lernproblematik wird (vgl. Dörner 2004, Standop 2002). Die emotionale Relevanz einer Lernsituation bzw. -problematik zeigt sich in dem Grad der subjektiven Aufmerksamkeit von Schülerinnen und Schülern (Jürgens 2010, 71). Den Bedürfnissen nach Selbstbestimmung, Kompetenz, Autonomie und sozialem Eingebundensein sollte nicht nur Unterricht, sondern sollten in ebensolchem Maße auch Hausaufgaben entsprechen. So verdeutlichen Forschungsergebnisse (vgl. Niggli u.a. 2007, vgl. Kapitel 5), dass starke elterliche Einmischung bzw. Kontrolle bei den Hausaufgaben die Kompetenz der Heranwachsenden eher untergräbt, statt diese zu unterstützen. Neben der von der Lehrkraft anzustrebenden Adaptivität der Hausaufgaben an den Lern- und Leistungsstand der Schülerinnen und Schüler ist allerdings eine möglichst vertrauensvolle Kooperation zwischen Schule und Elternhaus notwendig. Damit Eltern den „Mut“ haben, ihre Kinder auch einmal ohne oder mit fehlerhaften Hausaufgaben in die Schule gehen zu lassen, unbesorgt, dass der Ruf ihres Kindes als „guter Schüler“ dadurch ruiniert wird. Darüber hinaus ist der emotionale Bezug zu den Unterrichtsthemen, der Lehrkraft, den Arbeitsmethoden in hohem Maße dafür

verantwortlich, ob die Heranwachsenden in den zu bearbeitenden Aufgaben einen persönlichen Sinn bzw. Nutzen sehen, der über eine schulweltbezogene Anpassung hinausgeht.

Das Aktivitätsparadigma

Schülerinnen und Schüler sind, wie dargestellt, Subjekte ihres eigenen Aneignungsprozesses (Klingberg 1989). Werden den Lernenden im und mit Unterricht Angebote gemacht, ist demzufolge die individuelle Angemessenheit der Zielsetzungen und Aufgabenstellungen ausschlaggebend für die tatsächliche Annahme dieses Angebots. „Alle mikrodidaktischen Konzepte [des Unterrichts, J. S.] unterliegen somit den Universalprinzipien von Passung und Adaptivität" (Jürgens 2010, 72). Deutlich betont Jürgens die große Bedeutung systematisch geplant und strukturiert zusammengehörender didaktischer Kriterien, „die der gemäßigt konstruktivistischen Auffassung von Lernen neben den weiteren erstrangigen wissenschaftlichen Erkenntnissen in hohem Maße Rechnung tragen" (a.a.O., 75) und die Entwicklung schüleraktiver Unterrichtskulturen befördern. Eng mit der individuellen Aktivität verbunden ist die von Trautwein u.a. (2006) herausgestellte Annahme der Schülerinnen und Schüler, die zu bearbeitenden Hausaufgaben überhaupt zufriedenstellend fertigstellen zu können (vgl. Kap. 5). Wie soll sich ein Heranwachsender motivieren und aktivieren können unter der persönlichen Annahme, für die Arbeiten nicht über die nötigen Kenntnisse und Fertigkeiten zu verfügen? Auch für Hausaufgaben gilt daher analog zum schüleraktiven Unterricht, dass die „offerierten Lehr-Lern-Arrangements […] einerseits zum Vorwissen des Lernenden passen und andererseits aktives Lernen für die Entwicklung von funktioneller und produktiver Selbstständigkeit nutzen [müssen, J. S.]" (Jürgens 2010, 75).

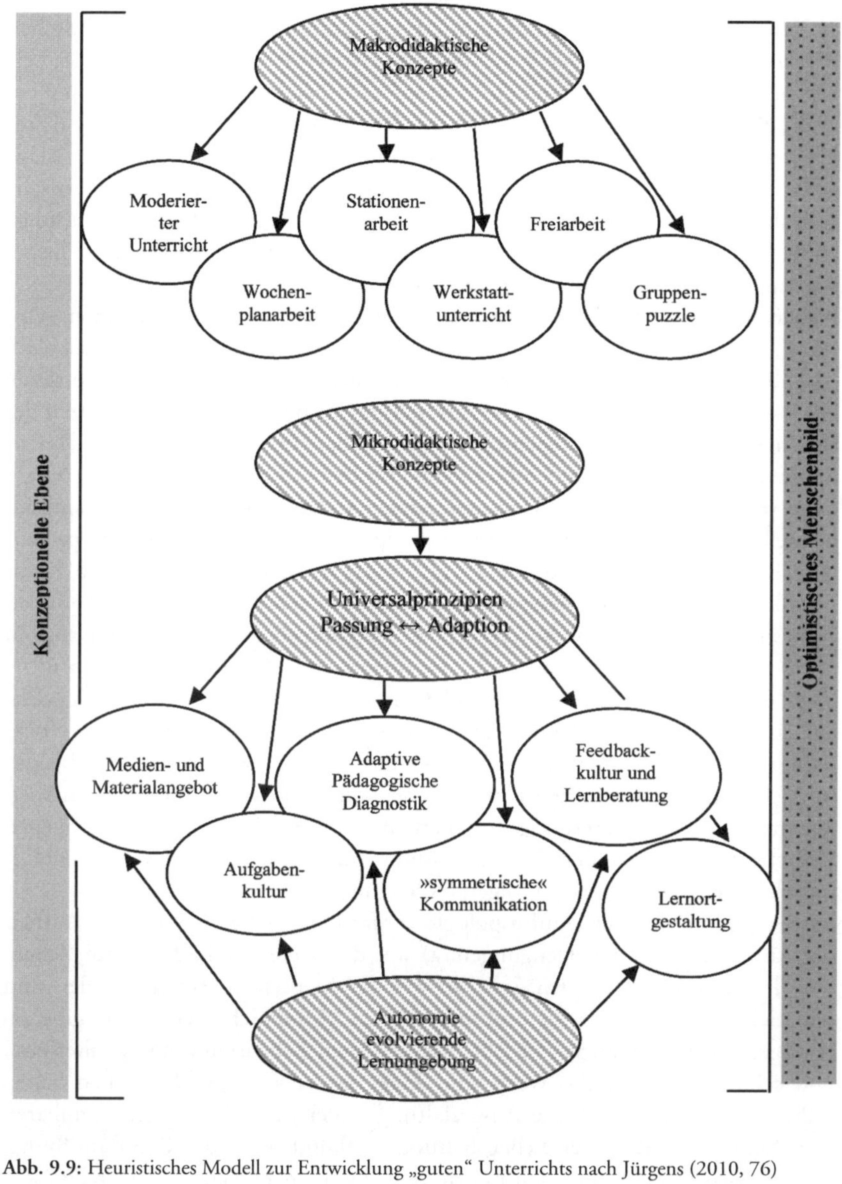

Abb. 9.9: Heuristisches Modell zur Entwicklung „guten“ Unterrichts nach Jürgens (2010, 76)

Einer den schüleraktiven Prinzipien adäquate Unterrichtskultur entspricht ein „systematisch geplantes und strukturiertes Zusammenwirken von didaktischen Merkmalsbereichen, die der gemäßigt konstruktivistischen Auffassung von Lernen neben den weiteren erstrangigen wissenschaftlichen Erkenntnissen in hohem Maße Rechnung tragen“ (a.a.O., 75). Ist für eine erfolgreiche Umsetzung dieser Perspektive die Berücksichtigung der Komponenten „Medien- und Materialangebot“, „Aufgabenkultur“, „Adaptive Pädagogische Diagnostik“, „Symmetrische Kommunikation“, „Feedbackkultur und Lernberatung“, „Lernortgestaltung“ (Abb. 9.8) maßgeblich, sind für eine entsprechende Hausaufgabenkultur insbesondere die folgenden Zusammenhänge relevant.
Neben den mikrodidaktischen Konzepten mit ihren Universalprinzipien „Passung“ und „Adaption“, die die hausaufgabenbezogene Unterrichtsvor- als auch -nachbereitung unmittelbar beeinflussen, stellen makrodidaktischen Konzepte eine wichtige Vorbereitung für die Ausbildung entsprechender Kompetenzen des selbstregulierten und selbstständigen Lernens dar. Erst auf diesem Fundament können die Heranwachsenden ihre Hausaufgaben erfolgreich bearbeiten. Ausgehend von den hausaufgabenrelevanten Aspekten der Unterrichtsplanung sind im Modell des „guten“ Unterrichts für das entworfene Hausaufgabenkonzept zentrale Bezüge zur Feedbackkultur, Lernberatung sowie zur symmetrischen Kommunikation bezüglich der Überprüfung bereits erteilter Hausaufgaben erkennbar. Insbesondere die Planung zu erteilender Hausaufgaben korrespondiert sowohl mit der Aufgabenkultur als auch mit der Adaptiven Pädagogischen Diagnostik.
Zur konzeptionellen Ebene ist festzuhalten, dass – wie gezeigt – Hausaufgaben auf eine systematische Planung angewiesen sind und mit Unterricht in einem strukturierten Zusammenhang stehen. So muss eine schüleraktive Unterrichtskultur sich in einer ebensolchen Hausaufgabenkultur fortsetzen, um die „gemäßigt konstruktivistische Auffassung von Lernen“ (a.a.O.) der unterrichtsbezogenen Zielsetzungen aufzugreifen. Zur Bedeutung eines optimistischen Menschenbilds im schüleraktiven Kontext ist folgendes festzuhalten:
In der philosophischen Anthropologie umfasst Menschenbild die Gesamtheit der Annahmen und Überzeugungen, a) was der Mensch seiner ursprünglichen, natürlichen Verfasstheit gemäß ist, b) wie der Mensch in seinem sozialen und materiellen Umfeld lebt (wie und mit welchen Mitmenschen er sich umgibt, ob er angepasst oder unangepasst lebt, wie er seinen Lebensraum ausgestaltet etc.) und schließlich c) welche Werte und Ziele das Leben eines Menschen haben sollte (u.a. definiert über die Ausgestaltung seiner persönlichen und familiären Beziehungen sowie seiner Lebenshaltung), gebunden an die Berufsausübung, der gesellschaftlichen und politischen Teilhabe, dem Engagement in religiösen, kulturellen, musischen, sportlichen, mildtätigen Vereinigungen oder auch dem nachbarschaftlichen, ehrenamtlichen Engagement. Aus Sicht der Psychologie ge-

hört das Menschenbild zu den subjektiven, „naiv-theoretische[n] Konzepte[n] des Alltagsmenschen, um das Tun seiner Mitmenschen zu erklären und zu antizipieren“ (Laucken 1974, 27). Als wesentlicher Teil der persönlichen Alltagstheorien sind sie gekennzeichnet durch „ein relativ unkritisches, durch keine wissenschaftliche Reflexion getrübtes Vertrauen in eigene Kenntnisse“ (a.a.O., 20). Das individuelle Menschenbild einer Person ist dieser nicht in jeder Hinsicht bewusst oder mitteilbar. Viele Überzeugungen sind so selbstverständlich, dass sie im Alltag selten überdacht werden. Hinsichtlich des Menschenbildes kann darüber hinaus unterschieden werden zwischen zentralen „Gewissheiten“ (z.B. der religiöse Glaube, der Glaube an eine geistige Existenz nach dem biologischen Tod, die Freiheit des Willens, soziale Verantwortung) und anderen Überzeugungen, die weniger axiomatisch und fundamental zu sein scheinen, auch wenn sie unter Umständen persönlich bedeutsam sind (vgl. Standop 2012, vgl. Fahrenberg 2007). Lehrkräfte verfügen im Rahmen ihres Menschenbildes oder – spezieller – ihres „Bildes vom erfolgreich lernenden Menschen/Schüler“ über unterschiedliche Haltungen und Überzeugungen, die einerseits sowohl „zentrale Gewissheiten“ betreffen (beispielsweise inwieweit die genetische „Ausstattung“ eines Individuum seine optimale Lernfähigkeit festlegt, inwieweit die Umwelt die Lernfähigkeit eines Menschen befördern bzw. behindern kann), als auch andererseits weitere allgemeinere Überzeugungen (z.B. dass die Begleitung der Hausaufgabenanfertigung durch ein Elternteil für den schulischen Lernerfolg einer Schülerin oder eines Schülers maßgeblich ist). Der Einfluss, den solche Menschenbildüberzeugungen („Der Schüler braucht eine ordnende Hand im Hintergrund, um erfolgreich zu lernen“) auf die Lehrer-Schüler-Beziehung ausüben, ist einerseits „plausibel“ und z.T. auch bereits nachgewiesen worden (vgl. Bromme/Haag 2004, Schön 1983). Eine Lehrkraft, die in hohem Maße von der Vererbbarkeit der Intelligenz überzeugt ist, wird somit möglicherweise eine schwächer auftretende Unterstützungsbereitschaft gegenüber Kindern zeigen, denen sie eine geringer ausgeprägte Intelligenz zuschreibt, im Vergleich zu einer Lehrkraft, die sehr stark auf die Umwelteinflüsse hinsichtlich der Intelligenzentwicklung bei Heranwachsenden fokussiert. Insofern ist ein optimistisches Menschenbild geprägt von Überzeugungen über die Lernfähigkeit und -bereitschaft bei Heranwachsenden ebenso wie von Überzeugungen, die die Bedeutung der eigenen Selbstwirksamkeit bezogen auf das Lernen der Schülerinnen und Schüler betreffen. Ein optimistisches Menschenbild zeichnet sich hinsichtlich eines schüleraktiven Unterrichts u.a. dergestalt aus, dass die Lehrkraft von einer grundsätzlichen Lernbereitschaft und Lernfähigkeit bei den Heranwachsenden ausgeht und ihnen mit diesem Vertrauensvorschuss begegnet. Bezogen auf die Hausaufgabenthematik heißt das z.B., dass die Lehrkraft zunächst von der grundsätzlichen Bereitschaft der Schülerinnen und Schüler, die Hausaufgaben anzufertigen und von ihrer Einsicht in diese Notwendigkeit ausgeht – beispielsweise, wenn sie die Schülerinnen und Schüler ihre Hausaufgaben selbst wählen lässt. Das heißt nicht, dass sie sich nicht von einzelnen Schülern deren Aufgabenwahl erläutern lässt. Aber die Lehrkraft geht aus von der positiven Unterstellung, dass die Schülerinnen und Schüler die Hausaufgaben engagiert annehmen und bearbeiten. Ein ebensolcher Vertrauensvorschuss ist notwendig für eine Feedbackkultur, die die Schülerinnen und Schüler tätig, d.h. u.a. selbstkontrollierend in diesen Prozess einbezieht. Werden beispielsweise die Ergebnisse der Hausaufgabenbearbeitung von den Heranwachsenden in Gruppen während des Unterrichts besprochen, ist für einen konstruktiven Verlauf der Arbeitsphase die positive Unterstellung der Lehrkraft, dass die Schülerinnen und Schüler diese Aufgabe zielbewusst und überzeugt annehmen und durchführen, ebenso eine wichtige Voraussetzung. Diese Überzeugung kann nicht als Rolle aus pädagogischen Gründen den Heranwachsenden vorgespielt werden. Für die tatsächliche Wirksamkeit einer solchen Haltung ist deren „Echtheit" grundlegende Voraussetzung (Aronson et al. 2008).

10 Hausaufgabenbetreuung in der offenen Ganztagsschule

Wie bereits zuvor gezeigt werden konnte[165], liegen – u.a. aufgrund des Hausaufgabenerlasses des Landes Nordrhein-Westfalen, der vorschreibt, dass Hausaufgaben eigenständig, ohne fremde Hilfe, und in angemessener Zeit durch die Schülerinnen und Schüler erledigt werden können müssen – im Untersuchungszeitraum keine pädagogisch-didaktisch ausgearbeiteten Betreuungskonzepte an den von uns beforschten Ganztagsgrundschulen vor (vgl. a. Beher u.a. 2008). Daher bleibt als kritische Frage, wie gegenwärtig die Betreuung der Hausaufgaben im offenen Ganztag umgesetzt wird. Dieser Aspekt, der den umfangreichen zweiten Teil der HOfGans-Studie umfasst, wird im Folgenden in Auszügen dargestellt, um einen Blick auf die Qualifizierung des Personals in der Hausaufgabenbetreuung offener Ganztagsschulen zu werfen. Abschließend wird ein Kooperationsmodell vorgestellt, mit dessen Hilfe die Zusammenarbeit von Lehrkräften und Betreuern in der Ganztagsschule v.a. zum Thema Hausaufgaben weiterentwickelt werden kann.

10.1 Professionalisierung des Personals in der offenen Ganztagsschule – eine empirische Studie zur Situation der Hausaufgabenbetreuung[166]

Die Hausaufgabenbetreuung an (offenen) Ganztagsschulen ist für viele Eltern ein ausschlaggebendes Argument für die Anmeldung ihres Kindes an einer Schule mit einem solchen Angebot (vgl. Rollett u.a. 2008). Die damit einhergehende Erwartungshaltung an die inhaltliche Ausgestaltung und die organisatorische Struktur der Betreuung ist vielseitig und umfangreich (vgl. z.B. Beher u.a. 2008). Von bildungspolitischer Seite verbindet sich mit der Einführung der Ganztagsschule u.a. folgendes Ziel:

> „Die individuelle ganzheitliche Bildung von Kindern und Jugendlichen, die Entwicklung ihrer Persönlichkeit, der Selbst- und Sozialkompetenzen, ihrer Fähigkeiten, Talente, Fertigkeiten und ihr Wissenserwerb sollen systematisch gestärkt werden." (MfSW NRW 2012, 2.1).

Nach den ministeriellen Vorgaben sind Hausaufgaben in offenen und gebundenen Ganztagsschulen in das Gesamtkonzept des Ganztags zu integrieren (vgl.

165 Vgl. Kap. 6.
166 unter Mitautorenschaft von Jan Seefeldt.

a.a.O., 5.4). Für die schulpädagogische Forschung ergeben sich im Kontext der Betreuung von Hausaufgabenerledigung in der offenen Ganztagsschule zwei wesentliche Fragestellungen. So besteht das Interesse zu erfahren, wie die schulische Betreuung inhaltlich und strukturell abläuft, da diese institutionelle Unterstützungsform sich noch im Aufbau befindet (vgl. Wiechmann 2006) und kaum Untersuchungen bzw. Ergebnisse zu „methodischen Gelingensbedingungen" (a.a.O.) vorliegen. Weitere Aufmerksamkeit besteht hinsichtlich der personellen Zusammensetzung der Hausaufgabenbetreuung an offenen Ganztagsschulen. Studien belegen, dass nicht nur pädagogisch qualifizierte Mitarbeiter in der nachmittäglichen Betreuung tätig sind, sondern Personen aus verschiedenartigsten Berufskontexten mit unterschiedlichsten beruflichen Qualifikationen (vgl. Höhmann u.a. 2008). In der Konzeption des offenen Ganztags sind hinsichtlich der Personalstruktur neben Lehrkräften pädagogisch ausgebildetes Personal sowie Mitarbeiter mit pädagogischer Eignung vorgesehen:

> „7. **Das Personal**
> 7.1 Die Qualifikation des Personals richtet sich nach den Förder- und Betreuungsbedarfen der Kinder und Jugendlichen.
> 7.2 Lehrerstellenanteile sind möglichst für Angebote zu nutzen, die die Kinder ergänzend zum Unterricht individuell fördern und fordern (zum Beispiel zusätzliche Arbeits- oder Wochenplanstunden, Sprachbildung, Mathematik und Naturwissenschaften, Fremdsprachen). Möglich ist auch ihre Nutzung für Konzeption und Koordination.
> 7.3 Neben Lehrkräften sollen möglichst pädagogische und sozialpädagogische Fachkräfte, Musikschullehrerinnen und -lehrer, Künstlerinnen und Künstler, Übungsleiterinnen und Übungsleiter im Sport sowie geeignete Fachkräfte weiterer gemeinwohlorientierter Einrichtungen eingesetzt werden.
> 7.4 Ergänzend können, nach Möglichkeit unter pädagogischer beziehungsweise sozialpädagogischer Begleitung, auch pädagogisch geeignete ehrenamtlich tätige Personen, Seniorinnen und Senioren, Handwerkerinnen und Handwerker, Eltern, ältere Schülerinnen und Schüler, Praktikantinnen und Praktikanten, Studierende, Bundesfreiwilligendienstleistende und Teilnehmende am freiwilligen sozialen oder ökologischen Jahr und von Freiwilligendiensten tätig werden" (vgl. MfSW des Landes NRW 2012, 3.1).

Auch wenn die Hausaufgabenbetreuung sich in ihrer inhaltlichen Gestaltung vom Unterricht am Vormittag unterscheidet (vgl. Wiechmann 2006), erfordert dieser Aufgabenbereich im Vergleich zu anderen Angeboten des offenen Ganztags aufgrund des unterrichtlichen Bezugs möglicherweise ein stärker didaktisch orientiertes Arbeiten – zumindest, wenn eine didaktisch und fachlich qualifizierte Betreuung erfolgen soll. Dies führt zur Frage nach der notwendigen Qualifizierung und Professionalisierung des weiteren pädagogisch tätigen Personals speziell in diesem Aufgabenfeld.

10.1.1 Vorstellung der Beobachtungsstudie

Im Rahmen der Studie zum „Sinnvollen Erteilen, selbstgesteuerten Anfertigen und konstruktiven Begleiten von Hausaufgaben in der Offenen Ganztagsgrundschule" ist neben der quantitativen Befragung verschiedener Akteure über ihre Einstellungen und Erwartungen zum Komplex Hausaufgaben und deren Betreuung in der zweiten Phase der Status Quo der Hausaufgabenbetreuung mit dem Forschungsinstrument der Beobachtung erhoben worden. Ziel dieser Untersuchung ist es, den strukturellen und inhaltlichen Verlauf der Betreuung zu erfassen, um zu repräsentativen Aussagen über dieses Handlungsfeld zu gelangen. Durch die aufgrund der Förderung von Bund und Ländern[167] erst seit kurzer Zeit zunehmende Einrichtung offener Ganztagsschulen gehört die Hausaufgabenbetreuung – im Gegensatz beispielsweise zu außerschulischen Unterstützungsangeboten durch Nachhilfe[168] – zu den bislang wenig erforschten Feldern des Ganztagsbetriebs. Das Forschungsinteresse der Beobachtung konzentriert sich auf die Organisationsabläufe und Handlungsschwerpunkte der Hausaufgabenbetreuung. Denn im Gegensatz zum Schulunterricht fehlt es der Betreuung bislang an standardisierten bzw. formal genau zu bestimmenden Abläufen. Die durchgeführte Beobachtung ermöglicht es, Arbeits- und Interaktionsschwerpunkte in der Betreuung von Hausaufgaben zu ermitteln.

10.1.2 Die wissenschaftliche Methode der Beobachtung

Das Instrument der Beobachtung bringt methodische Schwierigkeiten mit sich, die dieses Instrument fehleranfällig und die Datenauswertung schwer messbar sowie auswertbar machen (vgl. Böhm-Kasper 2004). Auf der anderen Seite ermöglicht die Beobachtung die Rekonstruktion sozialer Wirklichkeit (vgl. Atteslander 2008). Die wissenschaftliche Beobachtung bleibt wie die alltägliche zwar selektiv, durch das systematische Vorgehen wird sie aber in ihrer „Selektion vom Untersuchungsziel und vom Forschungsplan gelenkt" (Friedrichs 1990, 275).

Im Gegensatz zur qualitativen richtet sich die von uns gewählte quantitative Beobachtung mit einem strukturierten und standardisierten Verfahren nach dem reduktionistischen Definitionsprinzip (vgl. Atteslander 2008). Die Strukturierung der Beobachtung verringert den Einfluss der Beobachtersubjektivität auf das Ergebnis. Die hierdurch erreichte weitgehende Durchführungsobjektivität (vgl. Jürgens/Diekmann 2007) wird durch die standardisierte Beobachtung erhöht, zugleich werden Selektionsprozesse minimiert. So ist es notwendig festzulegen, welche Inhalte beobachtet werden (selektive Zuwendung), auf welchen ausgewählten Inhalten die Konzentration liegt (selektive Wahrnehmung) und auf welche Weise die Protokollierung der Beobachtung erfolgt (selektives Erinnern) (vgl. Friedrichs

167 V.a. durch das Investitionsprogramm „Zukunft Bildung und Betreuung" (IZBB).

168 Siehe Jürgens/Diekmann 2007.

1990). Die quantitative Erfassung läuft umso „linearer, aber auch weniger offen und flexibel“ (Atteslander 2008, 74), je konkreter Beobachtungsfeld, -einheiten, Beobachter und Beobachtete definiert sind. Für unsere Forschungsfrage bietet sich die quantitative Beobachtung in ihrer nicht-teilnehmenden, offenen und strukturierten Ausrichtung an.[169]
In dem Bewusstsein, dass auch eine nicht-teilnehmende Erfassung den Datenerhebungsprozess im Forschungsfeld beeinflusst, sei darauf verwiesen, dass die damit möglicherweise einhergehenden Verzerrungen der Beobachtungssituation minimaler werden, „je geringer und unspezifischer die Interaktionserwartungen an die Position sind, die der Beobachter einnimmt“ (Friedrichs 1990, 283). In unserem Fall sind die Mitarbeiter des offenen Ganztags schriftlich von uns informiert worden, dass wir die Hausaufgabenbetreuung wissenschaftlich beobachten und während der Beobachtungen nicht aktiv am Handlungsgeschehen teilnehmen werden.

Das Beobachtungsinstrument
Vorab eingesetzte Pretests verdeutlichten, welche Situationen und Interaktionsmuster in der Hausaufgabenbetreuung entweder häufig vorkommen, als typisch bezeichnet werden können oder welche Handlungen seltener auftreten. So entstand ein standardisiertes Beobachtungsschema, dass mit „Rahmenbedingungen Hausaufgaben“, „Begleiter/Betreuer: Bewegung im Raum“, „Unterstützungsformen“ und „Disziplinierung“ vier zentrale Untersuchungsdimensionen enthält. Diese wurden auf der vertikalen Achse eingetragen und durch verschiedene Beobachtungskategorien spezifiziert.[170] Auf der horizontalen Achse wurde der zeitliche

169 Zu den Klassifikationen möglicher Beobachtungsformen siehe u.a. Atteslander (2008, 87).
170 Ein Überblick der Untersuchungsdimensionen und den einzelnen dazugehörigen Beobachtungskategorien:
„Rahmenbedingungen Hausaufgaben“: prüft, welche HA S. aufhat / lässt sich fertig gestellte HA vorzeigen / gibt fertigem S. andere Beschäftigung / bietet fertigem S. andere Beschäftigungsaufgaben an / fordert S. mit fertigen HA auf, sich anders zu beschäftigen / lässt S., wenn er HA beendet hat, den Raum verlassen / beschäftigt sich nicht hausaufgabenbezogen mit S. / erledigt Dinge, die mit der HA-Begleitung nichts zu tun haben
„Begleiter: Bewegung im Raum“: geht ohne Aufforderung zu S. / geht nach Meldung von S. zu diesem / geht nach verbaler Äußerung von S. zu diesem / sitzt am Pult / sitzt an anderem festen Platz …. / sitzt neben S. / S. geht zum Pult
„Unterstützung“: arbeitet mit einzeln. S. / schreibt im Heft, Arbeitsbuch von S. / korrigiert im Heft, Arbeitsbuch von S. / weist S. auf Fehler hin / lässt S. Fehler in seinem Beisein korrigieren / klärt Verständnisfragen / erläutert Lernwege / gibt Lösungsvorschläge / sagt S. die Lösung vor / Zustimmung zu S. bei richtiger Lösung / lobt S. bei richtiger Lösung / teilt Lernhilfe/Arbeitshilfe an S. aus / weist S. auf vorhandene Lernhilfen/ Arbeitshilfen hin / lobt ganze Klasse / prüft Aufgaben / gibt Arbeitsanweisungen
„Disziplinierung“: ermahnt einzeln. S. / ermahnt mehrere S. / ermahnt ganze Gruppe / droht einzeln. S. mit Sanktionen / droht Gruppe mit Sanktionen / ignoriert Fehlverhalten eines S. /

Verlauf der Beobachtungssituation abgebildet. Dieses ausgewählte „Raster-System" (s. Abb.1) eröffnet die Möglichkeit, auftretende Handlungen nach festgelegten Kategorien zu klassifizieren (vgl. Schnell u.a. 2005).

Nr.						5					10					15					20	Nr.
Rahmenbedingungen Hausaufgaben																						
1	prüft, welche HA S. auf hat																					1

Abb. 10.1: Ausschnitt eines Beobachtungsrasters der Beobachtungsdimension: Rahmenbedingungen der Hausaufgaben in den ersten 20 Minuten der Hausaufgabenbetreuung

Hierdurch war es für die Beobachter[171] möglich, auf Grund der zeitlich langen Spanne der Betreuung (in unserem Fall in der Zeit von 14.00-15.00 Uhr), das Verhalten der beobachteten Personen in Einheiten zu zerlegen, um dann, gemessen in der zeitlichen Dimension, kleinste Einheiten als „vollständig deutbare Einheiten" (Atteslander 2008) zu definieren. Deshalb ist die horizontale „Zeitachse" in Beobachtungssequenzen von 60 x 60 Sekunden unterteilt. Durch den Versuch, mittels einer systematischen Beobachtung den organisatorischen Ablauf und die inhaltliche Interaktion in der Hausaufgabenbetreuung zu erfassen, rückt im Untersuchungsdesign im weiteren Sinne die Handlungsstruktur des Betreuers zwar in den Fokus, im engeren Sinne ist diese fokussierte Personenwahrnehmung als mögliche Fehlerquelle jedoch weniger gegeben, da der empirische Zugriff kein globaler ist, sondern sich auf eine systematische Verhaltensbeobachtung beschränkt (vgl. Faßnacht 1995). Zusätzlich zum standardisierten Beobachtungsbogen ist für jede Beobachtungssitzung ein Protokoll geführt worden. In diesem wurden organisatorische sowie strukturelle Rahmendaten dokumentiert.[172]

ignoriert Fehlverhalten mehrerer S. / erteilt Sanktionen an

171 Die Beobachtungen sind stets von zwei geschulten Mitarbeitern der Arbeitsgruppe durchgeführt worden.

172 Handelt es sich z.B. um einen Klassenraum od. einem Raum der OGS, sind Lernhilfen vorhanden, hängen Regeln für die Zeit der Betreuung aus? Eine Raumskizze wurde angefertigt, die Sitzanordnung bzw. -verteilung der Schüler dokumentiert sowie das jeweilige Geschlecht vermerkt (im Anschluss an die Beobachtung wurde ermittelt, welchem Jahrgang die einzelnen Schülerinnen und Schüler angehören). Sowohl im Beobachtungsbogen als auch im Protokoll wurden Datum, Name der Schule, Raumnummer, Anzahl der Betreuer pro Hausaufgabenbetreuung und ggf. Name des Betreuers festgehalten. Diese Angaben waren erforderlich, um bei der zweiten Erhebung die Hausaufgabengruppen zu identifizieren (alle Daten wurden bei der Auswertung anonymisiert).

Beobachtungsverlauf
Die Beobachtungen haben an vier Pilotschulen im Rahmen des Forschungsprojektes stattgefunden. Insgesamt wurden 20 verschiedene Hausaufgabengruppen je zweimal beobachtet[173]. Zu Beginn der Beobachtung wurden die notwendigen Rahmendaten festgehalten. Die Sitzpositionen im Raum wählten die Beobachter so, dass sie den Verlauf der Betreuung bestmöglich erfassen konnten. Diese Position wurde während der Sitzung nicht verändert. Im Beobachtungsbogen wurden Interaktionen und Handlungen der Betreuer nach dem Prinzip der „kleinsten vollständig deutbaren Einheit" (Atteslander 2008, 76) dokumentiert. Ebenso wurde protokolliert, mit welchen Schülerinnen oder Schülern die Betreuung Kontakt aufnahm. Wissend, dass „Beobachtungsitems und Beobachtungskategorien … eine Sequenz in einzelne Ereignisse (zerlegen)" (Friedrichs 1999, 276), konnten Interaktionen und Handlungen auch über einen Zeitraum von mehreren Sequenzen protokolliert werden. Zugleich bestand die Möglichkeit, in Beobachtungssequenzen verschiedene Handlungen und Situationen wahrzunehmen. Diese wurden dann parallel den jeweiligen Beobachtungskategorien zugeordnet. Zwei Beispiele illustrieren dieses Verfahren und das methodische Vorgehen:

	Zeitachse (Min.)	34	34	35	35	36	36	37	37	38	38
Beobachtungskategorie											
Arbeitet mit einzelnem Schüler		g	G	g	G	g	G	g	G	g	G

Abb. 10.2: Beispiel der Protokollierung von Verhaltenssequenzen unter Verwendung einer Beobachtungskategorie

Im Beispiel (Abb. 10.2) wird ersichtlich, dass die Hausaufgabenbegleitung über eine Sequenz von fünf Minuten (34.-38. Minute) mit Schüler G einzeln arbeitet. Beobachter I (Markierung durch g) und Beobachter II (Markierung durch G) haben diesen Prozess in der zeitlichen Abfolge und in der Beschreibung der Handlung parallel und identisch wahrgenommen. Dieses Vorgehen zur Gewährleistung der Beobachtungsreliabilität ist das einfachste Übereinstimmungsmaß (vgl. Böhm-Kasper 2004), ermöglicht aber durch Event-sampling als Quanitifizierungsverfahren (vgl. Fastnacht 1995) eine hohe Reliabilität.

173 In der Konzeptionsphase der Studie wurde eine Übersicht über die Hausaufgabengruppen der einzelnen Schulen erstellt, um eine bessere Vergleichbarkeit der Stichprobe zu gewährleisten und spezielle Gruppen (intensiv, deutsch-muttersprachliche Gruppen) auszuschließen.

	Zeitachse (Min.)	3	3	4	4	5	5	6	6	7	7
Beobachtungs-kategorie											
B. sitzt am Pult		x	X	x	X	x	X	x	X	x	X
S. geht zum Pult										a	A

Abb. 10.3: Beispiel der Protokollierung zeitgleicher Verhaltenssequenzen unter Verwendung verschiedener Beobachtungskategorien

Das zweite Beispiel (Abb. 10.3) bildet die Zeitspanne von der dritten bis zur siebten Minute der Betreuung ab. Die Kategorie „B. sitzt am Pult“ wird in diesen Sequenzen von beiden Beobachtern (Markierung durch x und X) wahrgenommen und im Bogen eingetragen. Gleichzeitig wird von beiden registriert und aufgezeichnet, dass der Schüler A in der 7. Minute (Beobachter I: a; Beobachter II: A) den Mitarbeiter der Hausaufgabenbetreuung aufsucht „S. geht zum Pult“.

10.1.3 Ergebnisse der Beobachtungsstudie

Zu den Erhebungsinstrumenten der Beobachtungsstudie gehörte neben dem oben beschriebenen Beobachtungsbogen auch ein Beobachtungsprotokoll, in welchem Rahmenbedingungen sowie zentrale Merkmale der Hausaufgabenbegleitung erfasst wurden[174].

Wesentliche Aussagen der Beobachtungsprotokolle

Die Anfertigung der Hausaufgaben findet in den wenigsten Fällen in Räumen der offenen Ganztagsschulen statt (ein Fall)[175], sondern größtenteils in Klassenräumen (17 Fälle), die für eine optimale Betreuung und Erledigung der Hausausaufgaben aufgrund ihrer speziellen Ausrichtung auf den Unterricht einer bestimmten Klasse zumeist wenig geeignet sind (vgl. Höhmann/Hesener 2006). Die Heranwachsenden wissen, dass sie an den Tischen anderer Kinder arbeiten und haben

174 Zum Beispiel eine Beschreibung des Raums (Hängen Regeln für die Hausaufgabenanfertigung aus? Sind Lernhilfen vorhanden? Handelt es sich um einen Klassenraum, um einen Raum der OGS?) inklusive einer Skizze über die Raumgestaltung, die Verteilung der Schüler und der Sitzpositionen der Beobachter. Außerdem wurden standardisierte Aussagen von zur Hausaufgabenbegleitung festgehalten (z.B. ob die Hausaufgabenbetreuung mit einem Ritual eingeleitet wird, ob die Anwesenheit der Schülerinnen und Schüler geprüft wird, Belohnungen verteilt werden, Schüler zusammenarbeiten dürfen, mit Hausaufgaben fertige Schüler den Raum verlassen dürfen und ob der Lärmpegel – bezogen auf die gesamte Zeit „laut“ ist).

175 Angabe der einfachen Raumanzahl, da die 20 Gruppen je zweimal besucht wurden. Summen, die nicht 20 ergeben, sind auf mögliche Unstimmigkeiten in der Wahrnehmung der Beobachter zurückzuführen.

die Anweisung, nicht die Unterlagen und Arbeitsmaterialien dieser durcheinander zu bringen. Lernhilfen, auf die Schüler bei der Aufgabenerledigung zurückgreifen könnten, werden überwiegend nicht registriert[176] (12 Fälle), nur selten (drei Fälle) wird Partner- bzw. Gruppenarbeit bei den Schülern beobachtet.
Die Schülerstruktur der jeweiligen Hausaufgabengruppen ist recht unterschiedlich, 35 % sind jahrgangshomogen (8), 65 % jahrgangsheterogen zusammengesetzt. In den jahrgangsübergreifenden Gruppen werden überwiegend zwei Jahrgänge gemeinsam betreut (8 Gruppen). Das Personal in den beobachteten Hausaufgabengruppen ist geschlechtsbezogen einseitig stark vertreten: Zu den zwanzig Betreuungskräften gehören 18 Mitarbeiterinnen und zwei Mitarbeiter.

Die Mitarbeiterstruktur der Hausaufgabenbetreuung
Das Konzept des Trägers der von uns untersuchten offenen Ganztagsschulen sieht im normalen Regelbetrieb in der Mitarbeit eine formale Trennung zwischen der allgemeinen nachmittäglichen Betreuung und der Hausaufgabenbetreuung vor. Daher sind einige Mitarbeiter ausschließlich in der Betreuung der Hausaufgaben tätig. Die Mitarbeiterstruktur des offenen Ganztags im Allgemeinen spiegelt jedoch hinsichtlich der pädagogischen Qualifikation die Personalsituation in der Hausaufgabenbetreuung wider.
Nach den Ergebnissen unserer quantitativen Erhebung verfügen 19 von 76 befragten Mitarbeitern des Ganztages (einschließlich der Mitarbeiter der Hausaufgabenbetreuung) über eine pädagogische Qualifikation, dabei dominiert die Ausbildung zur Erzieherin (9 Fälle). Die überwiegende Mehrheit der Antwortenden (51 Fälle) hat andere berufliche Hintergründe (siehe Abb. 10.4), sechs Personen machen keine Angaben. Dieser „Personalmix" von pädagogischen und nicht-pädagogischen Mitarbeitern wurde durch andere Untersuchungen bestätigt (vgl. Höhmann 2008).

176 Wenn z.B. Dritt- oder Viertklässler im Klassenraum einer ersten Klasse ihre Hausaufgaben anfertigen, befinden sich dort im Allgemeinen ausschließlich Lernhilfen für Rechenoperationen bezogen auf die Lerninhalte der ersten beiden Schuljahre. Mit dem Träger des von uns untersuchten offenen Ganztags wurde mittlerweile ein „Rollwagenkonzept" entwickelt, auf dem sich verschiedene Lernhilfen und zusätzliche Arbeitsmaterialien sowie Spiele befinden. Diese werden vom Personal des Ganztags zusammengestellt und können recht problemlos für die Betreuungsstunden in die verschiedenen Räume mitgenommen werden.

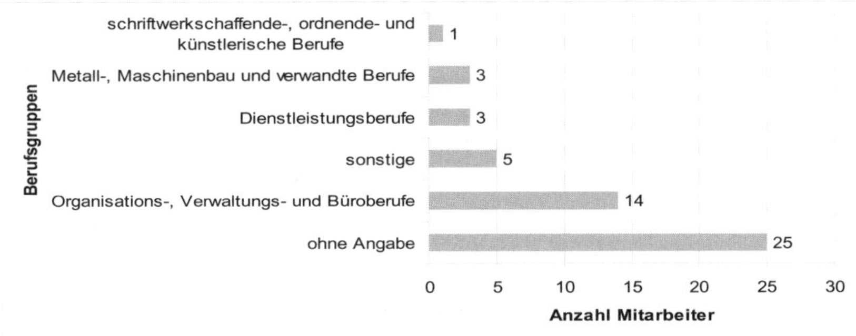

Abb. 10.4: Berufszughörigkeit des Personals im Ganztag, ohne pädagogische Ausbildung[177]

In unserer Beobachtungsreihe wurde im Anschluss an die zweite Beobachtungsstunde für die Erfassung soziodemographischer Daten und beruflicher Qualifikationen/Ausbildungen mit der jeweiligen Betreuungskraft ein kurzes Interview durchgeführt. Der Altersdurchschnitt liegt bei 44,7 Jahren, die jüngste Mitarbeiterin ist 23 Jahre, die älteste Mitarbeiterin ist 70 Jahre alt. Im Ergebnis lässt sich festhalten, dass vier Personen eine pädagogische Ausbildung (Erzieher) absolviert haben, die übrigen 16 sind Quereinsteiger mit unterschiedlichen Berufsqualifikationen. Von den 20 beobachteten Mitarbeitern antworten sechs, ausschließlich in der Hausaufgabenbetreuung zu arbeiten. In einigen Fällen besteht eine zusätzliche Tätigkeit zwischen fünf und zehn Stunden im Regelbetrieb des offenen Ganztags. Dieser geringe Einsatz in der nachmittäglichen Betreuung lässt nicht nur auf strukturelle und organisatorische Hürden im Tagesablauf schließen (z.B. Aufbau von Kooperationsstrukturen, vgl. Höhmann 2008), sondern wirft auch Fragen auf nach den inhaltlichen und methodischen Fähigkeiten und Fertigkeiten des Personals hinsichtlich der Ausgestaltung der Hausaufgabenbetreuung und der Notwendigkeit pädagogischer Professionalität. Der Aus- und Umbau eines öffentlichen Versorgungsnetzwerkes institutioneller Betreuung – wie aktuell z.B. das der Ganztagsschule – wirft die Frage nach der qualitativen Ausrichtung des Angebots auf (vgl. Beher u.a. 1995). Hinzu kommt, dass ausreichende Personalressourcen sowie eine professionelle Ausrichtung und Qualifikation zu den grundlegenden Bedingungen eines funktionierenden Ganztagsbetriebs zählen (vgl. a.a.O.).

Die von Reich hervorgehobene Bedeutung eines sich entwickelnden „didaktischen Habitus" bei Lehrerinnen und Lehrern kann sich seiner Ansicht nach nur entfalten auf der Grundlage einer theoriegeleiteten und -unterstützenden Auseinandersetzung mit didaktischen Modellen. Findet diese nicht statt, verhaftet die

177 Klassifizierung der Berufe des Statistischen Bundesamtes in der Fassung für den Mikrozensus, 1992.

Lehrkraft im „technischen Habitus“, der gekennzeichnet ist durch eine ausgeprägte Orientierung an Ratgeberliteratur (vgl. Reich 2010). Unsere Ergebnisse lassen darauf schließen, dass das in der Hausaugabenbetreuung eingesetzte Personal in den wenigsten Fällen theoriegestütztes Wissen über pädagogische und didaktische Tätigkeiten und Prozessabläufe hat. Daher ist es umso interessanter zu untersuchen, wie sich die alltägliche Arbeit dieser Personengruppe in der Hausaufgabenbetreuung darstellt.

Auswertung der Beobachtungsdaten aus dem Beobachtungsbogen

Die Datenerhebungen der jeweils zwei Beobachter wurden in eine Auswertungsmaske übertragen und minutenweise gegenübergestellt, um die simultan geführten Beobachtungen miteinander vergleichen zu können (siehe Abb. 10.3). Bei Übereinstimmung (gewährt wurde eine Zeittoleranz von drei Minuten) wurde die entsprechende Handlung in eine Gesamtstatistik aller 40 Beobachtungen eingetragen. Eine von beiden Beobachtern identisch wahrgenommene Handlung, Bewegung bzw. Interaktion wurde in die Datenauswertung aufgenommen und im entsprechenden Zeitintervall eingetragen. Dauerte die beobachtete Handlung länger als eine Minute, wurde diese entsprechend ihres zeitlichen Fortgangs in der jeweiligen Beobachtungssequenz markiert. Aus der Gesamtübersicht der Auswertung geht hervor, dass die Untersuchungsdimension „Disziplinierung“ keine nennenswerten bzw. keine registrierten Handlungen zu den verschiedenen Items verzeichnet. Das kann mit der geringen Regelgruppengröße von acht Schülern pro Gruppe zusammenhängen. Darüber hinaus wurde die (Lern-)Atmosphäre in den Hausaufgabengruppen als durchweg „ruhig“ dokumentiert. Lediglich in zwei Sitzungen wurde der Geräuschpegel von den Beobachtern als durchgängig „laut“ eingestuft. In der nachfolgenden Abbildung (Abb. 10.5) sind die Untersuchungsdimensionen „Rahmenbedingungen Hausaufgaben“, Begleiter: Bewegung im Raum“ und „Unterstützung“ in der Summe ihrer jeweiligen Beobachtungskategorien zusammenfassend dargestellt[178].

178 Für die einzelnen Beobachtungskategorien der verschiedenen Untersuchungsdimensionen siehe Fußnote 174.

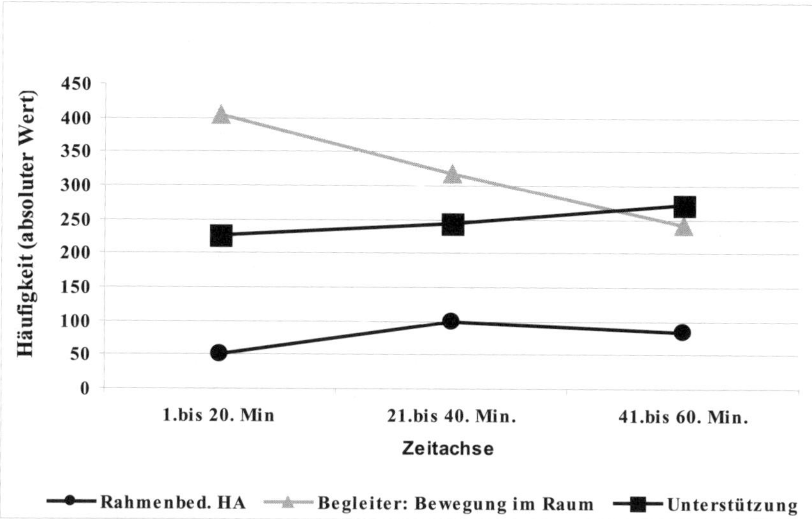

Abb. 10.5: Häufigkeitsverteilung der Untersuchungsdimensionen in der Gesamtübersicht

Die Grafik verdeutlicht die zeitlich unterschiedliche und teils gegenläufige Akzentuierung der Intensität der einzelnen Untersuchungsdimensionen. So weist die Untersuchungsdimension „Rahmenbedingungen von Hausaufgaben" im Anfangsdrittel (1. bis 20. Min.) ihren kleinsten Wert auf (50)[179], hat dann im zweiten Drittel mit beinahe einer Verdoppelung ihrer Häufigkeit gegenüber dem ersten Drittel ihren Höchstwert, um im Schlussdrittel mit einer leichten Abflachung zu enden. Die Verlaufskurven der Dimensionen „Begleiter: Bewegung im Raum"[180] und „Unterstützung"[181] haben ihre Minimal- bzw. Maximalwerte diametral entgegengesetzt. Die erstgenannte Dimension belegt im ersten Drittel ihren Höchstwert (405) und verzeichnet einen kontinuierlichen Rückgang von insgesamt 40 % (241). Die Dimension „Unterstützung" zeigt einen umgekehrten Verlauf, wobei die Werte in ihrer Intensität nicht so stark schwanken wie in der erstgenannten Dimension. Der Anstieg der Verlaufskurve ist stetig und erreicht im letzten Drittel eine Zunahme von 21 % (273) gegenüber dem Anfangsdrittel.

179 Häufigkeit der beobachteten Handlungen und Interaktionen nach Auswertung der 40 Beobachtungsstunden und der Reliabilitätsprüfung der aufgezeichneten Werte durch die Beobachter. Für die inhaltliche Differenzierung der Items s. Fußnote 174

180 Vgl. Fußnote 174

181 Vgl. Fußnote 174

Die unterschiedliche Häufigkeit des Auftretens der eher als dynamisch verlaufend zu bezeichnenden Prozesse in den Untersuchungsdimensionen „Begleiter: Bewegung im Raum“ und „Unterstützung“ sowie die eher statisch wirkenden Abläufe in der Dimension „Rahmenbedingungen Hausaufgaben“ können damit erklärt werden, dass die erstgenannten vorwiegend „prozessorientierte“ Interaktionen umfassen (z.B. „arbeitet mit einzelnem S.“, „klärt Verständnisfragen“), wohingegen die letztgenannte Dimension eher „produktorientierte“ und weniger stark kommunikative Abläufe („prüft, welche Hausaufgaben S. aufhat“, „lässt sich fertiggestellte Hausaufgaben vorzeigen“) skizziert. Das starke Auseinanderklaffen der Dimensionen „Begleiter: Bewegung im Raum“ (405) und „Unterstützung“ (226) im ersten Drittel im Gegensatz zu einer starken Annäherung im letzten Drittel (241 zu 273) lässt sich bei näherer Betrachtung der verschiedenen Beobachtungskategorien der einzelnen Untersuchungsdimensionen erklären.

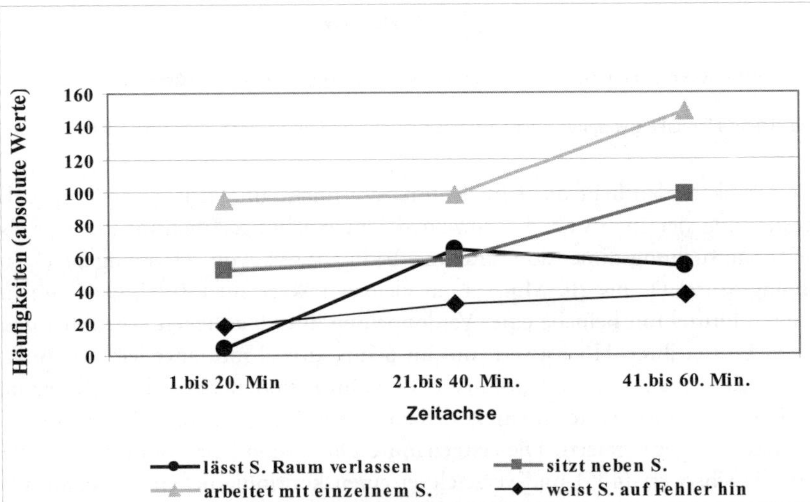

Abb. 10.6: Darstellung einzelner Beobachtungskategorien

Im ersten Drittel der Betreuung sind bezüglich der Kategorie „lässt S., wenn er HA beendet hat, den Raum verlassen“ in der Dimension „Rahmenbedingungen Hausaufgaben“ die geringsten Werte (4) zu beobachten. Im Laufe des zweiten und letzten Drittels wird dieser Wert um das 16fache bzw. um das 13,5fache erhöht. In einem nicht so extremen Verlauf, aber dennoch eindeutig, verhalten sich die anderen dargestellten Beobachtungskategorien. Die Kategorie „arbeitet mit einzelnem Schüler zusammen“ der Dimension „Unterstützung“ hat im letzten Drittel einen Zuwachs von 56 % gegenüber dem ersten Drittel. Die Häufigkeit, mit der ein Betreuer neben dem Schüler sitzt, nimmt um 88 % zu. Der Wert der Beobachtungskategorie „weist auf Fehler hin" verdoppelt sich gegenüber dem Anfangswert im letzten Drittel (36 zu 18). Dies kann darauf hindeuten, dass die Unterstützung und die Einzelarbeit mit Schülern im Allgemeinen zwar über die gesamte Beobachtungssequenz stattfindet, aber zunehmend intensiver wird, je mehr Schüler wegen fertig gestellter Hausaufgaben den Raum verlassen und zunehmend weniger verbleibende Schüler Unterstützung erhalten. Die Auswertung der Beobachtungen zeigt im Gesamtergebnis ein konstantes und über alle Sequenzen hinweg hohes Auftreten der Beobachtungskategorie „arbeitet mit einzelnem Schüler". Dieses Ergebnis weist auf eine enge Zusammenarbeit zwischen Betreuerinnen und einzelnen Schülern hin und lässt darauf schließen, dass die Hausaufgabenbetreuung weit mehr umfasst als reines „Aufsichtshandeln" (Wiechmann 2006, 297).

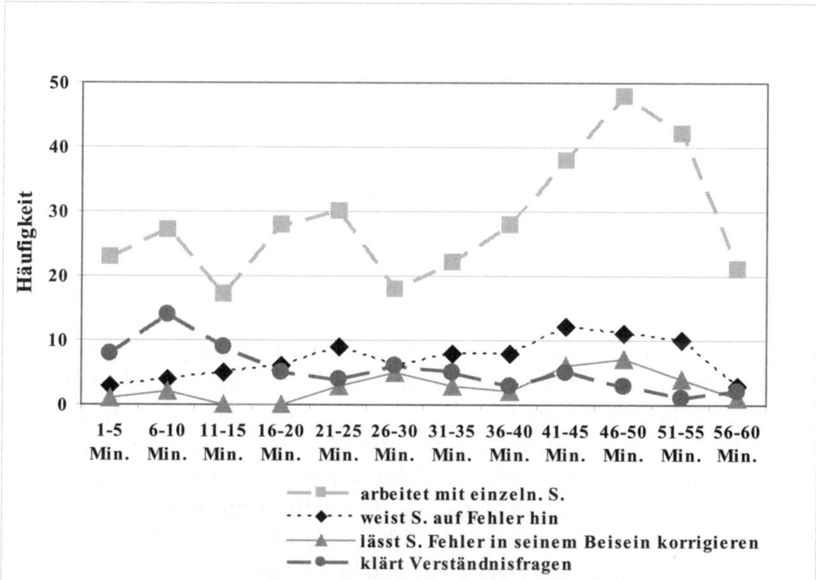

Abb. 10.7: Ausgewählte Beobachtungskategorien der Untersuchungsdimension Unterstützung

Eine differenzierte Darstellung der vielfältigen Aktivitäten der Hausaufgabenbetreuer im Bereich der Dimension „Unterstützung" erfolgt durch die Illustration verschiedener Beobachtungskategorien[182]. Im Beobachtungsfeld und in der abschließenden Datenauswertung wurde jedoch das Problem der Trennschärfe für

182 Siehe Überblick in Fußnote 174.

die Beobachtungsdimension „Unterstützung" relevant (vgl. Atteslander 2008), aufgrund der durch die schnelle Abfolge der Interaktionen teilweise fehlenden Möglichkeit, diese Prozesse deckungsgleich wahrzunehmen. Die allgemein beobachtete und als reliabel einzustufende Kategorie „arbeitet mit einzelnem Schüler" weist zwar im Allgemeinen eine hohe Intensität auf, für weitere Überlegungen und Forschungen wäre allerdings ein detaillierteres Bild der unterschiedlichen Unterstützungsformen sinnvoll. Nicht zuletzt, um die Frage nach der notwendigen Professionalität der Mitarbeiter der Hausaufgabenbetreuung umfassender und zielgerichteter beantworten zu können.

10.1.4 Professionalität des Hausaufgabenbetreuungspersonals

Dem berufssoziologischen Verständnis der Professionalisierung zufolge ermöglichen eindeutige Definitionen des Tätigkeitsfeldes eine klare Trennung zwischen kompetenten und inkompetenten Berufsangehörigen (vgl. Wilensky 1972). Mit der universitären und anschließenden schulpraktischen Ausbildung erlangen Lehrkräfte ihre Befugnis für das Unterrichten und grenzen sich zu anderen pädagogischen Tätigkeiten und Berufsfeldern ab. Alle am Schulleben beteiligten Akteure betonen die Bedeutung von Hausaufgaben und die sich durch die Hausaufgabenbetreuung ergebenden Chancen der Unterstützung und Förderung (vgl. u.a. Beher 2005)[183]. Die Durchführung der Betreuung liegt aber überwiegend in der Verantwortung allgemein pädagogisch ausgebildeten[184] oder nicht pädagogisch ausgebildeten Personals. Die Formulierung im aktuellen ministeriellen Erlass zum Personal der Ganztagsschule in NRW (vgl. Kap. 10.1) verweist allerdings auf die Notwendigkeit des Vorhandenseins von Professionalität sowie einer umfassenden theoriegestützten Ausbildung des Personals, um eine adäquate Betreuung der Hausaufgaben zu gewährleisten (vgl. insbesondere die Aussagen der Lehrkräfte in der offenen Frage, warum eine Mitarbeit der Lehrerinnen und Lehrer in der Hausaufgabenbetreuung sinnvoll ist, Kap. 6.2.5). Von wenigen Lehrkräften wird bislang die Möglichkeit, im Ganztag mitzuarbeiten, wahrgenommen, ebenso wie die Chance, die Heranwachsenden im Rahmen der Betreuung zu beobachten und hierdurch möglicherweise diagnostische Schlüsse für weitergehende Fördermaßnahmen ziehen zu können. Lediglich 28 %[185] der von uns befragten Lehrkräfte geben an, in der offenen Ganztagsschule und in der Hausaufgabenbetreuung mitzuwirken. Auch wenn die Handlungsform der Betreuung nicht unmittelbar mit dem Unterrichten zu vergleichen ist (vgl. Wiechmann 2006), ist diese dennoch

183 So vertreten in der vorliegenden Studie 64 % der Lehrkräfte (N = 144) die Meinung, dass Hausaufgaben ein elementarer Bestandteil guten Schulunterrichts sind. Das weitere pädagogisch tätige Personal stimmt dieser These mit 74 % (N = 76) zu, für 84 % der Eltern (N = 2752) stellen Hausaufgaben einen wichtigen Baustein guten Unterrichts dar (vgl. Kap. 6.2).

184 Vorwiegend Erzieher (vgl. Kap. 6.2)

185 Genauer: 26 % im Rahmen der 0,1 Lehrerstelle und 2 % als zusätzliche Honorarkraft.

pädagogisch und didaktisch ausgerichtet. Aus berufssoziologischer Perspektive liegt der Schluss nahe, dass in diesem Fall möglicherweise „weniger wichtige Arbeiten an andere Berufe delegiert“ (Wilensky 1972, 203)[186] werden, verstanden als „Routinearbeiten, die nur geringe Kenntnisse verlangen und daher auch nur wenig befriedigend sind“ (a.a.O., S. 203) . Ob diese These auf die Einstellungen der Lehrkräfte hinsichtlich der Hausaufgabenbetreuung zutrifft, kann an dieser Stelle nicht endgültig beantwortet werden. Festzuhalten ist, dass die Hausaufgabenbetreuung in hohem Maße ohne Beteiligung der Lehrkräfte stattfindet. Erklärungen hierfür ergeben sich u.a. durch den Umstand, dass die Schülerinnen und Schüler, die ihre Hausaufgaben daheim anfertigen, im Allgemeinen ebenfalls vorwiegend „unprofessionelle“ Betreuung in Form elterlicher Unterstützung erhalten. Möglicherwiese halten es Lehrkräfte daher für unangemessen, Heranwachsenden in der Hausaufgabebetreuung einen Vorteil durch eine professionelle Unterstützung zu verschaffen (vgl. Kap. 6.2, 6.3).
Um pädagogische Professionalität im schulischen Kontext bestimmen zu können ist es naheliegend, sich an Lehrerinnen und Lehrern zu orientieren, da diese Schule und Unterricht gestalten. Zu ihren Aufgaben und Kompetenzen gehören die gezielte „Planung, Organisation, Gestaltung und Reflexion von Lehr-Lernprozessen“ (Bauer 2002, 50). Eine theoriebasierte Ausbildung ist Grundlage für die Entwicklung von Handlungssicherheit und Reflexionsfähigkeit bei Lehrkräften. Zugleich unterstützt diese die differenzierte Wahrnehmung von Unterrichtssituationen (vgl. Bromme 1997). Professionswissen von Lehrkräften umfasst fachliches, fachdidaktisches, curriculares und allgemein pädagogisches Wissen (vgl. ebd.). Das weitere pädagogisch tätige Personal muss nicht in gleichem Maße über dieses verfügen, denn einige Bereiche betreffen genuin die Tätigkeiten des Lehrerberufs. Dennoch sind pädagogische Grundkenntnisse für eine qualitativ angemessene Ausgestaltung des Ganztags notwendig. Erziehen in Institutionen zeichnet sich durch „eingespielte und routinisierte Praktiken aus sowie der Reflexivität, die ausgelösten Prozesse zu kontrollieren“ (a.a.O., 72). Die durch den Ganztag institutionalisierte Erziehung ist eine gemeinsame Basis von vormittäglichem Unterricht und der nachmittäglichen Betreuung. Grundlage dieser muss eine qualifizierte Ausbildung sein, in der ein „wissenschaftliches generiertes Sonderwissen“ (Dewe 1998, 71) erworben wird. Wird darüber hinaus eine konstruktive Betreuung der Hausaufgabenerledigung auch unter förderwirksamen Aspekten angestrebt, sind zugleich allgemein-didaktische sowie bestimmte fachdidaktische Kenntnisse erforderlich, die zu einer erweiterten Handlungssicherheit der Mitarbeiter und einem größeren Lernerfolg bei Schülerinnen und Schülern beitragen

186 45 % der befragten Lehrkräfte (N=139) bezeichnen es als zutreffend, dass das weitere pädagogisch tätige Personal für didaktisches Arbeiten in der Hausaufgabenbetreuung zu wenig ausgebildet ist, insgesamt 30 % der Befragten antworten mit „weiß nicht“ (vgl. Kap. 6.2).

können. Zwar ist die Planung und Vergabe von Hausaufgaben eine didaktische Aufgabe der Lehrkraft. Die Gestaltung und Durchführung der Hausaufgabenbetreuung ist jedoch – sofern diese gemäß den dem Ganztag gesetzten Zielen einer ganzheitlichen, d.h. wissensbasierten als auch sozio-emotionalen Förderung Rechnung tragen sollen – ebenso eine pädagogisch-didaktische Aufgabe, die sich den Mitarbeitern des Ganztags stellt. Hierfür ist nicht zwingend ein bestimmtes Fachwissen (das die Lehrkräfte im Rahmen ihrer Ausbildung erwerben) notwendig, jedoch ein prozessorientiertes, für die produktive Betreuung der Hausaufgaben erforderliches Handlungswissen. Hausaufgabenbetreuung lässt sich somit, zumindest in der theoretischen Argumentation des Professionswissens bezogen auf die Bereiche des fachspezifischen und fachdidaktischen Wissens sowie des institutionalisierten Erziehens, eingrenzen auf eine organisatorische und prozessbegleitende Betreuung der Hausaufgabenerledigung durch die Schülerinnen und Schüler. Die eingangs erwähnten Erwartungshaltungen der verschiedenen Akteure an Hausaufgaben, die Vorstellungen und Ansprüche an die Hausaufgabenbetreuung und die Ergebnisse der Beobachtungserhebung skizzieren allerdings ein Bild, dass auf eine inhaltliche und zum Teil umfangreich unterstützende Arbeit der Hausaufgabenbetreuer schließen lässt und erweitertes Professionswissen einfordert.

10.2 Modellentwurf für eine veränderte Hausaufgabenkultur in der offenen Ganztagsgrundschule

Soll die Hausaufgabenbetreuung im offenen Ganztag ein ausschlaggebendes Qualitätselement für die Entscheidung der Eltern bleiben oder werden, ihr Kind im offenen Ganztag anzumelden, kommen Schulen und Träger des Ganztags nicht umhin, anspruchsvolle und überzeugende Konzepte einer „wertvollen" Nachmittagsgestaltung zu entwickeln. Im Folgenden wird ein Modellentwurf (Abb. 10.8) für eine veränderte Hausaufgabenkultur in der offenen Ganztagsschule vorgestellt, auf dessen Grundlage konkrete Ausgestaltungsmöglichkeiten entsprechend eines ganzheitlichen Fördergedankens, wie er im Ganztagserlass des Landes NRW (MfSW 2011) dargestellt wird, entworfen werden können.
Grundlegende „Komponenten" des Entwurfs sind die vier für den Ganztag maßgeblichen Akteure Lehrkräfte, Heranwachsende, Mitarbeiter des offenen Ganztags sowie Eltern. Die verschiedenen Gruppen sind nicht gleichgewichtig in den Ganztag eingebunden, dennoch tragen sie wesentlich zu seinem Gelingen bei (vgl. Beher u.a. 2008). Wenn, wie gezeigt, Lehrkräfte häufig nur mit wenigen Stunden eingeplant sind, beispielsweise im Rahmen von Arbeitsgruppen, speziellen Förderkursen oder auch in der Hausaufgabenbetreuung, so ist dennoch das gesamte Kollegium durch Lehrer-, Schul- und Klassenkonferenzen an vielen Entscheidungen über die Ausgestaltung des Ganztags beteiligt und nimmt insofern Einfluss

auf dessen erfolgreiche Realisierung. Darüber hinaus wurde bereits deutlich, dass gerade für die Hausaufgabenbetreuung die Kommunikation der Lehrkräfte mit den Begleitern einen wesentlicher Erfolgs- und Zufriedenheitsfaktor darstellt (vgl. Kap. 6.2, 6.3). Und zwar sowohl was die Aufgabenbearbeitung durch die Schülerinnen und Schüler angeht, als auch bezogen auf die Arbeit der Hausaufgabenbetreuer sowie die Zustimmung der Eltern. Feststellen lässt sich, dass der Einbeziehung der Eltern in den Ganztag ein Beitrag zu dessen Akzeptanz und der Zufriedenheit zugeschrieben wird (Beher u.a. 2008). Wichtige Aspekte dieser Einbeziehung sind einerseits die Transparenz der inhaltlichen Ausgestaltung, die Organisation und Finanzierung des Ganztags, andererseits aber auch die Einladung an die Eltern, den Ganztag aktiv mitzugestalten – sei es z.B. im Rahmen der mittäglichen Versorgung der Heranwachsenden, bei der Ausgestaltung der nachmittäglichen Angebote, der Planung der (internen und externen) Räumlichkeiten oder dem Einwerben möglicher Förderer. Diese grundsätzliche Öffnung der Schule, die sicherlich eine Herausforderung für alle Beteiligten ist, da viele unterschiedliche Meinungen, Motivlagen etc. aufeinandertreffen, ist dennoch wichtiger Bestandteil für ein dauerhaftes Gelingen und sorgt in höherem Maße dafür, dass die Schule „als Ganze“ sich bewegt und nicht nur von wenigen unter erheblichen Anstrengungen in „gelegentliche Schwingungen“ versetzt wird.
Das vorliegende Modell bezieht sich auf Möglichkeiten zur Gestaltung der Hausaufgabenbetreuung in Verbindung mit möglichen weiteren Fördergelegenheiten hinsichtlich schulischer und unterrichtlicher Lernziele. Dabei werden für jede Akteursgruppe beispielhaft notwendige Voraussetzungen bzw. erwünschte Konsequenzen dargestellt. Eine Voraussetzung für die Entwicklung des Modells besteht z.B. auf Seiten der Lehrkräfte in der konsequenten und sukzessiven Sammlung differenzierter Informationen über den Lernstand der Schüler ihrer Klasse, um diese (gegebenenfalls) an die pädagogischen Mitarbeiter des Ganztags weitergeben zu können. Auf Seiten der Hausaufgabenbetreuer liegt eine wichtige Prämisse für den systematischen Aufbau einer tragfähigen Kooperation im Abschied von einer bislang überwiegend auf subjektiven Theorien beruhenden Pädagogik und in der Akzeptanz zusätzlicher pädagogischer und didaktischer Aufgaben auch zur (Weiter-)Entwicklung der eigenen Qualifikation, im besten Fall der Professionalität. Die mittlere Säule wiederum umfasst unterschiedliche Auswahlmodule, die miteinander kombiniert werden können und sowohl die Kooperationsmöglichkeiten von Lehrkräften und Ganztagspersonal betreffen, als auch verschiedene Aktivitätsformen der Heranwachsenden sowie spezifische Angebotsformen des Ganztags. In diesem Kontext finden wiederum insbesondere die didaktischen Prinzipien der Schüleraktivität Berücksichtigung z.B. durch Maßnahmen zur Unterstützung des selbstregulierten und selbstbestimmten Lernens, der funktionellen und produktiven Selbstständigkeit oder durch ein entdeckendes, problemlösendes und handlungsorientiertes Lernen.

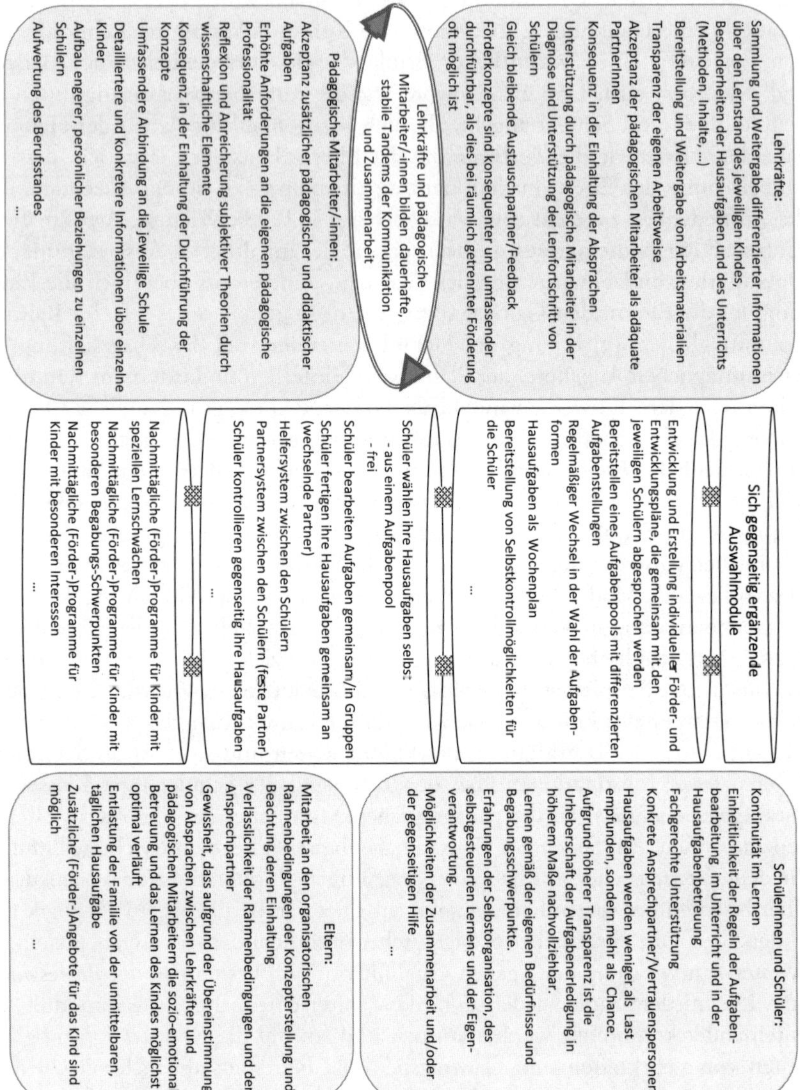

Abb. 10.8: Kooperationsmodell für die Ausgestaltung der Hausaufgabenbetreuung „Lehrerkräfte und pädagogische Mitarbeiter/-innen der Offenen Ganztagsgrundschule erproben gemeinsam schüleraktive Hausaufgaben- und Förderkonzepte".

Die rechte Seite des Modells beschreibt Perspektiven für das Lernen der Heranwachsenden, aber auch Aufgaben und Möglichkeiten, die sich an die Eltern stellen bzw. sich für diese ergeben können. Ist es für Eltern einerseits wichtig, ihre Kinder in einer sowohl fachlich-inhaltlich förderlichen Umgebung im Ganztag zu wissen, möchten sie andererseits, dass die Heranwachsenden ihre Zeit in einer emotional-sozial möglichst positiv unterstützenden Atmosphäre verbringen. Wichtigen Anteil an einer solchen Gewissheit hat nicht zuletzt das Maß an Beteiligung und Interesse, das die Eltern für die Ganztagsbetreuung ihrer Kinder in der Schule zeigen und das für die unmittelbare Mitarbeit im Ganztag sowie in der indirekten Kooperation bei der Planung und Organisation eine Rolle spielt. Zugleich tragen die Eltern zu einem Erfolg des Ganztags insofern bei, als diese mit dafür Sorge tragen, dass die Kinder verlässlich daran teilnehmen und diese durch das elterliche Engagement und Interesse nicht nur als Institution der „Aufbewahrung" wahrnehmen, sondern als einen Ort, an dem auch die eigentliche Freizeit gewinn- und freudebringend verbracht werden kann.
Hinsichtlich der Hausaufgabenkultur hat sich eine der von uns begleiteten vier Projektschulen[187] im Laufe mehrerer Gesamtkonferenzen, z.T. unter Teilnahme des Personals aus der Hausaufgabenbegleitung für ein gemeinsames Hausaufgabenkonzept entschieden, dass der individuellen Förderung in höherem Maße Rechnung trägt. Die beiden Ausgangsthesen für die Arbeit in den Konferenzen waren, dass Hausaufgaben 1. als wichtiger Teilbereich definiert wurden, in dem die Kinder selbstständiges und eigenverantwortliches Arbeiten erproben können, und 2. diese die schulische Arbeit ergänzen. Im weiteren Verlauf ihrer Arbeit legte die Schule folgende Funktionen der Hausaufgaben als besonders wesentliche fest: Durch die Hausaufgaben sollen die Kinder

- sich mit neu erarbeiteten Inhalten noch einmal individuell auseinandersetzen,
- Erarbeitetes üben,
- Erlerntes in neuen Anwendungssituationen erproben,
- mithelfen, neue Unterrichtsthemen vorzubereiten,
- erworbene Methodenkompetenz nutzen, um damit bei eigenen Neigungsthemen ihr Wissen zu erweitern und es andern zu präsentieren.

Außerdem einigte sich das Kollegium auf folgende gemeinsame Zielsetzung, „Um die Aufgaben für die Kinder sinnvoll, motivierend und erfolgversprechend zu gestalten, werden die Hausaufgaben an der Rudolf-Bracht-Schule teilweise differenziert erteilt". Drei Arten von Hausaufgaben werden in diesem Zusammenhang unterschieden:

187 Ich danke der Schulleiterin der Rudolf-Bracht-Grundschule in Rietberg, Frau Bärbel Hilgenkamp, für ihre Zustimmung, die von ihr zusammengefassten Arbeitsschritte hier übernehmen zu dürfen.

1. *Die Kernhausaufgabe*
   Hierbei handelt es sich um eine kleine gemeinsame Hausaufgaben für alle Schülerinnen und Schüler der Klasse. Diese erwächst unmittelbar aus dem Unterricht und wird im Unterricht des nächsten Tages wieder aufgegriffen. Der zeitliche Umfang beträgt in Klasse 1 und 2 ca. 15 Minuten, in Klasse 3 und 4 ca. 30 Minuten. Für die Kinder, die den offenen Ganztag besuchen, gilt, dass zu Hause nichts nachgearbeitet werden muss.
2. *Die Förderaufgabe*
   Diese deckt den individuellen Übungsbedarf der Heranwachsenden ab. Es handelt sich um regelmäßig durchgeführte kleinste Übungseinheiten, die von den Kindern sehr konzentriert, unter Beachtung der abgesprochenen Methode und mit dem Wissen um das angestrebte Ziel ausgeführt werden sollen. Die Förderaufgabe sollte in der Regel den zeitlichen Rahmen von 5 bis 10 Minuten nicht überschreiten. Auch die Hausaufgabenbetreuer im offenen Ganztag haben das Recht, bei beobachteten kleinen Schwächen und ausreichender Hausaufgabenzeit eine Förderaufgabe zu stellen. Für diese Aufgaben wurden jeweils Aufgabenpools von den Kolleginnen eines Jahrgangs gemeinsam erstellt bzw. spezielle differenzierte Materialien bzw. Arbeitshefte von der Schule angeschafft.
3. *Die Extra-Hausaufgabe*
   Gemeint ist eine Hausaufgabe, bei der sich die Heranwachsenden über einen längeren Zeitraum mit einem thematischen Schwerpunkt, der sie besonders interessiert, weiterführend auseinandersetzen. Sie bietet den Kindern große Freiräume bezüglich des Themas, der Zeiteinteilung und der Entscheidung, ob sie allein, mit einem Partner oder einer Gruppe arbeiten wollen. Diese „Forder"-Hausaufgaben richten sich vor allem an leistungsstarke Kinder, generell sollen aber alle Kinder der Klasse immer wieder die Möglichkeit zu solchen Extra-Hausaufgaben haben (z.B. wenn sie sich mit einem sie besonders interessierendes Thema befassen und es möglicherweise der Klasse präsentieren möchten).

Um die Heranwachsenden zu befähigen, ihre Hausaufgaben selbstständig anfertigen zu können, werden an der Rudolf-Bracht-Schule

- konsequent Lern- und Arbeitstechniken mit den Schülerinnen und Schülern erarbeitet und trainiert, die das selbstständige Lernen und Üben auch zu Hause ermöglichen;
- die Eltern in jedem Jahr über die neu hinzukommenden Lern- und Arbeitstechniken informiert.

Schließlich wurden die folgenden organisatorischen Prinzipien von allen Lehrkräften und Betreuungskräften gemeinsam für alle verbindlich verabschiedet:

- Wichtig: das sachgerechte Führen eines Hausaufgabenheftes
- Unterricht: Ausreichend Zeit für das Aufschreiben der Hausaufgaben einplanen!
- Aufgaben, um selbstständiges Denken zu erproben und eigene Lösungswege zu entwickeln. Dafür Kindern und Eltern deutlich machen: Das *selbstständige* Probieren ist wichtig!
- Die Lehrkräfte erhalten täglich Rückmeldung von den Hausaufgabenbegleitern über den Verlauf der Arbeit im offenen Ganztag.
- Braucht ein Kind Unterstützung, erhält es diese selbstverständlich!

Ein grundlegendes Erfolgskriterium dieses Prozesses liegt in dem Umstand, dass das gesamte Kollegium sich mit dem Thema befasst hat und alle dem gemeinsam entwickelten Prinzipien zugestimmt haben. Somit existiert eine gemeinsame Basis, von der erstens weitere Entwicklungen ausgehen können, die zweitens wichtig für eine erfolgreiche Kooperation mit dem Personal des Ganztags ist und drittens die Kommunikation mit den Eltern unterstützt, da sich diese auf ein einheitliches Hausaufgabenkonzept der Schule einstellen können. Ein weiteres Erfolgskriterium waren Abende, auf denen die Eltern über die Inhalte des Hausaufgabenerlasses, Funktionen von Hausaufgaben, aktuelle Erkenntnisse der Hausaufgabenforschung und schließlich schulbezogen über die neuen Aufgabenformen, Arbeitstechniken sowie die Kooperation zwischen Kollegium und Ganztag ausgiebig informiert wurden.

10.2.1 Kooperation Elternhaus – Schule

Insgesamt zeichnet sich für eine produktive Hausaufgabenkultur Elternarbeit als ein wesentliches Element aus. In dem Wunsch, ihre Kinder in deren Schulerfolg möglichst gut zu unterstützen, greifen viele Eltern zu sehr unterschiedlichen und z.T. wenig hilfreichen Mitteln (vgl. Kap. 5). Ein weiterer Teil der Eltern ist nicht in der Lage, seine Kinder weiterführend zu unterstützen (z.B. aufgrund fehlender Sprachkenntnisse, mangelnder Fachkenntnisse oder aufgrund eigener negativer Schulerfahrungen). Darüber hinaus sind viele Eltern heute aufgrund der Vielzahl an – dazu ideologisch sehr unterschiedlich ausgerichteter – Ratgeberliteratur vielfach verunsichert, was die „richtige" Begleitung ihrer Kinder auch bezogen auf Hausaufgaben angeht. In dem wichtigen Bemühen, eine gemeinsame produktive Basis für die Unterstützung der Heranwachsenden zu schaffen und die unterrichtliche Arbeit der Schülerinnen und Schülern im Rahmen der Hausaufgaben sinnvoll fortzuführen, ist die ausführliche Information der Eltern durch die Schule ein wegweisendes Fundament. Folgende inhaltliche Schwerpunkte sollten dabei mindestens angesprochen werden:

- die gesetzlichen Regelungen bzgl. der Hausaufgaben;
- die erzieherischen und didaktischen Funktionen von Hausaufgaben;
- aktuell vorliegende Forschungserkenntnisse zu Hausaufgaben;
- in der Schule angewendete Arbeits- und Lernstrategien, die von den Heranwachsenden bei den Hausaufgaben Anwendung finden sollen;
- Hinweise über Rahmenbedingungen (räumlich, organisatorisch), wie die Hausaufgaben im schulfreien Raum optimal angefertigt werden können;
- welche Art an Unterstützung Eltern leisten können und maximal sollten.

Häufig ist den Eltern völlig unbekannt, dass für die Vergabe, den zeitlichen Umfang u.a.m. gesetzliche Regelungen in den einzelnen Bundesländern vorliegen. Sowohl für die Lehrkräfte als auch für Eltern können diese Regelungen aber eine wichtige Basis in der Kommunikation und Kooperation darstellen. Eltern kennen darüber hinaus im Allgemeinen die verschiedenen erzieherischen und didaktischen Funktionen von Hausaufgaben nicht. Daher bleibt ihnen der „tiefere" Sinn mancher anspruchsvoller Hausaufgabe, die nicht dem reinen Üben und Wiederholen dient, verborgen. Dies kann einerseits problematisch sein, wenn innerfamiliär die Aufgaben thematisiert werden und die Eltern aufgrund fehlender oder mangelhafter Information ihren Kindern den Eindruck vermitteln, dass diese als „unsinnig" wahrgenommene Hausaufgaben erledigen müssen. Andererseits sind Eltern eher in der Lage, die häuslichen Aufgaben ihrer Kinder (z.B. durch Nicht-Eingreifen) zu unterstützen, wenn sie deren unterschiedlichen Funktionen (annähernd) einschätzen können. Eltern haben im Allgemeinen keinen direkten Zugang zu schulpädagogischer Fachliteratur, um sich dort über neue Hausaufgabenkonzepte oder Forschungserkenntnisse zu informieren. Gleichwohl ist es bezogen auf unterrichtliches und häusliches Lernen wichtig, neue Befunde zu diesem Thema den Eltern mitzuteilen (vgl. z.B. Niggli u.a. 2007). So können sie ihr eigenes Unterstützungsverhalten entsprechend einstellen und methodische Vorgehensweisen (im Unterricht und während der Aufgabenerledigung) eher nachvollziehen. Die verschiedenen Arbeits- und Lernstrategien sollten daher grundsätzlich ein regelmäßiges Thema zwischen Eltern und Lehrkräften sein. Schließlich ist immer wieder wichtig, den Eltern deutlich zu machen, dass Hausaufgaben Sache ihrer Kinder sind, die diese weitgehend selbstständig anfertigen sollen. Somit sollte fachliche Unterstützung vorwiegend indirekt stattfinden, und zwar als Hilfe zur Selbsthilfe. Demgegenüber sollte eine emotionale Unterstützung durch die Eltern im Vordergrund stehen, indem diese als Ansprechpartner zur Verfügung stehen und für ein lernförderliches Umfeld während des Arbeitens sorgen (z.B. keine Unruhe verbreiten, zwischendurch einen kleinen Imbiss oder ein Getränk anreichen, etc.).

Neben der grundlegenden Information der Eltern über das Thema Hausaufgaben erweist sich eine weitest mögliche Transparenz bezüglich verschiedener schulischer bzw. unterrichtlicher Verfahrensweisen als außerordentlich bedeutsam für eine verlässliche Zusammenarbeit. Dies betrifft u.a. die Frage

- danach, wie mit nicht, unvollständig oder fehlerhaft erledigten Hausaufgaben umgegangen wird. Welche Konsequenzen die Lehrkräfte ziehen hinsichtlich der unterschiedlichen Ursachen – Führte fehlerhaftes Wissen oder fehlende Bereitschaft zu einer mangelhaften Aufgabenerledigung? Gab es plausible, sachliche Gründe, die die Aufgabenerledigung verhinderten? – und der Häufigkeit deren Auftretens.
- nach der Bewertung von Hausaufgaben im Rahmen der Leistungsbeurteilung. Eltern muss deutlich werden, inwieweit die Hausaufgabenerledigung in die Beurteilung einfließt (vgl. Hausaufgabenerlass NRW vom 1.7.2012) und welche Kriterien dieser Beurteilung (und allgemein der Leistungsbeurteilung) zugrunde liegen. Grundsätzlich ist die Bewertung von Hausaufgaben als sehr problematisch anzusehen, da eine Beurteilung aus eigentlichen Lern- bzw. Wiederholungsaufgaben Leistungsaufgaben macht. Die Heranwachsenden (und ihre Eltern) stehen somit unter dem Druck, möglichst „gut“ bewertete Arbeitsergebnisse bei den Lehrkräften abzuliefern, um eine ebenfalls möglichst positive Beurteilung durch diese zu erhalten. Dieser Druck wird sich, insbesondere bei leistungsschwächeren Schülerinnen und Schülern, entsprechend auf die Aufgabenerstellung auswirken und die Möglichkeit des Lernens erheblich erschweren (vgl. Hüther 2006).

Gerade diese beiden Aspekte lösen bei Eltern häufig Sorgen aus, die u.a. dazu führen, dass mit Kindern bis spät abends oder früh morgens noch vor der Schule Hausaufgaben fertiggestellt werden. Eine Informationspraxis, die den Eltern die Sicherheit gibt, über die Regelungen und Verfahrensformen zum Thema Hausaufgaben ausreichend Kenntnis zu haben und diese nachvollziehen zu können, hingegen führt zu einer stärker ausgeprägten Vertrauensbasis zwischen diesen und den Lehrkräften. Diese dürfte den Eltern eine größere Verhaltenssicherheit im Umgang mit der Hausaufgabenerledigung ihrer Kinder vermitteln und für den Lernerfolg der Heranwachsenden eine nicht unwesentliche Bedeutung haben. Im selben Maße sollte auch zwischen dem Personal des Ganztags und den Eltern, wie weiter oben bereits angesprochen, eine ausgeprägte Kultur der Information und Transparenz gepflegt werden.

11 Rückblick und Ausblick

Der Ausbau der offenen Ganztagsschule ist in den vergangenen Jahren, nicht zuletzt durch die Einführung des Abiturs nach der 12. Klasse, weiter vorangeschritten. Auch die konzeptionelle Weiterentwicklung schreitet voran, allerdings ist fraglich, ob die Veränderungen der Erlasslage (z.B. die schon in Kapitel 1 erwähnte Löschung der Aussagen zur Hausaufgabenbetreuung) zu einer Qualitätssteigerung beitragen oder diese eher „verwässern". Vergleichsweise langsam scheint der Ausbau der gebundenen Ganztagsschule voranzugehen. Gerade diese Schulform ist auf einen veränderten Einsatz der Lehrkräfte angewiesen, die zunehmend im Nachmittagsbereich aufgrund der Rhythmisierung des Lernens in der Schule tätig sein und außerunterrichtliche Aufgaben übernehmen sollten.
Nach wie vor hat das Thema Hausaufgaben pädagogisch und bildungstheoretisch große Aktualität, in Vermittlungszeitschriften für Lehrkräfte, bei Eltern, Heranwachsenden, in (Erziehungs-)Ratgebern und durchaus auch immer wieder in der interessierten Öffentlichkeit. Obwohl in den vergangenen Jahren viele neue Forschungserkenntnisse zur Hausaufgabenthematik gewonnen werden konnten, ist es bislang nicht gelungen, diese angemessen in die Hausaufgabenpraxis zu übertragen. Dies hängt nicht zuletzt damit zusammen, dass das Thema bislang nahezu gar nicht Eingang in die Ausbildung von Lehrerinnen und Lehrern gefunden hat. Wie gezeigt werden konnte, ist aber vor allem die didaktische Aufbereitung der Hausaufgaben, das Bewusstsein um ihre vielfältigen Funktionen und die verschiedenen Formen wichtig für einen produktiven, lernförderlichen Umgang. Erst wenn Lehrkräfte sich deutlich bewusst machen, welche Ziele sie mit den jeweiligen Hausaufgaben verfolgen wollen, wenn sie diese entsprechend didaktisch aufbereiten und in den Unterricht integrieren, können diese den Lernverlauf der Heranwachsenden konstruktiv unterstützen. Hierzu gehört insbesondere die Anpassung der Aufgabenschwierigkeit und Aufgabenart an den individuellen Lernstand der Schülerinnen und Schüler. Gerade eine Schule, der die Perspektive der Inklusion ein ernstes Anliegen (Preuss-Lausitz 2013) ist, hat die Aufgabe, die vielfältigen Bedürfnisse, Fähigkeiten und Interessen der Schülerinnen und Schüler aufzugreifen und durch differenzierte Aufgabenstellungen zu unterstützen. Die Qualität der Aufgabe schließlich ist eng gekoppelt an ihre unterrichtsdidaktische Anbindung, womit sich ein Kreis schließt. Denn lernwirksame Hausaufgaben sind auf eine didaktische Konzeption angewiesen, die die Didaktik des Unterrichts in der nachmittäglichen Aufgabenbearbeitung fortführt.
Zunehmend offensichtlich wurde im Verlauf des Schreibens an dieser Publikation, dass nur über Differenzierung und Individualisierung eine annähernde

Passung an das Lernniveau der Heranwachsenden ermöglicht werden kann. Erst dem Lernstand angepasste Aufgaben erzeugen in Schülerinnen und Schülern die positive Erwartungshaltung, die Aufgaben erfolgreich selbstständig bewältigen zu können. Gleichzeitig gehören in diesen Kontext eine Aufgabenerteilung und eine Feedbackkultur, die diese Passung durch eine differenzierte Vorgehensweise ermöglicht. Die didaktischen Prinzipien einer schüleraktiven Unterrichtskultur können einer solchen Hausaufgabenpraxis entsprechend Rechnung tragen. Sie berücksichtigen einerseits durch ihre Unterrichtsprinzipien, die – wie gezeigt – auch bei der Bearbeitung der außerunterrichtlichen Aufgaben problemlos zum Tragen kommen können, in besonderer Weise individuelle Lernbedürfnisse der Heranwachsenden. Andererseits machen sowohl die mikrodidaktischen als auch die makrodidaktischen Konzepte eine Feedback- und Beratungskultur möglich, die durch Schülerinnen und Schüler – nach vorherigen Absprachen und im Austausch mit der Lehrkraft – gemeinsam im Unterricht gestaltet werden kann.

Noch etwas zeigt sich schließlich unmissverständlich: wird die nachmittägliche Arbeit der Heranwachsenden ernst genommen, wird diese gewürdigt und in ihren Ergebnissen rückgemeldet, müssen die Lehrkräfte den Hausaufgaben entsprechend Zeit in ihren Unterrichtsstunden einräumen. Eine Mentalität des „Abhakens" als ein schlichtes Zur-Kenntnis-Nehmen, dass die Aufgaben angefertigt wurden, kann solchen anspruchsvollen Zielen nicht angemessen genügen. Bereits beim Erteilen der Hausaufgaben sollte den Lehrkräften daher die später notwendige unterrichtliche Aufarbeitung entsprechend bewusst sein, und von ihnen im Sinne der Erkenntnis, dass bei Hausaufgaben „viel" nicht unbedingt auch „viel hilft" (Trautwein u.a. 2001), Art und Umfang der erteilten Hausaufgaben entsprechend bedacht werden. Es wäre viel gewonnen, würden Schülerinnen und Schülern – und oftmals auch ihren Eltern – auf diese Weise sinn- bzw. nutzlose Hausaufgaben erspart. Das ist kein Plädoyer der Forschung gegen Hausaufgaben, sondern für Hausaufgaben auf der Grundlage einer lernerzentrierten Didaktik.

Literatur

Aebli, H. (1987): Grundlagen des Lehrens. Eine Allgemeine Didaktik auf psychologischer Grundlage. Stuttgart: Klett-Cotta.

Aebli, H. (1987): Stillbeschäftigung und Hausaufgaben: Gelegenheiten zum autonomen Lernen. In ders. (Hrsg.), Grundlagen des Lehrens. Eine Allgemeine Didaktik auf psychologischer Grundlage (S. 208-217). Stuttgart: Klett-Cotta.

Alleman, J./Brophy, E. J. (1991): Reconceptualizing homework as out-of-the-school learning opportunities (Occassional Paper No. 135). East Lansing, MI: Michigan State University, Institute for Research in Teaching.

Allmendinger, J. (2010): Verschenkte Potenziale? Lebensverläufe nicht erwerbstätiger Frauen. Frankfurt/Main: Campus.

Altrichter, H. /Posch, P. (2007): Lehrerinnen und Lehrer erforschen ihren Unterricht – Unterrichtsentwicklung und Unterrichtsevaluation durch Aktionsforschung. 4. Auflage. Bad Heilbrunn: Klinkhardt.

Appel, St. (2004): Nicht überall, wo Ganztagsschule drauf steht, ist Ganztagsschule drin. In: Die Ganztagsschule, H. 2/3, S. 106-114.

Appel, St./Rutz, G: (2005): Handbuch Ganztagsschule. Praxis – Konzepte – Handreichungen. Schwalbach/ Ts.: Wochenschau.

Arnold, K.-H. (2009): Lehr-Lernforschung ohne Allgemeine Didaktik? Über die Notwendigkeit einer integrierten Wissenschaft vom Unterricht. In K.-H. Arnold, S. Blömeke, R. Messner, J. Schlömerkemper (Hrsg.), Allgemeine Didaktik und Lehr-Lernforschung (S. 27-45). Bad Heilbrunn: Klinkhardt.

Arnoldt, B. (2007): Kooperationsformen – Bedingungen für gelingende Zusammenarbeit? In H.-G. Holtappels, E. Klieme, T. Rauschenbach, L. Stecher (Hrsg.), Ganztagsschule in Deutschland (S. 123-136). Weinheim u.a.: Juventa.

Aronson, E./Wilson, T.D./Akert, R.M. (2008): Sozialpsychologie. München u.a.: Pearson.

Artelt, C./Demmrich, A./Baumert, J. (2001): Selbstreguliertes Lernen. In Deutsches PISA-Konsortium (Hrsg.), PISA 2000. Basiskompetenzen von Schülerinnen und Schülern im internationalen Vergleich (S. 271-298). Opladen: Leske und Budrich.

Artelt, C./Schiefele, U./Schneider, W. (2001): Predictors of reading literacy. *European Journal of Psychology of Education*. 16/3, pp. 363-383.

Ascherleben, K./Hohmann, M. (1979): Handlexikon der Schulpädagogik. Stuttgart: Kohlhammer.

Astleitner, H. (2007): Die lernrelevante Ordnung von Aufgaben nach der Aufgabenschwierigkeit. In J: Thonhauser (Hrsg.): Aufgaben als Katalysatoren von Lernprozessen (65-80). Münster: Waxmann.

Atkinson, R.L./Atkinson, E.E./Bem, D.J./Hilgard, E.R. (1990): *Introduction to psychology*. Fort Worth: HBJ

Atteslander, P. (2008): Methoden der empirischen Sozialforschung. Berlin: Schmidt.

Bastian, J./Combe, A./Langer, R. (2007): Feedback-Methoden: Erprobte Konzepte, evaluierte Verfahren. Weinheim u.a.: Beltz.

Bauer, K.-O.(2002): Kompetenzprofil: LehrerIn. In: Otto, H.-U./Rauschenbach, T./Vogel, P.: Erziehungswissenschaft: Professionalität und Kompetenz (S. 49-64). Opladen: Leske & Budrich.

Baumert, J., Kunter, M. (2006): Stichwort: Professionelle Kompetenz von Lehrkräften. *Zeitschrift für Erziehungswissenschaft, 9, H.4, 469-520.*

Beck, E./Guldimann, T. (2008): Adaptive Lehrkompetenz. Münster: Waxmann.

Becker, H. J./Epstein, J. L. (1982): Parent involvment: A survey of teacher practices. *Elementary School Journal*, 83/2, pp. 85-102.

Beher, K./Haenisch, H./Hermens, C./Nordt, G./Prein, G./Schulz, U. (2008): Die offene Ganztagsschule in Nordrhein-Westfalen. Ergebnisse der wissenschaftlichen Begleitforschung. *Schulverwaltung NRW, 4, 103-106.*

Beher, K./Haenisch, H./Hermens, C./Nordt, G./Prein, G./Schulz, U. (2007): Die offene Ganztagsschule in der Entwicklung. Empirische Befunde zum Primarbereich in Nordrhein-Westfalen. Weinheim u.a.: Juventa.

Beher, K./Haenisch, H./Hermens, C./Liebig, R./Nordt, G./Schulz, U. (2005): Offene Ganztagsschule im Primarbereich. Weinheim u.a.: Juventa.

Beher, K./Knauer, D./Rauschenbach, T. (1995): Die Erzieherin. Weinheim u.a.: Juventa.

Bellenberg, G. (2001): Wie Kinder aufwachsen. In W. Böttcher, K. Klemm, Th. Rauschenbach (Hrsg.), Bildung und Soziales in Zahlen (S. 21-38). Weinheim u.a.: Juventa.

Beneke, F. E. (1864): Erziehungs- und Unterrichtslehre. Bd.1 Erziehungslehre. 3. Aufl. neu bearb. und mit Zusätzen versehen. Berlin: E. S. Mittler und Sohn.

Berndt, E. (1949): Hausaufgaben in der Grundschule. *Die neue Schule, 4, S. 495-499.*

Bildungskommission NRW (1995): Zukunft der Bildung – Schule der Zukunft. Denkschrift der Kommission „Zukunft der Bildung – Schule der Zukunft! Beim Ministerpräsidenten des Landes Nordrhein-Westfalen. Neuwied u.a.: Hermann Luchterhand Verlag.

Blömeke, S. (2009): Allgemeine Didaktik ohne empirische Lernforschung? Perspektiven einer reflexiven Bildungsforschung. In K.-H. Arnold, S. Blömeke, R. Messner, J. Schlömerkemper (Hrsg.), Allgemeine Didaktik und Lehr-Lernforschung (S. 13-25). Bad Heilbrunn: Klinkhardt.

Bloom, B. S. (1976): Taxonomie von Lernzielen im kognitiven Bereich. 5. Aufl. Weinheim: Beltz.

Böhm, W. (2005): Wörterbuch der Schulpädagogik. 16. Aufl. Stuttgart: Körner.

Böhm-Kasper, O./Weishaupt, H.(2004): Quantitative Ansätze und Methoden in der Schulforschung. In W. Helsper, J. Böhme (Hrsg.): Handbuch der Schulforschung (S. 93-126). Wiesbaden: VS Verlag.

Boekartz, M. (1999): Self-regulated learning. Where we are today. *International Journal of Educational Research, 31, S. 445-457.*

Bohnsack, F. (1984): Schüleraktiver Unterricht. Weinheim: Beltz.

Bollnow, O. F. (1978): Vom Geist des Übens. Eine Rückbesinnung auf elementare didaktische Erfahrung. Freiburg u.a.: Herder.

Boßmann, D. (1979): Die verdammten Hausaufgaben. Was können Eltern tun? Frankfurt/Main: Fischer.

Bourdieu, P. (1983). Die feinen Unterschiede. Kritik der gesellschaftlichen Urteilskraft. Frankfurt/Main: Suhrkamp.

Bräu, K. (2002): Selbstständiges Lernen in der gymnasialen Oberstufe. Baltmannsweiler: Schneider Verlag Hohengehren.

Bromme, R. (1997): Kompetenzen, Funktionen und unterrichtliches Handeln des Lehrers. In F.E. Weinert. (Hrsg.): Psychologie des Unterrichts in der Schule (S. 177-212). Göttingen: Hogrefe.

Bromme, R./Haag, L. (2004): Forschung zur Lehrerpersönlichkeit. In W. Helsper und J. Böhme (Hrsg.), Handbuch der Schulforschung (S. 777-793). Wiesbaden: VS Verlag für Sozialwissenschaften.

Bruder, S./Perels, F./Schmitz, B./Bruder, R. (2004): Die Förderung selbstregulierten Lernend bei der Hausaufgabenbearbeitung – Evaluation eines Schüler- und Elterntrainings auf der Basis von Prozessdaten. In J. Doll, M.Prenzeö (Hrsg.): Bildungsqualität von Schule (S. 377-397). Münster u.a. Waxmann.

Brügelmann, H. (Hrsg.) (1999): Was leisten unsere Schulen? Zur Qualität und Evaluation von Unterricht. Seelze-Velber: Kallmeyer.

Bruner, J. (1987): Wie das Kind sprechen lernt. Bern u.a.: Huber.

Bürgerinitiative familiengerechte Bildung und Schule G-IB-8, http://www.g-ib-8.de

Bundesministerium für Bildung und Forschung: Verwaltungsvereinbarung Investitionsprogramm „Zukunft Bildung und Betreuung (IZBB)" 2003-2007. http://www.ganztagsschulen.org/_downloads/Verwaltungsvereinbarung_IZBB.pdf, 18.03.2011

Burow, A.-O./Pauli, B. (2006): Ganztagsschule entwickeln. Von der Unterrichtsanstalt zur Kreativwerkstatt. Schwalbach/Ts.: Wochenschau-Verlag.

Burzan, N. (2007): Soziale Ungleichheit. Eine Einführung in die zentralen Theorien. Wiesbaden: VS Verlag.

Butterwegge, Ch. (2012): Die soziale Exklusion von Kindern. Ausgrenzungsmechanismen und mediale Diskurse. In E. Jürgens und S. Miller (Hrsg.): Ungleichheit in der Gesellschaft und Ungleichheit in der Schule. Eine interdisziplinäre Sicht auf Inklusions- und Exklusionsprozesse (34-46). Weinheim u.a.: Beltz Juventa.

Chatzidimou, D. (1994): Hausaufgaben konkret. Eine empirische Untersuchung an deutschen und griechischen Schulen der Sekundarstufen. Frankfurt a.M.: Peter Lang.

Chen, C./Stevenson, H.W. (1989): Homework: A cross-cultural examination. *Child Development, 60, 551-561.*

Coelen, Th./Otto, H.-U. (2008) (Hrsg.), Grundbegriffe der Ganztagsbildung. Das Handbuch (527-537). Wiesbaden: Verlag für Sozialwissenschaften.

Cooper, H. (1989): Homework. New York u.a.: Longman.

Cooper, H. (1994): The Battle Over Homework. Thousand Oaks, California: Corwin Press, Inc.

Cooper, H./Lindsay, J.J./Nye, B./Greathouse, S. (1998): Relationships among attitudes about homework, amount of homework assigned and completed, and student achievement. *Journal of Educational Psychology, 90, S. 70-83.*

Cooper, H./Robinson, J. C./Patall, E. A. (2006): Does Homework Improve Academic Achievment? A Synthesis Of Research, 1987-2003. *Review of Educational Research.* 76/1, S. 1-62.

Corno, L. (1994): Student volition and education: Outcomes, influences, and practices. In D. H. Schunk, B. J. Zimmermann (Eds.), Self-regulation of learning and performance: Issues and educational applications (pp. 229-251). Hilsdale, NJ: Lawrence Erlbaum.

Corno, L./ Xu, J. (1998): Homework and personal responsibility. Paper presented at the annual meeting of the American Educational Research Association. San Diego, California.

Covington, M.V. (1989): The will to learn: A guide for motivating young people. Cambridge, UK: Cambridge University Press.

Deci, E.L./Ryan, R.M. (1993): Die Selbstbestimmungstheorie der Motivation und ihre Bedeutung für die Pädagogik. *Zeitschrift für Pädagogik, 39 (2), S. 223-238.*

Der Senator für Bildung, Wissenschaft, Kunst und Sport der Freien Hansestadt Bremen (1982): Hausaufgaben.
http://sfb-intranet.bildung.bremen.de/sfb/behoerde/gesetzte/html/241_01.htm, *03.11.2009*

Derschau, v. D. (1977): Die Problematik von Hausaufgaben. *Zeitschrift für Pädagogik, 23/2, S. 159-181.*

Deslandes, R./Cloutier, R. (2002): Adolescents' perception of parental involvement in schooling. *School Psychology International, 23(2), 220-232.*

Dettmers, S./Trautwein, U./Lüdtke, O. (2009): Eine Frage der Qualität? Die Rolle der Hausaufgabenqualität für Hausaufgabenverhalten und Leistung. *Unterrichtswissenschaft, 37 (3), S. 196-212*

Deutscher Bildungsrat (1973): Empfehlungen der Bildungskommission 1967-1969. Strukturplan für das Bildungswesen. Stuttgart: Klett.

Dewe, B.(1998): Zur Relevanz der Professionstheorie für pädagogisches Handeln. In W.K. Schulz (Hrsg.): Expertenwissen. Soziologische, psychologische und pädagogische Perspektiven (S. 67-86). Opladen: Leske & Budrich.

Dietz B./Kuhrt, W. (1959): Hausaufgaben – ein Mittel zur Entwicklung der Denkfähigkeit der Schüler und zur Sicherung eines anwendungsbereiten Wissens. *Pädagogik, 14/8, S. 647-666.*

Dietz B./Kuhrt, W. (1960): Wirkungsanalyse verschiedenartiger Hausaufgaben. Teil I. *Schule und Psychologie.* 7/9, S. 264-275.

Dietz B./Kuhrt, W. (1960): Wirkungsanalyse verschiedenartiger Hausaufgaben. Teil II. *Schule und Psychologie.* 7/10, S. 310-318.

Dittes, F. (1894): Schule der Pädagogik. Gesamtausgabe der Psychologie und Logik, Erziehungs- und Unterrichtslehre, Methodik der Volksschule, Geschichte der Erziehung und des Unterrichtes. 5. verb. Aufl. Leipzig u.a.: Julius Klinkhardt.

Dörner, D. (2004): Emotion und Wissen. In G. Reimann und H. Mandl (Hrsg.), Psychologie des Wissensmanagement (S. 117-132). Hogrefe: Göttingen u.a.

Dolch, J. (1965): Grundbegriffe der pädagogischen Fachsprache. München: Ehrenwirth

Dreher, E. (2005): Entwicklungspsychologie des Kindes. In W. Einsiedler, M. Götz, H. Hacker, J. Kahlert, R. W. Keck, U. Sandfuchs (Hrsg.), Handbuch Grundschulpädagogik und Grundschuldidaktik (S. 146-154). Bad Heilbrunn: Klinkhardt.

Drewelow, H./Hess, D./Weck, H. (1985): Hausaufgaben. Berlin: Volk & Wissen.

Drewelow, H./Hess, D./Rausch, E./Weck, H./Witzlack, G. (1988): Hausaufgaben, Sprache, Zensuren. Köln: Aulis Verlag Deubner & Co. KG.

Drews, U./Schneider, G./Wallrabenstein, W. (2000): Einführung in die Grundschulpädagogik. Weinheim u.a.: Beltz.

Dühlmeier, B. (2009): Hausaufgaben. In D. H. Heckt, U. Sandfuchs (Hrsg.), Grundschule von A-Z (S. 85-86). Braunschweig: Westermann.

Duncker, L. (2007): Die Grundschule: Schultheoretische Zugänge und didaktische Horizonte. Weinheim u.a.: Juventa.

Eggert, D. (2000): Von den Stärken ausgehen… . Individuelle Entwicklungspläne (IEP) in der Lernförderungsdiagnostik. 3. Aufl. Dortmund: borgmann publishing.

Ehmke, T./Baumert, J. (2008): Soziale Disparitäten des Kompetenzerwerbs und der Bildungsbeteili gung in den Ländern: Vergleiche zwischen PISA 2000 und 2006. In Prenzel, M., Artelt, C., Baumert, J., Blum, W., Hammann, M., Klieme, E. & Pekrun, R. (Hrsg.), PISA 2006 in Deutschland. Die Kompetenzen der Jugendlichen im dritten Ländervergleich (S. 319-342). Münster: Waxmann.

Eigler, G./Krumm, V. (1972): Zur Problematik der Hausaufgaben. Weinheim u.a.: Beltz.

Enders-Dragässer, U. (1981): Die Mütterdressur. Eine Untersuchung zur schulischen Sozialisation der Mütter und ihre Folgen am Beispiel der Hausaufgaben. Basel: Mond-Buch.

Epstein, J. L. (1988): Homework practices, achievements, and behaviors of elementary school students. Baltimore: Center for Research on Elementary and Middle Schools.

Epstein, J. L. (2001): School, family, and community partnerships: Preparing educators and improving schools. Boulder, CO: Westview.

Epstein, J. L./Van Voorhis, F. L. (2001): More than minutes: Teachers' roles in designing homework. *Educational Psychologist*, 36/3, *pp. 181-193.*

Esslinger-Hinz, I. /Klaffke, Th. (2007): Hausaufgaben. Ein altes Thema neu anpacken. *Lernende Schule, 10/39, S. 4-6.*

Faßnacht, G. (1995): Systematische Verhaltensbeobachtung. München: Ernst Reinhardt Verlag.

Feiks, D./Rothermel, G. (1981): Hausaufgaben – pädagogische Grundlagen und praktische Beispiele. Stuttgart: Klett.

Feiks, D. (1981): Erziehung zur Aufgabe durch Hausaufgabe. In D. Feiks, G. Rothermel (Hrsg.), Hausaufgaben – pädagogische Grundlagen und praktische Beispiele. Stuttgart: Klett.

Feiks, D. (1989): Hausaufgaben in pädagogischer Verantwortung. Villingen-Schwenningen: Neckar-Verlag.

Ferdinand, W./Klüter, M. (1968): Hausaufgaben in der Diskussion. *Schule und Psychologie, 15/4, S. 97-105.*
Fetler, M. (1984): Television viewing and school achievement. *Journal of Communication, 34 (2), 104-118.*
Friedrichs, J. (1990): Methoden empirischer Sozialforschung. Opladen: Westdeutscher Verlag.

Gängler, H./Markert, Th. (2010): Ganztagsschule ohne Hausaufgaben? *Empirische Pädagogik, 24 (1), 78-92.*
Gaudig, H. (1904/1909[2]): Didaktische Ketzereien. Leipzig u.a.: Teubner.
Gaudig, H. (1917/1922[2]): Die Schule im Dienste der werdenden Persönlichkeit. Bd. 1, Leipzig: Quelle & Meyer.
Gaudig, H. (1929): Didaktische Präludien. 2. unveränd. Abdruck. Leipzig u.a.: B.G. Teubner.
Geißler, E./Schneider, H. (1982): Hausaufgabe. Darmstadt: WBG.
Geißler, E. E./Plock, H. (1970): Hausaufgaben – Hausarbeiten. Bad Heilbrunn: Klinkhardt.
Gemeinsame Erklärung des Präsidenten der Kultusministerkonferenz und der Vorsitzenden der Bildungs- und Lehrergewerkschaften sowie ihrer Spitzenorganisationen Deutscher Gewerkschaftsbund DGB und DBB – Beamtenbund und Tarifunion. Beschluss der Kultusministerkonferenz vom 5.10.2000. http://www.kmk.org/fileadmin/veroeffentlichungen_beschluesse/2000/2000_10_05-Bremer-Erkl-Lehrerbildung.pdf
Gill, B. P./Schlossman, S. L. (1996). „A sin against childhood": Progressive education and the crusade to abolish homework, 1897–1941. *American Journal of Education, 105/1, pp. 27–66.*
Gill, B. P./ Schlossman, S. L. (2004): Villain or Savior? The American Discourse on Homework, 1850-2003. *Theory into Practic, 43/3, pp. 174-181.*
Goschke, Th. (1996): Lernen und Gedächtnis. Mentale Prozesse und Gehirnstrukturen. In G. Roth, W. Prinz (Hrsg.), Kopf-Arbeit: Gehirnfunktionen und kognitive Leistungen (S. 359-410). Heidelberg: Spektrum Akademischer Verlag.
Green, N./Green, K. (2005): Kooperatives Lernen im Klassenraum und im Kollegium. Seelze-Velber: Kallmeyersche Verlagsbuchhandlung.

Haag, L. (1991): Hausaufgaben am Gymnasium. Eine empirische Untersuchung. Weinheim: Beltz.
Haag, L./ Mischo, C. (2002): Hausaufgabenverhalten: Bedingungen und Effekte. *Empirische Pädagogik, 16/3, S. 311-327.*
Haag, L./Jäger, R. (2010): Hausaufgabenforschung – neue Akzente – alte Desiderate. *Empirische Pädagogik, 24/1, S. 1-5.*
Hahn, H./Rickers, G. (1978): Hausaufgaben. Anregungen und Vorschläge für Eltern und Lehrer. Luetjensee: Albrechts.
Hallam, S. (2004): Homework. The Evidence. Institute of Education: University of London.
Harding, R.C. (1979): The relationship of teacher attitudes toward homework and the academic achievement of primary grade students. Unpublished doctoral dissertation. Lehigh University. Nach H. Cooper (1989).
Hardt, Th. (1978): zur Problematik der Belastung von Schülern und Elterndurch Hausaufgaben und Nachhilfeunterricht. Hagen: Manfred Urban.
Harris, S./Nixon, J./Rudduck, J. (1993): 'School work, homework and gender'. *Gender and Education, 5/1, S. 3-15.*
Hascher, T./Bischof, F. (2000): Integrierte und traditionelle Hausaufgaben in der Primarstufe – ein Vergleich bezüglich Leistung, Belastung und Einstellungen zur Schule. *Psychologie in Erziehung und Unterricht, 47/4, S. 252-265.*
Hascher, T./Hofmann, F. (2008): Kompetenzbereich Hausaufgaben. In M. Gläser-Zikuda, J. Seibert (Hrsg.), Lehrerexpertise. Analyse und Bedeutung unterrichtlichen Handelns (S. 143-164). Münster: Waxmann.

Hascher, T./Hofmann, F. (2008a): Aufgaben – noch unentdeckte Potentiale im Unterricht. In J. Thonhauser (Hrsg.), Aufgaben als Katalysatoren von Lernprozessen (47-64). Münster: Waxmann.

Hattie, J.A.C. (2009): Visible Learning. A synthesis of over 800 meta- analyses relating to achievement. Oxon: Routledge.

Heckhausen, J./Heckhausen, H. (2010): Motivation und Handeln. (4. Aufl.) Berlin u.a.: Springer.

Heimann, P. (1970): Didaktik als Theorie und Lehre. In D. C. Kochan (Hrsg.), Allgemeine Didaktik, Fachdidaktik, Fachwissenschaft. Ausgewählte Beiträge aus den Jahren 1953-1969 (S. 110-142). Darmstadt: Wissenschaftliche Buchgesellschaft.

Helmke, A. (2010): Unterrichtsqualität und Lehrerprofessionalität. Diagnose, Evaluation und Verbesserung des Unterrichts. Seelze-Velber: Kallmeyersche Verlagsbuchhandlung.

Helmke, A. (2007): Aktive Lernzeit optimieren – was wissen wir über effiziente Klassenführung? *Pädagogik, 59/ 5, S. 44-49.*

Helmke, A. (2005): Unterrichtsqualität erfassen, bewerten, verbessern. Seelze-Velber: Kallmeyersche Verlagsbuchhandlung.

Helmke, A./Schrader, F.-W./Lehneis-Klepper, G. (1991): Zur Rolle des Elternverhaltens für die Schulleistungsentwicklung ihrer Kinder. *Zeitschrift für Entwicklungspsychologie und Pädagogische Psychologie, 23/1, S. 1-22.*

Helmke, A./Schrader, F.-W./Hosenfeld, I. (2004): Elterliche Lernunterstützung und Schulleistungen ihrer Kinder. *Bildung und Erziehung.* 57/3, *S. 251-277.*

Henze, G. (1978): Das Konzept der Hausaufgabenintegration im Effektivitätsvergleich mit der traditionellen Hausaufgabenpraxis. In R. W. Keck (Hrsg.), Hausaufgaben, empirisch untersucht. Ergebnisse aus dem Schulversuch Ganztagsschule (S. 215-264). Hannover u.a.: Hermann Schroedel Verlag.

Herzog, W. (2011): Professionalität im Beruf von Lehrerinnen und Lehrern. In H. Berner und R. Isler (Hrsg.), Lehrer-Identität. Lehrer-Rolle. Lehrer-Handeln (S. 49-77). Baltmannsweiler: Schneider Verlag Hohengehren.

Higelke, K. (1949): Die Hausaufgaben der Volksschüler. *Westermanns Pädagogische Beiträge, 7/1, S. 311-314.*

Höhmann, K. (2006): Stolperstein oder Innovationsimpuls? Hausaufgaben in der Ganztagsschule. In *Lernende Schule, 9/35, S. 30-43.*

Höhmann, K. (2007): Organisation von Hausaufgaben in Ganztagsschulen. In K. Höhmann, B. Kohler, Z. Mergenthaler, C. Wego (Hrsg.), Hausaufgaben an der Ganztagsschule (S. 37-62). Schwalbach/Ts.: Wochenschau Verlag.

Höhmann, K./Bergmann, K./Gebauer, M. (2008): Das Personal. In H. G. Holtappels, E. Klieme, T. Rauschenbach, L. Stecher, (Hrsg.): Ganztagsschule in Deutschland. Ergebnisse der Ausgangserhebung der „Studie zur Entwicklung von Ganztagsschulen" (StEG) (S.77-85). (2., korrigierte Aufl.) Weinheim u.a.: Juventa.

Höhmann, K./Hesener, Ch. (2006): Hausaufgaben in der offenen Ganztagsschule. *Praxis Schule 5-10, H1, 43-44*

Höhmann, K./Kohler, B./Mergenthaler, Z./Wego, C. (2006): Hausaufgaben an der Ganztagsschule. Schwalbach/Ts.: Wochenschau-Verlag.

Höhmann, K./Rademacker, H. (2006): Hausaufgaben und die Frage nach dem Sinn. In K. Höhmann, H.-G. Holtappels (Hrsg.), Ganztagsschule gestalten (S. 132-145). Seelze-Velber: Kallmeyer Verlag.

Holtappels, H.-G. (2006): Ganztagsschule – ein Beitrag zur Förderung und Chancengleichheit?. In K. Höhmann, H.-G. Holtappels (Hrsg.): Ganztagsschule gestalten (S. 10-33). Seelze: Kallmeyer Verlag.

Holtappels, H.-G. (2007): Angebotsstruktur, Schülerteilnahme und Ausbaugrad ganztägiger Schulen. In H.-G. Holtappels, E. Klieme, Th. Rauschenbach, L. Stecher (Hrsg.), Ganztagsschule in Deutschland. Ergebnisse der Ausgangserhebung der „Studie zur Entwicklung von Ganztagsschulen" (StEG) (S. 186-206). Weinheim u.a.: Juventa.

Holtappels, H.-G./Klieme, E./Rauschenbach, Th./ Stecher, L. (Hrsg.) (2007): Ganztagsschule in Deutschland. Ergebnisse der Ausgangserhebung der „Studie zur Entwicklung von Ganztagsschulen“ (StEG). Weinheim u.a.: Juventa.

Holzkamp. K. (1995): Lernen. Subjektwissenschaftliche Grundlegung. Frankfurt a.M.: Campus.

Hong, E./Milgram, R.M. (1999): Preferred and actual homework style: A cross-cultural examination. *Educational Research, 41, 251-265.*

Hoos, K. (1998): Das Dilemma mit den Hausaufgaben. Gedanken über ein umstrittenes didaktisches Mittel. *Die Deutsche Schule, 90/1, S. 50-63.*

Hoover-Dempsey, K.V./Battiato, A.C./Walker, J.M.T./Reed, R.P./DeJong, J.M./Jones, K.P. (2001): Parental involvement in homework. *Educational Psychologist, 36, 195-209.*

Hüther, G. (2004): Die Macht der inneren Bilder. Göttingen: Vandenhoeck & Ruprecht.

Hüther, G. (2006): Die Bedeutung sozialer Erfahrungen für die Strukturentwicklung des menschlichen Gehirns. In U. Herrmann (Hrsg.): Neurodidaktische Grundlagen und Vorschläge für gehirngerechtes Lehren und Lernen (S. 41-48). Weinheim u.a.: Beltz.

Information und Technik Nordrhein-Westfalen, Geschäftsbereich Statistik (Hrsg.): Statistisches Jahrbuch Nordrhein-Westfalen 2009. 51. Jahrgang. *Online Zugriff: https://webshop.it.nrw.de/webshop/details.php?id=16058 [Stand. 05.07.2010].*

Ingenkamp, K. (Hrsg.) (1989): Was wissen unsere Schüler? Überregionale Lernerfolgsmessung aus internationaler Sicht. Weinheim: Deutscher Studien-Verlag.

Israel, A./Müller, J. (1973) (Hrsg.): Sammlung selten gewordener pädagogischer Schriften, Heft 12 und 13, Zschopau 1985/86.

Jackson, C. (2003): Motives für laddishness at school: Fear of failure und fear of the feminine. *British Educational Research Journal, 29(4), 583-598.*

Jacobs, B. (2008): Was wissen wir über die Lernwirksamkeit von Aufgabenstellungen und Feedback. In J. Thonhauser (Hrsg.), Aufgaben als Katalysatoren von Lernprozessen (99-114). Münster: Waxmann.

Jäger, M. (1904): Zur Frage der häuslichen Arbeiten an unseren höheren Lehranstalten. Bericht über den 1. Internationalen Kongreß für Schulhygiene in Nürnberg. http://www.archive.org/stream/internationales04unkngoog/internationales04unkngoog_djvu.txt

Jäger, R./Stuck, A./Lissmann, U./Wagner, S. (2005): Hausaufgabenzeit in der Ganztagsschule – ein empirischer Beitrag. http://www.inga.zepf.uni-landau.de/aktuell/hausaufgabe_befragung/lerntagebuch.pdf, 01.08.2010

Jeynes, W.H. (2007): The relationship between parent involvement and urban school student academic achievement: A meta-analysis. *Urban Education, 42, 82-110.*

Johnson, J. K./Pontius, A. (1989): Homework: A survey of teacher beliefs and practices. *Research in Education, 41/1, pp. 71-78.*

Jünger, W./Geider, F. J./Reinert, G.-B. (1990): Auf der Suche nach Hausaufgaben, die Spaß machen. *Zeitschrift für Pädagogik, 36/2, S. 223-239.*

Jürgens, E. (2004): Pädagogische Implikationen der KMK-Entwürfe für Bildungsstandards. *Die Deutsche Schule, 8. Beiheft, S. 48-65.*

Jürgens, E. (2006): Lebendiges Lernen in der Grundschule. Weinheim u.a.: Beltz.

Jürgens, E. (2010): Was ist guter Unterricht aus der Perspektive „der“ Reformpädagogik? Vom Aktivitätsparadigma zum „Schüleraktiven Unterricht“. In E. Jürgens , J. Standop (Hrsg.), Was ist guter Unterricht? Namhafte Expertinnen und Experten geben Antwort (S. 39-81). Bad Heilbrunn: Klinkhardt.

Jürgens, E./Diekmann, M. (2007): Wirksamkeit und Nachhaltigkeit von Nachhilfeunterricht: Dargestellt am Beispiel des Studienkreises. Frankfurt: Peter Lang.

Kamm, H./Müller, E. (1977): Hausaufgaben – sinnvoll gestaltet. (2. Aufl.9 Freiburg i.Br.: Herder.

Keck, R. W. (1978): Das Problem der Hausaufgabe in pädagogischer und didaktischer Sicht – ein systematischer Versuch zur Funktionsbeschreibung. In R. W. Keck (Hrsg.), Hausaufgaben – empirisch untersucht (S. 147-214). Hannover: Hermann Schroedel Verlag.

Keck, R. W. (1978)(Hrsg.): Hausaufgaben – empirisch untersucht. Hannover: Hermann Schroedel Verlag.

Keck, R. W. (1994): Hausaufgaben. In R. W. Keck, U. Sandfuchs (Hrsg.), Wörterbuch Schulpädagogik (S. 147-149). Bad Heilbrunn: Klinkhardt.

Keck, R. W. (2004): Hausaufgaben. In R. W. Keck, U. Sandfuchs (Hrsg.), Wörterbuch Schulpädagogik (S. 194-196). (2., völlig überarb. Aufl.) Bad Heilbrunn: Klinkhardt.

Keck, R. W. (2005): Schulleben. In W. Einsiedler, M. Götz, Hacker, J. Kahlert, R. W. Keck, U. Sandfuchs (Hrsg.), Handbuch Grundschulpädagogik und Grundschuldidaktik (S. 236-244). Bad Heilbrunn: Klinkhardt.

Kirn, E. (1978): Die Hausaufgabe in der Einschätzung der Eltern und Schüler – Überprüfung der den Hausaufgaben zugeschriebenen pädagogischen und didaktischen Funktion *oder* Hausaufgabensituation – Teil eines heimlichen Lehrplanes? In R.W. Keck (1978), Hausaufgaben, empirisch untersucht. Ergebnisse aus dem Schulversuch Ganztagsschule (S. 147-214). Hannover u.a.: Hermann Schroedel Verlag.

Klafki, W. (1996): Neue Studien zur Bildungstheorie und Didaktik. Weinheim u.a.: Beltz.

Kleber, E.W. (1992): Diagnostik in pädagogischen Handlungsfeldern. München: Juventa.

Kleinschmidt-Bräutigam, M. (2006): Neu gedacht und neu gemacht. Hausaufgaben zwischen neuer Lernkultur und Schulentwicklung. *Grundschulunterricht, 53/12, S. 2-11.*

Klemm, K. (1989): Schulische und außerschulische Ganztagsangebote. In Gewerkschaft Erziehung und Wissenschaft Baden-Württemberg (Hrsg.): Ganztagsangebote für Schülerinnen und Schüler (S. 7-9). Stuttgart: GEW.

Klingberg, L. (1989): Überlegungen zur Dialektik von Lehrer- und Schülertätigkeit im Unterricht der sozialistischen Schule. *Potsdamer Forschungen der Pädagogischen Hochschule „Karl Liebknecht". Erziehungswissenschaftliche Reihe, H. 74.*

Knörzer, W. (1976): Orientierungsformen gegenüber Lern- und Leistungsforderungen. In H. Fendt, W. Knörzer, W. Nagl, W. Specht, R. Väth-Szusdziara (Hrsg.), Sozialisationseffekte der Schule. Soziologie der Schule II. Beltz: Weinheim, Basel.

Knörzer, W./Grass, K./Schumacher, E. (2007): Den Anfang der Schulzeit pädagogisch gestalten. Weinheim u.a.: Beltz.

Köller, O./Möller, J. (2012): Was wirklich hilft: John Hattie resümiert die Forschungsergebnisse zu schulischem Lernen. Teil 1-3. www.schulmanagement-online.de

Kohler, B. (2007): Hausaufgaben und Ganztagsschule. In K. Höhmann, B. Kohler, Z. Mergenthaler, C. Wego (Hrsg.), Hausaufgaben an der Ganztagsschule (S. 9-36). Schwalbach/Ts.: Wochenschau Verlag.

Komorek, E./Bruder, R. (2007): Die Lernzeit nutzen. Konzepte für eine neue Hausaufgabenkultur. *Mathematik lehren, 140/1, S. 4-9.*

Kreuzer, K. J./Twellmann, W. (1980): Hausaufgaben als permanentes Schulproblem. *Pädagogische Rundschau, 34/1, S. 803-815.*

Kron, F.W. (2008): Grundwissen Didaktik. 5., überarb. Aufl. München u.a.: Ernst Reinhardt Verlag.

Krumm, V. (1985): Anmerkungen zur Rolle der Aufgaben in Didaktik, Unterricht und Unterrichtsforschung. *Unterrichtswissenschaft, 13/2, S. 102-115.*

Kübler, O. (1888): Geh.R. Dr. L. Wiese's Sammlung der Verordnungen und Gesetze für die höheren Schulen in Preußen. Dritte Ausgabe, bearbeitet und bis zum Jahre 1887 fortgeführt. Zweite Abteilung: Das Lehramt und die Lehrer. Berlin: Verlag von Wiegandt & Grieben.

Kühn, R. (1985): Effektivität mütterlicher Hilfe bei den Hausaufgaben. *Zeitschrift für Empirische Pädagogik und Pädagogische Psychologie, 9, S. 43-54.*

Kultusministerium Hessen (2008): § 28 Hausaufgaben. In Verordnung zur Gestaltung des Schulverhältnisses vom 21. Juni 2000 (ABl. 2000, S. 602), zuletzt geändert durch Verordnung vom 20. Juni 2008 (ABl. S. 239).

Lam, J. W. (1996): The employment activity of Chinese-American high school students and its relationship to academic achievement (Master's thesis, University of Texas at Arlington, 1996). *Masters Abstracts International, 34, 2148.*

Langeveld, M. J.(1960): Die Schule als Weg des Kindes. Versuch einer Anthropologie der Schule. Braunschweig: Westermann.

Laucken, U. (1974): Naive Verhaltenstheorie. Suttgart: Ernst Klett Verlag.

Lausberg, M. (2007): Kinder sollen sich selbst entdecken. Die Erlebnispädagogik Kurt Hahns. Marburg: Tectum Verlag.

Lee, J. F./Pruitt, K. W. (1979): Homework assignments: Class games or teaching tools? *Clearing House, 53/1, pp. 31-35.*

Lipowsky, F./Rakoczy, K./Klieme, E./Reusser, K./Pauli, Chr. (2004): Dauerbrenner Hausaufgaben – Befunde der Forschung und Konsequenzen für den Unterricht. *Pädagogik, 56/12, S. 40-44.*

Lipowsky, F. (2007): Hausaufgaben. Auf die Qualität kommt es an! Ein Überblick über den Forschungsstand. *Lernende Schule, 10/39, S. 7-9.*

Lockl, K./Schneider, W. (2002): Selbstreguliertes Lernen im Grundschulalter. *Psychologie und Unterricht, 49/1, S. 3-16.*

Maaz, K./Baumert, J./Trautwein, U. (2010): Genese sozialer Ungleichheit im institutionellen Kontext der Schule: Wo entsteht und vergrößert sich soziale Ungleichheit? In Bundesministerium für Bildung und Forschung (BMBF) (Hrsg.): Der Übergang von der Grundschule in die weiterführende Schule. Leistungsgerechtigkeit und regionale, soziale und ethnisch-kulturelle Disparitäten. Bildungsforschung Band 34. Bonn, Berlin Mai 2010.

Mandl, H. (2010): Lernumgebungen problemorientiert gestalten – Zur Entwicklung einer neuen Lernkultur. In E. Jürgens, J. Standop (Hrsg.), Was ist „guter" Unterricht? (S. 19-38). Bad Heilbrunn: Klinkhardt.

Mandl, H./Friedrich, H. F. (2006): Handbuch Lernstrategien. Göttingen: Hogrefe.

Martin, R. (1973): Sind Hausaufgaben familienfeindlich? Stuttgart: Klett.

Maslow, A. (1991): Motivation und Persönlichkeit. Hamburg: Rowohlt.

Mayer, A. (1903): Über Einzel- und Gesamtleistung des Schulkindes. *Archiv für die gesamte Psychologie 1, S. 276-416.*

Messner, R. (2004): Was Bildung von Produktion unterscheidet. *Die Deutsche Schule, 8. Beiheft, S. 26-47.*

Meumann, E. (1904): Haus- und Schularbeit. Leipzig: Quelle & Meyer.

Meyer, H. (2004): Was ist guter Unterricht? Berlin: Cornelsen Scriptor.

Michael, B. (1961): Die Hausaufgaben als pädagogisches Problem. *Westermanns pädagogische Beiträge, 13/1, S. 373-382.*

Ministerium für Schule und Weiterbildung des Landes Nordrhein-Westfalen (Hrsg.): Quantita 2009/10: Das Schulwesen in Nordrhein-Westfalen aus quantitativer Sicht 2009/10. Statistische Übersicht. (2. Auflage, April 2010). Online Zugriff: URL: *www.schulministerium.nrw.de/BP/Schulsystem/Statistik/.../StatUebers.pdf, 05.07.2010.*

ders.: 1-8 Gesetz über die Ausbildung für Lehrämter an öffentlichen Schulen (Lehrerausbildungsgesetz – LABG) vom 12. Mai 2009 (GV. NRW. S. 308) http://www.schulministerium.nrw.de/BP/Schulrecht/Lehrerausbildung/LABG__Fassung_12_05_2009.pdf, 25.08.2010

Ministerium für Schule und Weiterbildung (MfSW) in Nordrhein-Westfalen: 20-03 Nr. 21 Rahmenvorgabe für den Vorbereitungsdienst in Studienseminar und Schule. RdErl. d. Ministeriums – v. 1.

7. 2004 (ABl. NRW. S. 242), http://www.schulministerium.nrw.de/BP/Schulrecht/Lehrerausbildung/Rahmenvorgabe_OVP.pdf, 02.09.2010

ders.: MfSW in Nordrhein-Westfalen: 20-03 Nr. 11 Ordnung des Vorbereitungsdienstes und der Zweiten Staatsprüfung für Lehrämter an Schulen (Ordnung d. Vorbereitungsdienstes und d. Zweiten Staatsprüfung – OVP) v. 11. Nov. 2003 geändert durch Verordnung v. 1. Dez. 2006 (SGV. NRW. 203010) mit 20-03 Nr. 11.1 Verwaltungsvorschriften zur Ordnung d. Vorbereitungsdienstes und d. Zweiten Staatsprüfung f. Lehrämter an Schulen (VVzOVP) RdErl. d. Ministeriums für Schule, Jugend und Kinder v. 30. 4. 2004 (ABl. NRW. S. 169)

ders.: Das Schulwesen in Nordrhein-Westfalen aus quantitativer Sicht 2009/10. Statistische Übersicht 371 -3. Korrigierte und ergänzte Auflage, April 2010. http://www.schulministerium.nrw.de/BP/Schulsystem/Statistik/2009_10/StatUebers.pdf

ders.: Zuwendungen für die Durchführung außerunterrichtlicher Angebote offener Ganztagsschulen im Primarbereich, RdErl. d. Ministeriums für Schule, Jugend und Kinder v. 12. 2. 2003 (ABl. NRW. S. 43) (Stand 1.7.2012), http://www.schulministerium.nrw.de/BP/Schulsystem/Ganztagsbetreuung/Ganztag_im_Primarbereich/Foerderrichtlinien/Foerderung_OGS.pdf

ders.: Offene Ganztagsschule im Primarbereich. http://www.schulministerium.nrw.de/BP/Schulrecht/Erlasse/OGS_Erlass.pdf, 10.02.2011

ders.: Hausaufgaben in der Primarstufe und in der Sekundarstufe I. RdErl. d. Kultusministers vom 02.03.1974. Gemeinsames Amtsblatt des Kultusministeriums und des Ministeriums für Wissenschaft und Forschung des Landes Nordrhein-Westfalen. (GABl. NW. S. 249). http://www.schulministerium.nrw.de/BP/Schulrecht/Erlasse/12-31Nr1.pdf, 01.07.2012

Ministerium für Gesundheit, Emanzipation, Pflege und Alter des Landes Nordrhein-Westfalen: Demografie in Nordrhein-Westfalen, Daten und Fakten: Geburtenrate 2008 und 2007. http://www.demografie.nrw.de/daten_fakten/030-Geburtenrate/090-ent-geburt-EU/index.php, 20.04.2011

Mischke, W./Kiper, H. (2006): Theorie des Unterrichts. Weinheim u.a.: Beltz.

Moschner, B./Dickhäuser, O. (2006): Selbstkonzept. In D. H. Rost (Hrsg.): Handwörterbuch pädagogische Psychologie (S. 685-692). Weinheim u.a.: Beltz.

Muhlenbruck, L./Cooper, H./ Nye, B./Lindsay, J. J. (1999): Homework and achievement: Explaining the different strengths of relation at the elementary and secondary school levels. *Social Psychology of Education*. 3/4, *pp. 295-317.*

Müller, J. (Hrsg.)(1885): Ordnung für die Lateinschule zu Bayreuth um das Jahr 1464; gesammelt in: Israel, A./Müller, J. (Hrsg.), Sammlung selten gewordener pädagogischer Schriften früherer Zeiten. 12. Vor- und frühreformatorische Schulordnungen und Schulverträge in deutscher und niederländischer Sprache, 1. Abtlg. 1296-1505. Zschopau: Verlag von F.U. Raschke. Unveränderter Nachdruck der Originalausgabe 1879-1886: Zentralantiquariat der Deutschen Demokratischen Republik, Leipzig 1973.

Müller, J. (Hrsg.)(1886): Ordnung für die Lateinschule zu Bayreuth um das Jahr 1464; gesammelt in: Israel, A./Müller, J. (Hrsg.), Sammlung selten gewordener pädagogischer Schriften früherer Zeiten. 13. Vor- und frühreformatorische Schulordnungen und Schulverträge in deutscher und niederländischer Sprache, 2. Abtlg. 1505-1523.

Müller, A./Helmke, A. (2008): Qualität von Aufgaben als Merkmale der Unterrichtsqualität. In J. Thonhauser (Hrsg.).

Mummendey, H./Grau, I. (2008): Die Fragebogen-Methode. 5. Aufl. Göttingen: Hogrefe.

Niggli, A. (2000): Lernarrangements erfolgreich gestalten. Aarau: Verlag Sauerländer.

Niggli, A./Trautwein, U./Schnyder, I. (2010): Die Rolle der Lehrperson bei den Hausaufgaben. *Empirische Pädagogik, 24(1), 42-54.*

Niggli, A./Trautwein, U./Schnyder, I./Lüdtke, O./Neumann, M. (2007): Elterliche Unterstützung kann hilfreich sein, aber Einmischung schadet: Familiärer Hintergrund, elterliches Hausaufgabenengagement und Leistungsentwicklung. *Psychologie in Erziehung und Unterricht, 54/1, S. 1-14.*

Nilshon, I. (1995): Schule ohne Hausaufgaben? Eine empirische Studie zu den Auswirkungen der Integration von Hausaufgabenfunktionen in den Unterricht einer Ganztagsschule. Münster u.a.: Waxmann.

Nilshon, I. (1999): Hausaufgaben und selbstständiges Lernen. http:// www.dji.de/bibs/77_projektheft1.pdf

Oerter, R./Montada, L. (2002): Entwicklungspsychologie. Weinheim u.a.: Beltz PVU.

Oser, F./Spychiger, M. (2005): Lernen ist schmerzhaft. Weinheim u.a.: Beltz.

Oser, F. (1994): Zu-Mutung: Eine basale pädagogische Handlungsstruktur. In N. Seibert./H.J. Serve (Hrsg.): Bildung und Erziehung an der Schwelle zum dritten Jahrtausend (S. 773-800). München: PimS Verlag, S. 774.

Oswald, P./Schulz-Benesch, G. (Hrsg.) (2009): Grundgedanken der Montessoripädagogik. Quellentexte und Praxisberichte. Freiburg i.Br.: Herder.

Pakulla, R. (1967): Hausaufgaben – Empfehlungen für Lehrer und Erzieher. Netzschkau: VEB Buch- und Wertdruckerei Mylau.

Parkhurst, H. (1922/2008): Education on the Dalton Plan. Gloucestershire UK: Dodo Press.

Patall, E.A./Cooper, H./Robinson, J.C. (2008). Parent Involvement in Homework: A Research Synthesis. *Review of Educational Research, 78 (4), 1039-1101.*

Perels, F./Löb, M./Schmitz, B./Haberstroh, J. (2006): Hausaufgabenverhalten aus der Perspektive der Selbstregulation. *Zeitschrift für Entwicklungspsychologie und Pädagogische Psychologie, 38/4, S. 175-185.*

Petersen, J./Reinert, G.-B./Stephan, E. (1990): Betrifft: Hausaufgaben. Frankfurt a.M.: Peter Lang.

Peterßen, W.H. (2001): Lehrbuch allgemeine Didaktik. München: Oldenbourg.

Picht, G. (1965): Die deutsche Bildungskatastrophe. München: Deutscher Taschenbuch Verlag.

Pomerantz, E. M./Wang, Q./Ng, F. F.-Y. (2005): Mothers' affect in the homework context: The importance of staying positive. *Developmental Psychology, 41/2, pp. 414-427.*

Porst, R. (2008): Fragebogen. Ein Arbeitsbuch. Wiesbaden: VS Verlag für Sozialwissenschaften.

Preuss-Lausitz, U. (2013): Inklusive Schul- und Unterrichtsentwicklung. Ein Beitrag zum Abbau von Ungleichheit. In E. Jürgens, S. Miller (Hrsg.): Ungleichheit in der Gesellschaft und Ungleichheit in der Schule. Weinheim u.a. Beltz Juventa.

Reich, K. (2010): Konstruktivistische Didaktik – oder weshalb Unterrichtsratgeber nicht reichen. In E. Jürgens, J. Standop (Hrsg.): Was ist „guter" Unterricht? Namhafte Expertinnen und Experten geben Antwort (S. 143-158). Bad Heilbrunn: Klinkhardt.

Reinmann, G./Mandl, H. (2006): Unterrichten und Lernumgebungen gestalten. In A. Krapp, B. Weidenmann (Hrsg.): Pädagogische Psychologie (S. 613-658). Weinheim u.a.: Beltz.

Robinsohn, S.B. (1975): Bildungsreform als Revision des Curriculums und ein Strukturkonzept für Curriculumentwicklung, 5., unver. Aufl. Neuwied: Luchterhand

Rollett, W. (2007): Schulzufriedenheit und Zufriedenheit mit dem Ganztagsbetrieb und deren Bedingungen. In H.-G. Holtappels, E. Klieme, T. Rauschenbach, L. Stecher (Hrsg.), Ganztagsschule in Deutschland (S. 283-312). Weinheim u.a.: Juventa.

Rollett, W./Holtappels, H.G./Bergmann, K.(2008): Anspruch und Wirklichkeit von Ganztagsschulen. In Coelen, T./Otto, H.-U. (Hrsg.): Grundbegriffe Ganztagsbildung (S. 899-909). Wiesbaden: VS Verlag.

Roßbach, H.-G. (1995): Hausaufgaben in der Grundschule. *Die Deutsche Schule, 87/1, S. 103-112.*

Roth, C. L. (1859): Aufgaben (Hausaufgaben). In K. A. Schmid (Hrsg.), Encyklopädie des gesammten Erziehungs- und Unterrichtswesens (S. 283-286). Gotha: Verlag Rudolf Besser.

Roth, G. (2004): Warum sind Lehren und Lernen so schwierig. *Zeitschrift für Pädagogik, 50/4, S. 496-506.*

Roth, G. (2010): Die Bedeutung von Motivation und Emotionen für den Lernerfolg. In E. Jürgens, J. Standop (Hrsg.), Was ist „guter" Unterricht? (S. 233-246). Bad Heilbrunn: Klinkhardt.

Roth, H. (1985): Johann Heinrich Pestalozzi. Sämtliche Werke und Briefe, kritische Ausgabe. Zürich: Orell Füssli.

Rudolph, M. (2002): Nachhilfe – Gekaufte Bildung? Empirische Untersuchung zur Kritik der außerschulischen Lernbegleitung. Eine Erhebung bei Eltern, LehrerInnen und Nachhilfeinstituten. Bad Heilbrunn: Klinkhardt.

Rülcker, T. (1989): Selbständigkeit als pädagogisches Zielkonzept. In U. Preuss-Lausitz, T. Rülcker, H. Zeiher (Hrsg.): Selbständigkeit für Kinder – die große Freiheit? (S. 20-27). Weinheim u.a.: Beltz.

Runderlass des Kultusministeriums in Nordrhein-Westfalen (Hrsg.): Hausaufgaben in der Primarstufe und in der Sekundarstufe I. RdErl. v. 2.3.1974, eingearbeitet RdErl. v. 24.6.1991(GABI. NW IS.149); RdErl. v. 31.7.2008 (ABI. NRW. 8/08).

Sacher, W. (2004): Leistungen entwickeln, überprüfen und beurteilen. 4. Aufl., Bad Heilbrunn: Klinkhardt.

Sacher, W. (2006): Didaktik der Lernökologie. Bad Heilbrunn: Klinkhardt.

Schanze, G. (1904): Die Hausaufgaben der Schüler. In Generalsekretär Hofrat Dr. med. P. Schubert (Hrsg.): Bericht über den 1. Internationalen Kongreß für Schulhygiene (S. 293-300). Nürnberg: Verlag von J.L. Schrag.

Schanze, G. (1906): Hausaufgaben. In H. Selter und K. Roller (Hrsg.): Verhandlungen der VII. Jahresversammlung des Deutschen Vereins für Schulgesundheitspflege am 6. und 7. Juni 1906 in Dresden, Ergänzungsheft zu *Gesunde Jugend, Zeitschrift für Gesundheitspflege in Schule und Haus, Vol. IV, pp. 293-300.*

Schaub, H./Zenke, K. G. (2007): Hausaufgaben. In ders. (Hrsg.): Wörterbuch Pädagogik (S. 279-280). München: Deutscher Taschenbuch Verlag.

Scheibert, C. G. (1849): Die Berechtigung der Schulgemeinde zur Theilnahme an den Curatorien der höhern Schulen. In *Pädagogische Revue, 22/1, S. 55-77.*

Schiefele, U./Krapp, A./Schreyer, I. (1993): Metaanalyse des Zusammenhangs von Interesse und schulischer Leistung. *Zeitschrift für Entwicklungspsychologie und Pädagogische Psychologie, 25/1, S. 120-148.*

Schmid, K. A. (Hrsg.)(1859): Encyklopädie des gesamten Erziehungs- und Unterrichtswesens, bearbeitet von einer Anzahl Schulmänner und Gelehrten, herausgegeben unter Mitwirkung von Prof. Dr. v. Palmer und Prof. Dr. Wildermuth. Erster Band. Gotha: Verlag Rudolf Besser.

Schmidt, H. J. (1984): Hausaufgaben in der Grundschule. Lüneburg: Klaus Neubauer.

Schmidt, F. (1904): Experimentelle Untersuchungen über die Hausaufgaben des Schulkindes. In *Sammlung von Abhandlungen zur psychologischen Pädagogik 1, S. 181-300.*

Schmitz, B. (2001): Self-Monitoring zur Unterstützung des Transfers einer Schulung in Selbstregulation für Studierende. Eine prozessanalytische Untersuchung. *Zeitschrift für Pädagogische Psychologie, 15 (3-4), S. 181-197.*

Schmitz, B./Skinner, E. (1993): Perceived control, effort, and academic performance: Interindividual, iontraindividual, and multivariate time-series analyses. *Journal of Personality and Social Psychology, 64, S. 1010-1028*

Schnell, R./Hill, P.B./Esser, E. (2005): Methoden der empirischen Sozialforschung. München: Oldenbourg.

Schnyder,I./Niggli, A./Cathomas, R./Trautwein, U./Lüdtke, O. (2006): Wer lange lernt, lernt noch lang nicht mehr. Korrelate der Hausaufgabenzeit im Fach Französisch und Effekte auf die Leistungsentwicklung. *Psychologie in Erziehung und Unterricht, 53/2, S. 107-121.*

Schön, D. A. (1983): The refelctive practitioner. How professionals think in action. New York: Basic Books.

Schönbrunn, G. (1989): Hausaufgaben in der pädagogischen Diskussion. Übersicht über den Stand der Forschung auf dem Gebiet der Hausaufgaben. *Der Mathematikunterricht, 35/1, S. 5-21.*

Schorch, G. (2007): Studienbuch Grundschulpädagogik. Bad Heilbrunn: Klinkhardt.

Schratz, M. (2009): Kompetenzen einer europäischen Lehrerin/eines europäischen Lehrers. *Erziehung und Unterricht, 159, 111-118.*

Schulz, W. (1976): Unterricht zwischen Funktionalisierung und Emanzipationshilfe. In H. Ruprecht, H.-K. Beckmann, F. v. Cube, W. Schulz (Hrsg.), Modelle grundlegender didaktischer Theorien (S. 155-184). 3. Aufl. Hannover: Schroedel .

Schwemmer, H. (1980): Was Hausaufgaben anrichten. Von der Fragwürdigkeit eines durch Jahrhunderte verewigten Tabus in der Hausaufgabenschule unserer Zeit. Paderborn: Schöningh.

Schwippert, K. (2002): Optimalklassen: Mehrebenenanalytische Untersuchungen. Münster u.a.: Waxmann.

Sekretariat der Ständigen Konferenz der Kultusminister der Länder in der Bundesrepublik Deutschland (2004): Standards für die Lehrerbildung: Bildungswissenschaften. Beschluss der Kultusministerkonferenz vom 16.12.2004. http://www.kmk.org/fileadmin/veroeffentlichungen_beschluesse /2004/2004_12_16-Standards-Lehrerbildung.pdf

Sekretariat der Ständigen Konferenz der Kultusminister der Länder in der Bundesrepublik Deutschland (2008): Allgemein bildende Schulen in Ganztagsform in den Ländern in der Bundesrepublik Deutschland. Statistik 2002 bis 2006. Bearbeitet im Sekretariat der Kultusminister. Bonn.

ders.: http://www.kmk.org/fileadmin/pdf/PresseUndAktuelles/2004/GTS_2006.pdf, 01.08.2010

Sharp, E./Keys, W./Benefield, P. (2001): Homework. A Review of Recent Research. Slough, Berkshire: National Foundation for Educational Research.

Singh, J.M. (1969): An investigation of the effect of individualized enrichment homework upon academic achievement with children in the fourth, fifth, and sixth grades. Unpublished doctoral dissertation, Arizona State University. Nach Cooper, H. (1989)

Sommerla, G. (1978): Praxis, Effektivität und Funktionen traditioneller Hausaufgaben im Urteil von Lehrern. In R. Keck: Hausaufgaben empirisch untersucht (S. 71-145). Hannover u.a.: Hermann Schroedel Verlag.

Speichert, H. (1972): Aktion: Schluss mit den Hausaufgaben! *betrifft: erziehung, 5/10, S. 21-24.*

Spiel, Chr./Wagner, P./Fellner, G. (2002): Wie lange arbeiten Kinder zu Hause für die Schule? Eine Analyse in Gymnasium und Grundschule. *Zeitschrift für Entwicklungspsychologie und Pädagogische Psychologie, 34/3, S. 125-135.*

Spitzer, M. (2006): Lernen. Gehirnforschung und die Schule des Lebens. Heidelberg: Spektrum Akademischer Verlag.

Spitzer, M. (2010): Medizin für die Bildung. Heidelberg: Spektrum.

Standop, J. (2002): Emotionen und kognitives schulisches Lernen aus interdisziplinärer Perspektive. Emotionspsychologische, neurobiologische und schulpädagogische Zusammenhänge – ihre Berücksichtigung im schulischen Bildungsauftrag wie den Forschungen zum Unterrichtsklima und der Klassenführung. Frankfurt/Main: Peter Lang Verlag.

Standop. J. (2005): Werte-Erziehung. Einführung in die wichtigsten Konzepte der Werterziehung. Weinheim u.a.: Beltz.

Standop, J. (2008): Ganztagsbildung in der Grundschule. In Th. Coelen, H.-U. Otto (Hrsg.), Grundbegriffe der Ganztagsbildung. Das Handbuch (S. 527-537). Wiesbaden: Verlag für Sozialwissenschaften.

Standop, J. (2008): Wandel der Lernkultur: Das Kind als Subjekt im Lernprozess. In E. Jürgens, J. Standop (Hrsg.), Taschenbuch Grundschule. Band 3: Grundlegung von Bildung (S. 51-65). Baltmannsweiler: Schneider Verlag Hohengehren.

Standop, J. (2011a): Eine Theorie der Hausaufgaben? Defizite eines Selbstverständnisses in der Ausbildung und Ausübung des Lehrerberufes und Prämissen einer theoretischen Implementierung in die Unterrichtsdidaktik. *Pädagogische Rundschau, 1 (65), S. 75-93.*

Standop, J. (2011b): Hausaufgabendidaktische Strukturen und Verlaufsformen im Kontext schulischer Förderung von Selbstständigkeit. Befunde einer empirischen Studie. *Die Deutsche Schule, 3 (103), S. 235-251.*

Standop, J. (2012): Menschenbild und Humanität. Erziehungstheoretische Implikationen im Kontext des schulischen Ungleichheitsdiskurses. In E. Jürgens, S. Miller (Hrsg.): Ungleichheit in der Gesellschaft und Ungleichheit in der Schule (S. 188-212). Weinheim u.a.: Beltz Juventa

Standop, J./Jürgens, E. (2010): Hausaufgaben. In S. Andresen, M. Brumlik, C. Koch (Hrsg.), Das Elternbuch (S. 393-403). Weinheim u.a.: Beltz.

Statistisches Bundesamt (2010): www.destatis.de, Statistisches Jahrbuch.

Statistisches Bundesamt (1992): Die Klassifizierung der Berufe des Statistischen Bundesamtes in der Fassung für den Mikrozensus – Ausgabe 1992 http://www.gesis.org/fileadmin/upload/dienstleistung/daten/amtl_mikrodaten/mz/Panel/KldB92_MZ_1_.pdf, abgerufen am 17.08.2010

Steiner, G. (1975): Praxisorientierte Problemkomplexe. In H. Aebli, G. Steiner (Hrsg.): Probleme der Schulpraxis und die Erziehungswissenschaften. Stuttgart: Klett.

Stern, E. (2002): Wie abstrakt lernt das Grundschulkind? Neuere Ergebnisse der entwicklungspsychologischen Forschung. In H. Petillon (Hrsg.), Handbuch Grundschulforschung, Band 5: Individuelles und soziales Lernen – Kindperspektive und pädagogische Konzepte (S. 22-28). Leverkusen: Leske & Budrich.

Susteck, H. (1992): Die Funktion der Hausaufgaben. *Pädagogische Welt, 92/7, S. 319-323.*

Tenorth, H.-E./Tippelt, R. (Hrsg.) (2007): Lexikon Pädagogik. Weinheim u.a.: Beltz, S. 310.

Tietze, W./Roßbach, H.-G./Mader, J. (1987): Zur Hausaufgabensituation bei Grundschülern. *Empirische Pädagogik, 1/4, S. 309-329.*

Tillmann, K.-J. (2006): Ganztagsschulen: die schulpädagogische Perspektive. In K. Höhmann, H.-G. Holtappels (Hrsg.): Ganztagsschule gestalten – Konzeption – Praxis – Impulse (S. 34-39). Seelze: Kallmeyer Verlag.

Tippelt, R. (1990): Bildung und sozialer Wandel. Weinheim: Deutscher Studien-Verlag.

Thonhauser, J. (2008). Aufgaben als Katalysatoren von Lernprozessen. Münster: Waxmann.

Trautwein, U. (2007): The homework-achievement relation reconsidered: Differentiating homework time, homework frequency, and homework effort. *Learning and Instruction, 17/3, S. 372-388.*

Trautwein, U. (2008): Hausaufgaben. In W. Schneider, M. Hasselhorn (Hrsg.), Handbuch der Pädagogischen Psychologie. Göttingen u.a.: Hogrefe Verlag, S. 563-573.

Trautwein, U./Köller, O. (2002): Der Einfluss von Hausaufgaben im Englisch-Unterricht auf die Leistungsentwicklung und das Fachinteresse. *Empirische Pädagogik. Zeitschrift zu Theorie und Praxis erziehungswissenschaftlicher Forschung, 16/3, S. 285-310.*

Trautwein, U./Köller, O. (2003): Was lange währt, wird nicht immer gut. Zur Rolle selbstregulativer Strategien bei der Hausaufgabenerledigung. *Zeitschrift für Pädagogische Psychologie, 17/(3/4), S. 199-209.*

Trautwein, U./Lüdtke, O. (2007): Students' self-reported effort and time on homework in six school subjects: Between-student differences and within-student variation. *Journal of Educational Psychology, 99, S. 432-444.*

Trautwein, U./Köller, O./Baumert, J. (2001): Lieber oft als viel: Hausaufgaben und die Entwicklung von Leistung und Interesse im Mathematik-Unterricht der 7. Jahrgangsstufe. *Zeitschrift für Pädagogik, 47/5, S. 703-724.*

Trautwein, U./Lüdtke, O./ Niggli, A./Schnyder, I. (2006): Predicting Homework Effort: Support for a Domain-Specific, Multilevel Homework Model. *Journal of Educational Psychology, 98/2, S. 438-456.*

Trautwein, U./Niggli, A./Schnyder, I./Lüdtke, O. (2009): Between-Teacher Differences in Homework Assignments and the Development of Students' Homework Effort, Homework Emotions, and Achievement. *Journal of educational Psychology, 101, 176-189.*

Treiber, B./Weinert, F. E. (Hrsg.) (1982): Handbuch der Lehr-Lern-Forschung. München u.a.: Urban & Schwarzberg.

Vetter, W. (1983): Hausaufgaben und Freizeit von Gymnasiasten. *Die Schulfamilie: Zeitschrift für Elternhaus und Gymnasium, 32, 164-171.*

Vygotskij, L.S. (2002): Denken und Sprechen. Weinheim u.a. Beltz.

Wagner, K.-D. (1956): Zur Methodik der Erteilung von Hausaufgaben. *Pädagogik, 11/11, S. 844-851; 12/11, S. 909-929.*

Wagner, P. /Spiel, C. (1999): Arbeitszeit für die Schule – zu Variabilität und Determinanten. *Empirische Pädagogik, 13, S. 123-150.*

Wagner, P./Hirthenlehner, H./Bacher, J./Schober, B. (2010): Zeitliche Belastung von Schülern durch die häusliche Arbeit für die Schule. *Empirische Pädagogik, 24 (1), 6-25.*

Warton, P. M. (2001): The forgotten voice in homework: Views of Students. *Educational Psychologist, 36/3, pp. 155-165.*

Wego, Cl. (2007): Hausaufgabenbetreuung an einer Offenen Ganztagsschule. In K. Höhmann, B. Kohler, Z. Mergenthaler, Cl. Wego (Hrsg.): Hausaufgaben an der Ganztagsschule (S. 111-143). Schwalbach/Ts.: Wochenschau Verlag.

Weinert, F. E. (1999): Konzepte der Kompetenz. Paris: OECD.

Weinert, F.E. (1997): Lernkultur im Wandel. In E. Beck, T. Guldimann, M. Zutavern. (Hrsg.): Lernkultur im Wandel (S. 11-30). Tagungsband der Schweizerischen Gesellschaft für Lehrerbildung und der Schweizerischen Gesellschaft für Bildungsforschung St. Gallen.

Weinert, F.E. (1996): Lerntheorien und Instruktionsmodelle. In ders. (Hrsg.): Enzyklopädie der Psychologie – Pädagogische Psychologie – Pädagogische Psychologie, Band II: Psychologie der Lernens und der Instruktion. Göttingen: Hogrefe, 1-48.

Wenger, O. (1994): Hausaufgaben. *Pädagogische Welt., 94/8, S. 367-368.*

Weston, P. (1999): ‚Homework: learning from practice'. London: The Stationary Office.

Wiechmann, J. (2004): Das Methodenrepertoire von Lehrern – ein aktualisiertes Bild. In M. Wosnitza, A. Frey, R. S. Jäger, (Hrsg.): Lernprozess, Lerunmgebung und Lerndiagnostik. Landau: Verlag Empirische Pädagogik, S.320-335.

Wiechmann, J. (2006): Die methodische Gestaltung der Hausaufgabenbetreuung. *Pädagogische Rundschau, 3/60, S. 297-309.*

Wiese, L. (Hrsg.) (1975): Verordnungen und Gesetze für die höheren Schulen in Preußen. 2., bearb., bis zum Jahre 1875 fortgeführte Ausgabe. Berlin: Verlag von Wiegandt & Grieben.

Wild, E. (2004): Häusliches Lernen. Forschungsdesiderate und Forschungsperspektiven. In D. Lenzen, J. Baumert, R. Watermann, U. Trautwein (Hrsg.): PISA und die Konsequenzen für die erziehungswissenschaftliche Forschung (S. 37-64). Wiesbaden: VS Verlag für Sozialwissenschaften.

Wild, E./Gerber, J. (2007): Charakteristika und Determinanten der Hausaufgabenpraxis in Deutschland von der vierten zur siebten Klassenstufe. *Zeitschrift für Erziehungswissenschaft, 10/3, S. 356-380.*

Wilensky, H. L. (1972): Jeder Beruf eine Profession? In Th. Luckmann, W.M. Sprondel (Hrsg.): Berufssoziologie (S. 198-218). Köln: Kiepenheuer & Witsch.

Wissenschaftlicher Beirat für Familienfragen (2002): Die bildungspolitische Bedeutung der Familie – Folgerungen aus der PISA-Studie. Band 224 – Schriftenreihe des Bundesministeriums für Familie, Senioren, Frauen und Jugend. Berlin.

Witting, W. (1997): Grundschule von acht bis vier. Eine empirische Vergleichsuntersuchung. Dortmund.

Wittmann, B. (1964): Vom Sinn und Unsinn der Hausaufgaben. Neuwied: Hermann Luchterhand Verlag.

Wittmann, B. (1972, 2. durchges. und erg. Aufl.): Vom Sinn und Unsinn der Hausaufgaben. Neuwied: Hermann Luchterhand Verlag.
Wößmann, L. (2012): Beeinflusst Bildungsselektion Bildungsergebnisse und Ungleichheit? Internationale und nationale Evidenz. In E. Jürgens, S. Miller (Hrsg.): Ungleichheit in der Gesellschaft und Ungleichheit in der Schule (S. 115-130). Weinheim u.a.: Beltz Juventa.

Xua, Jianzhong (2006): Gender and Homework Management reported by High School Students. *Educational Psychology, 26 (1), 73-91.*

Younger, M. /Warrington, M. (1996): Differential achievement of girls and boys at GCSE. Some observations from the perspective of one school. *British Journal of Sociology of Education, 17 (3), 299-313.*

Zeiher, H. (1989): Modernisierungen in den sozialen Formen von Gleichaltrigenkontakten. In D. Geulen (Hrsg.): Kindheit. Neue Realitäten und Aspekte (S. 76-95). Weinheim: Deutscher Studien-Verlag.
Zepp, L. (2009): Zum Verhältnis von Hausaufgaben und schulischer Leistung(ssteigerung) bei Halbtags- und Ganztagsschülern. In St. Appel, H. Ludwig, U. Rother, G. Rutz, (Hrsg.), Jahrbuch Ganztagsschule 2009. Leben – Lernen – Leisten (S. 103-120). Schwalbach/Ts.: Wochenschau Verlag.
Zimmerman, B. J. (2000): Attaining self regulation: A social cognitive perspective. In M. Boekartz et al. (eds.): Handbook of self-regulation (13-39). San Diego: Academic Press.
Zimmerman, B./Bonner, S./Kovach, R. (1996): Developing self-regulated learners: Beyond achievement to self-efficacy. Washington, DC: American Psychological Association.
Zöllner, F. (1988): Hausaufgaben – ein notwendiges Übel, eine üble Notwendigkeit? *Schulmanagement, 19/5, S. 23-29.*